프랜차이즈 흑서

프랜차이즈의 형벌과 점주들의 역습

전국 프랜차이즈 가맹점주 보호협의회

프랜차이즈의 형벌과 점주들의 역습
프랜차이즈 흑서

1판 1쇄 발행 2025년 7월 25일

저자 박수억

교정 신선미   편집 문서아   마케팅·지원 이창민

펴낸곳 (주)하움출판사   펴낸이 문현광

이메일 haum1000@naver.com   홈페이지 haum.kr
블로그 blog.naver.com/haum1000   인스타그램 @haum1007

ISBN 979-11-7374-118-0 (03320)

좋은 책을 만들겠습니다.
하움출판사는 독자 여러분의 의견에 항상 귀 기울이고 있습니다.
파본은 구입처에서 교환해 드립니다.

이 책은 저작권법에 따라 보호받는 저작물이므로 무단전재와 무단복제를 금지하며,
이 책 내용의 전부 또는 일부를 이용하려면 반드시 저작권자의 서면동의를 받아야 합니다.

이 책을

가맹사업을 했던 분

가맹사업을 하고 있는 분

가맹사업을 하고자 하는 분

그들에게 바칩니다.

가맹사업을 하고자 합니까?

이 책의 결론부터 말할까요?

하지 마세요!

이 책의 기획 초기부터 목적의 윤곽과 방향을 함께 고민하고 나누어 주신 성동열님께 깊은 감사를 드립니다.

또한 용기를 내어 자신의 경험을 공유해 주신 점주님들께 이 자리를 빌려 진심 어린 감사의 말씀을 전합니다.

크라상 관련 가맹점
전주 도청점 김수연, 전북 익산점 박정재, 전주 평화점 성동열, 청주 가경점 한재영, 서울 구파발점, 양산중부점 박태준, 양산 증산점 이두한

피자 관련 가맹점
양산 증산점 이두한, 전주 도청점 김수연, 청주 가경점 한재영, 서울 구파발점

피자, 치킨 관련 가맹점
전주 평화점 성경언

파스타 관련 가맹점
전주 평화점 성동열, 대구북구청역점 박수억

돈가스 관련 가맹점
대구 북구청역점 박수억

이 책은 여러분의 목소리 위에 세워졌습니다. 비록 상처에서 비롯된 이야기일지라도, 그것이 누군가에게는 경고가 되고, 또 누군가에게는 위로가 되길 바랍니다. 프랜차이즈 산업의 진실을 알리고, 더 나은 구조를 위한 첫걸음이 되기를 소망하며, 이 기록을 세상에 내어놓습니다.

차 례

- **작가의 말** 두 번의 실패, 그리고 한 사람의 반격   12
- **프롤로그** 고발에서 공론으로, 고통에서 연대로   19

1부 | 프랜차이즈는 어떻게 꿈이 되었나

1장 프랜차이즈의 역사와 세계적 확산   26
2장 한국형 프랜차이즈의 생성과 특징   28
3장 구조는 꿈을 팔고, 현실은 리스크를 떠안긴다   31

2부 | 프랜차이즈의 본질과 목적

1장 프랜차이즈 사업의 수익 확장과 브랜드 파워   39
2장 가맹 본부와 가맹점주의 관계   45
3장 현실 속 '이익 공유'의 실체   46

3부 | 세계는 프랜차이즈를 어떻게 다루는가

1장 외국의 프랜차이즈   53
2장 성공과 실패 요인의 차이   65
3장 각국의 법·제도·문화 구조   67

4부 | 우리나라의 프랜차이즈

1장 산업별 프랜차이즈 분포   74
2장 주요 프랜차이즈 브랜드   75

3장 정부의 정책 및 규제	77
4장 소비자들의 인식 및 만족도	79
5장 진짜를 말한 자는 외면당하고, 가짜를 만든 자는 살아남았다	87

5부 | 프랜차이즈 사업을 원하는 사람들

1장 초보 창업자	110
2장 퇴직자	111
3장 소규모 자영업자	113
4장 자영업 실패자	115

6부 | 프랜차이즈 업종별 구조와 사례

1장 외식업	125
2장 도소매업	127
3장 서비스업	129
4장 기타 전문업종	131

7부 | 가맹사업이 실패하는 이유

1장 '개업빨'을 믿은 사업	139
2장 과잉출점	141
3장 본사 중심 수익 구조	143
4장 입지 분석의 실패	145
5장 계약서의 함정	147

8부 | 피해야 할 유형의 가맹사업

1장 망하는 계산식은 이미 처음부터 짜여 있었다   157
2장 트렌드 기반 반짝 메뉴 편성 가맹점   159
3장 고정비 과잉 구조   160
4장 전문성 의존 구조   163
5장 본사 통제 과도형   165
6장 지나치게 낮은 진입 장벽   167

9부 | 프랜차이즈 비용 분석 - 소멸 비용의 인식

1장 가맹비   174
2장 인테리어   176
3장 본사 교육비   178
4장 로열티·광고비   179
5장 물류 수수료   181
6장 폐점 비용   183

10부 | 가맹사업을 잘하기 위한 체질 개선

1장 철저한 시장 조사와 입지 분석   191
2장 계약서 항목 꼼꼼하게 확인하기   192
3장 인테리어, 장비, 재고   194
4장 광고, 로열티   196
5장 본사와의 커뮤니케이션 구조 만들기   198
6장 점주 단체 구성과 권익 요구   200

7장 가맹본부가 바뀌어야 할 것들   201
8장 정부를 향한 정책 제안   203

11부 | 본사는 어떻게 돈을 버는가?

1장 가맹비   222
2장 로열티   223
3장 광고비   225
4장 제품·원재료 공급   227
5장 교육비와 컨설팅비   229
6장 인테리어·장비 협력사 수수료   230
7장 갱신비·재계약비   232
8장 해지 수수료   234

12부 | 가맹법으로 보호받을 수 있는가?

1장 정보공개서   247
2장 가맹계약서   250
3장 금지 행위   254
4장 점주의 권리   257
5장 분쟁 조정   259

13부 | 창업 전 함정 분석: 계약서의 덫과 말의 마법

1장 "매출 보장된다"는 말의 실체   267

2장 "이 자리는 무조건 됩니다"의 심리 함정　　　268
3장 "전부 교육해 드려요"와 '운영 책임'의 전가　　　270
4장 "계약서는 그냥 형식이에요"의 위험성　　　271
5장 "초도 물량, 인테리어는 기본이죠"라는 말의 비용　　　273

14부 | 건전한 프랜차이즈란 무엇인가

1장 철학이 있는 브랜드는 무엇이 다른가　　　285
2장 상생의 계약 구조란 어떤 것인가　　　286
3장 본사 대표가 직접 듣고 움직이는 브랜드들　　　288
4장 해외 우수 사례 vs 국내 실천 모델 비교　　　292
5장 상생, 말이 아니라 구조로　　　293

15부 | 국내 외 분쟁 사례 분석

1장 미스터피자　　　299
2장 BHC 치킨　　　300
3장 더본코리아의 B 브랜드의 구조적 한계　　　302
4장 K 치킨　　　304
5장 카페베네　　　305
6장 서브웨이　　　306
7장 세븐일레븐 일본　　　308

16부 | 배달, 프랜차이즈의 또 다른 함정

1장 수수료란 무엇인가   315
2장 '성과 기반 광고'라는 이름의 착시   317
3장 배민, 딜리버리히어로, 그리고 2조의 그림자   322
4장 배달 이후를 상상하다   325

17부 | 프랜차이즈 가맹법 개요 – 가맹법의 이해

1장 가맹사업법의 개요와 제정 목적   335
2장 가맹사업법의 구성과 구조 요약   336
3장 가맹사업 계약 시 꼭 알아야 할 법적 근거와 사항들   337
4장 계약 후 영업 중 반드시 알아야 할 법적 권리와 보호 조항   345
5장 폐업 시 또는 계약 종료 후 법률 보호   356

18부 | 자영업 경영자가 알아야 할 참고사항들

1장 마케팅 6P 설명 및 적용사항   363
2장 요식업 수요의 흐름 요약 마인드셋   376
3장 한 개의 식당 3개의 프랜차이즈   379
4장 점주협의회 구성에 대하여   388

- 마치는 글   398
- 부록   400
- 보도자료   416

작가의 말

두 번의 실패,
그리고 한 사람의 반격

나는 프랜차이즈 가맹사업을 세 번 망했다.

첫 번째는 크로와상 가맹점이었다. 두 번째는 더본코리아의 빽보이피자였다. 나는 그때 자료를 분석하지도 않았고, 계약서를 천천히 읽지도 않았다. 그저 매장 밖 길게 줄 선 사람들을 보고 확신했다.

"이건 무조건 된다."

하지만 나중에 알게 됐다. 내가 본 매장은 전부 개업한 지 한두 달밖에 되지 않은 곳들이었다. 소위 '개업빨'이었다. 나는 그런 기본적인 사실조차 확인하지 않았다. 지금 돌이켜 말하지만, 솔직히 말해 망해도 싸다. 그땐 나도 몰랐다. 무지했고, 경솔했고, 흥분했다.

결국 서둘러 오픈했지만 가게 문을 빠르게 닫게 되었다. 폐업을 하게 한 원인은 그 줄 끝에 있던 사람도, 그 브랜드를 키운 본사도 아니었다. 그 자리에서 매일 문을 여닫던 '나'였다.

그때부터 나는 이 구조를 이해하고 싶었다.

왜 망하는 건 항상 점주인가. 왜 본사는 손해를 보지 않는가. 왜 아무도 이 시스템의 기울기를 말하지 않는가.

왜 다들 조용히 사라지고, 다시 누군가 그 자리를 채우는가. 왜 우리는 같은 실수를 반복하는가.

어느 순간 프랜차이즈의 어두운 면이 보이기 시작했고, 그래서 나는 싸우기로 했다. 협의회를 만들고, 점주들의 이야기를 모으고, 공정거래위원회에 진정서를 제출했다.

모든 과정에 긴 시간이 걸렸다. 2년이라는 긴 시간이 걸려서 결국 크라상 관련 브랜드는 9,500만 원의 과징금을 받았다. 하지만 거기까지 오는 길은 조용하지 않았다. 행정소송, 민사소송, 무수한 밤, 비어 가는 통장 잔고, 그리고 지쳐 가는 마음. 그러나 누군가는 해야 할 일이었기에, 나는 물러서지 않았다.

크라상 관련 체인점을 시작할 때, 본사와 점주들과의 불합리한 구조를 바꾸기 위해 나는 협의회를 만들었다. 하지만 본사는 곧바로 반응했다.

내용증명을 보내 '점주를 선동하지 말라'고 했다. 심지어 '영업방해로 고발하겠다'는 경고도 했다. 그들은 가맹법 위에서 권리를 주장했다.

그러나 협의회를 결성했고 그 결과 우리는 이길 수 있었다. 하지만 공정위 결과가 나왔을 즈음엔 우린 지쳤고 대부분 매장들은 폐업하고 난 후였다.

그 뒤, 우리 협의회의 점주들은 다시 시작한 더본코리아의 B 브랜드도 협의회 구성을 시도했다. 하지만 본사는 여러 경로로 협의회 결성을 기를 쓰고 말렸다.

점주들이 겁이 많은 것은 사실이다. 점주는 혼자다. 매장 하나를 겨우 감당하는 일상 속에서 본사와 싸운다는 것은 막막하고 힘든 일이다. 하지만 점주협의회 구성은 가맹법에서 보장하는 점주들의 권리였다.

우리가 왜 점주협의회를 결성하려 하는지, 어떤 문제가 있는지, 본사는 대부분의 문제점을 알고 있었으며, 긍정적 해결책 제시보다는 조직적으로 대응하기 위해서는 협의회를 용납할 수는 없었을 것이다.

협의회를 구성하는 과정이 쉽지는 않다. 누군가가 앞장을 서야 하고 앞장선 사람의 희생이 있어야지 결성이 이루어진다. 반면 프랜차이즈 본사라는 조직은 대부분 친인척 또는 내부 출신이 운영하는 폐쇄형 구조가 많다.

그 안에는 반드시 '좋은 자리'를 차지한 점주가 있다.

혜택을 받는 사람, 내부 사정을 본사에 알리는 사람, 겉으로는 점주지만 본사에게 유리한 정보를 전달하는 프락치 역할도 있을 수 있다.

그들은 협의회 안에까지 들어와 균열을 만들고, 불안을 퍼뜨린다. 이 모든 것들이 점주의 연대를 깨뜨리기 위해 계산된 구조다.

하지만 나는 지금도 확신한다. 점주가 뭉치면 본사는 두려워한다. 왜냐하면, 계약은 개별적이지만 불공정 구조는 전체적이기 때문이다.

하나의 점포가 항의하면 무시할 수 있지만, 열 명이 함께 목소리를 내면 브랜드가 흔들린다. 그들은 알고 있다. 연대는 구조를 흔들 수 있다는 걸.

그러나 안타깝게도 약자들은 잘 뭉쳐지지 않는다. 정글의 법칙처럼, 강자는 뭉치지 않아도 버티지만 약자는 뭉치지 않으면 희생되어 사라진다.

나는 점주들을 보며 가끔 바닷속 정어리 떼가 떠오른다.

상어가 정어리 떼를 습격하고 배를 불리고 사라지면 정어리 떼의 규모가 줄어든다.

그리고 상어도 정어리 떼도 각자의 길로 간다. 바닷속은 다시 평화가 찾아온다. 상어에게 먹힌 죽은 정어리들은 고요히 잊힌다.

여기서 당연히 상어는 가맹본부고 정어리는 점주를 비유한다. 이는 다큐멘터리에서 본 장면이다.

또 다른 풍경은 아프리카 초원의 영양 떼의 모습이다. 포식자가 눈앞에 나타나도, 지금 당장 자기에게 닥치지 않으면 옆의 동료가 물려 가도 당연시 받아들인다. 자신에게 위기가 오면 도망가되, 제각각 도망친다. 결국 하나씩, 모두 사라진다.

본사는 그걸 알고 있다.
점주는 자신이 무너지기 전까지는 움직이지 않는다. 그래서 본사의 시스템은 유지된다. 그리고 그렇게 유지된 시스템은 다음 점주를 삼키기 위해 다시 포장된다.

이러한 문제는 단지 계약이 불리한 데 있는 것만이 아니다. 계약 전 신중한 분석도, 냉정한 확인도 없이 결정해 버린 '우리의 판단'에도 있었다는 것이다. 충분히 검토할 수 있었지만, 그렇게 하지 않은 책임이 우리에게도 있었음을 이제는 인정해야 한다.

이 책은 단지 싸움의 기록만은 아니다. 이 책은 당신에게 묻는 질문이다. 이 시스템에 들어가려는 당신에게, 지금 손에 계약서를 쥔 당신에게, 매장 앞에 줄 선 사람들의 사진을 보며 꿈에 부푼 당신에게 묻는다.

"정말 다 들여다봤는가?"
"이 시스템 안에서 당신은 살아남을 자신이 있는가?"
"망하지 않기 위해 무엇을 준비했는가?"
"혹시 지금 당신도, 과거의 나처럼 무지에 사로잡혀 있지는 않은가?"

이제 우리는 안다. 그 계약을 묵인한 침묵과 고립이 문제였다. 프랜차이즈에서 살아남고 싶다면, 이제는 말하고, 뭉치고, 끝까지 같이 가야 한다.

그리고 분명히 하나 더 알아야 할 것은, 프랜차이즈는 하나의 시스템이며, 그 시스템은 놀라울 만큼 정교하게 구성되어 있다는 것이다.
그 설계의 중심에는 본사의 수익이 놓여 있고, 이익은 철저히 본사로 흐르도록 짜여 있다.

　점주는 그 구조 안에 들어서는 순간부터 이미 '불리한 플레이어'가 된다. 그리고 그 구조는 점주의 '침묵'과 '무지'를 발판 삼아 유지된다.

　프랜차이즈 판은 말 그대로 기울어진 운동장인 것이다.

　점주와 가맹본부는 애초부터 같은 트랙의 같은 출발선에 서 있지 않다. 점주는 보통 '마이너스 1억'이라는 짐을 짊어진 채, 출발선보다 훨씬 뒤처진 마이너 라인에서 경주를 시작한다.

　본사는 이미 가맹비, 물류 마진, 로열티라는 수익 장치를 장착한 채, 특권이 부여된 전용 트랙 위에서 유리한 출발을 한다.

　가맹본부는 약 5천만 원 상당한 가맹비를 비롯해, 매달 빠져나가는 로열티와 상품에 붙는 물류 마진으로 이미 수익을 확보한 상태에서 달리기 시작한다.

　그들은 넓고 잘 포장된 트랙 위를 달리는 반면, 점주는 비탈진 비포장 길 위를 짐을 지고 달리는 것이다.

　어떤 점주는 출발도 하기 전에 쓰러지고, 어떤 점주는 옆 사람이 쓰러지는 모습을 본다. '이번엔 제발 내 차례가 아니길' 바라는 마음으로 조용히 줄을 서 있다.

　이럴 때 우리는 배워야 한다. 달리는 것만이 능사가 아니라는 걸. 달리려는 곳의 길 상태를 알아야 하고, 멈춰야 할 때를 알아야 하고, 심판에게 항의할 줄도 알아야 한다.

　필요하다면 그 경기를 거부하고 퇴장할 수 있어야 한다. 그게 바로 프랜차이즈의 진실이다.

　이 책은 누군가를 비난하려는 글이 아니다. 이 책은 더 이상 속지 말자는 선언이고, 다시는 무너지지 말자는 경고이며, 그럼에도 불구하고 시작하려는 사람들을 위한 살아 있는 매뉴얼이다.

나는 지금도 이 구조 속을 달리고 있다. 점주들의 고통, 구조의 불합리, 무지와 침묵이 반복되는 현실을 보며, 나는 긴 장거리 달리기를 하고 있는 심정이다. 더는 빠르지도 않고, 경쾌하지도 않다. 하지만 나는 뛰고 있다. 땀이 마르지 않고, 숨은 가쁘고, 다리는 아프다. 하지만 종착지는 좀처럼 보이지 않는다.

그럼에도 나는 멈출 수 없다. 왜냐하면 나는 안다. 이 달리기를 누군가는 끝까지 이어 가야 한다는 걸. 내가 멈추면, 또 다른 누군가가 같은 고통을 반복할 것이기에, 나는 멈출 수 없다. 그래서 지금도 달리고 있다.

어떤 사람은 묻는다.
"왜 이렇게까지 하세요?"
나는 대답한다. 점주는 그냥 점주가 아니다. 그는 누군가의 남편이고, 아내이고, 딸이고, 아들이고, 형제이고, 친구이고, 이웃이고, 바로 나이기 때문이다. 그가 잃는 것은 단지 매장에 문제가 있어서가 아니다.

조그마한 가맹점 개설에는 평균 1억에서 1억 5천만 원이 든다. 그 돈은 당신의 전 재산이거나, 퇴직금이거나, 대출로 끌어모은 마지막 희망일지도 모른다. 그런데 그가 망하는 건 단지 장사가 안 돼서가 아니다. 그가 무너지는 잘못된 구조가 존재하기 때문이다.

이 책이 세상에 나갈 즈음, 나는 '전국 프랜차이즈 가맹점주 구제협의회'를 발족시킬 것이다. 단 한 사람이라도 억울하게 고립되어 무너지는 일이 없도록 하기 위해서다.

이 책은 그 선언이자, 그 기초이고, 그 깃발이다.

그래서 이 책은 말한다. 당신의 말하지 못한 말까지 내가 대신하겠다고. 그리고 이제 당신도 말할 수 있다고.

과거에 프랜차이즈를 했던 사람, 지금 하고 있는 사람, 앞으로 하게 될 사람. 그리고 그 가족과 지인들…. 이 책은 바로 그들을 위한 책이다. 이 책이 당신의 재산을 지켜 주고, 당신의 내일을 다시 묻게 하길 바란다.

마지막으로, 이 책은 결국 나 자신에게 하는 고백이기도 하다. 어떤 실패는 다시 반복하지 않기 위해 존재하고, 어떤 상처는 누군가를 지키기 위해 남겨야 한다.

이 책이 당신에게 하나의 등불이 된다면, 내 두 번의 실패는 결코 헛되지 않다.

프롤로그 　　고발에서 공론으로, 고통에서 연대로
　　　　　　　　　　　(프랜차이즈 창업의 덫)

　프랜차이즈는 대부분 성공만을 이야기한다. 성공을 홍보하고, 성공을 전시하고, 성공만이 존재하는 것처럼 말한다.
　하지만 그 뒤편에서 조용히 사라지는 실패의 이야기 들은 아무도 말하지 않는다. 실패한 사람들은 대개 말할 힘도, 말할 공간도 갖지 못한 채 떠난다. 그들은 이미 삶의 무게로 짓눌려 있었고, 거기에 실패의 낙인까지 겹쳐졌다. 말을 잃고, 말하는 법을 잊는다.

　그리고 그 침묵의 주인공들은 대부분 약자들이다. 스스로를 보호할 수 있는 법적 지식도, 사회를 상대로 싸울 수 있는 체력도 없다. 그저 하루하루 자신의 가게를 지키고, 매출을 쥐어짜며 버티던 사람들이었다. 나도 그중 하나였다.

　창업 전에는 나름대로 여러 조건을 따졌다. 상권은 어떤지, 본사의 지원은 얼마나 되는지, 초기 비용은 얼마인지 계산했다.
　하지만 폐업을 따져 본 적은 없었다. 매장이 실패하면 하게 되는 철수에 대해 누구도 말하지 않았고, 나 또한 묻지 않았다.
　돌아보면, 그것이 가장 큰 실수였다. 프랜차이즈 창업은 단순히 가게 하나 여는 일이 아니었다. 한 번 들어가면 쉽게 빠져나올 수 없는, 보이지 않는 구조에 발을 들이는 일이었다.

　이 책을 읽기 전에 독자들에게 결론부터 먼저 말하자면,

우리나라의 프랜차이즈 가맹점은 '해서는 안 되는 사업'이다.

이 말이 너무 단정적으로 들릴지도 모르겠다. 하지만 나는 감히 그렇게 말하고 싶다.

우리나라의 프랜차이즈 가맹사업은 제도적으로도, 문화적으로도, 그리고 무엇보다 '인간적으로도' 이미 잘못된 토대 위에 세워져 있다.

문제는 가맹본부의 기본적인 생각도, 가맹점주의 인식도 모두가 이 왜곡된 구조를 '당연한 것'으로 받아들이는 데 익숙해져 있다는 것이다.

그런 연유로 나는 단언한다. 가맹점주는 이 프랜차이즈라는 정글에서, 먹이사슬의 가장 말단에 위치한 '먹이' 그 자체다.

프랜차이즈 관련 책들은 대부분 '이렇게 하면 잘됩니다'라고 말한다. '성공한 사람들의 노하우', '돈 되는 창업 비법', '프랜차이즈 창업 가이드' 같은 제목들이 즐비하다.

하지만 나는 그런 책을 읽고도 망했다.
왜냐면 거기에는 망한 사람들의 말은 없었기 때문이다.

그래서 내가 쓰기로 했다. '프랜차이즈 창업을 말리는 책', '실패한 점주가 쓴 첫 번째 반격의 기록'을. 나는 이 책에서 프랜차이즈 시스템이 어떻게 작동하고, 그 안에서 점주들이 어떻게 착취당하며, 왜 대부분이 비슷한 방식으로 실패하는지를 이야기할 것이다.

하지만 이건 단순한 고발서가 아니다. 나는 계약서를 제대로 읽지 않았고, 이 구조를 공부하지 않았고, 그저 줄 선 사람들만 보고 달려들었다. 그 무지와 침묵도 구조를 유지 시키는 연료였다. 그래서 나는 고발뿐 아니라 내 잘못도 고백할 것이다.

　이 책은 프랜차이즈 가맹본부에 대한 '흑서(黑書)'다. 하지만 동시에 가맹 점주에게는 백서(白書)다. 지금 가맹사업을 고민하고 있다면, 이 책을 읽고 '안 하는 선택'을 할 수도 있다.

　혹은 '진짜 점검'을 해 보고 들어갈 수도 있다. 무엇보다, 이 책은 당신이 나 같은 전철을 밟지 않기를 바라는 마음으로 쓰였다.
　그리고 언젠가, 당신이 또 다른 점주들과 함께 목소리를 내고 싶을 때, 그 시작이 되기를 바란다.

　이 책은 우리나라 가맹사업의 현주소를 직시하고, 그 안에 뿌리내린 구조적 모순과 제도적 결함을 드러내고자 한다.
　더불어 가맹본부가 가져야 할 철학, 그리고 가맹점주가 지녀야 할 마인드의 문제까지 함께 짚어보며, 그 자각 위에서 우리가 나아가야 할 방향과 가능한 해결책을 함께 제시하고자 한다.

1부

프랜차이즈는 어떻게 꿈이 되었나

• 서 문

사람들은 늘 성공한 가게를 따라 한다. 어떤 동네에 줄 서는 집이 생기면, 그 옆에는 똑같은 메뉴의 가게가 하나둘 생겨난다.

그건 본능이다.

성공을 베끼고 싶은 욕망, 검증된 걸 따라가고 싶은 심리. 프랜차이즈는 바로 그 심리를 구조화한 모델이다.

"이 가게 잘되더라."

"그럼 너도 해 봐."

"우린 알려 줄게, 대신 비용은 네가 내."

이 단순한 구도가 프랜차이즈의 출발점이다. 그래서 프랜차이즈의 역사는 '카피가 된 성공'의 역사다.

그 시작은 소박했다. 미국 캘리포니아 샌버너디노에 위치한 작은 가게. 주방은 마치 공장처럼 움직였고, 햄버거는 30초 만에 나왔다.

이 놀라운 장면을 목격한 사람이 바로 밀크 셰이크 믹서기 외판원 레이 크록이었다.

그 가게는 딕과 맥, 즉 맥도날드(McDonald) 형제가 운영하고 있었고, 효율적으로 구성된 이 시스템은 크록에게 강렬한 인상을 남겼다. 그는 직감했다. "이건 퍼질 수 있다. 아니, 퍼뜨려야 한다."

이후 크록은 형제들을 설득해 1955년, 일리노이주에 첫 번째 프랜차이즈 맥도날드를 열고 '맥도날드 시스템 주식회사'를 설립한다.

그는 결국 브랜드 자체의 소유권을 인수하며 '프랜차이즈의 아버지'라는 칭호를 얻게 된다.

크록의 동기는 단순한 확장이 아니었다. 한 번 최적화된 시스템을 여러 장소에 복제함으로써, '재현이 가능한 품질과 경험'을 파는 것이었다. 이때부터 프랜차이즈란 단순히 음식을 파는 비즈니스가 아니라, 시스템을 파는 산업으로 탈바꿈하기 시작한다.

맥도날드의 성공은 그 주체가 맛이 아니었다. 물론 맛도 어느 정도 있었지만, 맥도날드의 성공은 단순히 '맛' 때문만은 아니었다.

주문 후 기다림 없이 바로 받아 볼 수 있다는 점, 그리고 언제 어디서나 일정한 퀄리티를 유지하는 시스템화의 성공이 핵심이었다.

참고로 그 당시 맥도널드의 메뉴 중에서는 프렌치프라이가 특히 인기 있었다고 전해진다.

고객은 어디서나 똑같은 맛을 기대할 수 있었고, 창업자는 어디서든 똑같은 성공을 꿈꿀 수 있었다.

이 두 가지 착각이 교차하는 지점, 그곳에서 프랜차이즈는 하나의 '꿈'이 되었다.

한국에서 이 구조는 1997년 IMF 외환위기를 계기로 급속히 퍼졌다. 퇴직자들이 쏟아져 나왔고, 자영업이라는 이름의 창업 전쟁이 시작됐다. 그 전쟁에서 프랜차이즈는 '검증된 시스템'이자 '리스크를 줄여 주는 안전장치'처럼 포장되었다. 브랜드를 믿고, 메뉴를 믿고, 본사를 믿고, 점주는 전 재산을 걸고 뛰어들었다.

그러나 본질은 변질되었다. 구조는 애초의 목적과 다르게 변했다. 프랜차이즈는 더 이상 단순한 '성공의 복제'가 아니었다.

그 구조는 리스크를 점주에게 넘기고, 수익은 본사에 집중되도록 설계되어 있었다. 광고비도, 교육비도, 인테리어도, 리뉴얼도, 심지어 폐점 후 철거비까지도 점주의 몫이었다.

프랜차이즈는 시스템이다. 그러나 그 시스템은 이상하게도 망할수록 본사가 더 버는 구조로 진화해 왔다.

그렇게 프랜차이즈는 '꿈'에서 '설계된 착취'로, '기회'에서 '구조'로 바뀌었다.

이제 이 장에서는 그 구조가 어떻게 만들어졌고, 왜 여전히 수많은 사람들이 같은 구조 안으로 뛰어드는지, 그 시작부터 들여다보려 한다.

1장
프랜차이즈의 역사와 세계적 확산

프랜차이즈는 갑자기 생긴 아이디어가 아니다. 누군가가 우연히 '이렇게 하면 되겠다'고 생각해서 만들어 낸 발명품이 아니라, 아주 오랜 시간 동안 사람들의 욕망과 현실이 만나 쌓인 결과물이다.

특히 '성공을 복제하고 싶은 욕망', '검증된 시스템에 올라타고 싶은 심리', 그리고 '위험은 줄이되 수익은 얻고 싶은 계산'이 이 구조를 만들었다. 따져 보면 좀 안일하고 남들의 성공에 동참하고 싶은 심리적 바탕이 깔려 있는 것이다.

프랜차이즈의 기원을 따져 보면, 그 뿌리는 19세기 말 유럽의 맥주회사나 가전회사로까지 거슬러 올라간다.
하지만 지금 우리가 알고 있는 방식, 그러니까 누군가의 브랜드를 빌려 장사하고, 일정 수익을 나누는 방식의 프랜차이즈는 20세기 중반 미국에서 본격적으로 시작된다.

1954년 미국, 일리노이 출신의 52세 세일즈맨 레이 크록(Ray Kroc)은 작은 햄버거 가게를 만난다.
그곳은 딕 맥도날드(Richard McDonald)와 맥 맥도날드(Maurice McDonald) 형제가 운영하던 가게로, 주문부터 포장까지 30초면 음식이 나왔다. 고객은 싸고 빠르게, 어디서나 같은 맛의 음식을 먹을 수 있었고, 주방은 마치 공장처럼 효율적으로 움직이고 있었다.
레이 크록은 직감했다.
"이 시스템은 미국 전역에, 아니 전 세계에 똑같이 복제될 수 있다."

그는 두 형제를 설득해 1955년 일리노이주에 첫 번째 프랜차이즈 매장을 열고, '맥도날드 시스템 주식회사(McDonald's System, Inc.)'를 설립한다.

단 6년 만에 미국 전역에 200개가 넘는 매장이 생겼고, 1961년에는 270만 달러를 주고 맥도날드 형제로부터 브랜드 전체를 인수한다.

현재의 CPI(소비자물가지수)를 근거로 환산하면 한화 390억 원 정도이다. 이후 맥도날드는 단순한 햄버거 가게가 아닌, 프랜차이즈 시스템 그 자체의 상징이 된다.

이후 맥도날드는 햄버거만 파는 가게가 아니었다. 전 세계에서 똑같은 맛, 똑같은 인테리어, 똑같은 미소가 있는 '프랜차이즈의 교본'이 되었다. 레이 크록이 만들어 낸 것은 메뉴가 아니라 시스템이었다.

이 시스템은 미국 고속도로망의 확대, 교외 주택지의 성장, 가족 단위 외식 문화의 확산과 맞물려 폭발적으로 성장한다.

어느 도시를 가든 같은 음식을 먹을 수 있다는 건, 낯선 곳에서도 안정감을 준다. 프랜차이즈는 그렇게, 음식보다 '예측 가능성'과 '안정성'을 파는 구조가 되어 버린다.

맥도날드를 시작으로, KFC, 써브웨이, 버거킹, 피자헛, 스타벅스 등이 뒤따랐다. 미국에서 시작된 이 모델은 1970~80년대를 지나면서 전 세계로 퍼져 나가기 시작했고, 특히 경제 성장을 앞둔 아시아, 남미, 중동 시장에서 폭발적인 반응을 얻는다.

한국에는 1984년, 롯데리아가 처음으로 패스트푸드 프랜차이즈 구조를 도입하면서 본격적인 시작을 알렸다.

이후 1990년대 중반까지는 피자, 치킨, 햄버거 같은 서양식 외식 프랜차이즈가 중심이었고, 1997년 IMF 외환위기를 계기로 본격적인 프랜차이즈 창업

붐이 시작된다.

당시 퇴직한 가장들, 실직한 자영업자들, 직장을 나와 창업을 고민하던 사람들이 '프랜차이즈'라는 간판 아래로 모여들었다. 이유는 명확했다.
"검증된 브랜드니까."
"시스템이 있으니까."
"본사가 도와준다니까."

그 믿음은 실제였다. 브랜드는 이미 알려져 있었고, 매뉴얼은 준비되어 있었고, 메뉴는 대중적이었다. 이 구조는 처음 보는 사람에게는 기회처럼 보였다. 그러나 정작 구조의 설계는 본사 중심이었다.
리스크는 점주가, 수익은 본사가 가져가는 구조였다.
성공은 베껴지고, 실패는 개인의 탓이 되었다.
프랜차이즈는 그렇게 전 세계로 퍼졌다. 브랜드는 바뀌었고, 메뉴도 바뀌었지만, 구조는 단 한 번도 바뀌지 않았다.

하지만 맥도날드의 성공이라는 유전인자를 품은 프랜차이즈는 실패란 현실에도 태초의 꿈을 버리지 못하는 DNA를 품고 있는 것이다. 그것이 문제인 것이다.

한국형 프랜차이즈의 생성과 특징

프랜차이즈라는 말은 똑같지만, 한국의 프랜차이즈는 미국이나 유럽의 그것과는 꽤 다른 방식으로 발전해 왔다. 같은 단어 아래 다른 구조가 작동한 셈이다. 외형은 비슷하지만, 속을 들여다보면 완전히 다르다.

한국형 프랜차이즈 구조는 한마디로 요약할 수 있다.
"수익은 본사로, 리스크는 점주에게."

외식업이든 서비스업이든, 한국의 프랜차이즈 모델은 대부분 점주가 자본과 운영을 모두 책임지는 구조로 설계되어 있다.
본사는 브랜드 사용을 허가하고, 교육을 제공하고, 식자재나 자재를 공급한다. 여기까지는 겉으로 보기엔 당연해 보인다. 문제는 이 모든 과정이 수익화 대상이 된다는 데 있다.

본사는 브랜드를 빌려주고 가맹비를 받는다. 교육을 시켜 주고 교육비를 받는다. 식자재를 공급하고 그 차익으로 또 수익을 낸다. 광고를 목적으로 광고 분담금을 받고, 심지어 인테리어 시공업체까지 연결해 그 마진도 챙긴다. 모든 게 본사의 수익 구조에 짜여 있다.
이때 점주는 '사장님'이 아니다. 브랜드를 빌리고, 레시피를 따라 하고, 지침을 이행하며, 매일매일 본사가 정해놓은 틀 안에서 움직이는 운영 대행자일 뿐이다.
그러나 정작 손해는 본사가 보지 않는다.
매출이 떨어지면 책임은 점주의 경영 미숙이고, 입지가 안 좋으면 점주의 탓이며, 폐점하게 되면 위약금은 점주의 몫이다.

게다가 한국형 프랜차이즈 구조에서 가장 독특한 건 '본사의 책임 부재'가 시스템으로 자리 잡았다는 점이다.
해외 프랜차이즈는 일반적으로 일정 수익을 넘기기 전까지는 로열티를 받지 않거나, 손익 분기점을 기준으로 수익 분배가 조정된다. 반면 한국에선 오픈 첫날부터 수수료와 마진이 시작된다.

무엇보다 한국의 프랜차이즈 본사들은 매장을 많이 내는 걸 가장 큰 성장 전략으로 삼는다. 매장을 내는 것이 곧 수익이 되기 때문이다.

그래서 상권 분석은 제대로 이뤄지지 않고, 같은 브랜드 매장이 바로 골목 건너 생기는 일도 비일비재하다.

"오픈만 시켜 놓고 보자." 이게 본사의 기본 전략이 된다.

이렇게 만들어진 구조에서 점주들은 본사보다 먼저 위험에 노출되고, 빨리 망한다.

하지만 그 망한 점주의 자리에는 곧 새로운 점주가 들어온다.

본사 입장에선 어차피 인테리어 수익, 가맹비 수익, 초도 물류 수익이 한 번 더 발생하는 셈이다.

여기서 한 가지 중요한 시각이 필요하다.

한국형 프랜차이즈에서 '매장의 손님'은 진짜 소비자가 아니다. 진짜 소비자는 '점주'다.

본사는 점주에게 브랜드를 '판매'하고, 점주가 본사의 자재, 시스템, 가이드를 '구매'한다.

점주는 본사 상품의 최종 소비자다. 매장 손님은 그 소비의 이차 소비자일 뿐이다. 극단적으로 말하면, 우리나라의 가맹 본사에게는 점주는 제품이고 소모품이다.

본사의 수익 구조는 매장 손님의 재방문보다는 점주의 계약 체결과 물류 재고 발주, 인테리어 강제 리뉴얼, 재교육 비용 등에서 훨씬 더 안정적으로 확보된다.

즉, 한 명의 점주가 장기 생존하는 것보다 2~3명의 점주가 차례로 교체되며 반복 투자하는 것이 본사 입장에선 더 유리한 구조일 수도 있는 것이다.

그럼에도 점주는 흔히 '브랜드 가족'이라는 이름으로 포장된다. '프랜차이즈 패밀리', '동반자', '상생'이라는 말들이 매뉴얼에 반복된다.

그러나 시스템은 그 말들을 뒷받침하지 않는다. 실제로는 최일선의 소비자이자, 가장 빠르게 닳는 소모품에 가깝다.

이것이 한국형 프랜차이즈 구조의 핵심이다. 점주는 제품이고, 본사는 유통사다.

제품은 소진되면 버린다.

본사는 다시 새로운 제품을 들여온다.

그 사이, 소모된 점주의 삶은 매출표 뒤에 조용히 묻혀 간다.

구조는 꿈을 팔고, 현실은 리스크를 떠안긴다

프랜차이즈는 늘 멋지게 포장되어 있다. 창업설명회 브로슈어 내용에는 브랜드 스토리가 있다. 점주 인터뷰 영상엔 웃는 얼굴이 나오며, 본사 프레젠테이션에는 '검증된 모델', '누구나 성공할 수 있는 시스템', '다년간의 노하우'라는 말이 빠지지 않는다.

창업을 준비하는 사람은 그 말에 매료된다.

누구나 한 번쯤 실패했거나, 회사를 떠났거나, 가정의 생계를 책임져야 하거나, 이제는 무언가에 기대야만 하는 순간에 도달해 있다. 그들에게 프랜차이즈는 꿈처럼 보인다. 나도 그랬다.

"본사가 다 도와줍니다."

"브랜드가 알려져 있어서 손님은 알아서 들어와요."

"처음이 어렵지, 따라오시면 금방 감 잡으실 겁니다."

이런 말들 속에서 점주는 '사장님'이라는 이름표를 받고, 인테리어를 하고, 오픈일을 기다린다.

그렇게 문을 열면, 드디어 현실이 시작된다. 초도 물류 비용은 생각보다 컸다. 본사 교육은 하루나 이틀 만에 끝났고, 상담하던 본사 직원은 가맹계약 후 연락이 느려졌다.

'초기 마케팅 지원'이라는 건 현수막 몇 장과 포스터 몇 개였다.

손님은 생각보다 빨리 줄어들었고, 매출은 예상보다 느리게 늘었다. 그때부터 본사는 이런 말을 꺼낸다.

"사장님이 홍보를 더 하셔야죠."
"지역 SNS도 직접 해 보셔야죠."
"요즘 트렌드에 맞게 메뉴를 리뉴얼해 보시는 건 어떠세요?"

이쯤 되면 점주는 알아차린다. 본사의 시스템은 나를 돕는 것이 아니라, 나에게 기대고 있었다는 사실을….

본사는 계약서와 매뉴얼에 이미 모든 책임을 넘겨 놓았다. 점주의 하루는 본사가 설계한 레시피와 가격, 정해진 공급처와 정해진 운영 시간 속에서 반복된다. 하지만 그 결과에 대한 책임은 오직 점주의 몫이다.

매출이 줄어도 본사는 로열티를 받는다.

식자재 발주는 강제이고, 공급 단가는 공개되지 않는다. 인테리어는 본사 지정 업체를 써야 하고, 리뉴얼이 필요하다는 말이 떨어지면 새 벽지, 새 간판, 새 바닥까지 모두 점주가 다시 감당해야 한다.

본사는 줄곧 꿈을 팔지만, 현실은 점주가 떠안는다.

이 구조는 조용히 반복된다. 누군가의 실패는 그저 다음 점주의 개업으로 덮이고, 본사는 '개업 축하'의 화환을 또 보낸다.

프랜차이즈는 시스템이 아니다. 그 구조 안에서 누가 계속 수익을 내고 있고, 누가 반복적으로 망하고 있는지를 보면 진짜 시스템이 보인다.

그 구조를 처음부터 알고 들어가는 사람은 드물다. 알았더라면, 계약서에 서명하는 손이 조금은 더 떨렸을지도 모른다.

교훈 　 프랜차이즈는 왜 꿈이 되었는가?

프랜차이즈가 하나의 '꿈'이 된 데에는 구조적인 요인만 있는 것이 아니다.
나는 오히려 그보다 앞서, 사람들 마음속에 자리한 간절함과 불안, 그 감정의 지형을 먼저 말하고 싶다.
퇴직자든, 자영업자든, 혹은 장사를 처음 해보려는 사람이든, 프랜차이즈를 꿈꾸게 되는 마음속에는 언제나 두 개의 감정이 공존한다. 하나는 '이대로는 안 되겠다'는 막다른 불안이고, 다른 하나는 '누군가가 만들어놓은 성공 안에 들어가고 싶다'는 소망이다.

자신의 이름으로 가게를 열지만, 실은 남의 브랜드 안으로 들어가고 싶었던 것이다.
스스로 하지 못한 것을 보상받고 싶었고, 세상이 보장한 구조 안에 기대고 싶었다.
간판이 대신 책임져 주기를 바랐고, 혼자서는 실패할까 두려워 '성공의 궤도'에 올라타고 싶었던 것이다.

그 마음은 결코 비겁하지 않다. 오히려 너무 인간적이고, 너무 절박하다. 그러나 그 절박함은 때때로 판단을 흐리게 하고, 질문을 멈추게 하며, 확인을 포기하게 만든다.
사람들은 화려한 매장 사진과 본사의 성공 사례를 보며, 그게 마치 나의 미래처럼 느껴진다.

  나는 묻는다. 정말 그것이 나의 가능성이었을까? 아니면, 나에게 없는 것을 대신 빌려 쓰고 싶었던 건 아니었을까?

  결국 프랜차이즈는 '할 수 있다'는 희망보다, '이 길이면 실패하지 않을 것'이라는 믿음을 판다.

  그리고 많은 이들이 그 믿음을 '계약서'라는 형태로 받아 적는다. 하지만 진짜 문제는 여기에 있다.

  세상을 너무 믿었다는 것. 시스템을, 브랜드를, 경험 많은 누군가의 안내를, 그리고 '누군가는 나보다 더 잘 알 것'이라는 착각을 너무 쉽게 믿어 버렸다는 것이다.

  프랜차이즈 가맹점을 내어줄 때, 본사는 과연 가맹점이 진정으로 잘되고 발전하기를 바라는 마음이 우선일까? 아니면 가맹점의 숫자 단위에 불과하고 본사의 수익을 우선으로 생각할까? 생각해 볼 일이다.

  여기서 우리는 한 가지를 분명히 해야 한다. 믿는다는 것, 그것은 반드시 '아는 것'을 전제로 해야 한다.

  무작정 믿는다는 것은 단지 편안함에 기대는 맹목일 뿐이고, 상대의 손에 들린 칼날 앞에 내 목을 스스로 내어 주는 일이다. 믿기 전에 먼저 알아야 한다.

  정보를 알고, 구조를 파악하고, 흐름을 판단해야 한다. 그 위에서만 비로소 '믿을 수 있는 믿음'이 만들어진다.

  프랜차이즈는 그렇게 꿈이 되었고, 그 꿈은 지금도 누군가의 현실이 되고 있다. 그렇기에 우리는 이 구조를 이야기할 때, 그 안에 있었던 사람들의 마음까지도 함께 이야기해야 한다.

  앞서 믿음은 앎을 전제로 해야 한다고 했다. 하지만 나는 여기에 하나를 더 권하고 싶다.

　그것은 경험이다. 하고자 하는 일에 대한 간접 경험이라도 꼭 하기를 바란다. 경험을 동반한 앎, 그것을 통한 믿음. 그것을 확인하고 실행에 옮기기를 간절히 권하는 바이다.

2부

프랜차이즈의 본질과 목적

• 서 문

프랜차이즈는 원래 '함께 크기 위한 시스템'이었다. 브랜드를 가진 본사가 전국 곳곳에 매장을 세우기 위해, 모든 자본을 감당하지 않아도 되는 방식.
 여기에 자영업자는 이미 검증된 브랜드를 빌려 쓰며 초기 리스크를 줄일 수 있는 구조. 이상적으로만 본다면, 프랜차이즈는 본사와 점주가 각자의 역할을 하며 상호 이익을 추구하는 모델이어야 한다.

 본사는 브랜드와 운영 매뉴얼, 제품 공급과 품질 관리를 맡는다. 점주는 자본을 투자하고, 현장을 운영한다.
 본사는 신뢰를 판다. 점주는 성실을 판다. 둘 다의 이익이 만들어지는 곳이 매장이고, 그 이익을 장기적으로 나누는 것이 이 시스템의 원리다.

 이렇게 보면 프랜차이즈의 핵심은 '확장'과 '안정성'이다.
 본사는 브랜드를 전국으로 확장하고, 점주는 개인 창업보다 낮은 실패 확률을 기대하며 진입한다. 즉, 브랜드는 수익을 확장하고, 점주는 리스크를 분산받는다.
 현실에서 그렇게만 작동했다면, 프랜차이즈는 모두가 선호하는 최상의 창업 구조가 되었을 것이다. 그러나 문제는 이 시스템이 설계된 목적과 실제 작동하는 구조가 점점 멀어지기 시작했다는 점이다.
 처음에는 함께 성공하는 구조였던 것이 어느 순간부터 성공은 본사의 몫이 되고, 실패는 점주의 몫이 되었다. 시스템은 있었지만, 그 시스템이 작동하지 않을 때 본사는 면책되고 점주만 감당하게 되었다.

 우리가 프랜차이즈의 본질을 다시 묻는 이유는 단순한 원론 때문이 아니다. 이 시스템이 왜 이렇게 오염되었는지, 왜 잘못되었는지 그 시작점을 정확히 짚기 위해서다. 프랜차이즈는 원래 무엇이었고, 지금은 무엇이 되었는가.
 이 장은 그 질문에서 시작된다.

1장

프랜차이즈 사업의 수익 확장과 브랜드 파워

프랜차이즈의 가장 큰 목적은 '확장'이다. 본사는 한 점포의 수익이 아니라, 그 브랜드를 전국으로 퍼뜨리는 데서 본질적 이익을 만든다. 확장 자체가 수익이 되는 구조, 이것이 프랜차이즈 사업의 근간이다. 가맹점을 하나 늘릴 때마다 본사는 최소한 세 가지 수익을 얻는다.

첫째는 가맹비다. 브랜드를 사용할 수 있는 권리를 부여하고, 그 대가로 돈을 받는다.

둘째는 초기 인테리어 및 오픈 관련 수익이다. 지정된 시공사, 초도 물류, 오픈 프로모션 등 다양한 초기 비용이 본사의 마진으로 연결된다.

셋째는 운영 중 반복되는 공급 구조다. 식자재, 포장재, 매뉴얼 교육, 광고비, 시스템 사용료 등이 정기적으로 본사의 수익원이 된다.

즉, 매장을 열기만 해도 본사는 이익을 얻는다. 매출이 나지 않더라도, 점주가 버티는 동안 본사의 현금 흐름은 이어진다. 그래서 프랜차이즈 본사는 늘 말한다. "더 많은 매장을 내자."

그 말은 겉으로는 브랜드의 성장처럼 보이지만, 실상은 수익 구조의 분산과 반복을 위한 전략이다.

여기서 정말 중요한 사실 하나를 짚고 넘어가야 한다.

본사 입장에서 '가맹점 수'는 단순한 운영 숫자가 아니다. 그 자체가 브랜드의 자산이자, 평가의 기준이다.

프랜차이즈 본사는 외부 투자 유치, 특히 사모펀드(PEF)나 벤처캐피털(VC) 투자자들로부터 브랜드 가치를 인정받기 위해 가맹점 숫자와 출점 속도를 핵심 지표로 내세운다.
실제 투자 유치 과정에서 가맹점 수가 100개를 넘기면 가치가 껑충 뛰고, 200개를 돌파하면 M&A 시장에서의 '몸값' 자체가 달라진다.

그 결과, 본사의 초점은 '점포당 매출'보다 '매장 개수'에 쏠리게 된다.
브랜드 가치는 결국 확장성으로 환산되기 때문이다. 문제는 바로 이 지점에서 비롯된다.
가맹점 하나하나의 수익성이나 생존 가능성보다, 가맹점 수를 늘리는 것 자체가 본사의 '전략적 자산화' 수단이 되는 순간, 점주의 생존은 본사 전략의 변수가 아닌 '소모품'이 되기 쉽다.

더 심각한 건, 최근 몇 년간 많은 프랜차이즈 브랜드가 '사모펀드(Private Equity Fund, PEF)'의 투자 또는 인수 대상이 되면서부터다. 사모펀드는 단기 수익 극대화와 기업 가치 상승을 목표로 하는 투자 성격을 가진다.
이들은 브랜드의 장기 운영 안정성보다 빠른 시간 내에 매출을 부풀리고 가맹점 수를 확대해 기업 가치를 올린 뒤, 되팔거나 상장하는 방식의 투자 전략을 택한다.

즉, 브랜드를 '키우는 게 목적'이 아니라 '팔기 위해 부풀리는 것'이 목적이다.
이러한 구조 안에서 가맹점주는 무엇이 되는가?
점주의 안정적 수익, 지속 가능한 영업 구조, 권익 보호는 뒷전으로 밀리고, 가맹점은 단지 '브랜드 몸값을 올리기 위한 숫자'로 전락한다.

결과적으로, 사모펀드가 관여한 프랜차이즈 본사일수록 단기 매출 위주 마케팅, 무리한 출점 확대, 점주에게 전가되는 비용 구조가 더 극심해질 가능성이 높다.

그 끝은 폐점과 손실, 그리고 점주의 희생이다.

이 구조에서는 매장의 매출보다 매장의 숫자가 더 중요해진다. 점포 한 곳의 성과는 곧바로 브랜딩과 투자 자료에 활용되고, 새로운 점주는 그 '성공 사례'를 보고 계약서에 서명하게 된다.

성공은 홍보되고, 실패는 삭제된다. 오픈 3개월 만에 폐점한 사례는 어디에도 기록되지 않고, 매달 몇 개씩 늘어나는 가맹점 수만이 브로슈어 앞 페이지를 장식한다. 확장만이 곧 성장인 것처럼 보이게 된다.

국내의 프랜차이즈 사모펀딩 사례

• **놀부**

1990년대부터 외식 프랜차이즈 강자로 자리 잡았던 놀부는 2011년, 미국계 사모펀드 모건스탠리 프라이빗에쿼티(MSPE)에 인수된다.

이들은 놀부를 '글로벌 한식 브랜드'로 키우겠다는 야심 찬 계획을 세웠고, 이를 위해 기존 브랜드 구조를 재편하고 다양한 신규 브랜드(놀부보쌈, 놀부부대찌개, 놀부항아리갈비 등)를 론칭했다.

하지만 사모펀드 특유의 수익 중심 단기 전략은 오히려 브랜드 정체성을 모호하게 만들었다.

중복되는 메뉴, 중구난방식 확장, 가맹점 수익성 악화 등이 겹치며 브랜드 이미지가 급격히 하락했고, 본사와 점주 간의 갈등도 깊어졌다.

2016년 이후부터 영업 적자가 본격화되었고, 2019년에는 매각이 추진되었지만 투자자들로부터 철저히 외면받았다.

놀부는 한때 '대한민국 외식의 상징'이었지만, 사모펀드가 들어온 뒤에는 매출 감소, 브랜드 훼손, 내부 갈등으로 이어지는 실패의 전형을 보여 주었다.

결과적으로 놀부는 '키워서 되팔기'라는 사모펀드의 전략 속에서 방향을 잃었고, 여전히 회생의 실마리를 찾지 못하고 있다.

• 맘스터치, 사모펀드와 구조의 덫

맘스터치는 2004년 설립된 '해마로푸드서비스'가 운영하는 외식 프랜차이즈 브랜드다.

'가성비 좋은 수제 스타일 햄버거'라는 콘셉트로 빠르게 대중의 입맛을 사로잡았고, 2010년대 중반에는 버거 프랜차이즈 중 단연 눈에 띄는 성장세를 기록했다. 매장 수는 2014년 500여 개, 2016년 1,000개를 돌파했으며, 2018년 말에는 전국적으로 약 1,200개 매장을 보유하며 외식업계의 새로운 강자로 떠올랐다.

이러한 급성장 속에서 2019년, 사모펀드 KL&파트너스가 해마로푸드서비스를 약 1,300억 원에 인수한다.

당시 KL&파트너스는 공격적인 투자로 수익을 극대화한 뒤 3~5년 안에 매각하겠다는 전략을 세웠던 것으로 알려졌다.

실제로 그들은 인수 직후부터 '맘스터치'를 단순한 외식 브랜드가 아닌 투자 자산으로 다뤘다. 비용 통제, 시스템 효율화, 가맹 확장을 통해 기업 가치를 끌어올리는 작업에 착수했다.

이 과정에서 가장 먼저 달라진 것은 가맹점 확장 속도였다. 기준이 낮아진 가맹 심사, 자주 바뀌는 운영 매뉴얼, 광고비의 점주 부담 확대, 원재료 공급 가격 인상 등의 변화가 잇따랐다.

이는 결국 본사 수익성 강화로 이어졌지만, 동시에 점주들의 수익성 악화와 신뢰 붕괴를 불러왔다. 특히 가격 인상과 '프리미엄화 전략'은 맘스터치의 가장 큰 장점이던 '가성비'라는 브랜드 정체성을 흐리게 만들었다.

점주들 사이에서는 "창업 당시와는 완전히 다른 브랜드가 되어 버렸다"는 불만이 쌓이기 시작했고, 내부 갈등이 표면화됐다.

점포 수는 2022년 기준 1,350여 개까지 증가했지만, 출점보다 폐점이 더 빠르게 진행되는 경향도 나타났다.

이 와중에 본사는 2022년부터 맘스터치 매각을 추진했다. 기업 가치를 약 1조 원

규모로 책정하며 새로운 투자자를 찾았으나, 업계의 반응은 싸늘했다. 사모펀드의 단기적인 수익 회수 전략이 브랜드의 지속 가능성을 훼손했다는 지적이 나왔고, '먹튀 논란'은 현실이 되어 갔다.

이후 KL&파트너스는 매각을 중단하고 맘스터치 경영을 이어 가고 있지만, 이미 신뢰를 잃은 본사-점주 관계는 쉽게 복원되지 않고 있다.

기존의 저렴한 가격과 높은 접근성으로 쌓은 고객 기반도 프리미엄 전략과 어정쩡한 리브랜딩으로 균열이 생겼다.

브랜드는 여전히 존재하지만, 예전과 같은 '동네 맛집 같은 브랜드'라는 이미지는 퇴색되었고, 내부에서는 여전히 점주와 본사 간의 이해 충돌이 해결되지 않은 채 남아 있다.

맘스터치 사례는 프랜차이즈 업계에서 사모펀드 자본이 어떤 방식으로 작동하고, 그로 인해 브랜드와 점주 생태계가 어떻게 변질되는가를 보여 주는 대표적인 케이스다.

매장을 늘리고 수익 지표를 단기간 끌어올리는 데는 성공했을지 몰라도, 브랜드 신뢰와 구조적 건강성은 오히려 약화되었다.

결국 사모펀드가 그리는 '수익의 곡선' 위에는 누군가의 위기와 침묵이 얹혀 있다는 점이 이 사례를 통해 드러난다.

문제는 이런 구조 안에서 브랜드의 파워는 본사의 자산이 되지만, 그 브랜드를 운영하는 리스크는 점주의 책임이 된다는 점이다.

'잘 알려진 브랜드'라는 이유로 더 높은 가맹비를 받고, 더 비싼 식자재를 공급하며, 더 강한 운영 통제를 하면서도, 본사는 그 브랜드가 주는 부담은 나누지 않는다.

브랜드 파워는 점주의 선택 이유가 되지만, 그 브랜드가 무너질 때, 본사는 빠지고 점주는 고립된다.

"이미지는 점주들이 망쳐 놨다"는 식의 해명도 그때 나온다.

결국, 브랜드는 본사의 수익을 확장시키기 위한 상징이자 자산이지만, 점주에게는 반복 투자와 과잉 마케팅의 압박이 된다.

그래서 프랜차이즈는 늘 확장을 말하지만, 그 확장의 그림자엔 점주의 리스크가 겹겹이 쌓인다.

반면, 프랜차이즈를 하지 않고도 전국 브랜드가 된 경우도 있다.

성심당 사례

대전의 성심당은 단 한 번도 가맹사업을 하지 않았다. 대신 대전역이라는 지리적 이점을 활용해 오직 '그곳에서만' 제품을 판매한다. 경부선을 타는 사람들이 일부러 대전역에 내려서라도 빵을 사 간다. 그 이유는 단 하나다. '거기서만 살 수 있기 때문'이다.

성심당은 말한다.
"성심당이 전국 브랜드가 된 것은 가맹점을 내어 주지 않았기 때문이다."

이것이 희소성의 가치다. 어디서든 볼 수 있는 게 아니라, 일부러 가서 사야 한다는 경험이 브랜드를 특별하게 만든다. "나는 성심당에서 직접 사 왔다."라는 자부심이 입소문이 되고, 그 자체가 가장 강력한 마케팅이 된다.

많이 내는 것이 능사는 아니다. 도시마다 하나, 지역마다 하나, 그 절제와 간격이 브랜드의 품격이 될 수도 있다.

프랜차이즈는 확장을 통해 브랜드를 키운다. 성심당은 절제를 통해 브랜드를 지킨다. 둘 다 성장일 수 있지만, 그 안에 깃든 철학은 전혀 다르다. 시스템이란 '크게 만들기 위한 도구'일 수도 있지만, 때로는 '단단하게 남기 위한 선택'일 수도 있다.

2장

가맹 본부와 가맹점주의 관계
상생인가, 종속인가

프랜차이즈 산업은 표면적으로 '함께 성장'을 외친다. 본사와 점주가 하나의 팀처럼 협력하여 브랜드 가치를 키우고 수익을 나눈다고 약속한다.

가맹 설명회에서는 언제나 '상생'이라는 단어가 빠지지 않는다. "점주님이 잘되어야 본사도 잘됩니다."라는 말은 가장 흔히 들을 수 있는 약속 중 하나다.

그러나 계약서에 서명하고, 매장을 오픈한 후 마주하게 되는 현실은 그 약속과는 전혀 다르다.

본사는 점주의 운영을 광범위하게 통제한다. 메뉴 구성부터 가격 설정, 인테리어 디자인, 광고 프로모션의 참여 여부까지 세세하게 간섭한다. 때로는 주문하는 식자재 종류와 수량, 배달 앱 등록까지 지시한다.

점주는 법적으로는 '독립된 사업자'지만, 실제로는 본사의 지침을 따라야 하는 하위 사업자에 불과하다.

스스로 메뉴를 바꿀 수 없고, 지역 시장 상황에 맞게 가격을 조정할 수도 없으며, 고객 요구에 맞춰 프로모션을 유연하게 대응하는 것도 불가능하다. 자율성은 통제되고, 창의성은 매뉴얼 안에 갇혀 버린다.

그럼에도 본사는 여전히 '상생'을 외친다. 그러나 이 구조 속에서 진정한 상생은 찾아볼 수 없다.

본사는 브랜드 이미지 통일성을 이유로 점주의 변화를 막고, 매출 부진을 점주의 운영 미숙 탓으로 돌린다.

광고비, 판촉비 같은 비용 부담도 점주에게 전가한다. 정작 본사는 위험을 지지 않는다. 리스크는 점주에게 온전히 떠넘겨진다.

이것은 상생이 아니다. 조건부 상생, 선택적 상생, 그리고 때로는 정교하게 설계된 종속에 가깝다.

프랜차이즈 산업은 상생을 말하지만, 현실에서는 본사의 이익을 지키기 위해 점주의 권한과 자유를 철저히 제한하는 구조를 구축했다.

진정한 상생은 점주의 자율성을 존중하고, 경영 판단권을 보장하고, 위기 시 함께 고통을 나누는 것이다.

하지만 지금의 프랜차이즈 산업은 '상생'이라는 말의 의미를 철저히 비틀고 있다. 이것이, 우리가 프랜차이즈 산업을 냉정하게 바라봐야 하는 이유다.

현실 속 '이익 공유'의 실체

프랜차이즈 산업은 항상 본사와 가맹점이 '이익을 공유한다'는 명분을 내세운다. 본사도 성장하고, 점주도 함께 성장한다는 이야기다.

성공 신화를 만들기 위해 점주의 노력과 본사의 시스템이 하나로 맞물린다고 강조한다. 그러나 실제 현장에서 체감하는 '이익 공유'는 그리 이상적이지 않다.

본사는 계약 단계에서 이미 고정 수익 구조를 완성해 둔다. 가맹비, 로열티, 교육비, 인테리어 설계비, 식자재 공급 마진 등으로 수익을 확보한다.

이 수익들은 점포의 매출과 별개로 본사에 꾸준히 들어온다. 매출이 잘 나오든, 그렇지 않든, 본사는 자신들의 몫을 확실히 챙긴다.

반면 점주의 수익은 온전히 시장 환경에 달려 있다. 임대료, 인건비, 원자재 비용은 점점 높아지고, 배달 플랫폼 수수료와 같은 추가 비용까지 늘어난다. 매출이 떨어져도 본사는 로열티를 요구하고, 브랜드 인지도를 높이겠다며 광고비 분담을 요청한다.

판촉 프로모션 비용도 점주가 부담해야 하는 경우가 많다. 특히 매출 부진 시 본사가 점주를 지원하는 경우는 드물다.

오히려 매출이 떨어졌기 때문에 더 많은 프로모션에 참여하라고 압박하거나, 메뉴 리뉴얼 비용을 추가로 요구하는 일이 많다.

이익은 본사가 선취하고, 손실은 점주가 떠안는 구조가 명확하게 드러나는 순간이다.

본사의 이익은 구조적으로 보호되어 있지만, 점주의 이익은 변동성에 노출되어 있다.

위기 상황이 오면 점주는 스스로 모든 책임을 감당해야 한다. 계약서 어디에도 본사가 점주의 손실을 분담하겠다는 약속은 없다.

반면 본사가 받을 수 있는 수익 항목은 조목조목 명시되어 있다.

이것이 현실 속 '이익 공유'의 실체다. 말로는 함께 성공한다고 하지만, 구조는 철저하게 본사의 이익을 우선시하도록 설계되어 있다.

본사의 성장은 시스템적으로 보장되지만, 점주의 성공은 개인의 능력과 운에 맡겨진다. 이 불균형이 반복될수록 가맹점주들은 지쳐 가고, 프랜차이즈 산업의 신뢰도는 점점 무너진다.

진정한 이익 공유란 본사가 점주의 위기에도 함께 책임을 지고, 위험을 나누는 구조를 갖추는 것이다.

매출이 부진할 때 광고비를 함께 부담하고, 신규 정책이나 리뉴얼 비용을 본사가 일부 지원하는 것이 진짜 상생의 시작이다.

진정한 이익 공유란 본사가 점주의 위기에도 함께 책임을 지고, 위험을 나누는 구조를 갖추는 것이다. 매출이 부진할 때 광고비를 함께 부담하고, 신규 정책이나 리뉴얼 비용을 본사가 일부 지원하는 것이 진짜 상생의 시작이다.

그러나 지금의 프랜차이즈 구조는 점주의 희생 위에 본사의 이익을 구축하는 방식으로 흘러가고 있다.

본사의 수익은 이미 기본적으로 확보된 상태이며, 가맹점이 적자에 빠져 허덕이는 동안에도 본사의 몫은 꼬박꼬박 채워진다. 즉, 가맹점 적자 속의 일부는 본사의 마진이 숨어 있는 것이다.

결국 지금의 구조는 가맹점과의 상생이 아니라, 가맹점의 희생을 먹고 연명하는 시스템에 불과하다.

우리는 이 구조를 외면해서는 안 된다. 외면하는 순간, 같은 희생은 또 반복될 것이다.

교훈

프랜차이즈라는 말은 익숙하지만, 정작 그 뿌리를 묻는 사람은 많지 않다. 내가 이 산업의 구조를 깊이 들여다보면서 가장 먼저 스스로에게 던졌던 질문은 이것이다.

"이 프랜차이즈는 어디서 왔는가?"

그 출발을 알지 못하면, 이 시스템이 왜 이렇게 작동하는지 이해할 수 없다.

처음의 프랜차이즈는 '확장'이 아니라 '공유'였다. 전통 있는 노포에서, 지역 주민이 그 맛을 배우고 가게를 내면서 자연스럽게 시작된 가맹이었다. 철학도 있었고, 사명감도 있었다.

그 집의 맛과 방식, 정성을 이웃과 나누겠다는 마음이 있었다. 이것이 '자연 발생형 프랜차이즈'의 시작이었다.

하지만 지금 우리 앞에 놓인 프랜차이즈의 대부분은 다르다. 이들은 처음부터 기획되었다.

확장을 목적으로 탄생했고, 그 설계 안에는 브랜드 가치와 로열티 구조, 초기 가맹 수익 회수가 모두 계산되어 있었다.

즉, 브랜드는 콘텐츠가 아니라 구조가 되었고, 철학은 전략으로 대체되었다.

나는 여기에 물음을 던진다.

이 본사는 과연 처음부터 '함께 살아갈 파트너'를 찾은 것인가, 아니면 '함께 리스크를 나눌 수 있는 투자자'를 찾은 것인가.

이 물음에 대한 답은 사업 초기 본사의 언어에서부터 드러난다. 그들은 말한다.

"누구나 쉽게 운영할 수 있습니다."

"3천만 원으로 나만의 가게."

"월 500만 원 수익 가능."

그러나 그 말 어디에도 '오래가기 위한 철학'은 없다. 점주의 삶에 대해 진지하게 고민한 흔적이 없다.

철학이 없는 구조는 언제나 수단만 남는다.

나는 처음에 세 곳의 후보지를 선정해 본사에 제안했다. 그러자 본사는 고민할 것도 없다는 듯, 세 곳 중 가장 임대료가 비싼 곳을 무조건 추천해 왔다. 이미지 면에서는 좋다고 했다.

상권이 살아 있고, 유동 인구가 많고, 외관이 잘 보인다고 했다. 하지만 내가 팔고자 하는 건 단가 1,000원짜리의 상품이었다. 회전율과 고정비가 무엇보다 중요한 구조였다.

그런데도 본사는 끝까지 그 고비용 입지를 고집했다. 그 순간 나는 깨달았다. 이 추천은 나를 위한 선택이 아니라, 그들 브랜드를 위한 전시 효과를 노린 계산이었다.

내 점포는 수익이 아닌, 본사의 '외부 홍보용 매장'으로 쓰이려 하고 있었다. 나는 처음으로 의심하게 되었다.

이들이 진심으로 나의 생존을 고민하고 있는 것인지, 아니면 단순히 본사의 '브랜드 쇼케이스'로서 내 가게를 소비하고 있는 것인지 말이다.

그래서 나는 말하고 싶다. 프랜차이즈는 계약서 이전에 철학을 확인해야 한다. 상생을 말하는 본사라면 그 흔적이 '진행 과정' 속에 반드시 존재한다.

상권 분석에 진심이 있는지, 가맹 희망자의 생활 조건을 묻는지, 과장된 수익을 내세우기보다 장기적인 운영을 이야기하는지. 이런 디테일이 진짜 본사의 '사람 보는 방식'을 보여 준다.

내가 겪은 본사는 달랐다.

점주를 '파트너'가 아니라 '리스크를 떠안아 줄 매개'로 여겼고, 관계는 상생이 아닌 일방적 종속으로 흐르기 쉬운 구조를 갖고 있었다.

계약서 한 장이면 끝나는 구조, 철수할 때 본사는 책임지지 않는 구조, 운영 과정에서 생기는 문제는 모두 점주의 탓이 되는 구조.

이 모든 것이 처음부터 기획된 프랜차이즈의 실체였다.

프랜차이즈를 시작하려는 사람들에게 말하고 싶다. 브랜드를 보기 전에, 그 브랜드를 만든 사람들의 마음을 보라고.

철학 없이 확장만 존재하는 곳에 들어간다면, 당신은 시스템이 만든 수익 모델의 부속품이 될 수 있다. 우리는 구조를 파악해야 한다. 그러나 그보다 먼저, 그 구조를 만든 사람들의 철학을 파악해야 한다.

우리는 사람의 말을 믿는다. 러시아의 대문호이자 철학자인 톨스토이는 사람의 말을 믿지 말라고 했다.

최소한 톨스토이 본인은 그랬다. 대신 눈빛을 믿으라고 했다. 하지만 우리가 상대하는 것은 조직이다. 그렇다. 우리는 조직의 말을 믿어서는 안 된다.

그렇다고 쳐다볼 눈빛도 없다. 그렇다면 우리가 믿어야 할 것은 사실에 근거한 것이다. 우리는 대상을 바로 알고 사실을 믿어야 한다. 그러면 우리는 안 망할 수 있다.

3부

세계는
프랜차이즈를
어떻게 다루는가

서 문

프랜차이즈는 한국만의 문제가 아니다. 세계 어느 나라든 프랜차이즈는 존재하고, 실패도 있고, 논란도 있다. 하지만 한 가지 분명한 차이는 있다. 일부 다른 나라들은 프랜차이즈를 단지 '사업 모델'로 다루지 않고, '시스템과 문화'로 다룬다는 점이다.

한국에서는 프랜차이즈를 마치 편의점처럼 찍어내는 구조로 소비한다. 빠르게 열고, 빠르게 성장시키고, 숫자를 늘리는 것이 곧 브랜드의 힘이 된다고 믿는다.

반면 미국, 유럽, 일본 등지에서는 브랜드가 성장할수록 그 '책임 구조' 또한 정교해진다. 단순히 매장을 늘리는 것이 아니라, 그 시스템이 어떤 파트너십 위에서 작동하는가, 점주가 어떤 권한과 보호를 받는가, 본사는 어떤 투명성을 유지하는가가 브랜드의 신뢰로 이어진다.

한국에서 프랜차이즈는 '가맹본부의 영업 방식'이지만, 해외에서는 '공공 생태계의 일부'로 본다.

미국에는 '프랜차이즈 윤리 가이드라인'이 있고, 유럽은 지역공동체와의 연결을 중시한다. 일본은 교육과 훈련을 철저히 하고, 프랑스는 지역 상권과 충돌하지 않는 출점 정책을 운영한다.

이것은 단지 문화의 차이만은 아니다. 법, 제도, 감시 체계, 업계의 윤리 기준까지도 브랜드의 신뢰를 만드는 조건으로 작동한다.

매장을 내는 것만큼 매장을 오래 유지시키는 것에 공을 들이고, 점주가 성장하는 구조가 브랜드 성장의 일부로 인식된다.

그에 비해 한국은 '매장을 늘리는 것'만이 본사의 목표가 되기 쉽고, 점주는 계약과 동시에 거의 모든 책임을 떠안는다.

이 장에서는 세계 각국의 프랜차이즈 시스템을 간단히 들여다보며, 우리가 놓치고 있는 프랜차이즈의 진짜 의미, 그리고 제대로 된 생태계가 어떻게 가능한지를 함께 살펴보고자 한다.

1장

외국의 프랜차이즈

✅ 미국 – 계약의 힘, 파트너십의 구조

미국은 프랜차이즈의 본고장이다. 세계 최초로 이 시스템을 대중화시킨 나라이고, 지금도 수많은 글로벌 브랜드가 이곳에서 시작되었다.

그래서일까. 미국의 프랜차이즈는 단순한 확장을 넘어, 법과 계약, 시스템이라는 '틀' 위에서 매우 정교하게 작동한다.

미국에서 프랜차이즈 계약은 단순한 '가맹계약'이 아니다. 일종의 사업 파트너십 계약에 가깝다. 본사는 점주에게 브랜드와 운영 시스템을 제공하지만, 그에 따라 점주에게 일정한 권한과 법적 보호도 함께 부여한다.

예를 들어 미국의 대부분의 주(State)에서는 가맹사업 공개 문서(Franchise Disclosure Document, FDD)가 의무화되어 있다.

이 FDD에는 본사의 재무 상태, 임원 정보, 과거 분쟁 사례, 가맹점 평균 수익, 폐점 비율, 점주의 평균 유지 기간까지 모두 기록되어 있어야 한다.

점주는 계약 전에 이 FDD를 검토할 수 있는 14일 이상의 유예 기간을 갖는다. 이 문서를 변호사에게 맡겨 분석받는 것은 기본이다.

FDD(Franchise Disclosure Document)
미국의 프랜차이즈 정보 공개 문서

우리나라에서 가맹사업자가 계약 체결 전에 반드시 제공해야 하는 '정보공개서'

3부 세계는 프랜차이즈를 어떻게 다루는가

제도는 사실 미국의 프랜차이즈 제도에서 직접적으로 영향을 받은 결과물이다.

미국에서는 이를 FDD(Franchise Disclosure Document)라고 부른다.

FDD는 미국 연방거래위원회(FTC)에서 제정한 제도로, 가맹 희망자에게 사전에 브랜드에 대한 중요 정보를 상세히 공개함으로써 정보 비대칭을 줄이고, 피해를 방지하기 위해 만든 제도다.

1979년에 도입되었고, 현재는 총 23개 항목으로 구성되어 있다.

여기에는 가맹본부의 설립 이력, 경영진의 법적 분쟁 이력, 가맹비와 로열티, 광고비 등 초기 및 지속 비용, 지역 독점 여부, 기존 가맹점 해지·폐점 현황 등 가맹 희망자가 반드시 알아야 할 내용이 담겨 있다.

무엇보다 중요한 건, 미국 역시 가맹계약 체결 전 14일 이상의 FDD를 숙지할 수 있는 시간을 가맹 희망자에게 보장하고 있다는 점이다. 이른바 '숙지 기간' 혹은 '쿨링오프 기간'으로., 이 기간 동안 계약서에 서명하거나 어떤 비용도 지급해서는 안 된다.

희망자는 이 문서를 받아 보고 변호사나 회계사 등 전문가의 자문을 구하거나 신중하게 판단할 시간을 가진다.

우리나라의 가맹사업법이 명시한 정보공개서 제도와 '계약 14일 전 제공' 의무 역시 이 미국의 FDD 제도를 직접 벤치마킹한 결과물이다.

즉, 한국의 정보공개서 제도는 독자적인 발명이 아니라 국제적인 프랜차이즈 규범을 반영한 제도적 이식이며, 그 핵심 정신은 '계약 전에 충분한 정보와 시간을 보장받는 것'에 있다.

또한 미국의 프랜차이즈 브랜드들은 '지나친 확장은 브랜드의 리스크'라는 걸 본능적으로 안다. 그래서 본사 자체도 가맹점 출점을 일정 수준에서 제한하거나, 특정 지역의 과포화를 막기 위해 거리 제한 조항(Territorial Protection Clause)을 계약서에 명시하는 경우가 많다.

가맹점주는 단지 브랜드를 빌리는 게 아니라, 브랜드의 일부가 되는 사람으로 대우받는다.

교육은 철저하고, 매뉴얼은 '지켜야 하는 규칙'이 아니라 '비즈니스 성공을 위한 가이드라인'이다. 무엇보다 중요한 것은, '본사와 점주가 함께 성장해야 한다'는 인식이 계약에 녹아 있다는 점이다.

물론 미국도 프랜차이즈 분쟁은 존재한다. 그러나 그 분쟁은 대체로 계약서에 기반한 해석의 문제이지, 한국처럼 '애초에 계약서가 점주에게 불리하게 짜여 있다'는 식의 구조적 불균형은 상대적으로 적다.

미국의 프랜차이즈는 '이익을 나누는 구조'라기보다는, 역할과 책임을 명확히 구분하고, 그 합의 위에서만 작동하는 시스템에 가깝다. 그것이 바로 '계약 사회에서 프랜차이즈가 작동하는 방식'이다.

물론 우리나라에도 가맹사업법이 존재하며, 일부 조항은 실제로 강력한 효력을 발휘하기도 한다.

그러나 분명한 것은 우리가 외국의 법제를 벤치마킹하는 데 그치지 말고, 그 법이 어떤 철학과 목적에서 출발했는지를 함께 들여다봐야 한다는 점이다.

핵심은 이것이다. 그 법이 분쟁을 미연에 방지하는 데 초점이 맞춰져 있는가, 아니면 분쟁 이후의 처벌과 책임 추궁에 목적이 있는가. 이 차이는 작아 보이지만, 실질적으로는 제도의 방향성과 철학을 가르는 중요한 기준이 된다. 우리는 그 출발점을 따져 봐야 한다.

◎ Chick-fil-A – 브랜드가 사장보다 먼저 책임지는 시스템

미국 프랜차이즈 중에서 Chick-fil-A(칙필레)는 매우 독특한 방식으로 운영된다. 단순히 닭가슴살 샌드위치로 인기를 얻은 브랜드가 아니다. 그 운영 철학 자체가 프랜차이즈 업계에서 이례적인 사례로 손꼽힌다.

칙필레는 일반적인 가맹사업 구조를 취하지 않는다. 대신 점포당 점주를 '선발'하여 위탁 운영을 맡기고, 모든 인테리어, 설비, 장비, 매장 건설 비용은 본사가 직접 부담한다. 점주는 단 1만 달러 수준의 초기 예치금만 내고 매장을 운영하게 된다.

이러한 구조에서 점주는 보통 매장 순수익의 약 5~7%를 연봉으로 받으며, 여기에 매출에 따른 성과 기반 추가 수익(Profit Share)을 본사와 일정 비율로 나눠 가진다. 평균적으로 점주는 연간 약 10만에서 30만 달러(한화 1억 3천만에서 4억 원)의 수익을 올린다. 이는 미국 내 프랜차이즈 업계에서도 상당히 높은 편이다.

더 눈에 띄는 점은 매출 부진 시 본사의 대응 방식이다. 대부분의 프랜차이즈 본사는 매출이 떨어지면 점주에게 책임을 묻는다. 그러나 칙필레는 매출 부진이 일정 수준 이하로 떨어질 경우, 본사 주도의 매장 재교육과 슈퍼바이저 상주 관리, 지역 마케팅 강화 조치, 메뉴 재구성 테스트 운영, 인근 점포 협력 지원 등의 복합적인 회복 프로그램(Recovery Plan)을 발동한다.

이 조치는 단순한 조언이나 문서가 아니라, 본사 팀이 실제 매장에 1~3개월간 투입되어 점주와 함께 운영을 다시 점검하고 회복시키는 구조다. 점주의 '경영 능력 미숙'이 아니라 '브랜드 운영에 대한 본사의 공동 책임'이라는 철학이 깔려 있기 때문이다.

본사와 점주는 '성장률'이 아닌 '지속률'을 공유한다. 칙필레는 점주의 유지율을 브랜드 핵심 지표로 삼으며, 실제로 칙필레 점주의 재계약 유지율은 95% 이상, 연간 매출은 매장당 평균 480만 달러 이상(2023 기준)으로 맥도날드, 스타벅스를 능가한다.

칙필레는 말한다. "우리는 점주를 고객처럼 대하지 않는다. 점주가 우리를 선택했듯, 우리도 점주를 선택한 것이다."

브랜드가 점주를 품을 때, 그 브랜드는 단단해진다. 칙필레는 프랜차이즈에 또 다른 길이 존재함을 보여 주는 강력한 사례다.

◎ KFC의 가맹점 철학 – '함께 오래가는 브랜드'

KFC는 단순한 글로벌 치킨 브랜드가 아니다.

창업자 할랜드 샌더스 대령의 철학은 지금도 브랜드 운영 곳곳에 살아 숨 쉬고 있다.

"프랜차이즈는 파트너십이다."라는 그의 말처럼, KFC는 가맹점주를 단순한 판매자가 아닌 함께 브랜드를 만들어 가는 동반자로 여긴다. 그리고 그 철학은 수십 년간 장수하는 프랜차이즈 시스템의 근간이 되어 왔다.

KFC는 전 세계 150여 개국에 2만 4천 개 이상의 매장을 운영하고 있다. 이처럼 광범위한 확장을 가능하게 한 것은 바로 '점주와의 관계를 어떻게 설정하느냐'에 있었다.

KFC는 본사 중심의 일방적 통제가 아닌, 지역 중심의 운영 자율성과 유연한 현지화 전략을 통해 각국 점주들이 시장에 적응하고 성장할 수 있도록 지원한다.

한국 KFC는 치킨무와 볶음밥, 치즈볼 등 현지 입맛에 맞는 메뉴를 독자적으로 개발해 왔다. 이는 단순히 현지 소비자를 위한 전략이자, 점주가 실질적인 수익을 올릴 수 있도록 본사가 기회를 제공하는 방식이기도 하다.

메뉴뿐만 아니라 마케팅, 가격 정책, 매장 운영 형태도 각 지역에 따라 조정할 수 있는 유연한 구조가 마련되어 있다.

KFC의 가맹 시스템은 진입장벽도 상대적으로 낮은 편이다. 일정 자금 요건과 교육 이수만 충족되면 개인 점주도 진입할 수 있으며, 매장 형태 역시 전통적 풀스토어부터 푸드코트, 키오스크까지 다양하게 설계되어 있다. 이는 자본 규모와 운영 역량에 따라 창업자가 맞춤형 선택을 할 기회를 제공하며, 프랜차이즈 업계에서 흔치 않은 장점이다.

무엇보다 KFC는 '점주의 생존'을 중요하게 여긴다. 가맹점과의 계약 갱신, 리뉴얼, 매장 이전, 점포 철수 등에 있어서도 중재 절차와 사후 지원 체계를 갖추고 있으며, 장기적으로 점주와의 관계를 유지하려는 노력이 시스템 안에 내재되어 있다. 이는 단기간 수익 회수를 우선시하는 사모펀드형 프랜차이즈와는 확연히 구분되는 점이다.

브랜드 자체가 고유의 전통성과 정체성을 갖고 있는 동시에, 운영에서는 지역 파트너에게 자율성과 권한을 부여한다는 것, 바로 이 균형이 KFC를 세계인의 식탁에 오르게 한 핵심 요소다.

점주는 단순한 계약자가 아니라, '샌더스 대령의 유산을 함께 나누는 브랜드 관리자'로 여겨진다.

그 철학이 있었기에 KFC는 수십 년이 지나도 여전히 경쟁력 있는 브랜드로 살아남을 수 있었던 것이다.

⊙ 일본 – 점주는 브랜드의 확장자가 아니라, 완성자다

일본의 프랜차이즈는 화려하지 않다. 빠르게 늘어나지도 않고, 거창한 홍보도 없다. 하지만 그 구조를 자세히 들여다보면, 한국과는 완전히 다른 철학이 깔려 있다. 일본 프랜차이즈의 핵심은 '사람'이다.

매장을 열기 전에 운영에 대한 '마음가짐'부터 교육한다. 그들은 단순히 '이 시스템을 따라 하라'고 말하지 않는다. '당신이 우리 브랜드의 얼굴'이라는 것을 끊임없이 주입한다.

대표적인 사례는 로손(LAWSON)과 세븐일레븐 재팬(7-Eleven Japan)이다. 이 대형 편의점 프랜차이즈는 전국적으로 수만 개의 점포를 운영하면서도, 그 매장의 점주 교육에 엄청난 비용과 시간을 투자한다.

신규 점주는 최대 3개월 이상, 운영 시뮬레이션, 위기 대응, 고객 응대, 회계 관리, 상품 진열 방식까지 모든 것을 마스터해야 실제 점포를 운영할 수 있다.

게다가 일본 본사는 점주를 '파트너'로만 부르지 않는다.

실제로 함께 일하고, 함께 책임지는 구조를 만든다. 교육이 끝난 뒤에도 담당 슈퍼바이저가 매장을 주기적으로 방문하며 운영상 어려움을 들어주고, 매출 하락 시 본사의 공동 부담 프로그램이 발동되기도 한다.

또한 일본은 '프랜차이즈 윤리강령'이 업계 내에 강하게 자리 잡고 있어 과잉출점이나 근접출점, 갑작스러운 공급가 인상 등이 자체 업계 규율에서부터 제지되는 구조다.

한국의 경우, 점주는 계약 후 곧바로 '운영 책임자'로 투입되어 실질적인 훈련이나 리허설 없이 매뉴얼만 읽고 바로 매장을 열어야 한다. 하지만 일본은 정반대다. '사장이 되려면, 그 브랜드에 맞는 사람부터 되어야 한다'는 게 그들의 시각이다.

그 결과 일본의 프랜차이즈는 점주의 유지율이 높고, 점주 간 교류나 본사에 대한 충성도도 강하다. 브랜드를 소비자가 아니라, 운영자가 함께 만든다는 믿음이 프랜차이즈의 질을 결정하는 문화적 바탕이 되어 있다.

확장보다 지속, 속도보다 신뢰. 일본의 프랜차이즈는 점주를 '확장의 수단'이 아니라, 브랜드 완성의 주체로 생각하는 것에서 출발한다.

◎ 도리톤 – 지역과 점주, 모두가 함께 살아가는 프랜차이즈

일본 홋카이도에서 시작된 회전초밥 브랜드 '도리톤(トリトン)'은 단지 맛있는 음식을 제공하는 기업이 아니다.

창업 이후 30년 넘게 단 한 곳의 폐점 없이 꾸준한 성장을 이뤄낸 이 브랜드는, '점포와 지역사회, 그리고 점주의 공존'을 핵심 철학으로 삼는 상생형 프랜차이즈의 모범 사례다.

도리톤을 운영하는 기타이치식품은 모든 매장을 직영 혹은 강한 신뢰 기반의 파트너십 형태로 운영한다.

여기서 중요한 점은, 본사와 점주 간의 관계가 단순히 계약이나 수익 배분의 문제가 아닌 '함께 살아가는 존재'로서 인식된다는 것이다. 점주는 독립된 운영자가 아니라, 브랜드 가치와 철학을 공유하는 실질적인 공동 경영 파트너로 대우받는다.

기타이치식품은 매장을 지역 커뮤니티의 일부로 보고, 단순한 매출 지점이 아닌 '지역민과의 연결 거점'으로 인식한다.

이 철학은 점주 운영 방식에 직접 반영된다. 점주는 매장의 관리자가 아니라 지역사회 속에서 신뢰를 쌓는 리더로서의 역할을 수행한다.

그 결과, 단골 고객과의 유대감이 높고, 매장의 분위기와 서비스는 지속적으로 향상된다.

또한 기타이치식품은 점주의 운영 안정성을 보장하기 위해 운영 리스크를 분산하고, 매장별 맞춤형 지원을 아끼지 않는다. 정기적인 품질·서비스 교육 외에도, 지역 특성을 반영한 메뉴 구성, 고객 응대 방식까지 점주와 함께 조율해 나간다. 이는 매장의 성과가 단기 실적이 아닌 지속 가능한 운영 구조에서 비롯된다는 경영 철학의 결과다.

가장 돋보이는 점은 '지속 가능성'에 대한 철학적 태도다. 매장에서 나오는 음식물 쓰레기를 사료로 재활용하고, 이를 다시 지역 농가에서 활용하여 생산한 돼지고기와 채소를 매장에서 사용하는 친환경 순환 시스템은 단순한 CSR(사회공헌)이 아니라, 점주에게도 명확한 메시지를 전한다.

"당신의 매장은 단지 음식 장사가 아니라, 지역과 순환하고 살아가는 공동체의 일부입니다."

이러한 상생 구조는 점주에게도 안정성과 자부심을 함께 안겨 준다. 매장이 단순히 '팔고 이익을 남기는 곳'이 아닌, '사람과 환경, 지역이 어우러지는 공간'이 되면서, 점주는 운영자이자 지역 공동체의 일원으로 성장한다.

이것이 바로 도리톤이 30년 넘게 단 한 곳의 폐점도 없이 운영될 수 있었던 진짜 이유다.

◆ 프랑스 – 프랜차이즈는 도시와 공존할 수 있는가

프랜차이즈가 늘어나면 도시가 편리해질 것 같지만, 그 수가 지나치면 거리는 단조로워지고, 골목의 다양성은 사라진다.

프랑스는 이 점을 매우 민감하게 여긴다. 그래서 프랜차이즈의 확장 자체를 '성공'이 아니라, 공공과의 균형 속에서 조정되어야 할 요소로 본다.

프랑스는 1970년대부터 '상권 보호법' 개념을 도입해, 대형 프랜차이즈의 도시 침투를 제어해 왔다. 지금도 대부분의 도시에는 '도심 상점 집중도 제한 조례'가 존재하며, 지방 자치단체가 출점 허가권을 갖는다.

예를 들어 프랑스의 대표적인 프랜차이즈 베이커리 브랜드인 PAUL(폴)은 철저히 지역 중심 모델로 확장한다.
본사에서는 일정 거리에만 출점을 허용하고, 입지 주변의 동종 타업종 밀도를 고려해 조정한다. 프랜차이즈 사업의 목표가 '전국 출점 수 증가'가 아니라, '각 매장의 지속 가능한 생존'에 맞춰져 있기 때문이다.

또 다른 사례인 Brioche Dorée(브리오쉬 도레)는 대형 쇼핑몰이나 고속도로 휴게소처럼 기존 상권과 충돌하지 않는 장소를 우선적으로 선택해 출점한다. 이 브랜드는 출점 전 반드시 지역 상인회와 협의를 거치며, 지자체 승인을 얻어야 한다.

프랑스는 단지 출점을 제한하는 데 그치지 않는다. '프랜차이즈 공정성 위원회'라는 조직이 있어, 점주의 계약 해지 사유와 권리, 로열티 과다 여부 등을 사전에 검토한다. 이 위원회는 법적 구속력은 없지만, 업계 내에서는 그 권고가 강하게 작용하며 본사도 이를 무시하기 어렵다.

이처럼 프랑스는 프랜차이즈를 단지 사적 계약이 아니라, 지역 공동체와 연결된 공공의 구조로 인식한다. 본사는 점주와 계약하기에 앞서 지역과도 '계약'하고 있는 셈이다.
그 결과 프랑스의 프랜차이즈 매장은 수적으로는 적지만, 점포당 평균 운영

연수가 길고 지역 경제에 대한 반감도 훨씬 낮다. 소비자들 역시 "이 브랜드는 나의 동네와 어울린다"는 감각을 갖고 지지한다.

확장을 위한 확장이 아니라, 존재의 이유를 따져 묻는 출점. 빠르게 퍼지는 시스템이 아니라, 천천히 뿌리내리는 브랜드. 프랑스는 프랜차이즈가 도시와 공존할 수 있는 방식이 무엇인지를 구조로 보여 주는 나라다.

◎ Cojean – 점주를 동반자로 대하는 프렌치 웰빙 프랜차이즈

프랑스 파리에서 시작된 웰빙 레스토랑 브랜드 코장(Cojean)은 '건강한 패스트푸드'라는 명확한 브랜드 철학을 갖고 있다.

그러나 이 브랜드가 진정으로 주목받는 이유는 단지 음식의 건강함이나 친환경 경영 때문이 아니다.

코장은 프랜차이즈 사업을 펼치며 가맹점주를 단순한 운영자가 아닌, 브랜드 철학을 함께 실천해 나가는 '공동체의 일원'으로 인식하고 대우한다는 점에서 독보적이다.

2001년 첫 매장을 연 이후, 코장은 매장을 단지 식사를 제공하는 공간이 아니라, 도시의 지속 가능성과 지역 주민의 삶의 질을 높이는 플랫폼으로 발전시켜 왔다.

이 철학은 본사 중심의 일방적 경영이 아닌, 가맹점주와 함께 도시와 공존하는 방식으로 실현된다. 코장의 점주는 단순히 지침을 따르는 수동적인 관리자가 아니라, 지역사회의 요구와 도시인의 삶의 방식에 응답하는 자율적 기획자이자 운영자다.

코장은 직영 운영을 기반으로 브랜드 철학을 철저히 체화한 관리자들을 가맹 운영 파트너로 승진시키는 방식을 통해, 프랜차이즈의 확장과 '철학의 일관성'이라는 두 마리 토끼를 동시에 잡고자 했다.

점주의 대부분은 내부에서 오랜 경험을 쌓은 뒤 선발되며, 이는 단지 조직 관리의 효율을 넘어서 '우리 브랜드를 누구와 함께 나눌 것인가'에 대한 깊은 고민의 결과다.

또한, Cojean은 지속 가능한 경영 실천을 위해 점주에게도 친환경 경영의 실천자 역할을 부여한다.

재활용 시스템, 음식물 기부, 채식 기반 메뉴 확대 등은 본사가 일방적으로 명령하는 것이 아니라, 각 점포가 지역 고객과 함께 만들어 가는 가치로 정착되어 있다. 이를 통해 점주는 단순한 '판매자'가 아닌, 도시의 환경과 소비문화를 함께 바꾸는 실천가로 자리매김한다.

특히, 코장은 다양한 국적과 배경을 가진 직원을 포용하며, 다문화 인력 구성이 자연스럽게 이어진다. 이는 각 가맹점이 도시 안에서 다양한 사람들의 경험과 가치를 연결하는 공간으로 기능할 수 있도록 유도하는 구조다.

점주 역시 이러한 다양성과 공존을 실천할 수 있도록, 본사는 교육과 경영 자율성 양면에서 지원을 아끼지 않는다.

이처럼 Cojean은 '같이 가야 오래간다'는 원칙을 철저히 실천하는 프랜차이즈다. 가맹점주를 통제하거나 관리 대상으로 삼기보다 브랜드의 철학을 함께 실천해 나갈 수 있는 사람으로 믿고 키우며, 도시의 문화와 가치를 공유하는 진짜 '파트너'로 함께 성장하고자 한다.

그리고 그것이야말로 Cojean이 프랑스에서 가장 윤리적이고 지속 가능한 요식 프랜차이즈로 자리 잡을 수 있었던 진짜 이유다.

◆ 베트남 – 성장 속도의 그림자, 보호 없는 구조

베트남은 동남아시아에서 가장 빠르게 성장하는 프랜차이즈 시장 중 하나다. 도시화와 중산층의 증가로 커피숍, 베이커리, 패스트푸드, 편의점 등 다양한 프랜차이즈 매장이 급속히 늘어나고 있다.

하이랜드 커피(Highlands Coffee), 더 커피 하우스(The Coffee House), 고메 마켓

(Gourmet Market) 등 현지 브랜드뿐만 아니라 미스터피자, 본죽, 투썸플레이스 같은 한국 브랜드도 다수 진출해 있다.

그러나 이러한 확장성 뒤에는 제도보다 속도가 앞서는 구조적 문제가 존재한다. 베트남은 2006년 '상업법' 제정 이후 프랜차이즈 계약 등록 제도를 도입했지만, 실제 현장에서는 여전히 계약서 중심으로 운영되며, 가맹점주들은 계약 내용을 충분히 이해하지 못한 채 서명하는 경우가 많다.

한국에서 지적되는 문제들 과도한 가맹비, 강제 지정 공급업체, 광고비 불투명, 위약금 조항, 폐점 후 인테리어 철거비 등 이 베트남에서도 동일하게 나타나고 있다.

한 한국계 커피 브랜드는 베트남 가맹점에 인테리어 자재를 한국에서 수입하여 시공하게 했고, 공급가는 현지 시세보다 2~3배 높았다.
가맹점주는 "브랜드 표준이라 어쩔 수 없다"는 말을 들었고, 폐점 후에는 본사로부터 보상은커녕 법적 위협을 받게 되었다.
본사 담당자는 "계약서에 동의하셨잖아요."라고 답했지만, 계약서의 내용을 제대로 설명해 주는 사람은 없었다.

또한, 베트남에서는 외국인이 직접 사업을 운영하기 어려워 현지인의 명의를 빌려 사업을 진행하는 경우가 많다.
이로 인해 실제 투자자인 한국인이 피해를 보는 사례도 발생하고 있다. 한 사례에서는 한국인이 베트남인의 명의를 빌려 사업을 운영하던 중, 베트남인이 사업체를 자신의 소유로 주장하며 법적 분쟁이 발생했다. 이러한 명의 대여는 베트남 법률상 불법이며, 투자자에게 큰 위험을 초래할 수 있다.

이처럼 베트남은 빠르게 성장하는 시장이지만, 그 성장의 이면에는 가맹점주가 스스로를 보호할 장치가 부족한 것도 사실이다.

 법적 시스템도, 업계 내 윤리 기준도, 충분한 협의 창구도 마련되어 있지 않은 것이다.

 한국 프랜차이즈들이 성공적으로 베트남에 진출하고 있다는 기사들은 많지만, 그 구조가 그대로 '복제 수출'되고 있다는 사실은 잘 다뤄지지 않는다. 베트남은 한국 프랜차이즈 구조가 외부로 확장되었을 때 어떤 일이 일어나는지를 보여 주는 미래의 거울일지도 모르는 것이다.

 성장의 속도는 빠르지만, 가맹점주의 권리는 아직 그 속도를 따라잡지 못했다. 그 그림자는 길고, 구조는 깊다.

2장
성공과 실패 요인의 차이

 프랜차이즈의 성공은 단순히 매장 수나 매출로만 결정되지 않는다. 더 정확히 말하자면, 브랜드는 성공했는데 점주는 실패하는 구조는 '성공'이 아니라, 착취가 구조화된 시스템일 뿐이다.

 세계 각국의 사례를 보면, 프랜차이즈의 지속 가능성을 가르는 기준은 숫자가 아니라 관계였다. 점주를 어떤 존재로 인식하는가, 본사는 자신이 얼마나 책임지는 구조를 설계했는가, 그것이 가장 큰 차이를 만들었다.

 미국은 계약 중심 구조다. 본사와 점주가 맺는 계약은 단순한 형식이 아니라 시스템 운영의 헌법처럼 기능한다. 프랜차이즈 공개 문서(FDD)를 통해 점주는 본사의 수익, 분쟁 내역, 성공률까지 사전에 열람할 수 있다. 계약은 파트너십이고, 위반 시 양쪽 모두가 책임을 진다.

 일본은 시스템보다 사람을 먼저 본다. 점주는 '교육된 파트너'이며, 매장을 열기 전 수개월간 훈련을 받는다. 철저히 준비된 점주만 브랜드의 얼굴이 될 수 있다는 철학이 브랜드를 지탱한다.

 프랑스는 확장보다 공존을 택한다. 매장 수가 아닌, 도시 내 균형과 지역 상생을 기준으로 출점이 허용된다. 가맹계약조차도 단순한 사업이 아니라 지역 사회와의 약속이라는 인식이 강하다.

 반면 베트남처럼 제도와 감시가 미비한 지역에서는 프랜차이즈가 빠르게 퍼지지만, 그 구조 안에서 점주는 여전히 보호받지 못한다. 한국식 시스템이 수출되며 같은 문제를 반복한다.

 결국 이 차이를 만드는 것은 시스템의 규모가 아니라 브랜드가 무엇을 우선순위로 보느냐이다.
 빠르게 성장하는 브랜드는 많지만, 점주와 오래 함께 가는 브랜드는 드물다. 성공한 브랜드는 많지만, 점주가 '성공했다'고 말할 수 있는 구조는 얼마 되지 않는다.
 성공과 실패는 숫자의 문제가 아니라, 구조의 윤리에서 갈린다.

 프랜차이즈는 결국 사람을 통해 작동한다. 시스템은 브랜드의 것이지만, 책임은 점주의 것이어서는 안 된다.
 전 세계는 이미 그걸 알고, 구조를 설계한다. 문제는, 한국은 아직도 그것을 '계약서 뒷면에 작은 글씨로 써 두고 있다'는 점이다.
 말인즉슨, 우리나라 프랜차이즈 생태계에는 나쁜 놈들이 많다는 뜻이다.

3장
각국의 법·제도·문화 구조

한국에도 법은 있다. 정보공개서 등록제도, 가맹사업법, 가맹계약 해지 시 사전 통보 의무, 허위·과장 광고 금지 조항 등, 문서로 보면 상당히 많은 조항이 존재한다.

그러나 실상은 다르다. 법이 있다는 것과 그 법이 구조적으로 작동한다는 것은 완전히 다른 문제다.

왜냐? 좋다면 외국의 법을 철학 없이 그냥 베껴 온 것이 많기 때문이다. 법도 법이지만 기본 사상부터 좋은 문화로 자리 잡아야 법이 잘 작동하는 것이다.

해외에서는 법이 구조를 먼저 설계하고, 계약은 그 구조 위에 올라선다. 반면 한국에서는 계약이 구조를 압도한다.

'자율 계약'을 강조한 나머지, 점주는 법에 기대기도 전에 계약서에서 모든 권한을 빼앗긴다.

미국은 정보공개서(FDD) 제도를 통해 본사의 과거 분쟁 사례, 수익 구조, 계약 위반 비율까지 사전에 공개하도록 의무화하고 있다.

프랑스는 지방정부와 출점 조율을 법적으로 거쳐야 하며, 일본은 계약서 외에 점주 교육 과정을 법적 근거로 명시한다.

한국은 이 모든 것이 있다고는 하지만, 실제로는 아무도 읽지 않고, 아무도 설명하지 않으며, 아무도 묻지 않는다.

제도 역시 존재한다. 가맹사업거래 공정화 지침, 공정거래위원회 고시, 가맹점 피해 신고센터 등. 하지만 제도의 실질적인 실행력은 낮다.

점주는 문제를 느끼고도 감히 본사에 따지지 못하고, 설령 신고를 해도 그사이에 계약은 끝나 버리기 일쑤다.

법은 선의의 보호가 아니라, 악의의 기획을 이기기 위해 존재해야 한다. 그러나 한국의 제도는 대부분 '이미 피해가 발생한 뒤에만 작동하는 사후 구제 장치'에 그친다. 이러한 가장 근본적인 차이는 프랜차이즈를 대하는 문화의 차이다.

프랜차이즈를 '함께 성공하기 위한 시스템'으로 보는 문화가 아니라, '검증된 브랜드에 올라타는 빠른 길'로 보는 인식이 여전히 강하다. 본사는 스스로를 '지도자'라 부르며, 점주는 '따르는 사람'으로 인식된다.

계약은 동등해야 한다. 그러나 한국에서는 아직도 브랜드가 크면 계약도 강하고, 점주는 약하다는 전제가 구조화돼 있다.

법은 종이에 있고, 제도는 기관에 있고, 문화는 무의식에 있다. 그래서 한국의 프랜차이즈는 법과 제도가 있어도 점주를 보호하지 못한다.

무엇보다 그 구조가 옳지 않다고 말해 주는 '문화'가 존재하지 않기 때문이다.

한국은 지금, 계약이 아니라 관행으로 움직이는 프랜차이즈 공화국이다.

제도가 만든 질서보다 관행이 만든 착취가 더 오래 살아남는 나라. 그것이 한국 프랜차이즈 구조의 가장 큰 비극이다.

교훈 — **프랜차이즈는 사회적 구조다**

프랜차이즈는 어디까지나 '장사 수단'으로만 이해되어야 하는가?

나는 이 질문을 독자에게 던지고 싶다.

전 세계를 살펴보면, 프랜차이즈는 단지 돈을 버는 구조를 넘어 국가가 선택한 사회적 틀이기도 하다.

미국은 브랜드 확장을 자유롭게 허용하지만, 계약과 분쟁에 대한 판례가 매우 강력하게 작동하는 나라다.

그들은 프랜차이즈를 자유시장 논리로 운영하되, 법이 끝까지 책임을 묻는다.

본사는 무조건 세다, 대신 법은 더 세다.

중국은 '국가 전략 산업'이라는 시각에서 프랜차이즈를 활용한다.

문화 수출과 지역 균형 발전의 도구로 활용하며, 외국계 브랜드에 대해서는 매우 제한적 입점을 적용한다.

베트남은 자영업 보호와 내수 안정에 중점을 두고, 프랜차이즈도 일정한 조건을 갖춘 브랜드에만 시장 접근을 허용한다.

외식 중심의 가맹 구조는 지역상권의 생태계 안에서 조정되며, 무분별한 확산을 경계한다.

이들 국가는 '프랜차이즈'라는 산업을 단지 수익창출 모델이 아니라, 지역, 문화, 제도, 소비자 보호를 포괄하는 구조로 바라본다.

그래서 시장에 맡기되, 그 위에 정부가 지켜야 할 틀을 세운다. 하지만 한국은 다르다.

프랜차이즈를 순수한 민간 영역의 상업 구조로만 인식한다. 가맹본부가 정한 매뉴얼이 시장의 질서를 대신하고, 정부는 분쟁이 벌어졌을 때 '조정자 역할' 정도로만 참여한다.

나는 이 구조가 매우 위험하다고 본다. 가맹점주는 계약으로 보호받아야 할 존재가 아니라, 사회 구조적으로 보호받아야 할 국내 자영업 생태계의 기둥이다. 그런 점에서 한국은 아직 '프랜차이즈를 법제화할 줄 모르는 나라'에 가깝다.

이제는 본사의 계약서 기준 위에, 더 넓은 '공공 기준'이 존재해야 한다.

예를 들어, 전주의 문화거리에서는 지역성·전통성에 어긋나는 브랜드의 입점을 제한한다.

서구 대형 브랜드보다 우리 고유의 아이템 체인점이 우선되고, 상권의 질서를 행정적으로 유지하려는 노력이 함께 작동한다. 이러한 사례는 시사하는 바가 크다.

프랜차이즈 거리, 브랜드 밀집도, 업종 구성, 운영 구역 등을 가맹본부의 판단이 아니라, 지역 정책과 상위법 기준에 따라 정리할 필요가 있다. 가맹점주는 브랜드를 따르지만, 브랜드만 따르게 해서는 안 된다.

브랜드 위에 공동체가 있어야 하고, 그 위에 사회가 있어야 한다. 가맹본부가 운영 전략을 짜는 건 자유다.

그러나 그 전략이 수백 명의 상업 생존을 위협한다면, 국가는 그 위에서 공공의 정의와 질서를 관리할 책임이 있다.

프랜차이즈는 이익의 구조이기도 하지만, 동시에 사람을 고르게 연결하는 구조이기도 하다. 이 구조가 망가지면, 그 피해는 점주 한 명의 문제가 아니다.

그 지역의 상권이 무너지고, 그 거리의 리듬이 무너지고, 결국 우리 사회가 약자를 보호하지 못한다는 증거가 된다.

이제 프랜차이즈는 상업 모델이 아니라 사회 모델로 보아야 한다.

그렇지 않으면, 우리는 계속해서 점주의 실패를 '개인의 선택'으로만 돌리고 말 것이다. 하지만 그건 결코 개인의 문제가 아니다.

구조의 실패다.

4부

우리나라의 프랜차이즈

서문

세계 프랜차이즈를 돌아봤다면, 이제는 우리의 모습을 들여다볼 차례다. 한국은 세계적으로도 손꼽히는 '프랜차이즈 밀집 국가'다.

브랜드 수, 매장 수, 신규 창업 비율, 심지어 1인당 프랜차이즈 점포 비율까지 세계 상위권이다. 수치만 보면, '프랜차이즈 강국'이라고 불러도 과하지 않다.

그러나 그 숫자 뒤에 어떤 현실이 자리 잡고 있는지는 별개의 문제다. 프랜차이즈 산업의 외형은 거대하지만, 그 안에 있는 개별 점주의 생존율은 낮고, 평균 영업 지속 기간은 점점 짧아지고 있다.

수많은 브랜드가 매년 쏟아져 나오지만, 그중 일부만 살아남는다. 아니 대부분 버틴다고 봐야 한다.

이 장에서는 한국 프랜차이즈 산업의 전체 규모를 비롯해 산업별 분포, 주요 브랜드의 흐름, 정부의 정책 및 규제 수준, 소비자들의 인식까지 다양한 데이터를 기반으로 한국 프랜차이즈의 '지도'를 그려 보고자 한다.

우리가 이 현황을 정리하는 이유는 단순한 통계 나열이 아니다. 지금까지 책에서 다룬 수많은 점주의 이야기, 분쟁, 제도적 사각지대는 바로 이 숫자들 속에 숨어 있다.

규모는 곧 구조를 반영하고, 분포는 시장의 왜곡을 말해 준다.

프랜차이즈 산업은 하나의 산업이 아니라, 도시와 골목과 사람들의 삶에 녹아 있는 생태계다. 그래서 지금부터의 데이터는 '비즈니스'로만 읽어서는 안 된다.

이 장은 한국 프랜차이즈의 몸집을 넘어, 그 내부 체온까지 들여다보기 위한 첫 페이지다.

한국의 프랜차이즈 산업은 지금 이 순간에도 확장 중이다. 전국 어디를 가도 프랜차이즈 간판이 눈에 띄지 않는 골목은 드물다. 브랜드는 늘어나고, 가맹점은 그 뒤를 따른다.

실제로 공정거래위원회와 통계청의 발표에 따르면 대한민국 프랜차이즈 산업은 수치상 명확한 성장세를 이어 가고 있다.

2023년 말 기준 공정거래위원회에 등록된 가맹본부는 8,759개, 브랜드(상표)는

12,429개에 이르렀다. 이는 전년 대비 각각 7.0%, 4.9% 증가한 수치다.

  같은 해 전국 가맹점 수는 352,866개로 전년보다 5.2% 늘었으며, 가맹점에서 일하는 종사자 수는 101만 2,452명으로 7.4% 증가했다. 100만 명이 넘는 국민이 프랜차이즈 산업에 종사하고 있다는 말이다.

  업종별 구성도 눈여겨볼 만하다. 전체 브랜드의 79.9%는 외식업이며, 가맹점 수 기준으로도 절반이 넘는 51.0%가 외식 분야에 집중되어 있다.

  그 외에는 서비스업, 도소매업이 각각 산업의 일부를 채우고 있다.

  브랜드 수로만 보면 1만 개가 넘고, 가맹점 수는 35만 개를 넘는다. 단일 업종에서 이만한 수치와 고용을 가진 산업은 흔치 않다.

  그러나 이 같은 외형적 확장과 산업 규모의 성장 이면에는 간과해서는 안 될 구조적 불균형이 존재한다. 산업의 크기만큼이나, 그 안에 깃든 문제의 스케일도 크기 때문이다.

  단지 매장이 많고 사람이 많이 일한다고 해서 건강한 산업이라고 말할 수는 없다. 실제로 이 책이 주목하는 지점은 바로 그 '수치 뒤의 현실'이며, 눈앞의 양적 성장 속에 감춰진 질적 불균형이다.

  업종별로는 외식업이 전체 가맹점의 약 49.6%를 차지하며 가장 큰 비중을 차지하고 있다. 그 외에 서비스업과 도소매업이 각각 31.4%와 19.1%를 차지하고 있다.

  또한, 프랜차이즈 산업은 국내 고용 시장에서도 중요한 역할을 하고 있다. 2023년 기준으로 프랜차이즈 산업 종사자는 약 101만 2,452명으로, 전체 경제 활동 인구의 상당 부분을 차지하고 있다.

  이러한 수치는 프랜차이즈 산업이 단순한 사업 모델을 넘어, 국내 경제와 고용에 큰 영향을 미치고 있음을 보여 준다.

  그러나 이러한 성장 이면에는 가맹점주의 수익성, 계약 구조의 공정성 등 다양한 과제가 존재한다.

  따라서 프랜차이즈 산업의 지속 가능한 발전을 위해서는 이러한 문제들에 대한 체계적인 접근과 개선이 필요하다.

1장
산업별 프랜차이즈 분포

한국의 프랜차이즈 산업은 지속적인 성장세를 보이고 있다. 2023년 말 기준, 공정거래위원회에 등록된 가맹본부 수는 8,759개로 전년 대비 7.0% 증가하였으며, 브랜드(상표) 수는 12,429개로 4.9% 증가하였다. 가맹점 수는 352,866개로 전년 대비 5.2% 증가하였다.

가맹점의 평균 매출액은 2022년 기준 약 3.4억 원으로 전년 대비 8.3% 증가하였다. 특히 외식업종의 평균 매출액은 3.14억 원으로 전년 대비 12.7% 증가하여 코로나19로 인한 매출 손실을 회복한 것으로 나타났다.

이러한 수치는 프랜차이즈 산업이 국내 경제에서 차지하는 비중과 영향력을 보여 준다. 그러나 이러한 성장 이면에는 가맹점주의 권리 보호와 공정한 거래 관행 등 해결해야 할 과제들도 존재한다.
이 책에서는 이러한 문제점들을 분석하고, 가능한 해결책을 모색하고자 한다.

이러한 구체적인 통계는 프랜차이즈 산업의 현황을 이해하는 데 도움이 되며, 향후 정책 수립과 제도 개선에 중요한 기초 자료로 활용될 수 있다.
업종별로는 외식업이 전체 가맹점의 약 49.6%를 차지하며 가장 큰 비중을 차지하고 있다. 그 외에 서비스업과 도소매업이 각각 31.4%와 19.1%를 차지하고 있다.

또한, 프랜차이즈 산업은 국내 고용 시장에서도 중요한 역할을 하고 있다. 2023년 기준으로 프랜차이즈 산업 종사자는 약 101만 2,452명으로, 전년 대비 7.4% 증가하였다.

이러한 수치는 프랜차이즈 산업이 단순한 사업 모델을 넘어, 국내 경제와 고용에 큰 영향을 미치고 있음을 보여 준다.

그러나 이러한 성장 이면에는 가맹점주의 수익성, 계약 구조의 공정성 등 다양한 과제가 존재한다.

따라서 프랜차이즈 산업의 지속 가능한 발전을 위해서는 이러한 문제들에 대한 체계적인 접근과 개선이 필요하다.

주요 프랜차이즈 브랜드

한국의 프랜차이즈 브랜드 수는 매년 증가하고 있다. 공정거래위원회 가맹사업 정보제공 시스템에 따르면, 2023년 말 기준 등록된 전체 가맹본부 수는 약 6,347개, 브랜드 수는 7,351개에 달한다.

업종별로는 외식업 브랜드가 전체의 약 58%를 차지하며 가장 많고, 이어 도소매업(22%), 서비스업(20%) 순으로 분포한다.

특히 외식업 내에서는 치킨, 커피, 빵, 분식, 한식 등으로 세분화되어 있으며, 이 중 치킨과 카페 업종은 가맹 경쟁이 가장 치열한 영역이다.

가맹본부 중 70% 이상이 수도권에 집중되어 있고, 브랜드 수 대비 가맹점 수가 100개 미만인 브랜드가 전체의 85%를 차지하는 등, 극심한 양극화 구조를 보이고 있다. 이러한 통계는 한국 프랜차이즈 산업이 브랜드 수는 많지만 대부분 생존 기간이 짧고, 다수는 시장에서 빠르게 소멸되는 구조임을 보여 준다.

한국의 프랜차이즈 시장은 다양한 업종에서 수많은 브랜드가 경쟁하고 있다. 특히 편의점, 외식, 카페 등 생활 밀접 업종에서의 경쟁이 치열하다. 이 장에서는 이러한 현실을 반영하여 업종별 주요 프랜차이즈 브랜드를 정리하고자 한다.

다음은 업종별 대표 브랜드와 가맹점 수, 총매출, 성장 흐름 등을 정리한 개요이다. 2023년 기준으로 가맹점 수와 매출액을 기준으로 상위에 랭크된 주요 프랜차이즈 브랜드는 다음과 같다.

프랜차이즈 업계별 주요 브랜드 현황(2023년 기준)

◎ 편의점 업계

전국적으로 고르게 분포되어 있으며, 접근성과 상품 구성이 소비자 만족도를 높이고 있음.

브랜드	가맹점 수	총매출액 (원)
GS25	16,337개	약 10조 4,512억 원
CU	16,615개	약 10조 3,311억 원
세븐일레븐	12,553개	약 6조 1,389억 원
이마트24	6,176개	약 2조 7,028억 원

◎ 외식 업계

다양한 메뉴와 브랜드 전략으로 소비자 취향을 세분화하며 시장을 확대 중.

브랜드	가맹점 수	총매출액 (원)
파리바게뜨	3,419개	약 2조 5,804억 원
교촌치킨	1,365개	약 1조 224억 원
BHC	1,991개	약 1조 1,898억 원
BBQ	2,041개	약 8,829억 원
롯데리아	1,193개	약 9,417억 원

◎ **카페 및 디저트 업계**

카페 및 디저트 업계는 프리미엄 제품과 다양한 마케팅 전략으로 소비자들의 관심을 끌고 있으며, 특히 가성비 좋은 브랜드들이 빠르게 성장하고 있다.

브랜드	가맹점 수	총매출액 (원)
배스킨라빈스	1,653개	약 1조 555억 원
투썸플레이스	1,640개	약 4,801억 원
메가커피	3,038개	약 3,684억 원
이디야커피	3,019개	(매출 정보 미공개)

이러한 브랜드들의 성공은 제품의 품질, 마케팅 전략, 가맹점 지원 시스템 등 다양한 요인에 기인한다.

그러나 가맹점주의 수익성과 본사의 지원 체계 등은 브랜드별로 차이가 있으므로, 예비 창업자는 신중한 분석과 판단이 필요하다.

정부의 정책 및 규제

한국의 프랜차이즈 산업은 경제 성장과 고용 창출에 기여하는 중요한 분야로 자리매김하고 있다.

이를 반영하듯 정부는 프랜차이즈 산업의 공정한 거래 질서 확립과 가맹점주의 권익 보호를 위해 다양한 정책과 규제를 시행하고 있다.

✅ 주요 정책 및 규제 동향

◎ 가맹사업법 및 시행령 강화

공정거래위원회는 가맹본부가 가맹점의 필수 품목을 늘리는 등 거래 조건을 가맹점에 불리하게 바꿀 때 가맹점주와 사전 협의를 의무화하는 가맹사업법 시행령 개정안을 입법예고 하였다. 이를 통해 가맹점주의 권익을 보호하고자 한다.

◎ 정보공개서 등록 취소 사례 증가

최근 외식 프랜차이즈 가맹본부의 정보공개서 등록 취소 사례가 급증하였다. 이는 정부의 규제 강화와 관련이 있으며, 프랜차이즈 업계의 경영 환경에 영향을 미치고 있다.

◎ 가맹점주 단체 교섭 권한 확대

가맹점주에 의한 단체 교섭 신청이 허용되었으며, 본부가 점주의 의견을 성실히 수렴하지 않으면 공정위가 시정명령과 과징금을 부과할 수 있도록 근거가 마련되었다. 이는 가맹점주의 권익 강화를 위한 조치로 평가된다.

◎ 업계의 반응과 과제

프랜차이즈 업계는 이러한 정부의 규제 강화에 대해 다양한 반응을 보이고 있다. 일부에서는 가맹점주의 권익 보호를 위한 긍정적인 조치로 평가하는 반면, 다른 일부에서는 과도한 규제가 프랜차이즈 본사의 경영 활동을 제약하고 있다고 우려한다.

특히, 가맹본부가 판촉 행사 시 전체 가맹점주의 70% 동의를 얻어야 하는 등의 규정은 마케팅 전략의 유연성을 저해할 수 있다는 지적이 있다.

또한, 프랜차이즈 산업의 지속 가능한 발전을 위해서는 규제뿐만 아니라 지원 정책의 강화도 필요하다. 프랜차이즈 본부와 가맹점주 간의 상생을 위한 제도적 장치 마련과 함께, 프랜차이즈 산업의 경쟁력 강화를 위한 교육 및 컨설팅 지원, 해외 진출 지원 등의 정책이 병행되어야 할 것이다.

소비자들의 인식 및 만족도

프랜차이즈를 경험하지 않은 소비자는 없다. 누구나 하루에 한 번쯤은 프랜차이즈 편의점에 들르고, 프랜차이즈 카페에서 커피를 마시고, 프랜차이즈 치킨이나 햄버거를 먹는다.

그만큼 프랜차이즈는 일상 속 깊이 스며든 구조이고, 그래서 소비자들의 인식은 단순한 만족도를 넘어 브랜드의 생존 가능성과 직결되는 현실적 감각이다.

한국소비자원과 대한상공회의소의 조사에 따르면, 프랜차이즈에 대한 소비자 만족도는 대체로 평균 이상으로 나타나지만, 이는 브랜드별·업종별로 큰 편차를 보인다.

한 소비자 조사에서는 전체 응답자의 79.4%가 '프랜차이즈는 일반 점포보다 경쟁력이 높다'고 평가했으며, 구매 요인으로는 '가격'과 '위치', '품질'이 주요하게 작용한다고 답했다.

예컨대 외식 프랜차이즈에서는 품질(26.1%)이, 편의점 프랜차이즈에서는 가격(32.4%)과 거리 접근성(24.3%)이 주요 기준으로 작동하며, 전반적인 만족도는 3.5점에서 3.7점 사이로 측정된다.

하지만 이 수치는 브랜드에 대한 만족이지, 가맹점 운영자에 대한 이해는 아니다.

소비자는 브랜드의 외관만 보지 않는다. 매장의 위생, 직원의 응대, 음식의 일관성, 가격 대비 품질, 프로모션의 실효성까지 모두 합쳐져 브랜드를 평가한다. 그리고 그 모든 체감은 결국 "이 브랜드는 믿을 만하다.", 또는 "이곳은 다시는 가지 말아야지."라는 말 한마디로 수렴된다.

소비자에게 프랜차이즈는 늘 익숙하지만, 익숙하다는 이유만으로 관대하지는 않다. 오히려 너무 익숙하기 때문에 더 많은 것을 기대하고, 작은 실수에도 빠르게 등을 돌린다.

가맹점주들은 이 모든 것을 현장에서 직접 맞닥뜨린다. 그들은 본사의 매뉴얼과 브랜드 이미지라는 무기를 가지고 소비자를 응대하지만, 그 이미지가 무너지면 책임은 점주에게 돌아온다.

햄버거의 패티가 덜 익었을 때, 포장이 엉망일 때, 직원이 불친절했을 때, 소비자는 점포를 탓하지만 본사는 아니다.

소비자 만족도는 결국 점주의 매출에 직접적인 영향을 주고, 브랜드 충성도는 재방문율로, 재방문율은 생존율로 이어진다. 그만큼 소비자 인식은 점주 생존과 브랜드 존속의 가늠자다.

그러나 문제는 여기에 있다. 소비자가 본 브랜드에 느끼는 만족도가 점주가 그 브랜드에 느끼는 만족도와 종종 정반대라는 점이다.

소비자는 "서비스가 좋아요, 자주 가요."라고 하지만, 그 매장의 점주는 "인건비도 안 나오는데 본사만 프로모션하라고 합니다."라고 말한다.

한쪽은 혜택을 누리고, 한쪽은 그 혜택의 비용을 감당한다. 고객은 멤버십 쿠폰으로 기분 좋게 커피를 받아 가지만, 점주는 그 금액의 일부를 본사에 정산해 줘야 한다.

이 구조는 소비자와 점주 사이에 보이지 않는 오해를 만든다.

소비자는 "이 브랜드는 참 잘돼 보여요."라고 말하지만, 점주는 그 말에 웃지 못하고 속으로만 중얼거린다. "이건 브랜드가 잘된 게 아니라, 내가 겨우 버티는 중입니다."

프랜차이즈는 소비자 만족 없이는 존재할 수 없다. 동시에 점주의 지속 가능성 없이는 소비자의 만족도도 지속될 수 없다.

소비자의 기대와 점주의 현실, 그 간극을 좁히지 않으면 브랜드는 점점 더 일방적인 방향으로 흐르게 된다.

결국 소비자 만족도는 단순한 결과가 아니라, 브랜드가 어떤 구조 위에서 작동하는지를 보여 주는 거울이다.

점주의 땀으로 유지되는 구조에서만 만들어지는 만족은 오래가지 못한다. 소비자의 충성도는 그들이 알지 못하는 누군가의 희생 위에 존재해서는 안 된다.

◆ 한국 프랜차이즈의 현주소: 가맹점주의 희생 위에 세워진 신화

더본코리아는 1994년, 한 외식업 경영자의 야심 찬 꿈에서 출발했다.

'B 대표'라는 이름은, 곧 외식업계의 성공을 상징하는 브랜드의 이미지로 자리 잡았다. 25개가 넘는 브랜드를 거느리고, 2,900여 개의 가맹점을 구축한 오늘날 더본코리아의 외형적 성장은 단연 눈부시다.

하지만 화려한 겉모습 속에는 감춰진 현실이 있었다.

눈부신 성장의 그늘에서, 가맹점주들은 더 깊은 그림자 속에 가려져 있었다.

◎ 살아남지 못하는 매장들

더본코리아 가맹점의 평균 존속 기간은 약 3.1년에 불과했다.

이는 국내 프랜차이즈 업계 평균인 7.7년과 비교해도 절반에도 못 미치는 수치다.

처음 가게 문을 열 때, 점주들은 희망과 기대에 부푼다. 성공을 꿈꾸며 수천만 원을 투자하고, 본사의 매뉴얼을 믿으며, 하루하루 매장을 꾸려 나간다. 하지만 현실은 잔인하다. 대부분의 매장이 3년을 채 버티지 못하고 문을 닫는다.

특히 피자나 카페처럼 부가가치가 낮고 인테리어 등 초기 투자 비용의 비중이 큰, 단가가 약하고 배달 의존도가 높은 업종은 더 심각하다.

점포 인테리어, 장비, 가맹비, 보증금 등을 포함하면 오픈 비용만 1억 원에서 1억 5천만 원에 이른다. 그러나 3년이 되기도 전에 폐업한다는 것은 이 막대한 비용을 전혀 회수하지 못한 채 떠난다는 뜻이다.

더군다나 단순히 투자금만 날리는 것이 아니다.

점주가 그동안 가게를 지키며 쏟은 시간, 월세와 인건비를 감당하면서 생긴 적자까지 모두 더하면, 그 손해는 단순한 수치로 환산할 수 없는 고통이 된다.

2년, 3년 동안, 하루 12시간 넘게 가게를 열고, 닫고, 손님을 맞이했던 시간들이 마지막에는 '부채'라는 이름으로 돌아온다. 프랜차이즈 계약서 한 장을 믿고 시작했던 꿈은 결국 잔혹한 현실 앞에서 무너지고 만다.

그동안 출시한 브랜드 약 60여 개 중 현재 운영 중인 브랜드는 25개이다. 그 중 절반을 훌쩍 넘는 15개 브랜드에서 가맹점 수가 확연히 줄어들었다. 원조쌈밥집, 본가, 미정국수0410 같은 브랜드들은 폐점률이 약 40%를 넘어섰다.

새로운 브랜드가 시장에 던져질 때마다 그것이 충분한 검증을 거친 결과물이었는지, 아니면 단순히 본사의 다음 수익 모델을 만들기 위한 무책임한 시도였는지, 점주들은 알 길이 없었다.

본사는 성장하고, 가맹점은 쇠퇴했다. 네이버 기업 분석 자료와 업계 보도에 따르면, 더본코리아 본사의 매출은 2010년 대비 약 9배 가까이 성장한 것으로 알려져 있다.*

---

* 이는 기업공개(IR) 자료 부재로 인해 추정치에 기반하고 있으며, 주요 언론과 업계 보고서에서 일관되게 인용되고 있다.

반면, 같은 기간 동안 가맹점주들의 매출은 뚜렷한 하락세를 보였다.

공정거래위원회 정보공개서와 업계 분석 자료에 따르면, 더본코리아 주요 브랜드 다수는 최근 5년 동안 가맹점 평균 매출이 20%에서 많게는 50% 이상 감소한 것으로 나타났다.

즉, 본사는 매출 성장이라는 고공 행진을 계속하는 동안, 정작 가맹점들은 매출이 반토막 나고 있었다는 이야기다.

이런 아이러니를 어떻게 받아들여야 할까?. 가맹점이 하루하루 매출 부진에 허덕이고, 인건비와 임대료 부담에 시달리며 결국 문을 닫는 사이, 본사는 별다른 타격 없이 성장해 왔다. 그 성장의 동력은 무엇이었을까? 가맹본부는 가맹비, 로열티, 식자재 강제 공급. 점포 한 곳이 오픈되면, 본사는 매출과 관계없이 안정적인 수익을 확보한다.

가맹점 매출이 줄어도, 식자재 공급은 이어지고, 로열티는 변함없이 청구된다.

결국, 가맹점의 성패는 본사 수익 구조에 아무런 영향을 미치지 않는다. 우리가 이 책에서 끊임없이 강조해 온 진실, '가맹점은 망해도 본사는 성장한다'는 명제는, 바로 여기서 선명하게 드러난다.

가맹점 평균 매출은 절반 가까이 감소하는데, 본사는 9배 성장했다?

아니, 어떻게 이런 일이 가능할까? 매출이 줄어드는 구조에서, 본사는 어떻게 별다른 리스크 없이 성장할 수 있었을까?

이 수치는 한국 프랜차이즈 산업의 현실을 압축적으로 보여 준다.

가맹점은 본사의 브랜드 이름을 믿고 투자하고, 현장에서 목숨 걸고 버텨야 한다. 하지만 본사는 점주의 생존 여부와 무관하게, 가맹계약과 시스템 수익만으로 탄탄하게 매출을 쌓아 간다.

프랜차이즈는 원래, 본사와 가맹점이 함께 성장하는 모델이어야 한다. 그러나 오늘날 한국의 프랜차이즈 산업은 '본사만 살찌고, 가맹점은 소모되는' 구조로 변질됐다.

더본코리아 사례는 그 현실을 가장 극명하게 보여 주는 축소판이다.

가맹점은 쓰러진다. 그러나 본사는 성장한다. 이 부조리한 순환은 지금 이 순간에도 이어지고 있다.

요약하면 더본코리아는 성공을 상징하는 외형적 수치를 만들어 냈지만, 그 성장 이면에는 짧은 매장 존속 기간, 높은 폐점률, 그리고 본사와 가맹점 간 수익 구조 불균형이라는 어두운 그림자가 드리워져 있었다.

이러한 구조적 문제는 단순히 한 기업만의 문제가 아니라, 한국 프랜차이즈 산업 전반에 만연한 '본사 성장 - 점주 희생' 구조를 단적으로 보여 주는 사례라고 할 수 있다.

◎ 구조적 문제의 실체 사례 - 연돈볼카츠와 빽보이피자 이야기

더본코리아의 구조적 문제가 단순한 통계 수치에만 그치지 않는다는 것은, 구체적인 사례를 보면 더욱 명확해진다.

연돈볼카츠는 2021년 처음 론칭했다. 유명한 B 대표의 강력한 브랜드 네임을 등에 업고, 출시 초반 빠른 속도로 가맹점을 늘려 나갔다.

하지만 시간이 지나면서 기대와 현실 사이의 간극은 분명하게 드러났다. 68개였던 가맹점 수는 불과 1~2년 만에 49개로 줄었고, 폐점률은 무려 36.7%를 기록했다.

처음 계약 당시, 본사는 높은 매출 기대치를 제시하며 가맹점 모집에 열을 올렸다. 그러나 현실의 매출은 그 기대치를 따라가지 못했다. 손실은 고스란히 가맹점주들의 몫이 되었다. 일부 점주들은 본사의 부당 영업 행위를 문제 삼아 공정거래위원회에 신고하는 사태로까지 이어졌다.

나 역시 더본코리아사의 백보이피자 실패를 통한 관심이 있을 수밖에 없었다. 그래서 당시 대구 서문시장 안에 새롭게 오픈한 연돈볼카츠 매장을 방문했다. 얼마 전까지 빽보이피자를 운영했던 경험이 있었기에, '이번에는 다를

까' 하는 호기심도 있었다.

하지만 결과는 실망을 넘어, 충격에 가까웠다. 경영학의 마케팅의 기본 원칙에 '마케팅 4P'라는 네 가지의 기준이 있다.

1. 제품(Product), 2. 가격(Price), 3. 장소(Place), 4. 판촉(Promotion)

연돈볼카츠는 이 네 가지 기준 모두에서 기대 이하였다. 볼카츠는 분명 돈카츠이기는 했지만, 일반적으로 우리가 아는 돈카츠처럼 넓적한 형태가 아니었다. 여기서는 돈카츠가 동그란 형태로 나왔다. '볼 모양 돈카츠'라 하여 '볼카츠'라 부르는 모양이었다. 하지만 첫인상부터 좋지 않았다.

제품의 느낌은 돈가스라는 느낌보다 크기가 좀 큰 돈육으로 빚은 경단 느낌이었다. 또 돼지고기 특유의 냄새가 좋지 않았다. 모양이 둥글다 보니 조리 과정에서 중심부 온도 관리에 문제가 생겼을까 하는 생각이 들었다.

맛 역시 기대 이하였다. 전체적으로 투박했고, 정성이나 디테일이 느껴지지 않았다. 품질 관리 역시 허술하다는 인상을 지울 수 없었다. 가격은 더욱 문제였다. 서문시장이라는 장소 특성상 좀 더 합리적인 가격을 기대했지만, 연돈볼카츠의 가격대는 단순히 비싸다는 느낌이 들었다.

가격과 품질의 균형이 무너진, 어딘가 어색한 조합이었다. 입점 장소 선정도 적절하지 않았다는 생각이 들었다. 재래시장 특유의 복잡하고 어수선한 분위기 가운데의 매장. 고급브랜드 이미지를 구축하기에는 입지 자체가 적합하지 않았다.

판촉도 사실상 특별한 게 없었다. 내가 본 것은 단 하나, B 대표의 얼굴이 들어간 배너뿐이었다. 별다른 프로모션도, 고객 유치를 위한 전략도 보이지 않았다. 결국, 연돈볼카츠는 마케팅 4P의 모든 기본을 놓친 상태에서 오로지 유명세에만 기대어 무리하게 확장된 브랜드 같았다.

제품도, 가격도, 장소도, 판촉도 제대로 갖춰지지 않은 브랜드가 단지 이름값 하나로 시장을 장악할 수 있다고 믿었던, 지나치게 안일하고 오만한 결과였다.

한 가지 이야기를 더 해 보자. 빽보이피자 이야기이다. 이 이야기는 다른 사람의 이야기가 아니다. 바로 나, 그리고 나와 함께해 온 크라상 프랜차이즈 점주협의회가 해당되는 이야기다.

빽보이피자를 론칭하기 전, 우리는 크로와상 관련 프랜차이즈 브랜드를 운영하던 점주들이었다.

우리는 그 당시 크로와상 관련 가맹사업에 대한 폐업을 이미 했거나 진행을 하고 있는 시기였다. 하지만 임대 계약의 잔여기간이라는 고충을 안고 있었다. 코로나 상황에서 임대를 이어받을 임차인을 구하기가 힘들었기 때문이다. 참고로 이 임대 기간은 통상 2년이고, 3년 또는 5년까지도 있다. 이 기간은 만약 장사가 안돼 조기 철수를 하려 해도 큰 걸림돌로 작용하게 된다. 프랜차이즈 가맹사업의 또 하나의 덫이라고도 할 수 있다. 그 상황에서 우리가 선택한 대안이 빽보이피자였다.

크라상 가맹 점주들 중 일부가 전주, 양산, 청주, 구파발에 빽보이피자 4개 매장을 열었다. B 대표라는 브랜드 파워를 믿었고, 안정적인 운영을 기대했다. 하지만 개점 이후, 우리의 기내는 곧 많은 실망으로 얼룩졌다.

1년 전후로 전주와 청주 두 곳은 문을 닫았다. 곧이어 구파발도 문을 닫았다. 남은 양산 한 곳도 현재 폐업 준비 중이다. 빽보이피자는 가맹점 수는 빠르게 늘어났지만, 매출은 거꾸로 떨어졌다.

모든 것이 준비되지 않은 상태에서, 오직 B 대표의 이름만 믿고 시장에 뛰어든 결과였다. 그리고 그 실험의 비용과 고통은 고스란히 점주들이 겪어야 했다.

구조를 바꾸지 않는 한, 프랜차이즈 산업의 미래는 없다. 더본코리아 브랜드는 한국 프랜차이즈 산업의 현주소이자 전체를 대표하는 축소판이다. 빠른 확장, 무분별한 브랜드 론칭, 가맹점주에게 리스크를 전가하는 구조.

본사가 돈을 벌 때, 가맹점주도 함께 성장해야 한다. 이것이 프랜차이즈 산업의 기본 원칙이어야 한다. 하지만 지금의 구조는 본사의 성공이 곧 가맹점주의 성공을 뜻하지 않았다.

이 구조가 바뀌지 않는다면, 프랜차이즈 산업의 미래는 결코 밝지 않을 것이다.

진짜를 말한 자는 외면당하고, 가짜를 만든 자는 살아남았다
트루맛쇼에서 더본코리아 사태까지

한쪽은 진짜를 말했고, 다른 한쪽은 진짜를 만들어 냈다. 그리고 우리는 진짜를 말한 자를 외면하고, 진짜처럼 보이는 것을 따라갔다.

2011년, 다큐멘터리 독립영화 「트루맛쇼」는 대한민국 방송계의 민낯을 그대로 드러냈다. '맛집'이라는 단어가 마치 신앙처럼 소비되던 시대, 이 영화는 우리가 열광했던 TV 속 식당들이 대부분 출연료를 내고 조작된 연출에 응했다는 사실, 줄을 서는 손님들조차 사전 섭외됐다는 구조적 실태를 폭로했다.

「트루맛쇼」는 충격적인 한 장면으로 시작된다. 제작진이 아무 연고 없는 식당에 접근해, "맛집으로 만들어 드립니다."라는 제안을 건넨다.

얼마 후 카메라가 들어오고, 개그맨이 와서 감탄사를 연발하고, 줄 선 손님들이 연출된다. 그리고 며칠 뒤, 방송이 나간다. 식당 앞은 실제로 사람들로 북적인다. '맛'은 주관이 아니라 기획의 결과였고, '줄'은 자발이 아니라 연출이었다.

이 다큐멘터리는 그저 사기극을 고발한 게 아니었다. 그것은 '미디어 - 자본 - 대중' 삼각 구도 속에서 어떻게 진짜가 조작되고, 신뢰가 유통되며, 맛조차 통제되는가를 드러낸 철학적 경고였다.

'진짜 맛집'이라는 환상은 사실 기획된 콘텐츠이자 이윤을 위한 연출이었으며, 우리는 그 조작된 현실을 기꺼이 소비하고 확산하는 가담자이기도 했다.

하지만 반응은 뜻밖이었다. 대중은 충격보다 피로를 먼저 느꼈고, 몇 달 지나지 않아 그 진실을 잊었다. 방송은 곧 다시 '진짜처럼 보이는' 맛집을 찍어 냈고, 사람들은 다시 줄을 섰다.

우리는 알고도 외면했고, 외면하면서도 소비했다. 진실을 말한 다큐는 묻혔고, 가짜를 정교하게 만든 방송은 살아남았다. 「트루맛쇼」는 진짜를 보여 줬지만, 그 진짜의 의도는 사회 구조 안에서 순환되지 못했다. 그게 이 사회의 진짜였다.

이 다큐멘터리가 보여 준 구조는 단순한 조작이나 과장의 문제가 아니다. 그것은 기만된 믿음(Ingannora)과 조작된 자존심(Prode)이라는 뿌리 깊은 철학적 착시를 드러낸다.

소비자는 스스로 선택하고 있다고 믿지만, 그 선택은 이미 방송과 자본이 설계한 '선택지의 환상' 속에서 움직인다. '맛'은 더 이상 순수한 감각이 아니다. 그것은 구조가 만든 감각이며, 무엇을 믿고 먹을 것인가가 아니라 무엇이 '믿을 만해 보이도록' 만들어졌는가의 문제로 전락한다.

니는 이 구조를 집요하게 추적하고, 밀하기 써려졌던 진실을 꺼내 준 김새환 감독의 철학에 깊이 감사하고, 진심으로 존경을 표한다.

이 책이 그가 던진 질문의 연장선에서 쓰인 글임을 밝혀 두고 싶다.

「트루맛쇼」는 끝난 기록이 아니라, 지금도 이 골목 어딘가에서 반복되고 있는 현재의 이야기다.

이후 등장한 수많은 프랜차이즈 중심 방송들—특히 B 브랜드를 중심으로 한 프로그램—은 바로 이 구조를 정제하고 확장한 형태였다. B대표는 셰프이자 사업가, 방송인이자 프랜차이즈의 상징이 되었고, 그의 이름은 '믿을 만한 맛'이라는 브랜드가 됐다. 방송은 골목 상권을 살리는 콘셉트를 택했지만, 실상은 자영업자의 개성과 자율성을 '전문가의 기준'이라는 명분으로 통제했다.

그 구조 아래에서 '당신은 실패하고 있으니 내가 바꿔 주겠다'는 서사가 반복되었고, 방송은 점주를 평가하고 교정하며 때로는 퇴출시켰다.

이것이 미디어의 언어로 포장된 '컨설팅'이었다. 그러나 실제로는 자영업자의 서사를 자본이 탈취하는 과정이었다. 자영업자는 '성공 스토리'의 소재가 되었을 뿐, 그 스토리를 통제하지 못했다.

이제 여기서 구조가 완성된다. 미디어는 자본의 내러티브를 감각적으로 유포하고, 자본은 이를 상품화하며, 대중은 그 감각에 호응해 재생산에 가담한다. 프랜차이즈 본사는 표준화된 포맷을 만들고, 점주는 브랜드와 시스템에 종속된 '가맹점'이 된다. 하지만 실상은 가맹이 아니라 하청이다. 본사는 식재료를 독점 공급하고, 인테리어를 강제하며, 광고비를 떠넘긴다. 점주는 투자했지만 노동자보다 못한 처우를 받는다. '사장님'이라는 이름 뒤에 가려진 체계적 착취의 구조가 있는 것이다.

그리고 가장 먼저 무너지는 건 언제나 믿고 시작한 서민들이다. 대출을 끌어모아 간판을 달고, 밤을 새워 매장을 지키며, 아이들 학원비를 걱정하는 그들. 그들이 철저히 무너지고 있다는 신호는 어느 방송에도, 어느 기사에도 잘 나오지 않는다. 대신 '성공한 점주 이야기'가 소비되고, '줄 서는 맛집'이 또 하나 기획된다.

이것이 우리가 사는 시스템이다. 진짜를 말한 이는 외면당하고, 진짜처럼 보이는 자가 군림한다. 맛은 감각이 아니라 구조다. 구조는 자본의 언어로 말한다. 그리고 그 언어는 언제나 진실보다 우아하다.

그로부터 얼마 지나지 않아, 2012년에는 전혀 다른 결의 프로그램이 등장했다. 「해결! 돈이 보인다」는 위기의 자영업자를 돕는다는 이름으로 시작했지만, 실제로는 하나의 브랜드 확산 도구였다.

문제 해결이라는 명목 아래 식당은 리뉴얼되었고, B 대표의 레시피와 매뉴얼이 이식되었으며, 그 뒤에는 더본코리아의 가맹 시스템이 조용히 따라붙었다. 해결은 곧 가맹이었다.

방송은 솔루션을 팔았고, 시청자는 신뢰를 샀고, 점주는 그 구조에 들어갔다.

프랜차이즈는 '도움'이라는 윤리의 얼굴을 쓰고, 미디어를 통해 전국으로 복제되었다. 이 두 프로그램은 완전히 다른 길을 걸은 것 같지만, 하나의 질문 앞에서는 나란히 선다.

"방송은 진짜를 보여 주는가, 진짜처럼 보이는 것을 만드는가?"

5부는 그 질문에 답하기 위한 기록이다.

여기서는 방송이 어떻게 '진짜 맛'을 연출했고, 또 다른 방송은 어떻게 '진짜 브랜드'를 만들어 냈는지를 분석한다.

그리고 그 과정에서 우리는 무엇을 믿었고, 무엇을 외면했는지를 묻는다. 진짜는 말로 만들어졌고, 말과 동시에 만들어졌다.

그러나 진짜는 살아남지 못했고, 진짜처럼 보이는 것이 산업이 되었다. 이 아이러니한 시대의 풍경 속에서, 우리는 어느 쪽에 서 있었는가?

◆ 트루맛쇼 – 연출된 맛집 생태계의 해부

「트루맛쇼」는 그냥 다큐멘터리가 아니다. 방송 맛집 프로그램의 뒷면을 처음으로 드러낸 거의 하나뿐인 기록이다. 방송에서 줄 서는 장면, 손님 반응, 출연자의 감탄사까지 전부 연출이었다. 줄은 세팅되었고, 손님은 섭외되었고, 출연은 유료였고, 음식보다 화면 구성이 우선이었다.

우린 그런 방송을 보면서 진짜라고 믿었다. 화면에 나온 곳은 다 믿을 만하다고 생각했고, 나왔다는 이유만으로 다음 날 줄이 생겼다.

그런데 그 줄부터가 방송국에서 꾸민 거였다. 「트루맛쇼」는 그걸 정확히 보여 줬다. 인터뷰, 관계자 증언, 실제 사례까지 다 꺼내서 맛집이라는 말이 얼마나 가짜였는지.

방송에 나간 식당 중 일부는 대박이 났다. 하지만 몇 달 지나고 나면 대부분

문을 닫았다.

준비도 안 된 주방, 감당 못할 손님, 부족한 경험. 결국 맛도, 시스템도 없어서 손님은 떠나고, 방송 나간 간판만 남았다. 간판 하나뿐이다.

그렇다고 사람들이 달라졌는가? 아니다. 그다음에도 또 방송, 또 맛집에 열광했다. 「트루맛쇼」가 그렇게 진실을 드러냈는데도 사람들은 "알지~!" 하면서도 여전히 방송을 따라갔다.

진짜를 말해도 외면했다. 가짜처럼 보이는 게 더 자극적이고, 더 익숙하고, 더 쉽게 소비되니까. 그래서 다큐는 묻히고 진짜는 또 사라졌다.

방송은 그것을 조장한다. 꾸미고, 편집하고, 과장하고, 진짜를 덮는다. 방송된 맛은 현실이 아니라 연출된 구조물이다. 우린 카메라가 만들어낸 진짜처럼 보이는 장면에 진짜 신뢰를 보냈다.

결국 남은 건 이거다. 진짜를 말한 사람은 잊혔다. 진짜처럼 보이는 걸 만든 사람은 성공했다.

「트루맛쇼」는 진실을 말했다. 하지만 산업이 되진 못했다. 반대로 방송에서 맛있다고 말한 사람들은 브랜드를 키우고 프랜차이즈를 확장했다. 그게 우리가 사는 구조다. 진짜는 방송되지 않았다. 진짜처럼 보이는 게 산업이 되었다. 우린 알고도 속았고, 속는 줄 알면서도 줄을 섰다.

◆ 해결! 돈이 보인다 - 프랜차이즈 서사의 포장지

「해결! 돈이 보인다」의 방송 콘셉트는 자영업자들을 돕는 방송이었다. 가게가 어렵고 장사가 안 되면 B 대표가 나와서 해결해 줬다.

메뉴를 바꾸고, 주방을 정리하고, 운영 방식을 바꿔 줬다. 방송을 보면 그 가게는 금세 손님이 늘고 매출이 올랐다. 모두가 훈훈했다. 문제는 그게 전부가 아니라는 데 있다.

해결은 늘 같은 패턴이었다. 문제가 생긴 식당은 대부분 시스템이 엉망이었다. B 대표는 진단하고 정리하고 매뉴얼을 줬다.

그 매뉴얼은 결국 그만의 운영 방식이었다. 말은 자율이지만 구조는 '이식'이었다. 사장은 다시 시작하는 게 아니라 더본코리아의 운영 모델을 그대로 받아들였다.

이 구조가 처음 작동한 것은 2004년경이었다. 많은 이들이 B 대표의 시작을 '도움을 주는 방송'으로 기억하지만, 사실 그의 첫 프랜차이즈 브랜드인 '해물떡찜 본가'는 이미 방송 이전에 론칭된 상태였다. 문제는 방송이 그 브랜드를 '위기의 식당을 돕는 과정'으로 포장했다는 데에 있다.

당시 한 방송에서 B 대표가 '해물떡찜'이라는 메뉴를 소개했고, 그 식당은 금세 매출이 급상승했다. 방송은 위기를 기회로 바꾸는 감동 서사로 포장되었지만, 실상은 이미 상품화된 메뉴가 '현장 문제 해결'이라는 내러티브를 통해 대중에게 노출된 것이었다. 도움은 브랜딩으로, 브랜딩은 곧 가맹 확장으로 이어지는 구조의 시작이었다.

이후의 일은 익숙하다. 방송을 본 시청자들은 감동했고, B 대표는 신뢰의 아이콘이 되었다. 그가 등장하는 순간, 그 식당은 '안정된 구조를 갖춘 점포'처럼 보였고, 사람들은 줄을 섰다. 그러나 그 구조는 프랜차이즈 본사 입장에서 정교하게 설계된 유통망이자 마케팅 전략의 일부였다. 더본코리아는 방송을 통해 브랜드 신뢰도를 구축하고, 신뢰를 기반으로 가맹 확장을 도모했다.

이 지점에서 방송은 더 이상 중립적 매체가 아니었다. 방송은 감동과 도움을 전하는 것처럼 보였지만, 실질적으로는 '프랜차이즈 가맹 영업 채널'로 기능하고 있었다. B 대표의 등장과 함께 프랜차이즈 브랜드가 노출되고, 브랜드의 스토리가 감동으로 각색되고, 그 감동이 소비자와 예비 가맹점주의 선택을 유도했다.

즉, 문제 해결이라는 서사 속에 감춰진 것은 상업적 확장의 구조였다. 방송은 문제를 해결하기 위해 그를 불러온 것이 아니라, 문제를 통해 브랜드의 우월성과 효과성을 증명하는 장으로 기능했던 것이다.

이 구조는 이후에도 반복됐다. 새로운 메뉴, 새로운 브랜드, 새로운 점주와 감동의 이야기들. 그러나 그 모든 진입점에는 늘 '이미 준비된 브랜드'가 있었다.

이 방식이 무서운 건 자영업자가 자신도 모르게 가맹 구조 안으로 들어간다는 거다. B 대표의 레시피, 주방 구조, 경영 철학을 받아들이면서 본인의 정체성은 점점 지워졌다. 겉으로는 자신이 운영하는 식당이지만, 속은 거의 더본코리아의 그림자였다. 이건 개인 식당이 아니라, 비가맹 프랜차이즈다.

방송이 도와주는 척하면서 프랜차이즈 생태계를 복제하고 있었다. 사람들은 그걸 몰랐다. 감동하고 따라갔다. 시청자는 무비판적으로 수용했고, 자영업자는 시스템을 빌리는 대신 독립성을 잃었다. 결국 방송은 자율성을 잃게 만들면서도 도움을 준다고 말하는, 가장 완벽한 착각 구조였다.

장자의 관점에서 보면 이건 무위가 아니다. 억지로 끼워 맞춘 질서다. B 대표는 도를 따른 게 아니라 시스템을 기준으로 모든 것을 바꾸려 했다. 사장의 경험보다 레시피가, 상황보다 매뉴얼이 앞섰다. 자율이 아니라 정답이 있었고, 그 정답은 방송이 정해 줬다.

「해결! 돈이 보인다」는 해결을 말했지만, 진짜 해결은 아니었다. 그건 프랜차이즈의 시작이었다. 방송은 문제를 해결해 주는 척하면서, 가맹의 문을 열고 있었다. 그리고 그 문은 아주 부드럽고 익숙하게 열려 있었다.

◆ 미디어·프랜차이즈·소비자 – 삼각 공생 구조의 민낯

「트루맛쇼」는 진짜를 말했고, 「해결! 돈이 보인다」는 진짜를 만들었다. 하지만 그 둘만으로는 설명이 부족하다.

이 구조 안에는 또 하나의 중요한 축이 있다. 바로 소비자다. 이 구조는 셋이 함께 돌 때 비로소 완성된다. 방송은 맛집을 만들고, 프랜차이즈는 그것을 브랜드로 만들고, 소비자는 거기에 줄을 선다. 줄을 서는 순간, 모두가 살아난다.

미디어는 늘 새로운 맛을 찾아야 했다.

시청률이 필요했기 때문이다. 프랜차이즈는 안정적인 시스템을 확산시켜야 했다. 수익이 필요했기 때문이다. 소비자는 확실한 선택지를 원했다. 실패할 리 없는 맛집이 필요했다.

그렇게 만들어진 구조 안에서 방송은 맛을 설계했고, 브랜드는 그것을 유통했고, 소비자는 그것을 검증 없이 받아들였다.

소비자는 단순한 피해자가 아니다. 오히려 가장 적극적인 공범이다. 방송된 맛집에 줄을 서고, 리뷰를 쓰고, 인증샷을 올리고, 다른 사람에게 추천하면서 그 맛집은 더 강해졌다.

가게의 내실이 아니라 외형이 중요해졌고, 맛보다 노출 빈도가 우선순위가 되었다. 방송 한 번이면 수천만 원짜리 광고 효과가 생겼고, 사람들은 그 광고를 자발적으로 공유했다.

이건 단순한 프랜차이즈의 문제가 아니다. 이건 구조의 문제다. 그 구조 속에서 모두가 잠깐씩 이득을 봤다.

방송은 시청률, 프랜차이즈는 매출, 소비자는 재미와 인증. 그런데 그 잠깐의 이득이 지나가면 남는 건 없다. 맛집은 망하고, 브랜드는 논란에 휘말리고, 소비자는 또 다른 줄을 찾아 움직인다. 구조는 흔들리지 않는다. 바뀌는 건 얼굴뿐이다.

사실 이건 이미 오래된 방식이다. '보여 주기'가 '진짜'를 이긴 건 처음이 아니다. 고대 철학자 장자가 말한 '허명(虛名)'이 바로 이거다. 이름만 있고 실체는 없는 것. 우리는 이름을 소비하고 있었다.

방송된 맛, 추천된 맛, 브랜드화된 솔루션. 전부 허명이다. 그 허명을 진짜로 받아들인 순간, 구조는 완성된다. 소비자는 더 이상 손님이 아니라 시스템의 부속이 된다.

「트루맛쇼」는 그 허명을 걷어내려 했다. 「해결! 돈이 보인다」는 그 허명을 포장지로 썼다. 둘 다 방송이었다. 하나는 비판이었고, 하나는 시스템이었다. 그리고 그 둘 모두에 우리가 있었다. 알고도 외면했고, 외면하면서도 다시 줄을 섰다. 그렇게 우리는 구조를 살렸고, 구조는 우리를 가뒀다.

🔽 미디어가 만든 더본코리아

더본코리아는 요리로 시작한 회사가 아니다. 방송으로 만들어진 브랜드다. 본격적인 시작은 2004년, 해물떡찜이었다. B 대표는 '본가'라는 이름으로 이 브랜드를 시작했고, 이후 새마을식당, 홍콩반점, 한신포차, 빽다방까지 줄줄이 쏟아냈다. 브랜드만 보면 60여 개가 된다. 대부분이 소규모 자영업자가 운영하는 가맹점이다. 외형은 거대하지만, 실상은 작은 가게들이 B 브랜드를 등에 업고 달리는 구조다.

더본코리아가 급속도로 성장한 시점은 방송과 맞물린다. 2011년 MBC「해결! 돈이 보인다」를 시작으로, 2015년「마이 리틀 텔레비전」, 그리고 2018년「백종원의 골목식당」까지. B 대표는 요리사가 아니라 캐릭터가 되었다.

서민적인 말투, 빠른 솔루션, 즉석에서 메뉴를 만들어 내는 능력, 다 되는 사장님. 시청자들은 그를 믿었고, 점주들은 그를 따랐다.

방송에 나오는 순간 믿을 수 있는 브랜드가 되었고, 믿을 수 있는 브랜드는 가맹 문의로 이어졌다.

사람들은 생각했다. "B 대표가 만든 브랜드라면 망하진 않겠지." 그런데 망했다. 실제로 망한 점포들이 많다. 해물떡찜은 이미 철수했고, 새마을식당과 한신포차, 홍콩반점은 수년 사이 폐점률이 늘었다.

잘되는 곳도 있겠지만, 안되는 곳은 조용히 사라진다. 문제는 망한 사람들의 목소리는 방송에 나오지 않는다는 거다.

실패는 뉴스가 되지 않고, 성공만 포장된다. B 대표는 계속 성장하고, 브랜드는 계속 확장되고, 실패한 점주는 조용히 나가떨어진다.

더본코리아는 책임지지 않는다. 더본코리아뿐만 아니다. 가맹 구조가 그렇다. 본사는 재료 공급하고, 브랜드를 빌려주고, 운영 매뉴얼을 준다. 가게가 망하면 그건 점주의 문제다. B 대표는 방송에서 책임 있는 사장처럼 보이지만, 구조 속에선 책임에서 자유롭다. 이건 감정의 문제가 아니다. 구조의 문제다.

성공은 B 대표의 이름으로 쌓이고, 실패는 점주의 선택으로 남는다. 이게 바로 미디어가 만든 비대칭이다.

사람들은 방송을 보고 안심했다. 문제를 해결해 주는 사장이 있다는 건 마음이 놓이는 일이었다. 근데 그 사장은 가맹계약서 안에 없다. 계약서에는 그의 말투도 없고, 해결도 없다.

거기엔 본사의 의무와 점주의 책임만 있다. 방송은 이미지고, 계약은 현실이다. 사람들은 이미지를 보고 계약서를 썼고, 현실을 보고 손해를 봤다.

이게 바로 '믿음이 수익이 되는 구조'다. B 대표는 그 믿음을 미디어로 만들었다. 방송이 신뢰를 만들어 줬고, 신뢰가 브랜드가 되었고, 브랜드는 수익이 되었다. 그 수익은 B 대표에게로 간다.

손해는 누구 몫이냐. 점주 몫이다. 본사는 그대로인데 사람만 바뀌고, 매장은 돌고 돈다. 진짜 브랜드는 B 대표가 아니라 방송이었다.

더본코리아는 하나의 프랜차이즈 기업이 아니다. 미디어가 설계한 브랜드 복제 시스템이다. 미디어가 키웠고, 소비자가 소비했고, 점주는 믿었다. 그리고 이제, 그 구조는 점점 무너지고 있다.

B 대표가 비판받는 건 개인의 문제가 아니라 방송으로 설계된 이 시스템이 한계에 도달했다는 신호다. 가짜는 오래 못 간다. 연출은 현실을 오래 지탱하지 못한다. 이제 그 연출이 흔들리기 시작했다.

더본코리아 프랜차이즈 브랜드 변동(2015-2023)

2015년	2019년	2023년
백스비빔밥(X)	인생설렁탕	인생설렁탕
치즈철판(X)	백종원의쌈밥	돌배기집
백종원의쌈밥	돌배기집	성성식당
새마을식당	해물떡찜	제순식당
해물떡찜(X)	새마을식당	쿡반
대한국밥(X)	대한국밥	백종원의쌈밥
돌배기집	백철판	낙원곱창
본가	본가	본가
절구미집(X)	백스비빔밥	새마을식당

성성식당	성성식당	백철판
미정국수	역전우동	홍콩분식
역전우동	고속우동	연돈볼카츠
홍콩반점	미정국수	역전우동
마카오반점(X)	홍콩반점	고속우동
족채통닭(X)	리춘시장	미정국수
빽다방	롤링파스타	고든워
백스비어	빽다방베이커리	리춘시장
한신포차	빽다방	홍콩반점
	백스비어	롤링파스타
	한신포차	빽보이피자
	원키친	빽다방빵연구소
		빽다방
		막이오름
		한신포차
		백스비어

이 표는 2015년부터 2023년까지 더본코리아가 출시하거나 유지·철수한 브랜드를 연도별로 정리한 자료다.

단순히 이름만 나열된 브랜드 목록이 아니라, 대한민국 프랜차이즈 산업이 얼마나 빠르게 팽창하고, 또 얼마나 조용히 사라지는지를 보여 주는 시간의 지도다.

더본코리아는 2015년 당시 18개 브랜드를 보유하고 있었다.

2019년에는 21개, 2023년에는 25개로 외형상 늘어난 것처럼 보이지만, 자세히 들여다보면 수많은 브랜드가 사라지고 또 새로 생기는 반복 속에 실제로 살아남은 브랜드는 손에 꼽을 정도다.

새마을식당, 홍콩반점, 빽다방, 한신포차 정도를 제외하면 대다수는 시장에서 자취를 감추었거나 존속 중이라 해도 전국적으로 안정된 수익을 내고 있는 브랜드는 드물다.

특히 주목할 점은 '철수'된 브랜드만의 문제가 아니라는 것이다. 표상에 존재하는 '존속' 브랜드조차 실제론 고사 상태에 가까운 경우가 많다. 즉, 간판은 남아 있지만 매출은 없고, 시스템은 유지되지만 점주는 교체되거나 철수한 구조다.

  이는 브랜드 수명 주기가 지나치게 짧고, 회복 탄력성이 낮은 구조를 반영한다. 결국 이 표는 단순한 브랜드 목록이 아니라 가맹본부 주도의 반복 실험과 점주 리스크 전가 시스템이 지속돼 왔음을 보여 주는 증거다.

  더본코리아는 국내에서 가장 많은 프랜차이즈 브랜드를 실험하고, 가장 많은 매장을 단기간에 양산해 온 회사다. 하지만 그 수치만큼이나 철수, 실패, 소멸의 기록도 가장 압축적으로 담겨 있는 곳이다.

  이 표는 '프랜차이즈는 구조적으로 점주에게 책임을 떠넘기고, 본사는 브랜드만 갈아 끼우는 방식으로 수익을 연명해 왔다'는 구조적 사실을 드러낸다.

  B 대표라는 인물 브랜드와 방송의 신뢰도를 등에 업고 확장된 더본코리아는 결국 대한민국 프랜차이즈 산업의 민낯과 구조적 한계를 집약적으로 보여 주는 시례다.

더본코리아 브랜드별 가맹 및 직영 현황(2023년 말 기준)

빽다방	홍콩반점0410	빽보이피자	역전우동0410	롤링파스타	한신포차	새마을식당	빽스비어
1,452개	282개	203개	193개	126개	116개	101개	79개
3개	0개	1개	1개	0개	0개	0개	0개

연돈볼카츠	막이오름	인생설렁탕	리춘시장	미정국수0410	본가	빽다방 빵연구소	돌배기집
50개	29개	27개	20개	19개	19개	18개	17개
1개	0개	0개	1개	0개	1개	3개	0개

백종원의 쌈밥집	제순식당	홍콩분식	고투옥	백철판0410	성성식당	낙원곱창	퀵반	고속우동
14개	11개	8개	7개	3개	2개	1개	0개	0개
0개	0개	0개	0개	0개	0개	1개	0개	0개

특히 빽다방은 1,452개의 가맹점과 단 3개의 직영점만을 운영하며 더본코리아 전체 매장 수의 절반 이상을 차지하는 대표 브랜드이다.

반면, 퀵반, 고속우동은 현재 가맹점이 전무하여 사실상 중단 또는 미출범 상태로 해석될 수 있다.

대부분의 브랜드가 직영점 없이 가맹 위주로 확장되고 있다는 점은 리스크는 점주가, 이익은 본사가 가져가는 구조를 상징적으로 보여 준다.

단순히 '많이 만들고, 몇 개 남는다'는 게 아니라, 얼마나 많은 자영업자들의 실패가 이 시스템 속에서 사라졌는지를 생각하게 만드는 목록이다.

◆ 더본코리아 연대기 – 방송이 키운 브랜드, 현장과의 괴리

더본코리아는 B 대표가 1994년 '원조쌈밥집'을 시작으로 본격적인 프랜차이즈 사업에 나서며 출발한 회사다.

이후 1998년 '한신포차', 2002년 '본가' 등을 차례로 선보였고, 2004년에는 '해물떡찜0410'이라는 이름으로 메뉴형 프랜차이즈 모델을 론칭했다. 이 시점은 중요한 전환점이었다.

그해 방송된 SBS「해결! 돈이 보인다」프로그램에 B 대표가 출연해 한 식당을 리뉴얼하며 '해물떡찜'이라는 메뉴를 내세웠고, 방송 이후 가게는 단기간에 흥행했다. 이 반응은 곧바로 브랜드화로 이어졌고, '해물떡찜0410'은 방송을 발판으로 대중적 인지도를 갖춘 프랜차이즈 1호처럼 자리 잡았다.

B 대표는 요리사로서가 아니라 '문제 해결사'로 등장했고, 방송 속 그의 솔루션은 브랜드의 운영 매뉴얼로 전환되었다. 이후 더본코리아는 일종의 '방송 기반 가맹 확장 모델' 위에 본격적으로 올라탔다.

2005년 '새마을식당', 2006년 '빽다방'과 '홍콩반점0410'이 줄지어 론칭되었고, 더본코리아는 빠르게 외형을 키웠다. 브랜드는 단일 메뉴 특화 방식으로 설계되었고 B 대표의 방송 출연이 잦아질수록 브랜드에 대한 신뢰도는 상승했다.

방송이 문제를 해결해 주는 장면은 브랜드에 대한 믿음으로 이어졌고, 점주들은 그 구조를 따라 움직였다.

B 대표는 '믿음의 상징'이 되었고, 더본코리아는 그 이미지로 사업을 확장했다. 하지만 그 구조는 본사 중심의 일 방향 시스템이었다. 메뉴는 중앙에서 정해졌고 공급망은 본사에 집중되어 있었으며, 점주는 수직적 매뉴얼을 따라야 했다. 말은 자율이지만 구조는 일률적이었다. 개별 매장은 브랜드 로고를 달았지만, 시스템과 수익 구조는 본사에 있었다.

더본코리아는 2023년 기준 60여 개 이상의 브랜드를 보유하거나 실험해 왔다. 하지만 이들 중 상당수는 사라졌고, 지금도 성업 중인 브랜드는 몇 되지 않는다. '연돈볼카츠'의 경우 1년 사이 가맹점 수가 68개에서 49개로 줄었고, 점주들은 예측 불가능한 수익 구조와 본사의 일방적 운영 지침에 불만을 제기했다. 이처럼 더본코리아는 프랜차이즈 브랜드의 빠른 출시와 철수를 반복하며, 실패의 리스크를 점주에게 전가하는 방식으로 수익 구조를 유지해 왔다. 브랜드는 쉽게 만들어졌고, 쉽게 사라졌다.

실패는 점주의 몫이었고, 본사는 언제든 다음 브랜드로 갈아탈 수 있는 위치에 있었다. 소비자는 방송으로 만들어진 신뢰를 따라갔고, 점주는 그 이미지에 기대어 투자했다. 하지만 구조는 책임을 공유하지 않았다.

더본코리아는 우리나라 프랜차이즈 산업의 축소판이다. 브랜드가 어떻게 만들어지고, 어떻게 소멸하며, 누가 이익을 가져가고, 누가 손해를 감당하는지 가장 압축적으로 보여 주는 사례다.

B 대표의 개인 브랜드는 방송과 결합하면서 신뢰의 얼굴이 되었지만, 그 신뢰는 시스템 전체의 지속 가능성을 담보하지 못했다. 방송은 사라지고, 브랜드는 교체되고, 점주는 사라지고, 구조만 남는다. 그리고 구조는 여전히 본사의 대표이미지로 움직인다.

프랜차이즈 산업의 성공과 실패는 단순히 브랜드나 마케팅 전략에 국한되지 않는다. 그 이면에는 시대적 흐름과 소비자의 식문화 변화, 그리고 사회 구조의 복잡성이 깊이 얽혀 있다. 특히 외식업 프랜차이즈의 흥망성쇠는 이러한 요소들의 상호작용 속에서 결정된다. 외식산업에서 메뉴는 단지 먹는 것이 아니다. 메뉴는 기억되고, 반복되며, 궁극적으로는 문화가 된다.

외식업계에서는 두 부류의 메뉴가 존재한다. 하나는 중화요리, 회, 삼겹살, 소갈비, 곰탕, 돼지국밥처럼 '우리의 식생활 속에 자리 잡은, 정기적으로 소비되는 음식'이다.

다른 하나는 트렌드에 의해 탄생하고, 유행이 지나면 자취를 감추는 '한 번의 경험으로 끝나는 메뉴'이다. 중화요리는 생일상과 선호도를 확보한 외식의 기본이 되었고, 회와 삼겹살은 회식의 표준이 되었다.

돼지국밥은 지역적 뿌리를 넘어 전국적으로 퍼졌고, 곰탕은 피로한 날에 자연스럽게 생각나는 메뉴다. 이들은 '경험'이 아니라 '반복'으로 우리의 입맛에 기억되어 살아남은 음식이다. 즉, 우리 음식의 문화를 이룬 메뉴들이다. 한 번의 감탄이 아니라, 습관처럼 자리 잡은 식문화의 일부가 된 것이다. 이런 메뉴는 더 이상 '유행'이 아니다. 이런 음식들은 특정 시기, 특정 유행을 타지 않아도, 사람들이 일정한 간격으로 반드시 다시 찾게 되는 구조를 가진다.

가장 대표적인 예가 삼겹살이다. 이 메뉴는 수없이 많은 변형과 시도를 거쳤다. 와인 삼겹, 허브 삼겹, 특수 부위, 수비드, 에이징 등. 하지만 끝내 소비자는 돌아온다. 결국 다시 찾는 건 '전통 삼겹'이고, '기억 속 삼겹'이다. 왜냐하면 음식은 맛뿐 아니라 기억과 정서를 동반한 문화적 행위이기 때문이다.

트렌드 메뉴는 이와 반대다. 짧은 시간 안에 확산되고, 사진을 찍고, 리뷰를 남기고, 그걸로 끝나는 경우가 많다. 맛이 없는 것이 아니다. 오히려 자극적이고 강렬한 경우가 많다. 그러나 기억에 쌓이지 않고, 정기적 반복을 일으키지 못한다.

외식업에서 살아남는다는 것은 단지 맛있는 메뉴를 만드는 일이 아니다. 사람들이 다시 찾고 싶게 만드는 '정기성'과 '문화성'을 이해하는 일이다. 어떤 음식이 반복되고, 어떤 음식이 잊히는가를 이해하지 못하면, 매출은 거품처럼 사라지고 만다.

음식 장사는 결국 '한 끼'가 아니라 '한 문화'를 다루는 일이다. 사람들이 무엇을 먹고 자랐는지, 무슨 날에 어떤 메뉴를 찾는지, 누구와 함께 먹는지를 모르면, 아무리 '특색 있는 메뉴'를 만들어도 그것은 일회성 이벤트로 끝나기 쉽다. 그래서 음식 장사를 제대로 하려면 음식 그 자체보다 먼저 '음식이 가진 문화적 문법'을 이해해야 한다. 삼겹살의 반복, 중화요리의 관습, 곰탕의 위로 같은 것들. 이것이 메뉴가 팔리는 이유이자, 외식이 사업을 넘어 문화가 되는 지점이다.

반복되는 메뉴	잊히는 메뉴
삼겹살, 곰탕, 국밥, 중화요리	유행 음식, 콘셉트형 메뉴
맛 + 기억 + 정기성	맛 + 경험 + 일회성
문화로 내면화됨	트렌드로 소비됨
정서적 연결	시각적 자극
회귀 소비 가능	확산 후 소멸

<지속되는 메뉴 vs 잊히는 메뉴 비교>

이러한 맥락에서 프랜차이즈 사업은 단순히 새로운 메뉴나 콘셉트를 도입하는 것만으로는 지속적인 성공을 담보하기 어렵다. 소비자들의 깊이 있는 식문화 이해와 변화하는 사회 구조에 대한 통찰이 필요하다.

또한, 프랜차이즈 본사와 가맹점주 간의 신뢰와 상생 구조가 구축되지 않으면, 브랜드의 확장과 함께 갈등과 불만이 증폭될 수 있다.

더본코리아의 사례에서도 볼 수 있듯이 방송을 통한 브랜드 인지도 상승은 단기적인 효과를 가져올 수 있지만, 장기적인 성공을 위해서는 체계적인 브랜드 관리와 가맹점주와의 상호 협력이 필수적이다.

최근 연돈볼카츠 사태와 같은 갈등은 이러한 구조적 문제를 드러내는 사례로, 프랜차이즈 산업 전반에 대한 재평가와 개선이 요구된다.

결국 프랜차이즈 산업의 지속 가능성과 성공은 단순한 비즈니스 모델을 넘어, 사회적, 문화적, 구조적 요소들을 종합적으로 고려한 전략과 실행이 필요하다. 이는 외식업뿐만 아니라 다양한 산업 분야에서도 적용될 수 있는 중요한 통찰이다.

교훈 우리의 프랜차이즈는 산업이 아니라 사람을 기준으로 삼아야 한다

프랜차이즈 산업은 매년 성장하고 있고, 수치는 매년 갱신된다.

가맹점 수, 브랜드 수, 총매출, 소비자 만족도는 모두 이 산업이 살아있음을 말해 주는 지표처럼 보인다. 그러나 우리는 여기에 단 하나의 수치가 빠져 있음을 안다. '가맹점주들의 현실'이라는 수치다.

본사의 매출은 통계로 남지만, 점주의 고통은 통계로 남지 않는다. 폐점률은 있지만, 폐업까지 걸린 시간은 없다.

신규 출점 수는 있지만, 퇴로를 설계한 매뉴얼은 없다. 우리는 언제까지 이 한쪽만 기록되는 산업을 보고만 있어야 하는가.

또 한 가지, 문화적 측면에서도 짚고 넘어가야 할 부분이 있다. 실제 외국 관광객들의 후기를 들어 보면, 우리나라의 도시 풍경은 어디를 가나 다 똑같다고 말한다.

서울이든 부산이든, 아니면 지방의 군 단위 소도시든, 도심 상가를 걷다 보면 전부 똑같은 프랜차이즈 간판과 익숙한 브랜드들만 눈에 들어온다는 것이다. 카페 하나를 가도, 음식점을 가도, 가게 이름이 똑같고 분위기도 판박이라, 서울만 보면 한국 전체를 본 것 같은 착각이 들 정도라는 얘기다. 그 결과 외국인들은 지역 관광을 생략하고 떠나는 추세도 있어 이는 우리나라 관광 산업에도 간접적인 마이너스 요인으로 작용할 수도 있다고 본다.

나는 이 말에 깊이 공감한다. 지자체에서 주관하는 지역 축제나 행사를 몇 번 경험해 본 적이 있는데, 정말 놀랄 정도로 모두가 복사 붙여넣기 한 듯 똑같았다. 인삼 축제든, 벚꽃 행사든, 감자 축제든 이름만 다를 뿐, 현장을 장악하는 상인들과 부스 구성, 파는 먹거리, 노점 스타일이 전부 비슷했다.

지역마다 고유한 색깔이 있어야 할 문화 행사조차도 실제로는 전국을 순회하며 같은 방식으로 참여하는 일부 이동 상인들이 주도하고 있는 실정이다. 그 결과 그 지역의 특색은 사라지고 도심 풍경마저도 어디를 가나 동일한 구성을 보이게 되는 것이다.

실제로 소상공인시장진흥공단의 상권 분석 데이터를 보면, 지역별 상권의 업종 분포에서 프랜차이즈 브랜드의 밀집 현상이 두드러지게 나타난다. 대도시는 물론이고 중소 도시의 상권에도 프랜차이즈 브랜드들이 깊숙이 파고들어 있는 것을 확인할 수 있다.

서울특별시의 경우에도 주요 상권 분석 결과, 시역 특색보다는 특정 브랜드의 집중이 두드러진다는 분석도 있다. 이처럼 프랜차이즈 기반의 구조는 도시의 개성을 지우고 획일적인 도시 이미지를 만들어 가고 있는 셈이다.

이제는 진지하게 고민할 때다. 지역의 정체성은 그 지역만의 문화와 사람들이 모여 형성되는 것인데, 현재 우리나라의 도심 풍경은 그 다양성과 고유성을 스스로 포기하고 있는 듯 보인다. 단지 보기 좋은 외형이나 수익 구조 중심이 아닌, 문화와 지역성이 조화를 이루는 방향으로 나아가야 하지 않을까.

2023년 공정거래위원회 발표에 따르면, 국내 가맹점 수는 36만 5,014개에 달하며, 특히 도소매업종의 경우 개점률이 22.6%로 높은 반면, 폐점률도 20.1%로 매우 높게 나타났다(공정위, 2023.12.28.).

이처럼 창업과 폐업이 동시에 일어나고 있음에도, 신규 가맹 모집은 아무 제약 없이 계속되고 있다.

정부는 소비자 보호를 위한 정책은 강화해 왔다. 품질 표시제, 정보공개서, 친절도 조사, 포인트 보상 등 다양한 장치가 마련되어 있다.

그러나 정작 그 소비자를 매일 마주하는 점주를 보호하는 정책은 부실하다.

나는 묻는다.

왜 프랜차이즈 산업에는 '단통법' 같은 것이 없는가?

불과 세 곳인 대기업 통신 시장은 정부에서 과열 경쟁을 막기 위해 요금제를 제한하고, 기기값을 통제하며, 유통망을 관리한다. 그런데 왜, 매일 12시간씩 가게를 여는 점주를 위한 법은 존재하지 않는가?

한국은 여전히 프랜차이즈 시장을 '브랜드 자율'에만 맡기고 있다.

가맹본부는 폐점률이 치솟아도 새로운 점주만 계속 모집하면 된다.

점주는 쓰러지면 그만이다. 이런 구조에서는 누구도 멈추지 않고, 아무도 책임지지 않는다.

이에 따라 전문가들은 '폐점률이 일정 기준을 초과할 경우, 가맹본부의 신규 출점과 사업 확장을 일정 기간 제한하거나 기존 점주의 상권을 보호하는 제도적 장치가 도입되어야 한다'고 제안한다(이데일리, 2023.10.25.).

공정거래위원회도 최근 가맹사업법 시행령 개정을 통해 '필수 품목의 거래 조건을 가맹본부가 일방적으로 변경할 경우, 점주와 반드시 사전 협의해야 한다'는 의무 조항을 신설했다(공정위, 2023.11.).

이는 국내 최초로 '공급 조건 변경'에도 점주의 협의권을 인정한 조치로 평가된다.

해외에서는 이보다 훨씬 더 강력한 장치들이 마련돼 있다.

미국 연방거래위원회(FTC)는 정보공개서에 공급 업체, 리베이트, 거래 방식

등을 의무 기재하게 하며, 호주 ACCC는 가맹본부가 받은 리베이트를 금액 단위로 투명하게 공개하고, 그 배분 내역까지 밝혀야 한다(매일경제, 2023.3.16).

우리는 지역성을 통제해야 한다. 하지만 그보다 먼저, 브랜드 간 질서와 경쟁을 통제해야 한다.

출점 거리 제한, 브랜드 간 출혈 경쟁 완화, 정보의 사전 투명화. 모두 가맹본부의 자율적 선택에 맡길 것이 아니라, 상위법으로 관리할 기준이 마련되어야 한다.

이건 단순한 경제 규제가 아니다. 이건 '생활 법치'의 문제다. 사람이 하루 12시간을 일하고도 수익이 남지 않으면, 그건 시장이 아니라 국가가 관여하고 책임져야 할 일이다.

프랜차이즈는 사람을 연결하는 구조다. 그 구조의 끝에 사람이 있다면, 그 시작도 반드시 사람이어야 한다.

5부

프랜차이즈 사업을 원하는 사람들

• 서 문

프랜차이즈는 늘 '성공의 지름길'처럼 이야기된다. 시장에서 이미 검증된 브랜드, 메뉴, 인테리어, 마케팅, 고객 유입 경로까지 모두 갖추었기에 실패 가능성이 낮다고 믿는다.

그래서 사람들은 프랜차이즈를 선택한다. 그러나 이 믿음은 정확히 말하면 절반만 맞다. 정확히 말하자면, '혼자서 하는 것보다는' 나을 수 있다. 그러나 '안정성'이라는 말에는, 그것을 기대하는 사람의 간절함이 더 많이 담겨 있다.

프랜차이즈를 시작하려는 사람들은 대부분 '리스크를 줄이고 싶은 사람들'이다. 이 장에서는 그들이 누구인지, 어떤 기대와 오해 속에서 프랜차이즈를 선택하는지를 들여다본다.

초보 창업자는 프랜차이즈를 '경험 없는 자에게 주어진 안내서'로 본다. 혼자 해보자니 자신이 없고, 시장은 복잡하고, 브랜드 파워는 따라잡기 어렵다. 그래서 이미 포장되어 있는 길을 택한다.

메뉴와 레시피가 있고, 인테리어와 유니폼이 있고, 고객 응대 매뉴얼과 마케팅 키트가 있다. 초보자는 그것을 '보장'이라 믿는다.

하지만 이렇게 비교해 볼 수도 있다.

자력 창업이 직접 조리한 음식으로 가득 찬 밥상이라면 프랜차이즈는 인스턴트식품과 같은 것이다. 편리하지만 건강이나 수익 면에서는 그만한 비용을 감수해야 하는 것이다.

퇴직자는 프랜차이즈를 '제2의 인생 프로젝트'로 생각한다. 수십 년 직장생활로 익숙해진 매뉴얼 기반의 시스템과 조직 구조가 프랜차이즈와 닮아 있어, 막연한 안정감이 있다.

퇴직금으로 투자 가능하고, 브랜드가 나를 도와줄 것이라는 신뢰를 갖는다. 그러나 이 신뢰는 시스템보다 현실을 만났을 때 쉽게 무너진다.

소규모 자영업자는 프랜차이즈를 '확장'의 도구로 본다. 이미 작게는 매장을, 크게는 상권을 경험한 이들은 브랜드의 레버리지를 이용해 더 큰 자산을 만들고자 한다.

기존 업장 옆에 카페를 내거나, 기존 고객을 프랜차이즈 고객으로 전환하는 방식으로 확장을 꾀한다. 이때 프랜차이즈는 브랜드이면서도 마치 '투자 파트너'처럼 인식된다.

자영업 실패 경험자는 프랜차이즈를 '다시 한번의 기회'로 바라본다. 이전에는 브랜드 없이 혼자였다면, 이번에는 브랜드의 이름을 빌려 본다. 메뉴와 운영 시스템이 정해져 있고, 마케팅도 맡아 주는 시스템이 '더 나은 선택'처럼 보인다.

그러나 문제는 이들이 실패의 원인을 '나'에게서만 찾고, 프랜차이즈라는 구조가 가진 양면성은 충분히 보지 못한다는 데 있다.

이처럼 프랜차이즈를 원하는 사람들의 출발점은 모두 다르지만, 그 끝은 비슷한 질문으로 수렴된다.

"과연 이 구조가 나를 보호해 줄 수 있을까?"

이 장은 그 질문의 출발을 되짚는 동시에, 그 기대와 구조가 어떻게 엇갈리는지를 하나씩 밝혀 갈 것이다.

1장

초보 창업자
매뉴얼이 있으니 괜찮을 거라고 믿었다

처음 장사를 시작하는 사람에게 가장 두려운 것은 실패다. 무엇을 팔아야 할지, 어떻게 만들어야 할지, 어떤 상권이 괜찮을지, 마케팅은 어떻게 할지 모든 것이 불확실하다.

그 불확실성을 줄이기 위해 많은 초보 창업자들은 프랜차이즈를 선택한다. '브랜드가 해 주는 장사'라는 막연한 믿음은 그 자체로 안도감을 준다.

브랜드는 메뉴를 정해 주고, 인테리어를 해 주고, 유니폼과 교육 시스템을 제공한다. 심지어 매장 오픈 전 직원까지 구해 주기도 한다. 마치 시험지를 채점해 주는 사람이 이미 정해져 있는 느낌이다.

그래서 초보 창업자에게 프랜차이즈는 '정답지 있는 장사'처럼 느껴진다. 실패하지 않는다는 말을 들은 것도 같고, 다 짜인 시스템 안에서 따라만 하면 된다고 믿는다.

그러나 실전은 다르다. 정답지가 있다는 것은 이미 답이 정해져 있다는 말이기도 하다. 스스로 판단하고 조정할 수 있는 권한은 없다.

메뉴는 변경할 수 없고, 재료도 정해진 공급처에서만 사야 하며, 지역 특색을 반영하거나 현장 사정에 따라 유연하게 대응하기도 어렵다.

무엇보다 중요한 건, 초보 창업자들이 '시장이 나를 평가하는 방식'을 본사가 대신 막아 주지 않는다는 사실이다.

점포의 매출이 기대에 못 미쳐도 본사는 책임지지 않는다.

교육은 매뉴얼 중심이고, 오픈 전후 몇 주간 집중 지원을 받은 뒤에는 '본사의 시스템 안에서' 독립적으로 운영하라는 말을 듣는다. 결국 본사가 해 주는 건 틀 안의 형식이고 살아남는 건 각자의 몫이다.

처음에는 본사의 간판이 모든 것을 해결해 줄 것 같았지만, 곧 현실은 간판 뒤에 있는 나 자신의 역량으로 돌아온다.

고객의 컴플레인을 응대하는 건 본사가 아니라 나고, 직원 문제를 해결하는 것도 나고, 재료비를 계산하며 남는 이익을 따지는 것도 나다. 프랜차이즈는 처음엔 '도와주는 손'처럼 다가오지만, 어느 순간부터는 '기준을 지켜야 하는 통제자'로 바뀐다.

초보 창업자는 프랜차이즈를 믿는다. 그러나 중요한 건 그 믿음이 어디까지 유효한가이다.

프랜차이즈가 제공하는 건 '틀'이지 '결과'가 아니다.

초보 창업자에게 필요한 것은 브랜드에 의존하는 것이 아니라, 브랜드를 활용할 수 있는 판단력과 냉철함이다. 프랜차이즈는 출발선일 수 있지만, 결승선은 아니다.

따라 하는 것이 익숙한 사람에게는 매뉴얼이 편할 수 있다. 그러나 시장은 따라 하기만으로는 살아남지 못한다.

초보는 그래서 더 많이 물어야 하고, 더 많이 의심해야 한다. 브랜드를 믿기 전에, 브랜드 구조를 먼저 파악해야 한다.

퇴직자
시스템을 믿었지만, 이곳에는 동료도 조직도 없었다

회사에서 은퇴한 사람에게 남은 시간은 낯설고 길다. 하루 종일 빈 시간이 있고, 매일 아침 일어날 이유가 희미해진다.

그래서 많은 퇴직자들이 '무언가를 해야겠다'는 결심을 한다.

그리고 그 결심의 첫 단추로 프랜차이즈 창업을 선택한다.

이유는 간단하다. 혼자 하는 장사는 무섭고, 처음부터 새롭게 배워야 하는 창업은 위험하니까. 대신 누군가가 틀을 만들어 주고, 그 안에서 운영만 하면 된다는 프랜차이즈는 훨씬 덜 두렵다.

게다가 프랜차이즈는 그동안 익숙했던 '시스템 기반 구조'와 많이 닮아 있다. 회사처럼 매뉴얼이 있고, 교육이 있고, 본부라는 상위 조직이 있다.

그래서 퇴직자들은 이것이 자신에게 맞는 모델이라고 생각한다.

조직생활에 익숙한 만큼, 본부의 지시와 운영체계를 따르는 것은 어렵지 않다고 여긴다. 그리고 수십 년간의 회사생활을 통해 익힌 '성실함'과 '관리력'이 여기서도 통할 것이라 믿는다.

하지만 현실은 다르다.

프랜차이즈 본사는 조직이 아니다. 퇴직자가 기대한 조직은 수직적이고 협력적인 구조지만, 프랜차이즈는 수직은 있어도 협력은 없다. 회사처럼 경제적 책임도 지지 않는다.

본사는 매뉴얼을 내려보내고, 점주는 그 지침에 따라 매장을 운영해야 한다. 그러나 매출이 떨어졌다고 해서 본사가 회의실을 열고 전략을 같이 짜 주진 않는다. 위기가 와도 누구도 '이건 우리가 함께 책임지자'고 말해 주지 않는다.

퇴직자는 프랜차이즈를 조직처럼 생각하고 들어오지만, 여기는 철저히 계약의 세계다. 업무 지시처럼 보이는 본사의 정책은 사실상 가맹계약의 조항이고, 그에 따른 불이행은 책임과 비용으로 돌아온다.

익숙했던 '보고 체계'나 '의사결정 회의'는 존재하지 않고, 본부는 언제나 점주의 책임을 강조한다.

가장 큰 착시는 바로 '같이 일한다는 느낌'이다. 퇴직자는 프랜차이즈 본사와 '함께 브랜드를 키운다'고 생각하지만, 본사는 가맹점 하나하나의 성장보다 전체 브랜드 이미지 관리에 더 관심이 있다. 그래서 한 매장이 무너지더라도 전체에 악영향만 없다면 별 조치를 하지 않는다.

퇴직자는 자신이 오랫동안 속했던 회사에서의 경험처럼 '성과는 나눠지고 책임도 공유될 것'이라 믿지만, 이 구조에서 점주는 철저히 개별 계약자일 뿐이다.

그래서 퇴직자 창업의 가장 큰 위험은 '경험이 없는 것'이 아니라, '경험을 오해하는 것'이다. 조직의 문화를 프랜차이즈에 투영하고, 회사에서의 역할을 이 구조에서 되살리려 한다.

하지만 이곳엔 같은 팀도 없고, 회식도 없고, 상사도 없다. 오직 점포와 계약서, 그리고 매출표만 있다.

그 차이를 미리 인식하지 못하면, 프랜차이즈는 '익숙함'이라는 착각 속에서 더 크게 실망하게 된다. 그리고 그 실망은 결국 자본의 손실로 끝나게 된다. 결국 잘되면 브랜드 덕, 못되면 점주 탓인 것이다.

소규모 자영업자
브랜드를 빌렸지만, 권한은 내 것이 아니었다

이미 장사를 해 본 사람들은 시장의 냉정함을 알고 있다. 고객은 하루 만에 떠나고, 유행은 계절마다 바뀌고, 권리금은 전세보다 빠르게 변한다.

그래서 자영업자들은 종종 이런 생각에 이른다.

'이제는 검증된 브랜드의 이름을 빌려야 할 때가 아닐까?'

이렇게 시작된 프랜차이즈 창업은 자영업자에게 '확장'처럼 보인다. 혼자서 작게 하던 가게에서, 이름 있는 브랜드로 한 걸음 더 나아가는 시도다.

이들은 이미 상권과 고객 관리에 대한 경험이 있다. 재료 원가, 인건비, 임대료, 관리비까지 몸으로 겪은 사람들이다. 그래서 그들은 프랜차이즈를 '전략적 선택'이라 믿는다. 브랜드는 손님을 끌어오고, 나는 그 안에서 효율적으로 운영해 수익을 높이면 된다고 계산한다.

자영업자는 프랜차이즈를 일종의 '마케팅 파트너'로 본다.

하지만 그 계산은 구조를 모를 때만 가능하다. 프랜차이즈는 이름만 빌려주는 시스템이 아니다.

브랜드를 빌리는 순간, 운영의 자유는 사라진다. 메뉴 변경은 불가하고 원재료는 본사 공급만 써야 하며, 가격은 본사 정책에 따라야 한다.

마진 구조도 내가 정할 수 없다. 프로모션은 본사가 정하고 그 비용의 일부는 가맹점이 분담해야 한다. 즉, 내가 알던 자영업은 끝났고 이제는 매뉴얼대로 움직이는 가맹점주가 된 것이다.

기존 자영업자는 이 지점에서 가장 큰 혼란을 겪는다. 브랜드를 이용하는 줄 알았지만, 실제로는 브랜드가 나를 이용하고 있다는 느낌.

과거에는 고객 불만도 직접 해결하고 메뉴도 바꿔 가며 유연하게 대처했지만, 이제는 고객에게 "본사 정책입니다."라는 말밖에 할 수 없다.

이럴 바에야 "왜 프랜차이즈를 택했는가?" 하는 회의가 생긴다.

가장 결정적인 건 수익 구조다. 기존 자영업자는 자율적이었지만 불안했고, 프랜차이즈는 안정적일 거라 생각했다.

그러나 가맹비, 교육비, 광고비, 로열티, 재료비, 마케팅 분담금 등 갖가지 명목의 고정 비용은 결국 수익을 갉아먹는다.

혼자 하던 장사는 리스크도 컸지만 '결과는 내 몫'이었다.

프랜차이즈는 안정된 구조 안에 있는 듯하지만, '결과도 나누는 구조'는 아니다. 비용만 나눌 뿐, 책임은 여전히 온전히 점주의 몫이다.

　프랜차이즈는 자영업자에게 '성장 경로'처럼 보이지만, 실상은 '재조정의 출발점'이다.
　나는 여전히 사장처럼 보이지만, 이제는 사장답게 운영할 수 없다. 브랜드의 간판을 달았을 뿐, 결정권은 그 간판에 있다.
　그 사실을 받아들일 수 없다면, 프랜차이즈는 더 큰 스트레스를 안겨 주는 구조가 된다. 브랜드를 빌릴 수는 있지만, 그 안에서 자유롭게 운영할 수 있다는 착각은 버려야 한다.

자영업 실패자
검증된 브랜드라 믿었지만, 내 실패도 검증된 구조였다

　한 번 장사를 망한 사람은 더 이상 충동적으로 움직이지 않는다. 새로운 사업을 시작하려는 사람 중 가장 신중한 사람이 바로 '실패를 경험한 자영업자'다. 그들은 한 번의 실패가 얼마나 많은 것을 잃게 만드는지 몸으로 알고 있다. 그래서 다시 창업을 결심할 때, 가장 먼저 드는 생각은 '이번엔 검증된 브랜드로 하자'는 것이다.

　실패는 두렵고, 불확실성은 피하고 싶다. 그래서 프랜차이즈는 이들에게 하나의 구명보트처럼 보인다.
　이미 시장에서 성공했다고 알려진 브랜드, 매출이 높다고 홍보되는 간판, 언론 기사에 나오는 점포 성공 사례들은 실패 경험자에게 '이번에는 다를 것'이라는 희망을 준다.

하지만 이들의 문제는 조심성이 아니다. 오히려 너무 '믿어 버리는 것'이다. 브랜드가 검증됐다는 말은 단지 '그 이름이 알려졌다'는 뜻일 뿐, 그 구조가 점주에게도 안전하다는 의미는 아니다.

대부분의 실패 경험자들은 과거의 실패 원인을 '자신'에게서만 찾는다. 메뉴를 잘못 골랐다거나, 상권을 잘못 판단했다거나, 홍보가 부족했다고 여긴다. 그러니 브랜드 시스템만 잘 짜여 있다면, 자신의 실수만 보완하면 성공할 수 있으리라 믿는다.

하지만 프랜차이즈 구조는 실패의 책임을 개인에게 전가하는 방식으로 설계되어 있다.

매출이 낮으면 본사는 말한다. "그 지역은 어려운 상권이라 어쩔 수 없다." 클레임이 많으면 "직원 교육을 제대로 하셔야죠."라며 운영자의 문제로 치부한다. 프랜차이즈가 제공하는 건 시스템이지, 결과가 아니다.

실패 경험자는 구조가 점주에게 유리하게 작동할 것이라고 기대하지만, 실제로는 그 구조가 실패를 유도하거나 방치하는 경우도 많다.

본사의 광고, 가맹 상담 자료, 성공 사례집은 표면적으로는 긍정적이지만, 그 뒷면에 수많은 폐점 사례는 언급되지 않는다.

'성공 가맹점 1,000호 돌파'라는 말은, 어쩌면 '이미 포화된 시장'이라는 뜻이기도 하다. '점포당 평균 매출 1억 원'이라는 문구는 일부 상위 매장이 평균을 끌어올린 착시일 수도 있다.

실패 경험자일수록 구조를 먼저 봐야 한다. 브랜드의 간판, 마케팅, 메뉴보다 중요한 것은 이 시스템이 점주에게 유리한 구조인가, 아니면 본사에 유리한 구조인가를 파악하는 일이다.

프랜차이즈는 실패를 줄여 주지 않는다. 실패를 개인화하는 데 능숙할 뿐이다. 검증된 브랜드를 선택한 것이 곧 성공을 보장해 주는 것이 아니다.

프랜차이즈는 실패한 자영업자에게 '안정성'이라는 이름으로 다가오지만, 그 안의 구조까지 바뀐 건 아니다.

과거에 자유롭게 실패했다면, 이제는 계약된 상태로 실패할 뿐이다. 그래서 이들은 다시 실패할 수도 있고, 그 실패는 더 오래, 더 깊이 상처로 남을 수도 있다. 재도전은 용기다.

그러나 구조를 알지 못한 재도전은, '한 번 더 착취당할 기회'를 만드는 일일 수도 있다.

사례로 보는 프랜차이즈의 덫

무이자 창업 지원이라는 함정

- '무이자'라는 말은 달콤했다. 하지만 그 말 뒤에는 '정기 상환'이라는 빚의 구조가 있었다.

한 프랜차이즈는 피자와 치킨을 동시에 판매하는 복합 외식 브랜드다. 최근 몇 년 사이, 이 브랜드는 예비 창업자들 사이에서 '가성비 창업'으로 불리며 빠르게 입소문을 탔다.

그 배경에는 낮은 창업 비용과 더불어 본사가 직접 제공하는 '무이자 창업비 지원'이라는 프로모션이 있었다. 한눈에 보기엔 그럴듯했다.

가맹비, 인테리어, 주방 설비, 교육비 등 초기 비용을 48개월에 걸쳐 나눠 갚을 수 있으며, 은행 대출이 아니라 본사 자본이기 때문에 신용 점수에도 영향을 주지 않는다는 조건이었다. 언뜻 보면 창업 리스크를 낮춰 주는 파격적인 혜택처럼 보인다. 그러나 이 제도의 진짜 구조를 들여다보면, 그 혜택의 얼굴은 전혀 다른 모양을 하고 있다.

본사가 창업자를 위해 '무이자 할부'를 제공한다는 건 말 그대로의 의미가 아니다. 실제로 본사가 창업자에게 돈을 송금하거나 대출해 주는 구조는 없다. 대신 가맹비, 교육비, 인테리어 시공, 주방 설비 구매, 간판 설치 등 각 항목별 비용이 내부 협력 업체 또는 본사 산하의 거래처를 통해 실행된다.

그리고 이 모든 비용은 창업자의 이름으로 일괄 채권화된다. 창업자는 돈을 직접 받은 적이 없지만, 매달 110만 원가량의 상환 의무를 지게 된다. 할부 조건은 '무이자'

일 뿐, 이는 본사의 마진 구조를 은폐하는 언어에 불과하다. 본사는 창업자의 이름으로 만들어진 이 채권을 통해 일정한 수익을 사전에 확보하고, 장사의 성패와 무관하게 자금을 회수할 수 있는 구조를 만든다. 한마디로, 본사는 '리스크 없는 수익'을 선점하고, 창업자는 '리스크만 있는 빚'을 짊어진다.

문제는 이 구조가 매우 현실적인 파국으로 이어진다는 점이다.

실제 한 제보자는 해당 프랜차이즈의 무이자 창업 지원을 통해 가맹점을 오픈했지만, 매출은 기대에 미치지 못했다.

운영 첫 달부터 상환금이 부담으로 다가왔고, 매달 고정으로 빠져나가는 110만 원은 적자 상태의 점포에겐 생존을 위협하는 고정비였다. 결국 수개월 만에 폐업을 결정했고, 남은 할부 잔액은 일시 청구됐다. 카드 대출과 생활비 대출까지 얽히며 그는 순식간에 1억 2천만 원의 빚을 지게 되었다. 창업 당시 그의 손에 있던 자본은 고작 4천만 원이었다. 본사의 홍보 문구와는 달리, 이 시스템은 '자본 없는 창업'이 아니라 '자본 없는 부채'였고, 그의 폐업은 끝이 아니라 시작이었다.

이러한 구조가 문제가 되는 핵심은 '위험 분배의 불균형'이다. 일반적인 창업이라면 본사와 점주가 일정 수준의 책임을 나누어야 하지만, 무이자 지원이라는 이름으로 점주에게 모든 상환 책임을 부여하고, 실패 시 그 손실을 고스란히 떠넘긴다.

점포가 잘되든 망하든 본사는 이미 내부 거래를 통해 자금을 확보한 상태다. 즉, 본사는 창업자의 실패로부터 아무런 손해도 보지 않는다. 점포가 망하면 채무자만 남고, 본사는 채권자가 된다. 겉으로는 '지원', 실상은 '부채', 그것도 법적으로 명확하게 추심 가능한 성격의 채무다.

이러한 구조는 마케팅적으로는 '창업 지원'이라는 긍정적 이미지로 포장된다. 그러나 이 지원은 시작과 동시에 점주를 채무자로 만드는 시스템이며, 상환이 지연되거나 폐업으로 인해 문제가 발생하면 본사는 언제든 법적 수단을 동원할 수 있다. 무엇보다도 이 모든 계약은 창업 초기, 정보가 부족하고 절박한 상황에 처한 창업자들이 감당해야 한다.

이 과정에서 정확한 계약 내용, 상환 방식, 리스크 고지에 대한 충분한 설명이 이뤄지지 않는 경우도 많다.

결국 무이자 할부는 '창업 리스크를 줄여 주는 제도'가 아니라 '리스크를 본사에서 점주에게 전가하는 장치'로 기능하고 있다.

> 해당 프랜차이즈의 창업 지원 시스템은 그 자체로 한 프랜차이즈 기업의 수익 구조를 넘어, 프랜차이즈 산업 전반의 비대칭적 구조를 드러내는 단면이다. 가맹계약이란 이름 아래 점주는 시스템의 이용자가 아니라, 시스템의 희생양이 되고 있다.
> 이러한 구조는 '창업'이라는 이름 아래 자행되는 구조적 착취이며, 점주의 실패 위에 구축된 본사의 이익은 '가맹사업'이 아니라 '채무사업'에 가깝다. 그리고 그 시스템은, '무이자'라는 말로 오늘도 새로운 점주를 유인하고 있다.

이와 같은 가맹본부의 행태는 창업자의 절박함과 정보의 비대칭성을 악용한 대표적인 구조적 기만이다. '무이자'라는 단어는 금융 소비자에게 심리적 안정감을 준다.

그러나 실제로는 금융기관이 아닌 본사가 채권자가 되는 구조에서 창업자는 법적으로 보호받기 어려운 '비공식 채무자'로 전락한다. 본사는 자신이 직접 설정한 가격(인테리어, 설비, 교육비 등)을 기준으로 채권을 만들고, 이를 통해 점주의 미래 수익을 선취한다.

이 구조는 '수익은 본사, 리스크는 점주'라는 일방적 구조를 제도처럼 만들어 놓은 셈이다.

문제는 이 행태가 '합법의 탈을 쓴 사적 금융 행위'라는 점이다. 본사가 점주에게 자금을 직접 빌려주지는 않지만, 실질적으로는 금융의 기능(상환 계획 수립, 회수, 채권 보존 등)을 수행하고 있다.

이로 인해 창업자는 정식 금융기관이 제공하는 이자율 고지, 상환유예, 파산 보호 등 소비자 보호 장치로부터 완전히 배제된다. 가맹본부는 법적으로 대출업이 아님을 내세워 규제를 피하면서, 실질적으로는 채권 회수를 통한 수익을 안정적으로 확보한다.

이는 가맹사업의 외형을 한 비공식적 금융사업이자, 민간 사채 구조의 제도화라고 할 수 있다.

더욱 심각한 문제는 이 구조가 프랜차이즈 업계 일부에서 사실상 보편적인 수익 모델로 작동하고 있다는 점이다.

본사는 창업 초기의 공급자(인테리어, 교육, 설비)의 역할과 이후의 유통자(물류 공급자), 그리고 마지막엔 채권자(상환 주체)까지 겸하며 점주의 '생존 과정 전체를 본사의 수익 루트'로 삼는다. 이러한 모델은 본질적으로 점주의 실패를 전제로 한 시스템이며, 창업자 수의 증가가 곧 본사의 수익 증가로 이어지는 양적 확장 중심의 식민 구조다.

점포가 망해도 본사는 손해를 보지 않고, 망한 자리에 새로운 점주가 들어오면 다시 초기 비용으로 수익을 창출한다. 따라서 이러한 가맹본부의 행태는 단순한 상행위가 아닌, 제도적 책임 회피 속에서 이윤만을 추구하는 비윤리적 구조라 할 수 있다.

본사가 진정으로 '가맹 파트너'라면, 창업자의 실패가 곧 본사의 손실로 이어지는 구조를 감수해야 한다. 그러나 현재의 시스템은 점주의 실패를 단지 채무자의 몰락으로만 처리하며, 사회적 책임은커녕 최소한의 도의마저 외면하고 있다.

이러한 시스템은 결국 자영업자의 몰락을 본사의 이익으로 전환시키는 일종의 착취 메커니즘이다.

교훈　순수한 이들을 구조가 어떻게 대하는가?

프랜차이즈 창업자들은 특별한 부류가 아니다. 그들은 대부분 삶의 다음 챕터를 준비하던 사람들이다.

직장을 그만두고 퇴직금을 들고 나온 은퇴자, 자영업 경험이 거의 없거나 적은 자본으로 시작하려는 초보 창업자, 매달 월급처럼 일정한 수익을 기대하며 소박한 꿈을 품은 사람들. 그중엔 아이를 키우는 엄마도 있고, 취업을 포기한 청년도 있다.

이 사람들은 공통적으로 '여리다'. 용감하지 않아서가 아니라, 지켜야 할 것이 많아서 조심스러운 것이다. 그리고 이들은 결국 브랜드를 믿는다. '그래도 이 정도 브랜드면', '그래도 이 정도 이름이면' 하고 안심한다. 나 역시 그랬다.
내가 선택한 곳은 누구나 아는, 매우 유명한 더본코리아 B 브랜드였다. 매스컴에서도 자주 다뤄지고, 오너가 등장하는 영상에서는 인격과 철학이 강조됐다. 나는 그 사람을 믿었고, 그 브랜드가 가진 윤리를 믿었다. 하지만 현실은 그 믿음을 배신했다.

오픈 당시 우리 매장엔 디지털 사이니지(Signage)가 설치되었다. 어떤 매장은 두 대도 설치했다. 본사 권장이었다지만, 실제로는 사실상의 강제였다.
"브랜드 일관성에 꼭 필요합니다."
"고객들은 디지털에 익숙하잖아요."
그 말에 넘어갔다.

설치비는 점주가 냈고, 장비는 시중보다 비쌌으며, 전기와 인터넷 요금도 전부 내 몫이었다. 그런데 본사가 한 일은 오직 신호 송출뿐이었다. 그 송출 비용으로 매달 2만 원씩, 광고비라는 명목으로 정산에서 빠져나갔다. 게다가 그 장비는 본사 자회사가 설치했다. 결국 본사는 장비를 팔고, 설치비를 받고, 송출 광고비까지 매월 챙겼다.

같은 장비 하나로 세 번의 수익을 낸 셈이다. 그 화면에 나오는 콘텐츠는 메뉴판이 전부가 아니었다. 본사 브랜드 홍보 영상도 있었다.
브랜드 로고, 신제품 안내, 이미지 광고. 고객이 보는 건 내가 파는 음식이 아니라, 본사가 말하고 싶은 브랜드 이미지였다.

결국 나는 내 매장에서 본사 광고를 틀기 위해 장비를 사고, 설치비를 내고, 전기와 인터넷을 부담하면서, 매달 광고 송출료까지 냈던 것이다. 내 장비, 내 비용, 본사 광고.

통신사 인터넷 하나만 설치해도 모뎀, 공유기, 설치비는 다 무상 제공된다. 그런데 프랜차이즈는 사이니지 하나로 제품 마진, 설치비, 광고비, 유지비까지 전부 점주에게 전가했다.

이건 구조적인 사기다. 점주를 파트너가 아니라 반복적으로 짜낼 수 있는 수익 자원으로 본다는 증거다. 프랜차이즈 산업이 얼마나 점주를 '도구'로 보는지, 이 사례 하나로도 충분히 알 수 있다.

6부

프랜차이즈 업종별 구조와 사례

• 서 문

　프랜차이즈는 하나의 단어지만, 그 안에는 전혀 다른 구조들이 공존한다. 같은 프랜차이즈라도 치킨을 파는 브랜드와 부동산 서비스를 제공하는 브랜드는 전혀 다른 리스크를 안고 있다.
　그리고 그 리스크는 단순히 업종 차이를 넘어서, 점주가 시스템에 어느 정도 종속되는가, 본사의 통제력이 얼마나 강한가, 마진 구조가 어떻게 짜여 있는가에 따라 완전히 달라진다.

　이 장에서는 프랜차이즈를 업종별로 나누고, 각 업종이 가진 구조적 특징과 점주의 위치, 실패 가능성, 수익 구조의 한계를 살펴본다.
　단순히 외식업은 이렇고 서비스업은 저렇다는 일반적인 분류가 아니다. 어떤 업종은 점주의 자율성이 거의 없고, 어떤 업종은 본사의 이미지가 모든 것을 좌우한다.
　또 어떤 업종은 점주의 노동 강도가 지나치게 높고, 어떤 업종은 재료비와 인건비 사이에서 수익이 갉아먹히는 구조다.

　이 장의 목적은 프랜차이즈 업종의 지형을 그리는 것이 아니라 그 지형에서 '점주가 얼마나 위험한 위치에 있는가'를 보여 주는 것이다.
　프랜차이즈는 브랜드가 아니라 구조다. 같은 치킨집이라도 어떤 브랜드냐에 따라 점주의 위치는 완전히 달라진다. 그래서 우리는 '업종'보다 '구조'를 먼저 살펴야 한다.

1장

외식업
'브랜드가 맛을 보장한다'는 착각

외식업은 한국 프랜차이즈의 중심에 있다. 전체 가맹 브랜드의 절반 이상이 외식업에 속하고, 신규 창업자의 70% 이상이 처음 선택하는 업종도 외식업이다. 치킨, 피자, 커피, 제과, 분식, 한식, 중식, 디저트, 심지어 샐러드와 오리구이까지 모든 메뉴가 프랜차이즈화되어 있다.

이유는 단순하다. 외식은 눈에 띄고, 빠르게 열고, 비교적 쉽게 시작할 수 있어 보인다. 소비자에게 익숙한 브랜드를 달고 장사하면 손님은 저절로 들어올 것 같고, 본사의 레시피와 식재료 시스템을 이용하면 맛은 이미 검증됐다고 믿는다.

그러나 이 믿음은 프랜차이즈 외식업의 가장 큰 착각이기도 하다. 외식업은 프랜차이즈 구조 중에서도 점주에게 가장 불리한 업종이다.

첫째, 원재료 비용이 높고 마진율이 낮다. 프랜차이즈 외식업은 대부분 본사가 지정한 식자재 공급사를 통해 재료를 구매해야 하는데, 이때 단가가 시중보다 높거나 물류 수수료가 포함돼 있어 실질적인 원가율이 40~60%에 달한다.

둘째, 인건비가 구조적으로 발생한다. 치킨집이든 카페든 점주의 가족이 운영하지 않는 이상 직원 고용은 필수다.

특히 커피전문점이나 베이커리처럼 고객 체류 시간이 길고 서비스 품질이 중요시되는 업종일수록 인건비 부담은 더 크다.

여기에 야간 영업, 배달, 포장, 주방 노동 등 직접적인 노동 강도가 매우 높다. 현실적인 인건비는 살인적이다. 필히 고려되어야 할 사안이다.

본사에서 외면하는 부분이 있다. 일인(一人) 매장을 강조하는 경우다. 굳이 일인 매장을 강조하는 이유는 채산성을 산출하기 유리하기 때문이다. 단언컨대 본사가 1인이라고 산정하면 2인, 2인이라고 산정하면 3인을 기본적으로 잡아야 매장이 돌아간다. 또한 매장 체류 시간도 계산에 없다. 말 그대로 눈 가리고 아웅이다.

12시간 오픈 매장을 점주 혼자? 점주가 로봇인가?

본사 담당자에게 한 번은 이런 말을 한 적이 있다. '너희 대표가 여기 와서 며칠만 일해 보라'고. 아무리 사업이지만 기본적인 인간미가 필요한 것이 바로 우리나라 프랜차이즈 사업이 갖추어야 할 기본인 것이다.

셋째, 본사의 마케팅 구조가 일방적이다. 외식 프랜차이즈는 SNS 마케팅, 배달 앱 할인 이벤트, 시즌별 신메뉴 출시 등을 '본사 주도'로 진행하며, 비용 분담은 가맹점에 전가되는 경우가 많다.

이벤트에 참여하지 않으면 본사로부터 불이익을 받을 수 있다는 분위기 속에서, 가맹점은 마진을 깎아 가며 프로모션을 따라간다.

무엇보다 큰 문제는 브랜드 이미지가 모든 것을 좌우한다는 점이다. 본사의 위생 논란, 가맹점 간 비위생 사건, 오너 리스크가 터질 경우 점주의 매출은 하루아침에 추락한다.

점주는 잘못한 것이 없지만, 소비자는 브랜드 전체를 외면한다. 브랜드를 믿고 들어왔지만, 브랜드 때문에 무너지는 구조다. 최근의 B 브랜드 사태가 이런 사례를 잘 증명해 준다.

프랜차이즈 외식업은 쉽게 시작되는 업종이지만, 가장 빨리 지치는 업종이기도 하다.

식자재 비용과 인건비, 본사의 정책, 장시간 운영, 고객 응대, 그 모든 것이 매일 반복된다. 그리고 남는 수익은 평균적으로 8~15% 사이, 즉 한 달 매출 3천만 원을 해도 200~300만 원 남기면 성공이라 여겨지는 구조다. 그나마 안 망했을 때다. 그나마 실제로 남는 것이 아니라 초기 투자 비용 회수도 불가한 수준인 것이다.

외식업은 프랜차이즈의 꽃처럼 보이지만, 그 뿌리는 점주의 노동과 감정노동으로 유지된다.

브랜드가 맛을 보장해 주는 것이 아니다.

고객의 기억은 결국 그 매장에서 만난 점주와 직원의 손끝에서 만들어진다. 그럼에도 불구하고 본사는 그 공을 가져가고, 점주는 수고만 떠안는다. 프랜차이즈 외식업은 말한다.

"너는 맛만 책임지면 돼."

그러나 점주는 안다. 맛만으로는 절대 버틸 수 없다는 것을.

도소매업
매출은 크다, 그러나 남는 건 없다

도소매업 프랜차이즈는 외식업보다 안정적인 업종으로 여겨진다. 조리를 하지 않으니 식자재 관리 부담이 적고, 인건비도 상대적으로 낮으며, 매장의 운영 시간도 일정하다는 장점이 있다.

특히 편의점, 화장품, 패션, 생활용품 등은 '일상 소비'에 기반하고 있어 꾸준한 매출이 기대된다. 그래서 많은 창업자가 도소매 프랜차이즈를 '리스크가 적은 장사'라고 생각한다. 하지만 도소매업은 프랜차이즈 구조상 본사 종속성이 가장 강한 업종 중 하나다.

편의점을 예로 들면 점주는 거의 모든 상품을 본사 물류를 통해 공급받고, 가격, 행사, 포인트, 진열 방식까지 모두 본사의 기준에 맞춰야 한다. 매장의 간판만 빌린 것이 아니라 사실상 '본사의 운영 대리점'을 맡는 구조다. 가장 큰 문제는 매출은 커도, 정작 점주에게 남는 이익이 너무 작다는 점이다.

편의점의 경우 일매출 150만 원 이상을 기록해도 로열티, 임대료, 관리비, 인건비, 전기세, 폐기 손실 등을 제하면 실제 순이익은 월 150만~250만 원 선에 불과하다.

게다가 대부분의 도소매 프랜차이즈는 '공동 부담'이라는 명목 아래 판촉 행사, 상품 증정 이벤트, 시즌별 진열 변경 등을 점주에게 통보식으로 요구한다. 이 과정에서 본사는 마진 손실을 감수하지 않고, 대신 점주는 원가보다 낮은 가격에 물건을 팔며 손해를 감수한다.

예를 들어 '1+1 이벤트'는 소비자에게는 이득이지만, 그 상품의 비용은 점주와 본사가 나누어 부담하는 경우가 많다.

더 큰 문제는 상품 폐기에 대한 부담이다. 유통기한이 짧은 상품이나 시즌 한정 제품은 재고 부담이 고스란히 점주에게 돌아간다.

본사는 '회수 불가' 방침을 세우고, 손실은 점주의 책임으로 남는다. 특히 도시 외곽 상권이나 유동 인구가 적은 지역은 고정비를 충당할 만큼의 매출을 만들기가 쉽지 않다.

또한 도소매 프랜차이즈는 자산 누적이 어렵다. 음식점은 상권이 안정되면 고객층이 생기고 브랜드가 없어도 점포만으로 유지되는 경우가 있지만, 도소매업 특히 편의점은 계약이 끝나는 순간 모든 것이 종료된다. 간판도, 공급망도, 고객도, 심지어 상권 독점권도 사라진다.

도소매 프랜차이즈는 표준화와 안정성이라는 장점 뒤에, 저마진 고노동, 본사 중심 통제, 낮은 재투자 가치라는 구조적 단점이 숨어 있다.

'조리도 없고, 안전하다'는 말은 결국 '내가 할 수 있는 것도 없다'는 말과 같다. 점주는 매장 운영자이지만, 본사의 관리자처럼 움직이고 있다. 그 틀 안에서 안정은 있을 수 있지만, 성장은 거의 없다.

프랜차이즈 도소매업은 매출로 착시를 준다. 그러나 수익은 매출이 아니라 구조에서 나온다. 도소매업은 안전해 보이지만, 그만큼 자유도 없고, 남는 것도 없다. 그 구조 안에서는 '운영'은 있지만, '운명'은 없다.

서비스업
브랜드는 내걸었지만, 고객은 나만 기억한다

서비스업 프랜차이즈는 외식이나 도소매보다 더 많은 오해 속에 운영된다. 미용실, 피부관리실, 학원, 헬스센터, 세탁소, 방문 돌봄 서비스 등은 모두 '사람이 곧 상품'인 업종이다.

그러나 프랜차이즈 구조 안에서는 이조차도 시스템처럼 포장된다. 교육 커리큘럼, 고객 응대 방식, 매장 디자인, 브랜드 로고와 운영 매뉴얼을 통일시켜 '누가 하든 비슷한 품질을 낼 수 있다'는 착각을 만든다.

하지만 실상은 정반대다. 고객은 브랜드보다 사람을 보고 서비스를 선택한다. 같은 미용실 간판 아래서도 고객은 "이 선생님이 잘해요."라며 한 사람만 찾는다. 학원 역시 브랜드보다 담당 강사의 수업 방식, 상담 능력, 성실성에 따라 재등록률이 갈린다. 헬스장은 장비보다 트레이너가, 피부관리실은 인테리어보다 손길이 기억에 남는다.

문제는, 브랜드는 고객 충성도를 만들지 못하는데 수익 구조는 철저히 브랜드 중심이라는 것이다.

점주는 자신의 기술과 노동을 팔아야 하면서도, 본사에 매달 정액 수수료, 교육비, 마케팅 분담금을 납부해야 한다.

고객은 점주의 실력에 반응하지만, 그 수익의 일부는 브랜드가 가져간다.

더 심각한 건 서비스업은 '직접 노동'의 한계를 넘기 어렵다는 점이다. 외식업은 주방을 돌릴 직원이라도 고용할 수 있지만, 서비스업은 점주가 곧 핵심 인력이다. 헤어 디자이너, 트레이너, 강사, 상담사, 관리자 all in one이다.

하루 10시간 넘게 몸을 쓰고도 수익은 제한적이다. 누군가에게 맡기고 빠지는 '운영자 모델'은 거의 불가능하다.

또한 서비스업 프랜차이즈는 '재방문율'에 절대적으로 의존한다. 한 번 왔다가 떠나는 고객을 붙잡기 위해 점주는 사적인 시간까지 써야 하고, 감정노동은 끊임없이 반복된다.

그러나 본사는 이 반복되는 현장의 노동을 수익 모델로 구조화해 놓았을 뿐, 거기에 들어가는 감정 비용에 대해선 아무런 고려가 없다.

서비스업은 점주의 기술이 브랜드를 만든다.

하지만 계약서 어디에도 그 기술에 대한 보상은 없다. 본사는 브랜드를 기준으로 수수료를 매기고, 점주는 자신의 전문성으로 매출을 만든다.

고객은 본사보다 점주를 기억하는데, 수익은 점주보다 본사에 남는다. 이 불일치가 바로 서비스업 프랜차이즈 구조의 본질이다.

결국 서비스업은 브랜드를 빌려도 성과를 스스로 만들지 않으면 유지되지 않는다. 브랜드는 시스템을 제공하지만, 고객은 그 시스템이 아니라 사람에게 반응한다. 점주는 브랜드의 얼굴이 아니라, 브랜드 뒤에 숨어야 하는 노동자가 되어 있다.

기타 전문업종

시스템이 곧 상품이라는 착시, 그러나 고객은 시스템을 사지 않는다

프랜차이즈는 흔히 먹고 마시고 입는 영역에서만 존재하는 것처럼 여겨지지만, 이제는 '보이지 않는 것'까지 상품화된다.

대표적인 예가 기타 전문업종 프랜차이즈다. 부동산 중개, 자동차 정비, 창업 컨설팅, IT교육, 애완동물 케어, 법률 서류 대행, 금융 정보 관리 같은 B2B 서비스까지 프랜차이즈화되고 있다.

이 업종들은 대부분 '노하우'를 상품처럼 포장하고, '매뉴얼'을 수익 구조로 환산한다. 즉, 실제로 판매하는 것은 물건이 아니라 시스템이다.

이들 업종에서 본사는 점주에게 이렇게 말한다.

"우리가 수십 년 쌓아온 데이터를 드립니다."

"전문가 교육을 하고 인증해 드립니다."

"상담 스크립트와 운영 매뉴얼, 영업관리 툴까지 다 갖춰 드립니다."

점주는 혼자 하면 몇 년 걸릴 일을 몇 주 만에 배워낼 수 있다며 프랜차이즈를 선택한다.

그런데 이 선택은 종종 '노하우의 유통기한'을 간과한다.

전문업종 프랜차이즈는 대부분 초기에 거대한 교육비와 시스템 사용료를 요구한다. 일종의 '지식 구매 비용'이다. 여기에 본사는 고객 유입 플랫폼, 상담 소프트웨어, 지역 DB, 연계 마케팅 툴까지 모두 비용 항목으로 분리해 점주에게 과금한다. 겉으로는 '나도 전문가가 된다'는 기대를 갖지만, 실상은 '기술을 빌리고 월세 내는 구조'가 된다.

문제는 본사의 노하우가 시장에서 경쟁력을 가질 만큼 실제적이냐는 점이다. 부동산 중개 프랜차이즈의 경우, '지역 독점 보장'이라며 일정 구역을 배정하지만, 실제 그 지역에서 영업할 권한도, 리드 확보도 보장되지 않는다.

자동차 정비 프랜차이즈는 브랜드 신뢰를 앞세우지만, 기술 격차가 크지 않은 상황에서 고객은 여전히 가격만 본다.

더구나 대부분의 전문업종은 B2C가 아니라 B2B 구조이기 때문에 고객 유입 루트가 불안정하다. 점주는 본사의 시스템과 이름을 믿고 들어가지만, 이 업종들은 손님이 매일 찾아오는 외식업이 아니다. 고객 유치는 여전히 점주의 영업력, 지역 네트워크, 개인 신뢰에 달려 있다. 시스템만으로는 수익이 보장되지 않는다.

또한 전문업 프랜차이즈는 '전문 자격'이 아닌 '가맹계약'으로 진입 가능하다는 점에서 착시를 일으킨다.

점주는 브랜드의 정체성과 진짜 전문성 사이에서 괴리를 느끼게 된다.

"나는 가맹을 했지만, 고객은 나를 전문가로 본다. 그러나 나는 과연 그 기대에 부합하는가?"

이 괴리는 결국 고객 불만, 계약 해지, 불신으로 이어진다.

기타 전문업 프랜차이즈는 말한다.

"혼자 하지 마세요. 시스템이 다 준비되어 있습니다."

그러나 시스템은 기본이고, 결국 고객이 믿는 건 사람이다.

그 구조 안에서 점주는 시스템의 이용자가 아닌, 시스템의 성과를 입증해야 하는 영업자가 된다.

시스템이 상품이 되는 순간, 사람은 그 시스템을 '증명해 보여야 할 대상'이 된다. 그건 창업이 아니라, 또 다른 구조 속 고용일 수도 있다.

교훈

프랜차이즈는 시스템이지, 업종이 아니다

프랜차이즈를 외식업이라고 단정해선 안 된다. 또 카페, 소매업, 디저트업이라고도 말할 수 없다. 프랜차이즈는 업종이 아니라 시스템이다.

겉으로 어떤 업종이든, 그 안에 들어가 보면 수익과 리스크를 결정하는 구조는 거의 같다. 핵심은 단 두 가지다. 원가율과 인건비.

이 두 항목이 구조의 80% 이상을 결정한다. 그런데 많은 창업자들은 이걸 계산하지 않은 채, 메뉴의 맛과 기회비용 상실이 가장 큰 인테리어에 관심을 갖는다.

여러 가지 프랜차이즈를 해 본 나의 생각은 인테리어는 점주보다 본사의 이미지를 위한 비중이 크다.

본사의 대표적인 이미지인 간판이나 로고 정도로 비중을 낮추고 그 외에는 현장 중심의 내부 구성과 청결과 위생적인 기준을 가지고 가맹점을 꾸민다면 가맹점주들의 초기 비용을 크게 낮출 수 있다. 가맹점이라고 해서 무조건적인 동일성을 강조할 필요가 없다고 생각한다.

어떤 프랜차이즈가 해당 지역과 상권 정서에 맞는 현장 중심의 브랜드 환경을 만든다면 일정 부분 지역문화에 기여하는 역할도 될 것이다.

왜 멀쩡한 바닥과 천장, 심지어 전면 창호까지 전부 갈아치우는지 알 수가 없다. 만약 본사가 해 주는 인테리어라면 그렇게 할까? 의문이다.

나는 이런 구조를 제안해 본다. 매장 콘셉트는 지역과 입점 환경에 따라 각각 다르다. 다만 브랜드 로고 이미지 간판 정도로 본사를 알리고, 가맹점은 지역과 위치나 규모에 맞게 특성을 살려서 매장을 꾸민다. 그렇다면 조금이나마 지역마다의 문화에 기여하는 것이 아닐까? 이런 사고가 수준의 차이이고 철학의 차이인 것이다.

이렇듯이 인테리어나 부가적인 것은 이 구조 안에서는 생각보다 중요한 것이 아니다. 원가와 인건비가 더 중요하다. 이를 모르면, 장사는 망한다.

여기서 반드시 구분해야 할 것이 있다. 재료는 세 가지 형태로 들어온다. 완제품, 반제품, 원재료이다. 완제품은 본사의 마진이 가장 많이 붙고 원가 비중이 가장 크다.

반제품도 가공비가 붙고, 가맹점의 조리는 '조립' 수준이다. 원재료를 직접 가공하려면 인건비가 따라붙는다. 문제는 이 구조를 점주는 자세히 알지 못한 채 계약부터 한다는 것이다.

그리고 인건비. 이건 제일 먼저 계산돼야 한다. 요즘 누군가를 하루 종일 쓴다면 월급은 400만 원 가까이 든다. 그걸 고려하지 않고 사업을 시작하면 어떻게 되는가. 점주는 아침부터 밤까지 일하면서, 직원보다 못한 수익을 가져가게 된다.

실제로 나는 그런 점포를 여럿 보았다. 점주는 하루 12시간 이상 서 있고, 알바는 시간 딱 맞춰 출근해 퇴근하며, 급여는 점주보다도 많이 가져간다. 실속 없이 비용을 들여 사장 놀이를 하는 셈이다.

매장에서는 인건비도 안 나오고 매장을 유지하기 위해서 사장은 딴 곳에서 일해서 번 돈으로 매장 알바비를 충당하는 사례도 여러 번 본 적이 있다.

이런 상황이 반복되면, 직원이 사장이고 사장은 잡역부가 되는 프랜차이즈의 민낯을 마주하게 된다.

배달 위주의 요식업은 특히 심각하다. 배달 플랫폼 수수료, 배달비, 포장 용기, 단가 조정까지 모두 포함하면 배달 주문 1건당 40% 이상이 비용으로 빠져나간다.

단가 1만 원짜리 주문이 들어오면, 4천 원은 그냥 날아간다. 그 6천 원으로 재료비, 인건비, 임대료, 세금까지 다 감당해야 한다.

어느 점포는 1,000원짜리 제품 하나를 만들기 위해 10분 넘게 준비하고, 포장하고, 응대하는데 남는 건 알바 인건비도 안 되는 현실뿐이다. 이 현상의 문제점을 파악한 일부 가맹본부는 배달은 하되 매장 영업이 가능한 형태로만 신규 입점을 진행하고 있는 곳도 있다.

이는 배달만 해서는 점주가 살아남지 못한 것을 파악했기 때문이다. 그나마 조금은 가맹점의 수익을 생각해 주는 모양새이다.

이런 구조의 실체를 가장 분명히 보여 주는 사례가 하나가 있다. 바로 더본코리아 B 대표의 만두 사업 포기 사례다.

그는 과거 직접 만두를 빚어 팔던 사업을 운영하다 중단했다. 6개 2,000원짜리 만두를 팔아도 인건비가 안 남는 구조였기 때문이다. 하루 1,000개를 팔아도 매출은 40만 원. 하지만 수제 생산에 드는 인건비와 원가를 감안하면 남는 수익은 없고, 오히려 손해가 누적되는 시스템이었다. 그는 단호하게 말했다.

"아무리 많이 만들어도 인건비가 안 남는다."

문제는 제품이 아니라 시스템이었다.

많은 프랜차이즈 가맹점주들은 자신이 요식업을 시작한다고 생각하지만, 실제로는 '노동집약적 저수익 시스템'에 투입되는 사용자일 뿐이다. 이 모든 구조를 모른 채 계약하는 사람들은 사실상 이윤이 아니라 착취 시스템에 자발적으로 들어가는 셈이다.

그래서 우리는 따져 봐야 한다. 이 시스템은 누굴 위한 것인가? 무엇이 이 구조를 지속 가능하게 만들며, 누가 망하는 걸 전제로 유지되는가? 프랜차이즈를 업종으로 이해하는 순간, 우리는 중요한 걸 놓친다. 이건 선택의 문제가 아니라 구조의 언어를 해석할 줄 아느냐의 문제다.

7부

가맹사업이
실패하는 이유

· 서 문

프랜차이즈에 처음 들어올 때 사람들은 망할 거라고는 생각하지 않는다. 브랜드는 언제나 자신들의 성공률을 앞세우고, 본사는 가장 잘된 사례만 보여 준다.
점주는 그 안에서 자신이 잘될 확률만을 계산한다.
그런데 이상하게도, 그토록 '안전하다고 들었던 프랜차이즈'는 흔하게 망하고, 같은 브랜드 안에서도 누군가는 살아남지만 누군가는 무너진다. 왜 그럴까?

프랜차이즈는 단일 구조 같지만, 사실은 점주마다 전혀 다른 리스크를 지닌다. 위치, 상권, 본사의 정책, 계약 조항, 상권 중복, 브랜드 이미지, 원가 구조, 마케팅 분담률, 노동 강도까지. 그 수많은 요소가 하나라도 어긋나면 같은 브랜드 안에서도 어떤 점주는 벌고 어떤 점주는 손해를 본다. 하지만 그 '손해를 본 점주'의 구조는 의외로 비슷하다. 실패는 우연이 아니라, 구조다.

이 장에서는 프랜차이즈 안에서도 '특히 실패가 많았던 사업들'을 유형별로 나누고, 공통된 구조를 추적한다.
메뉴는 다르지만 운영 방식은 같고, 업종은 달라도 손익 계산서는 닮아 있는 실패들. 그 안에는 우리가 반드시 피해야 할 '망하는 구조'가 있다. 그리고 그 구조는 대부분, '너무 당연하게 보이는 선택' 안에 숨어 있다.
이 장은 프랜차이즈를 고발하는 것이 아니라, '망하는 법'을 피하기 위한 지도다. 망한 사람들의 구조를 보면, 살아남기 위한 기준도 보인다. 이제 그 공통점을 하나씩 꺼내 보자.

1장

'개업빨'을 믿은 사업
초반 열기만 보고 모든 걸 결정한 구조

프랜차이즈 본사들이 가장 자주 사용하는 무기는 '오픈 열기'다. 길게 늘어선 줄, 인스타그램에 올라온 인증샷, 유튜브에서의 화제성.

"여기는 줄을 서요.", "오픈하자마자 대박이에요."라는 말은 계약을 유도하는 데 가장 강력한 광고가 된다.

본사들은 그 장면을 사진으로 찍어 놓고, 상담 자료에 넣고, 제안서 첫 페이지에 박아 넣는다. 창업자는 그 사진 한 장을 보고 확신한다.

"이건 무조건 되겠다."

프랜차이즈에서 흔히 말하는 '개업빨'은 사실 본사의 연출에 가까운 일시적인 착시에 불과하다.

본사는 오픈 직전부터 SNS 바이럴을 돌리고, 인근 상권에 이벤트를 배포하며, 단기간에 인력과 자원을 집중해 '줄 서는 매장'의 풍경을 만들어 낸다.

1+1 행사, 경품 이벤트, 오픈 특가, 체험 이벤트 등으로 한시적인 열기를 조성하고, 그 장면들은 사진과 영상으로 남아 브랜드 홍보의 자산이 된다. 이 모습은 예비 점주들에게는 마치 '이 브랜드는 성공하는구나'라는 심리적 확신을 심어 주는 장면이 된다.

하지만 이 열기는 오래가지 않는다.

요즘 소비자, 특히 젊은 세대는 체험과 경험을 중시하는 소비문화를 가진다. 새로운 메뉴? 새로운 공간? 한 번은 방문하고 경험해 본다. 그러고는 금세 다른 곳으로 발길을 돌린다. 그들에게는 너무 많은 체험 대상이 존재하기 때문이다.

이러한 소비 패턴을 가장 잘 활용하는 형태가 바로 '팝업스토어(Pop-up Store)' 문화다.

팝업스토어는 말 그대로 짧게 등장했다가 사라지는 콘셉트다. 한정된 시간, 한정된 공간, 한정된 제품으로 "지금 아니면 못 경험해!"라는 메시지를 던지고, 보통 3개월 내외의 짧은 주기로 제품이나 브랜드 콘셉트를 완전히 바꿔 버린다.

지금의 소비자는 '신기한 것'은 한 번 체험하고, 다음 대상지를 향해 이동한다. 트렌드는 빠르게 바뀌고, 유행의 수명은 점점 짧아지고 있다. 특히 디저트, 음료, 간편식 같은 업종은 1~2년 안에 인기가 급변한다

그렇다면 질문이 생긴다. 이런 소비문화가 지배하는 시대에, 2~3년짜리 임대계약을 걸고 단 하나의 브랜드로 장기 매출을 기대한다는 건 과연 얼마나 비현실적인 발상인가? 그것이 오히려 소름 끼치는 허상일 수 있다는 걸, 본사는 말해 주지 않는다.

이런 흐름 속에서, 이제는 창업자들은 정식 임대보다는 '일단 해보고 반응을 본다'는 방식의 단기 테스트를 선호하는 경향이 나타난다.

팝업스토어, 브랜드 초기 진출, 또는 입지 검증을 위해 6개월~1년 단위의 임시 입점 형태, 즉 깔세**와 같은 유연한 계약이 더 실용적인 선택이 된다.

이러한 연유로 그 열기는 평균적으로 2주에서 1개월을 넘기기 어렵다. 오픈 3개월 후에는 손님이 절반 이하로 줄고, 대략 6개월 안에 대중의 관심 밖으로 밀려난다.

'유행'은 오래가지 않는다. 더 심각한 건, 점주가 그 열기를 기준으로 투자 규모를 결정한다는 점이다. 하루 매출 150만 원이 유지될 거라 기대하며 임대료가 높은 자리, 넓은 매장, 인건비 많은 구조를 짜는 것이다.

본사는 이런 현상을 이용한다. 오히려 적극적으로 조장한다. "초반이 중요

** 부동산 관련 은어 중 하나로, 몇 가지 조건을 갖춘 3개월 단기 임대를 말한다.

합니다.", "첫인상이 매출을 만듭니다."라며 고급 인테리어, 간판 업그레이드, 고용 인력 확충, 이벤트 경품 비용 등을 권장한다. 초기 투자비는 올라가고, 점주는 '지금 이 붐을 제대로 잡아야 한다'는 압박에 휘말린다. 그러나 붐은 사라지고, 고정비는 그대로 존재하고 지출된다.

가장 무서운 구조는, 본사는 점주의 매출을 기준으로 수익을 얻지 않는다는 것이다.

오픈 전에 들어오는 가맹비, 교육비, 물류 계약, 인테리어 계약에서 이미 본사의 수익은 확보된다. 점주가 흥하든 망하든, 본사는 손해가 없다. 오히려 오픈 초반에 줄 선 매장을 하나 더 만들어 다음 가맹 희망자를 끌어들이면 된다.

점주는 매출을 기준으로 사업을 설계했지만, 본사는 구조를 기준으로 점주를 설계한 것이다. 개업빨은 일시적이고, 구조는 지속된다.

열기에 기대어 계약을 맺는 순간, 이미 구조의 착취가 시작된 것이다.

프랜차이즈에서 가장 흔한 착각은 '성공하는 줄 알고 시작했다'는 말이다. 그러나 대부분의 실패는, 그 '성공해 보이는' 착시를 설계한 구조 안에서 이미 예정되어 있었다.

과잉출점
같은 브랜드가 나를 삼킨다

프랜차이즈 계약서에는 종종 이런 말이 나온다.
"일정 반경 내 추가 출점 시 협의하겠습니다."
또는 "본사는 상권 보호를 위해 적절한 출점 간격을 유지합니다."
점주는 이를 믿고 계약서를 넘긴다. 이미 우리 동네엔 점포가 하나 있으니,

나는 이 권역의 유일한 지점이라고 생각한다.

하지만 오픈 몇 개월이 지나면 그 믿음은 흔들린다. 길 하나 건너, 바로 다음 블록에 같은 브랜드 간판이 달린다.

프랜차이즈 본사는 출점 거리를 '보호'보다 '공격'으로 인식한다. 한 동네에 브랜드 간판이 많아질수록 소비자에게는 인식률이 높아지고, 본사에는 매출과 상관없는 가맹 수익이 쌓인다.

가맹비, 인테리어 수수료, 물류 계약금, 교육비, 초기 로열티 모두 신규 출점에서 발생한다. 반면 기존 점주의 매출 하락은 본사 수익과 무관하다.

과잉출점은 단순히 경쟁을 키우는 것이 아니다. 점주의 생존을 갉아먹는 구조다. 3개월을 밤낮으로 운영해 쌓아 온 고객을, 불과 100m 옆 매장이 가져간다. 배달 앱에서는 고객이 브랜드 이름으로 검색하면 거리 순으로 노출된다. 가격은 동일하고, 메뉴도 동일하고, 광고도 동일하니, 손님은 더 가까운 지점을 선택한다.

문제는 본사가 이를 몰랐을 리 없다는 것이다. 출점 상담을 받을 때, "근처 매장은 전혀 영향을 안 줍니다."라는 말은 거짓말이다.

매장 수를 늘릴수록 상권당 매출은 줄어들고, 이는 본사 내부 자료에 그대로 기록된다. 하지만 그 정보는 점주에게 공개되지 않는다.

더욱 심각한 건 본사의 이중 출점 구조다. 같은 브랜드 이름으로 두 개 매장을 두고, 하나는 직영으로, 다른 하나는 가맹점으로 두는 식이다.

또는 본사에서 자회사 명의로 다른 매장을 인수한 뒤, 조용히 같은 상권에 배치한다. 가맹점주는 자신이 홀로 상권을 차지했다고 믿지만, 실상은 본사의 확장 전략 안에서 한 조각에 불과하다.

과잉출점은 결국 점주들끼리의 소모전을 유도한다. 매출이 줄면 점주는 가격을 낮추고, 프로모션을 자비로 진행하며, 배달 수수료를 더 부담한다.

인건비를 줄이기 위해 혼자 운영을 하고, 휴일도 없이 문을 연다. 그 결과는 누구도 크지 않고, 모두가 조금씩 망가지는 '자기잠식 구조'다.

본사는 이렇게 말한다.

"그 지역 상권이 워낙 좋다 보니 수요가 많아 출점했습니다."

하지만 출점 수요는 본사의 수익이고, 매출 수요는 점주의 생존이다. 수요는 하나인데, 나눠 먹는 입이 늘어나면 점주의 생존 확률은 떨어질 수밖에 없다.

과잉출점은 프랜차이즈의 성장 전략일지 몰라도, 점주에게는 가장 무서운 '내부 경쟁'의 시작이다.

한 브랜드 아래 서로의 고객을 뺏으며 살아야 하는 구조. 그것은 '가족'이 아니라 '전쟁터의 적군'이다. 프랜차이즈는 함께 커 가는 구조가 아니라, 먼저 무너지는 자 위에 다음 점포를 짓는 구조일지도 모른다.

본사 중심 수익 구조
점주는 시스템의 수단일 뿐

프랜차이즈 사업은 얼핏 보면 본사와 점주가 함께 매출을 올려 수익을 나누는 구조처럼 보인다. 그러나 대부분의 프랜차이즈는 점주의 매출이 아닌, 점주로부터 나오는 수익에 의해 운영된다.

다시 말해, 본사는 장사가 잘되는지를 보기 전에, '가맹계약이 얼마나 체결되었는가'와 '가맹점이 시스템을 얼마나 사용하고 있는가'에 따라 돈을 번다.

가맹비, 인테리어 계약, 물류 마진, 원재료 공급, 광고 분담금, 교육비, 로열티, 브랜드 사용료. 이 모든 것이 점주의 매출과 상관없이 본사에게 들어오는 구조적 수익이다.

점주가 장사를 시작하는 순간, 그 계약서 한 장으로 본사는 최소 수백에서 수천만 원을 확보한다.

이후 매달 들어오는 물류 수수료와 광고비만으로도 본사는 충분히 수익을 얻는다.

이 구조에서 점주는 '함께 사업을 꾸리는 파트너'가 아니다. 점주는 시스템 안에 들어와 본사의 수익을 실현시켜 주는 소비자이자, 도구에 가깝다.

본사는 점주의 이익보다 자신의 수익 구조가 얼마나 안정적인가를 먼저 계산한다. 더욱 심각한 건, 이 구조에서는 점주의 실패가 본사에게는 결코 손해가 되지 않는다는 점이다.

오히려 점주가 폐업하면 본사는 그 자리에 '새로운 가맹점'을 집어넣는다.

권리금, 인테리어 교체, 간판 교체, 교육비 재납부 등으로 한 점포당 수 차례 수익이 발생한다.

점포 하나가 망하고 또 생기고, 또 망하고 또 생겨도, 본사는 계속 돈을 번다. 이른바 '돌아가는 점포 구조'다. 상권은 그대로인데 간판만 바뀌고 점주만 교체된다. 본사에게 중요한 건 점포의 지속성이 아니라 계속 새로운 점주가 들어오는지 여부다.

이런 구조 속에서 점주는 철저히 소모품이 된다.

계약이 끝나면 본사는 재계약을 거부하거나 기존 인테리어와 설비를 무효화해 '전체 교체'를 요구한다. 재계약 비용은 다시 수천만 원. 본사에게 점주의 생존은 관심이 아니다. 오히려 그 점포가 수익을 반복 생성하는 구조 안에 있는가가 더 중요하다.

그래서 프랜차이즈는 때때로 이렇게 말한다.

"당신이 잘되길 바랍니다."

그러나 그 말은 구조상 이렇게 번역된다.

"당신이 잘되든 망하든, 우리는 이 구조로 돈을 벌고 있습니다."

점주는 본사의 시스템을 이용하는 사람이 아니라, 그 시스템이 작동하기 위한 비용 납부자일 뿐이다.

본사는 브랜드를 만들고 시스템을 만들었지만, 그 시스템이 작동하게 만드는 것은 점주의 노동과 자본이다.

그러나 결과물은 점주의 몫이 되지 않는다.

프랜차이즈는 함께 잘되기 위한 구조처럼 보이지만, 실제로는 점주를 기반으로 본사의 수익을 안정화시키는 구조다. 구조는 말하지 않는다. 그러나 계약서에는 이미 그 모든 계산이 담겨 있다.

입지 분석의 실패
감각으로 밀어붙인 자리

"여긴 자리가 좋아요. 바로 옆집 장사 잘돼요."

"이 도로변은 유동 인구가 엄청 많습니다."

"이 상가 2층도 예전에 붐볐던 곳이에요."

프랜차이즈 창업 상담에서 가장 흔하게 들리는 말이다.

본사는 말한다.

"입지는 사장님이 결정하세요. 저희는 조언만 드릴 뿐입니다."

그러나 그 조언은 대부분 숫자나 데이터가 아니라, 인상과 분위기로 포장된 말이다.

심지어 상담 과정에서 상권 분석표를 보여 주는 경우도 있지만, 그 분석은 대부분 간단한 유동 인구 수치, 아파트 수, 경쟁 점포 수를 나열한 정리표일 뿐이다. 하지만 그 '감각적' 설명이 결국 점주 인생을 결정한다.

실제 실패한 수많은 점포가 이런 말들에서 출발했다.

"이 자리는 원래 잘되는 자리예요."

"바로 옆에 커피집이 세 개나 있다는 건 그만큼 상권이 살아 있다는 거예요."

"전통시장 입구니까 무조건 발길은 있어요."

그러나 유동 인구는 곧 매출이 아니다. 1층이라고 무조건 장사가 잘되는 것도 아니다.

'상권이 살아 있다'는 말은 상권에 경쟁자가 많다는 뜻일 수 있다.

출근 시간에만 붐비는 상권, 배달과 맞지 않는 오피스 밀집 지역, 주차 불가 상가, 주변 점포 전환율이 높은 곳, 이 모든 요소는 감각이 아닌 구조로 해석되어야 한다.

문제는 본사가 이 과정을 사실상 점주에게 떠넘긴다는 데 있다.

상담 초기에는 "입지는 우리가 도와드려요."라고 말하지만, 실제 계약 단계에 들어가면 "최종 선택은 사장님 책임입니다."라고 선을 긋는다.

입지 선정에 실패해도, 본사는 책임지지 않는다. 오히려 "그 자리는 워낙 애매하긴 했죠."라고 말하며, 마치 선택이 점주의 몫이었던 것처럼 이야기한다.

더 심각한 건, 일부 프랜차이즈는 입지가 안 좋아도 '계약이 급하니 일단 진행하자'고 밀어붙인다는 점이다.

"일단 들어가세요, 장사하다 보면 살아납니다."

"인테리어 들어가야 다음 분기 매장 스케줄 맞춰요."

점주는 마음이 급해지고, 본사의 확신에 기대어 의사결정을 서두른다. 그러나 그 '확신'은 매출이 아닌 오픈 일정 관리와 본사의 이익을 위한 것이다.

본사는 입지를 모른 척하고, 점주는 입지를 과신하고, 결과는 그대로 실패로 이어진다. 입지는 감각이 아니라 구조다.

길에 사람이 많아 보여도, 그들이 들어오지 않으면 의미 없다. 상권에 브랜드가 많아 보여도, 그것은 경쟁이 포화됐다는 뜻일 수 있다. 햇빛이 잘 들고, 인테리어가 예뻐도, 주차장 하나 없는 점포는 점심 장사를 망친다.

프랜차이즈 출점은 '자리'를 고르는 것이 아니라, 구조를 검토하는 과정이어야 한다. 그러나 대부분의 출점은 구조 없이, 감각과 인상만으로 결정된다. 점포가 망하고 나서야 깨닫는다.

"좋아 보였던 그 자리는, 단지 보기만 좋았을 뿐이었다."

계약서의 함정
빠져나갈 수 없는 구조화된 덫

프랜차이즈 창업 상담은 언제나 말로 시작한다.

"브랜드가 탄탄하고요, 상권도 좋고요, 저희가 다 도와드릴 거예요."

점주는 그 말을 믿고 계약서에 사인한다. 그러나 사인이 끝난 순간, 본사의 언어는 달라진다.

"계약서대로 하셔야죠."

상담에서 나눈 대화는 '비공식'이고, 계약서에 적힌 문구만이 '법적 효력'을 갖는다. 점주는 계약서를 받았지만, 그게 구조화된 덫이라는 사실은 몰랐다.

프랜차이즈 계약서는 몇십 페이지에 달하고 법률 용어로 빼곡하다. 표준계약서를 기반으로 하긴 하지만, 브랜드마다 조항은 다르고, 그 안에 점주의 권리를 제한하고, 본사의 권한을 강화하는 독소조항이 숨어 있는 경우가 많다. 문제는 대부분의 예비 점주가 이 계약서를 제대로 읽지도, 법적 검토를 받지도 않은 채 사인한다는 것이다.

가장 흔한 구조는 해지 제한 조항이다. 점주가 장사를 그만두고 싶어도 본사의 동의 없이는 계약을 종료할 수 없거나, 해지 시 위약금 수천만 원을 부담해야 하는 구조다.

장사가 안 돼도, 다른 사람에게 양도하려 해도, 본사는 '브랜드 이미지에 적합하지 않다'며 거부할 수 있다.

또한 재계약 시 자동승계가 안 되는 구조도 많다. 재계약 대상을 정하고 본사에 협조를 요청해도 거부하거나 오히려 무산시키는 경우도 있었다. 그 점주는 매장을 넘길 수 있었으나 본사의 비협조로 결국 폐업을 했다.

계약이 끝나면 점주는 다시 본사와 새 계약을 체결해야 하고, 그 과정에서 기존 인테리어나 시설은 '노후화'를 이유로 전면 교체가 요구된다. 비용은 다시 점주의 몫이다.

심지어 상표권과 영업권에 대한 일방적 귀속 조항도 존재한다. 점포가 망하고 나서도, 그 점주가 인근에서 비슷한 업종으로 장사하려고 하면 본사로부터 '영업 금지 위반' 경고를 받기도 한다. '지금은 계약 당사자'였지만, 계약이 끝난 후에도 브랜드에 묶이는 것이다.

또한 본사는 계약서에 광고 분담금, 공급사 지정, 매뉴얼 준수, 상권 침해 조항 등을 적절히 삽입해 점주를 통제한다.

광고비를 매달 납부하지만, 광고가 어디에 쓰이는지는 알 수 없다. 원재료 공급을 본사가 지정하지만, 가격은 시장가보다 높다. 점주는 따를 수밖에 없다. 계약서가 그것을 '규정'하고 있기 때문이다.

그리하여 계약은 단지 장사를 시작하는 약속이 아니라 빠져나갈 수 없는 시스템에 점주를 묶어 두는 '목줄'이 된다. 점주는 계약서를 쓰는 게 아니라, 계약서에 갇힌다.

프랜차이즈는 계약으로 작동하는 산업이다. 점주의 손실이 구조화되는 방식은 계약서를 통해 완성된다. 계약을 쓴다는 건 '보장'을 받는 일이 아니라, '포기'를 명문화하는 일일 수도 있다. 계약은 본사의 의무를 나열하지 않는다. 오직 점주의 책임만 조목조목 적혀 있을 뿐이다.

계약서에 사인할 땐 아무도 알려 주지 않는다.

"이 종이 한 장이, 당신의 모든 자유를 가져갈 수 있습니다."라고.

교훈   실패는 점주의 책임이 아니라, 구조의 설계다

프랜차이즈에서 실패는 흔하다. 너무 흔해서 뉴스거리도 되지 않는다. 하지만 중요한 질문은 이것이다.

왜 실패는 그렇게 자주, 그리고 그렇게 똑같은 방식으로 반복되는가?

사람도 다르고, 점포도 다르고, 지역도 다르다.

그런데도 망하는 방식은 이상할 만큼 유사하다. 이 말은 명확하다. 실패는 개인의 선택 탓이 아니라, 구조의 설계에서 비롯된다는 뜻이다.

많은 점주들의 실패담을 들었다. 그중에는 나의 이야기 같았던 것도 있고, 내가 걸었을 뻔한 길도 있었다.

대충 한 사람은 없었다. 그 누구도 게으르지 않았다. 하지만 모두 똑같은 벽에 부딪혔다. 그건 시스템의 문제였다.

프랜차이즈의 구조는 다음과 같은 패턴으로 실패를 반복한다.

첫째, 시작이 너무 쉽다.

"누구나 쉽게 할 수 있어요."

"레시피는 다 되어 있고, 교육도 본사에서 해 줘요."

이런 말들은 점주가 가맹계약을 망설이지 않게 만든다. 하지만 쉽게 시작한 만큼, 쉽게 무너진다.

실제로 '봉구스밥버거'는 한때 1,000개가 넘는 매장을 열며 '국민 간편식' 브랜드로 불렸다.

하지만 과도한 확장으로 본사의 관리 시스템이 무너졌고 가맹점주들과의 갈등이 폭발했다. 점주는 남겨졌고 브랜드는 무너졌다. 너무 쉽게 확장된 구조는 그만큼 빨리 붕괴된다.

편의점 옆 골목의 기적
봉구스밥버거 이야기

2009년 어느 날, 서울의 한 골목에 조그마한 가게가 문을 열었다. 낯선 메뉴였다. 김에 싸여 있는 덩어리 밥 안에 반찬이 들어 있었다. 햄, 김치, 참치마요, 계란... 누구나 좋아할 조합이었다. 이름은 '밥버거'. 햄버거처럼 한 손에 들고 먹을 수 있지만, 내용물은 철저히 '한식'이었다.

이 메뉴를 고안한 청년은 '봉구'라는 별명을 쓰며 가게 이름도 '봉구스밥버거'라 지었다. 아이디어는 단순했다. "한 끼를 빠르고 싸게, 든든하게." 하지만 그 단순함은 시대의 흐름과 너무 잘 맞아떨어졌다.

불황의 그림자가 사회 전반에 드리우고 있던 그 시기, 청년층은 값싸고 편한 식사를 찾고 있었고, 자영업자들은 저비용 창업 아이템에 목말라 있었다. 봉구스는 이 두 가지 욕망을 정확히 읽었다. 혼밥의 시대, 분식의 재해석, 배달이 아닌 '포장 중심 구조'는 고객의 일상에 스며들기에 충분했다.

봉구스는 가맹 문의가 쏟아질 정도로 인기를 끌었다. 창업 설명회는 입추의 여지가 없었고, 대학가나 역세권에 점포가 줄지어 들어섰다. 몇 년 만에 전국 가맹점 수는 700개를 돌파했다. 청년 창업 성공 사례로 언론에도 자주 등장했고, 정부 기관의 창업 지원 대상에도 포함됐다.

하지만 빠른 확장에는 항상 그림자가 있었다. 본사는 가맹 모집에 몰두하면서도, 정작 가맹점 관리와 메뉴 표준화, 조리 교육 등 시스템은 미흡했다. 브랜드의 통일성이 흔들리기 시작했다. 어떤 지점에서는 따뜻한 밥이 나오고, 다른 지점에서는 식은 밥이 나왔다. 어떤 곳은 위생이 훌륭했고, 다른 곳은 그렇지 않았다.

더 큰 문제는 레시피가 너무 단순했다는 점이었다. 조금만 배워도 누구나 만들 수 있었다. 모방 브랜드들이 우후죽순처럼 생겨났다. 이름만 바꿔 달고 'OO밥버거' 류 점포들이 생겼고, 소비자들은 '어차피 비슷하다'고 느끼기 시작했다. 봉구스만의 독창성은 점점 희미해졌다.

창업자는 미디어에 자주 등장하며 '청년 CEO'로서 이름을 알렸다. 유명 방송에서 자신의 성공담을 소개했고, 때로는 연예인들과 어깨를 나란히 하며 엔터테인먼트 활동에도 손을 뻗었다. 하지만 이 과정에서 브랜드와 창업자의 경계가 무너졌다.

기업은 결국 신뢰와 이미지로 굴러간다. 한 개인이 브랜드의 얼굴이 되는 순간, 그의 모든 행보가 브랜드의 운명을 쥐게 된다. 그리고 어느 순간부터, 창업자에 대한 논란이 퍼지기 시작했다. 언론 보도와 커뮤니티에는 비판이 등장했고, "가맹점주는 힘든데 본사만 돈 번다.", "창업주는 연예인처럼 산다."는 이야기가 돌았다.

결국 브랜드는 매각됐고, 가맹점 대부분은 폐점하거나 간판을 바꿨다. 몇 년 전까지만 해도 청년 창업의 신화로 불리던 브랜드는 그렇게 빠르게 사라졌다. 봉구스는 하나의 시대정신을 담았지만, 시스템을 갖추지 못했고, 자기 자신에 도취하며 무너졌다.

봉구스의 사례는 실패라기보다 '경고'에 가깝다. 봉구스는 분명 시대를 읽었고, 소비자와 자영업자 모두의 욕망을 정확히 포착했다. 그러나 브랜드를 운영한다는 것은 '감각'만으로 되는 일이 아니었다. 그것은 수많은 고객, 점주, 시스템, 신뢰와의 끊임없는 관계 관리다.

둘째, 착시로 시작된 매출에 속는다. 많은 본사는 오픈 초반 몇 달의 매출을 홍보에 활용한다.

SNS 마케팅, 방송 노출, 이벤트 집중으로 몰린 손님. 그 숫자를 보고 점주는 안심하고 계약한다.

하지만 그 매출은 지속 가능하지 않다. '망고식스'가 그랬다. 화려한 브랜드 이미지, 연예인 협찬, 프리미엄 인테리어. 처음엔 매장이 넘쳐났다. 하지만 구조는 탄탄하지 않았다. 과도한 마케팅 비용, 불투명한 물류비, 회수되지 않는 본사 투자. 결국 본사도 떠났고, 점주만 남았다.

셋째, 수익 구조가 점주에게 유리하지 않다. 디지털 사이니지, 물류, 인테리어, 광고비, 유니폼, 로열티. 모든 항목이 본사의 수익과 직결된다. 점주는 장사를 시작하기도 전에 수천만 원을 쓰고, 매달 정해진 비용을 낸다.

2007년 우회 상장까지 했던 태창파로스의 '쪼끼쪼끼'는 저가 맥주 전문점으로 전국 400개 가까운 매장을 열었지만, 낮은 가격 전략 뒤에 숨어 있던 높은 운영비와 수익성 부족으로 매장 대부분이 폐점하고 본사는 2015년 결국 상장 폐지되었다. 점주는 남지 않았고, 본사만 수익을 남겼다.

넷째, 철수할 수 없는 구조다. 장사가 안돼도 점주는 그만둘 수 없다. 위약금, 원상 복구비, 남은 계약 기간. 폐점 자체가 큰 리스크가 된다.

떡볶이 프랜차이즈 한 곳은 서울에서는 성공했지만, 창원에선 6개월도 못 가 문을 닫았다. 맛도 인테리어도 본사 매뉴얼대로 그대로 적용했지만, 지역의 식문화와 입지 특성을 무시한 결과였다. 점주는 폐점 비용을 떠안고, 본사는 다음 점주를 찾는다.

다섯째, 실패의 책임은 언제나 점주 몫이다. 매출이 떨어지면 본사는 말한다.

"홍보가 부족했던 것 같아요."

"서비스가 약하지 않으셨나요?"

"운영 노하우를 좀 더 익히셔야죠."

모든 실패가 점주의 미숙함으로 해석된다.

하지만 구조 자체가 이미 불리했다면, 그 실패는 예견된 것이다. 연어 무한 리필점인 '연어상회', '살몬마켓', '연어세상', '눈꽃연어' 등 프랜차이즈도 그랬다. 국제 연어 가격이 떨어졌을 때 전국적으로 확산됐지만, 원가가 다시 오르자 수익이 악화됐고, 대다수 매장이 폐점했다.

그 구조는 이미 시세 의존적인 '불안정한 모델'이었고, 점주는 그 리스크를 떠안은 채 들어갔던 것이다.

이 모든 실패는 말해 준다. 실패는 점주의 잘못이 아니다. 그건 설계된 구조의 반복이다. 그리고 구조는 책임지지 않는다. 그래서 우리는 구조를 고발해야 한다. 실패담을 더 많이 기록해야 한다. 그래야 다음 사람이 그 실패를 반복하지 않는다.

망한 점주들은 조용히 사라지고 본사는 다음 계약을 준비한다. 이 구조를 똑바로 보지 않으면, 우리는 또다시 "처음엔 잘 됐어요. 그런데⋯."라는 말로 끝나는 일을 반복하게 된다.

그러니까 나는 말한다. 실패는 개인의 리스크가 아니라 구조의 반복이다. 그 구조는 바뀌지 않기에, 실패는 계속된다.

다음은 성공 사례다. 이유는 지금까지의 실패한 프랜차이즈와는 반대의 정책을 폈기 때문이다. 이 사례와 비추어, 왜 실패를 하는지 우리는 파악해야 한다.

성공하는 프랜차이즈는 무엇이 다른가
두끼는 왜 살아남았는가

프랜차이즈 구조를 이야기하면, 흔히 실패 사례만 먼저 떠오른다. 하지만 실패를 말하려면 반드시 성공의 구조도 함께 보여 줘야 한다. 그렇지 않으면 '프랜차이즈는 다 망한다'는 오해만 남는다.

그래서 우리는 '두끼'라는 브랜드를 주목해야 한다. 두끼는 2014년 서울 고려대 인근에서 시작한 즉석 떡볶이 무한 리필 브랜드로, 창업 1년 만에 가맹사업을 시작했고 이후 국내외 200호점을 넘겼으며, 현재는 9개국에 진출해 160여 개의 매장을 운영 중인 글로벌 브랜드로 성장했다.

두끼의 가장 큰 차이는 간단하다. '점주가 망하지 않는 구조'를 먼저 설계했다는 것인데, 특히 눈에 띄는 핵심이 '배달을 하지 않는다'는 점이다. 단순히 배달 앱에 입점하지 않은 수준이 아니다. 메뉴 구성부터 조리 방식까지 배달이 아예 불가능한 구조로 짜여 있다. 손님이 직접 사리를 고르고, 즉석에서 조리하고, 매장 내에서 먹는 구조이기에 배달은 애초에 설계 대상이 아니었다.

덕분에 점주는 배달 수수료나 프로모션, 리뷰 스트레스, 포장 비용 등에서 완전히 자유롭다. 그 결과 매출의 대부분을 직접 가져갈 수 있다.

또한 이 구조는 인건비 부담까지 해결했다. 조리는 고객이 한다. 직원은 조리를 보조하지 않고, 재료 세팅과 매장 정리만 맡는다.

즉 고객의 '참여'가 곧 운영 효율로 연결된다. 직원 수가 적어도 되니 고정 인건비가 낮고, 인건비가 예측 가능하다는 점에서 점주는 한결 더 안정적인 운영이 가능하다. 즉, 두끼는 '체험형 재미'와 '운영 효율'을 동시에 잡았다.

두끼는 점주의 수익을 먼저 고려한 구조도 철저히 지켰다. 필수 구매 항목 최소화, 과도한 인테리어 강요 없음, 로열티 없음, 무리한 가맹 확장 자제. 본사는 브랜드를 키우는 것보다 점주가 오래 버티는 구조에 초점을 맞췄다.

광고보다 회전율, 이미지보다 운영 지속성이 먼저였다. 그래서 점주가 떠나지 않았다.

정리하면, 두끼는 실패하는 프랜차이즈의 반대편에 있다.

첫째, 배달을 하지 않고, 둘째, 조리를 직접 맡기고 인건비를 줄이며, 셋째, 점주의 수익 구조를 보장하고 확장을 서두르지 않았다.

이 모든 것은 정책이 아니라 설계였다. 쉽게 열고 쉽게 닫히는 구조가 아니라, 천천히 열고 오래가는 구조였다.

그래서 두끼는 살아남았다. 그리고 점주는 버텼다. 성공은 단순히 운이 아니었다. 그건 구조의 반대편을 정확히 이해한 결과였다.

8부

피해야 할
유형의
가맹사업

• 서 문

어떤 프랜차이즈는 시작부터 망할 준비가 되어 있다. 구조가 불안하고, 수익 모델이 왜곡되어 있고, 점주에 대한 배려는 전무하다.

겉으로 보기에는 멀쩡한 간판과 화려한 SNS 마케팅을 하고 있지만, 내부를 들여다보면 그 브랜드는 오히려 점주의 수익이 아닌 본사의 수익만을 위해 설계되어 있다.

그런 브랜드는 점주가 장사를 시작하자마자 '뒤늦게' 구조를 알게 된다. 이미 계약은 끝났고, 인테리어 공사는 시작됐으며, 교육비와 물류 계약금은 본사에 납입됐다. 그리고 영업 첫 달부터 매출은 예상보다 낮고, 본사의 응답은 느리고, 상황은 빠르게 악화된다.

문제는 이 모든 일이 특정 브랜드에서만 일어나는 것이 아니라 '유형별'로 반복된다는 점이다. 업종은 다르고 간판은 다르지만, 망하는 프랜차이즈는 몇 가지 공통된 구조를 공유한다.

이 장에서는 그 구조를 유형별로 정리한다.

단순히 "어디 브랜드 하지 마세요."가 아니라, "이런 구조는 무조건 피해야 합니다."라는 기준을 만들기 위해서다.

여기서 말하는 '절대로 하지 말아야 할 가맹사업'은 단순한 실패담이 아니다.

그건 이미 수많은 점주가 실패를 통해 증명한 경고다.

그 구조는 아직도 남아 있고, 오늘도 새로운 계약이 진행되고 있다.

그래서 이 장은 말한다. 망할 수 있는 구조는 하지 말자.

망한 전적이 반복된 업종은 하지 말자.

점주의 실패 위에 세워진 브랜드는, 하지 말자.

1장

망하는 계산식은 이미 처음부터 짜여 있었다

> 단가 낮은 음식 + 높은 원가 + 배달 위주 구조 + 인테리어 과비중 = 망함

도시락, 분식, 샌드위치, 디저트, 주먹밥, 간편식, 길거리 간식.

이른바 '작은 장사', '저위험 창업', '소자본 가맹사업'이라 불리는 프랜차이즈 업종들이다. 이들은 하나같이 이렇게 홍보된다.

"단가가 낮아 부담이 없고, 혼자서도 운영 가능하며, 배달 수요가 꾸준하다."

그럴듯해 보인다.

그러나 이 구조는 계산만 해 봐도 반드시 망하게 되어 있다.

단가는 낮다. 떡볶이 3,500원, 도시락 4,500원, 크로플 2,800원, 커피 1,500원. 고객은 좋아하지만, 이 단가는 배달 수수료, 원재료비, 인건비, 공공요금, 로열티를 감안하면 수익이 거의 남지 않는다.

또한, 핵심적인 것은 두 가지 관점이 중요하다.

첫째, 개점 시 인테리어의 비중이 크면 매몰 비용으로 철수 시 큰 손실로 이어진다. 항상 철수가 가능하거나 업종 변경이 신속하게 가능해야 한다.

둘째, 이러한 노동집약적 메뉴는 매출만 보면 안 된다. 최근 자영업의 경비 지출 중 가장 큰 비중을 차지하는 부분이 인건비다. 요즘은 인건비에 망한다. 그나마 힘든 일은 할 사람도 없다. 결국 점주가 죽어 나간다.

특히 배달이 주요 판매 채널인 경우 건당 수수료만 3,000원을 넘기기 일쑤다. 즉, 도시락 한 개 팔아서 수수료 내고 나면 남는 건 '허공'이다. 게다가 이 구

조는 대부분 식자재를 본사에서 납품받는 시스템이다.

점주는 재료비를 본사 기준가로 구매해야 하며, 시중보다 높은 단가를 감수해야 한다.

일부 브랜드는 '직접 만드는 것이 아닌 조리 가공식품을 받아 쓰는 방식'이라 편하다고 하지만, 그만큼 마진도 구조도 본사의 손아귀에 있다. 또 하나의 문제는 인력 최소화를 전제로 한 운영 모델이다.

"혼자서도 할 수 있어요."라고 시작하지만, 실제로는 배달, 조리, 포장, 응대, 정산까지 한 명이 감당하기 어렵다.

결국 알바를 쓰게 되고, 최저임금에 주휴 수당, 배달기사 팁까지 더하면 단가가 낮은 장사는 순식간에 노동 대비 수익이 마이너스가 된다.

이 구조는 '작게 해서 망하지 않을 것'처럼 포장되지만, 사실은 '작기 때문에 오히려 더 빨리 망하는 구조'다.

매출은 꾸준히 나올 수 있다. 하루 50만 원, 한 달 1,500만 원. 그럴듯하다. 하지만 배달 수수료, 광고비, 원재료비, 임대료, 인건비, 로열티를 빼면 남는 것은 없다.

점주는 묻는다. "이렇게 장사해서 도대체 누가 벌어요?"

답은 정해져 있다. 배달 플랫폼과 본사와 재료상과 건물주가 번다.

본사는 수수료를 떼고, 재료를 공급하고, 광고를 요구하고, 로열티를 받는다. 점주는 하루 12시간 넘게 장사하지만, 통장에 찍히는 돈은 고정비에 밀려 사라진다. 낮은 단가, 높은 원가, 높은 고정비, 배달 의존, 마진 구조 상실. 이 모든 계산식은 처음부터 이미 실패였다.

그러나 브랜드는 말하지 않는다.

"이 구조로 벌어 본 사람이 아직 없어요."라고.

2장

트렌드 기반 반짝 메뉴 편성 가맹점
유행은 브랜드가 아니고, 점주는 연출의 도구였다

최근 몇 년 사이, 프랜차이즈 시장에는 '감성 브랜드', '핫플', 'SNS 인증 맛집'이라는 말이 유행처럼 번졌다.

분위기 좋은 인테리어, 독특한 메뉴 구성, 이색적인 네이밍, 사진발 잘 받는 패키지. 사람들은 그걸 보기 위해 줄을 서고, 사진을 찍고, 인증을 올린다. 그리고 그 사진은 곧 다음 점주의 계약서 앞장에 실린다.

하지만 유행은 구조가 아니다.

유행은 자산이 아니라 소모되는 연출이다. 트렌드는 짧고, 확산은 빠르며, 그 수명이 다한 순간 브랜드는 '다음 유행'으로 버려진다.

문제는 그 시점에 아직도 계약 기간이 남아 있는 점주들이다.

트렌드 기반 프랜차이즈의 핵심 수익은 '빠른 확산'과 '빠른 출점'이다. 본사는 최대한 빠르게 전국적으로 매장을 퍼뜨리고, 오픈 열기와 SNS 마케팅을 통해 브랜드 인지도를 끌어올린다.

이때 가맹점은 매장이 아니라 마케팅 콘텐츠로 기능한다. 예쁘게 찍힌 외관, 바쁜 분위기의 매장, 줄 선 손님들 이 모든 것이 브랜드 인지도 자산이 된다. 그리고 그 자산은 본사의 다음 가맹계약을 위해 쓰인다.

그러나 본사는 '다음'을 책임지지 못한다. 초기 열기에 들떴던 고객들은 한 번 방문하고 나면 다시 찾지 않는다.

신메뉴는 '짧은 반짝'으로 끝나고, 유행은 옮겨 간다. 문제는 그 유행을 유지

8부 피해야 할 유형의 가맹사업

하기 위해 점주가 광고비와 마케팅 비용을 부담해야 한다는 점이다.

"요즘은 이 콘텐츠가 좋다."
"이번 시즌엔 감성 테마로 리뉴얼해라."
"한정 메뉴는 본사에서 개발해 주니 재료비는 부담하라."

이 모든 요청은 본사의 브랜드 유지 전략이지만, 실행 비용은 점주의 통장에서 빠져나간다.

더 심각한 건, 트렌드형 브랜드는 대부분 재방문율이 낮다. 고객은 사진만 찍고 사라지고, 소문은 금방 사라지며, 점주는 인테리어와 고정비를 안고 남는다. SNS에선 여전히 "이 매장 핫해요."라고 올라오지만, "그날의 점주는 끝내 오지 않는 손님을 기다리고 있었다."

이 구조는 말하자면 '유행의 절정에서 본사는 브랜드를 확장하고, 유행이 꺾이면 점주는 그 결과를 감당'한다는 구조적 분업이다.

유행은 브랜드가 아니다. 브랜드는 지속 가능해야 하고, 점주는 하루하루 매출로 생존해야 한다.

그런데 트렌드형 프랜차이즈는 지속 가능하지 않은 무언가에 지속적으로 비용을 쓰게 만든다.

누군가는 인증샷 하나로 브랜드를 키우고, 누군가는 그 인증샷 뒤에서 인건비와 재료비를 감당하고 있다. 그리고 그 유행은 늘, 점주보다 먼저 떠난다.

고정비 과잉 구조
매출보다 먼저 수익을 갉아먹는 고정비의 늪

장사를 망치는 가장 흔하고 확실한 방식은 이렇다. 아직 매출이 들어오기도 전에 나갈 돈부터 확정해 버리는 것이다. 이른바 '고정비 과잉 구조'다. 고정비는 말 그대로 장사가 잘되든 못되든 무조건 나가는 돈이다.

인건비, 임대료, 가맹비, 인테리어 감가상각비, 광고비, 전기세, 로열티. 이 고정비가 일정 수준 이상이면, 장사가 잘돼도 남는 게 없고, 장사가 안되면 적자를 보고 결국 망한다.

프랜차이즈 브랜드들은 초기에 이 고정비 부담을 최대한 숨기려 한다.
"초기 투자비는 적정 수준입니다."
"혼자 운영 가능해서 인건비가 적게 들어요."
"본사에서 마케팅을 해 줘서 광고비도 덜 들어요."
전부 책임질 필요가 없는 말뿐인 것이다. 본사와의 대면에서 말로 하는 내용은 절대 믿지 말라. 구두는 약간의 참고와 본사의 스타일 파악의 기준으로 생각하라. 그리고 막상 계약을 하면 생각지도 않았던 고정비는 점점 불어난다.

먼저 인테리어다. 본사는 표준 디자인을 강제하면서 수천만 원짜리 인테리어를 지정 협력사를 통해 시공하게 한다.

점주는 처음 예상했던 금액보다 훨씬 많은 비용을 지불하게 되고, 그 인테리어는 계약 기간이 끝날 때쯤 회수할 수 없는 매몰비용으로 가치를 상실하게 된다.

다음은 임대료다. 점포 위치를 선정할 때 본사는 '좋은 자리', '핫한 상권'을 강조하며 비싼 자리를 추천한다.

점주는 유동 인구만 믿고 높은 임대료를 감수하지만, 오픈 열기가 지나고 나면 매출은 줄어든다. 하지만 임대료는 줄지 않는다. 이를 빛 좋은 개살구라고 하는 것이다. 이 말에서는 빛은 본사가 가져가고 개살구는 점주의 몫이라는 뜻이다.

그리고 인건비. '혼자 운영 가능하다'는 말은 대부분 거짓말이다. 오픈 준비, 조리, 응대, 배달, 청소, 정산 모든 것을 혼자 한다는 것은 현실적으로 불가능하다. 체력적으로 얼마를 못 버틴다. 결국 알바를 쓰게 되고, 그 인건비는 고정비에 더해진다.

여기에 광고비와 로열티까지 더해지면 점포는 고정비 늪에 빠진다. 하루 50만 원 매출을 올려도, 임대료 7만 원, 인건비 12만 원, 식자재 원가 15만 원, 기타 비용 8만 원이 빠져나간다. 실제 남는 순수익은 거의 없다.

문제는 이 구조가 '초기 투자'가 아니라 '지속비'라는 점이다. 한 번 쓰고 끝나는 돈이 아니라 매달 빠져나가는 비용이다. 장사가 잘되면 덜 괴롭지만, 조금이라도 매출이 떨어지면 바로 적자로 전환된다.

본사는 고정비 구조에 대해 책임지지 않는다. 임대료도, 인건비도, 전기세도, 폐기 비용도 점주의 몫이다. 심지어 "인건비 때문에 힘드시면 가족과 함께 운영해 보시는 건 어때요?" 같은 무책임한 조언만 돌아온다.

고정비 과잉 구조는 장사의 성패를 노력이나 정성보다 훨씬 빠르게 결정짓는다. 구조가 이기면 사람은 진다.

아무리 성실하고 음식이 맛있어도, 매달 800만 원 고정비 구조에서는 '살아남는' 게 아니라 '견디는' 것이다.

장사는 매출보다 먼저 비용 구조를 계산해야 한다. 그러나 많은 가맹점주들이 "이 정도면 되겠지."라는 막연한 기대와 본사의 포장된 수치에 의존해 진입한다.

프랜차이즈는 계산을 외면한 사람에게 가장 빨리 고정비의 대가를 안긴다.

'열심히 하면 된다'는 건 예전의 말이다. 이 구조에서는 '열심히 해도 안 되는 구조'가 먼저 기다리고 있다.

전문성 의존 구조
점주의 역량 없이는 무너지는 시스템

프랜차이즈는 시스템으로 운영된다고들 말한다.
"누구나 쉽게 따라 할 수 있는 매뉴얼이 있다."
"비전문가도 운영이 가능하다."
"본사에서 모든 교육을 해 준다."
그래서 많은 예비 점주들은 '내가 그 업종을 몰라도 괜찮다'고 생각한다. 하지만 현실은 다르다.

실제로는 브랜드가 아무리 탄탄하고 시스템이 아무리 정교해도, 점주의 전문성이 부족하면 매장은 금세 흔들린다.
특히 교육업, 미용업, 헬스, PT센터, 심리상담, 반려동물 케어 등 '전문성이 핵심 자산인 업종'에서 이 구조는 더욱 심각하다.

미용실 프랜차이즈를 예로 들자. 브랜드에서 정한 인테리어와 유니폼, 메뉴판은 있어도, 손님은 결국 '어느 디자이너가 잘하느냐'를 기준으로 방문을 결정한다. 본사에서 아무리 시스템을 잘 짜도, 점주가 고객 응대에 서툴거나 기술이 부족하면 재방문은 없다.
학원 프랜차이즈도 마찬가지다. 커리큘럼은 있어도, 아이가 성적이 오르지 않으면 부모는 다음 달 등록을 하지 않는다.

즉, 이 구조는 '프랜차이즈'라는 간판만 있고, 실질적으로는 점주가 모든 것을 감당해야 하는 1인 전문가형 매장인 셈이다.

점주는 상담사이고, 강사이고, 트레이너이고, 문제 해결자이며, 컴플레인 응대자다. 하루 10시간 이상 점포에 상주하면서 본인의 전문성을 상품처럼 끌어다 써야 매출이 유지된다.

그런데 문제는, 본사에서는 이를 '운영'이라고 부른다는 점이다. "시스템 안에서만 운영하시면 됩니다."라고 말하지만, 실제로는 점주의 노하우와 기술력에 시스템이 얹혀진 형태다. 그리고 그 점주가 빠지는 순간, 그 매장은 곧바로 무너진다.

더 큰 문제는 점주가 성장할수록 브랜드에 의존하지 않아도 되는 역설이 발생한다는 것이다.

미용실 점주가 손님을 많이 확보하고, 본인의 노하우로 안정적인 운영을 할수록, "굳이 이 브랜드 간판이 필요할까?"라는 질문이 생긴다.

역으로 가맹점의 자체 실력으로 유명세를 만들면 본사가 그 후광으로 덕을 보는 경우도 있는 것이다.

하지만 브랜드와의 계약은 점주의 성장과 관계없이 계속 비용을 청구한다. 즉, 브랜드는 점주의 성장 위에 올라앉아 로열티를 가져간다.

전문성 의존형 프랜차이즈는 점주에게 '시스템 제공자'가 아니라, '노동과 기술을 활용하는 본질적 주체'가 되기를 요구한다. 하지만 그 구조 안에서는 그 기여에 대한 보상이나 권한은 거의 없다.

결국 이 구조에서 중요한 것은 '시스템이 있는가'가 아니라, '내가 그 시스템 없이도 버틸 수 있는가'다.

시스템에 의존하려 했던 사람이, 나중엔 시스템을 대신해야만 살아남는다. 그리고 그 시스템의 이름값은 여전히 본사가 가져간다.

전문성이 필요한 구조는 쉽게 프랜차이즈화될 수 없다. 그걸 억지로 상품화 했을 때, 브랜드는 살아남아도 점주는 점점 지쳐 간다.

본사 통제 과도형
자유는 없고 책임만 남는 사장의 자리

프랜차이즈 창업 상담에서는 "혼자서도 쉽게 운영할 수 있어요.", "본사의 매뉴얼대로만 하시면 됩니다."라는 말을 쉽게 듣게 된다.

점주는 안심한다.

"매뉴얼이 있다면 어렵지 않겠지."

"이미 검증된 시스템이면 따르기만 하면 되겠지."

그러나 매뉴얼은 안내서가 아니라 통제 수단일 수 있다. 그리고 그 순간, 점주는 더 이상 사장이 아니다.

본사 통제형 프랜차이즈 구조는 '브랜드 일관성 유지'라는 명목으로 점주의 모든 의사결정을 제한한다.

메뉴 변경 불가, 가격 조정 금지, 원재료는 지정된 공급처에서만, 인테리어 유지 의무, 직원 유니폼 강제, 광고 문구도 통일, 심지어 가게에서 틀 수 있는 음악마저 본사 가이드를 따른다. 이 구조에서는 점주는 운영자가 아니라 매뉴얼 집행자다.

문제는 이러한 통제가 점주의 자율성만 제한하는 것이 아니라, 수익도 제한한다는 점이다. 메뉴를 늘려서 매출을 확대할 수도 없고, 손님이 적을 때 가격을 낮춰 회전율을 높일 수도 없다.

오로지 본사에서 설계한 대로만 움직여야 한다.

하지만 이익은 점주의 몫이 아니다. 광고 프로모션을 하라고 본사가 요구하면 비용은 점주가 부담한다. 프로모션 결과가 부진해도 본사는 아무 책임을 지지 않는다.

 이 구조는 점주를 '책임만 지는 관리자'의 위치에 고정시킨다. 운영상 실수는 점주의 책임이고, 리뷰나 클레임도 점주의 대응 대상이다.
 그러나 마케팅 방향, 가격 정책, 신제품 출시 시기, 인력 운용까지 모든 주요 결정은 본사에서 내려온다.
 즉, 의사 결정권 없는 사장이 책임만 지는 구조다.
 더 나아가 이 구조는 본사 수익을 극대화하기 위한 수단으로 활용된다. 매뉴얼을 근거로 점주의 자율성을 박탈하고, 지정된 공급망을 통해 높은 마진의 원재료를 강매하며, 각종 정기적인 비용(교육비, 로열티, 광고 분담금 등)을 수익 구조에 얹는다. 점주가 운영을 잘해도, 본사가 그 수익을 나눠 주는 구조는 거의 없다.

 점주는 본사의 매장 관리자처럼 행동하지만, 실제로는 모든 손해를 감당해야 하는 독립 사업자다. 이 아이러니한 구조는 프랜차이즈 사업의 가장 비합리적인 풍경이다. '사장님'이라고 불리지만, 아무것도 결정할 수 없다. 시스템이란 이름의 감옥 안에서 점주는 본사 브랜드를 유지하기 위한 감시자가 되어 간다.
 이 통제 구조의 가장 무서운 점은 점주가 그 안에 오래 있을수록 '이게 당연한 줄 알고 체념하게 된다는 것'이다.
 언젠가부터 본사에 묻지 않고선 아무것도 결정하지 않게 되고, 그 자체가 습관이 되고, 결국 본사의 운영 지침 없이는 아무것도 못 하게 된다. 프랜차이즈는 자유로운 창업의 방식이 아니라, 시스템의 부속이 되는 방식이다.

 자유 없이는 수익을 만들 수 없다.
 그러나 통제 과잉 구조는 '자유 없이도 본사는 벌 수 있는 구조'를 완성시킨다. 남는 건 오직 점주의 고정비, 감정노동, 그리고 고장 나지 않게 시스템을 유지해야 한다는 압박뿐이다.

6장

지나치게 낮은 진입 장벽
점주의 소모품화, 잦은 전환 구조

'300만 원으로 시작하는 창업', '무점포 배달 전문 창업', '주방 없는 가맹사업'. 이런 문구는 한때도 아니고, 지금도 계속 반복된다.

프랜차이즈 시장은 점점 더 빠르고 가벼운 창업을 말한다. 예비 창업자는 그 말에 위안을 느낀다.

"투자 부담이 적으니 리스크도 적겠지?"

"내가 망해도 크게 다치진 않겠다."

하지만 문제는, 그렇게 생각한 창업이 이미 누군가의 실패 위에서 만들어졌을 가능성이 높다는 점이다.

진입 장벽이 낮다는 건, 그만큼 본사의 수익 구조가 점주 한 명에 고정되지 않는다는 뜻이다. 점주는 들어오고, 나가고, 또 다른 점주가 들어오고. 이 흐름 자체가 시스템이 된 브랜드들이 있다. 계약을 유도하고, 간편하게 교육을 하고, 점포를 차려 주고, 3개월~6개월 안에 성과가 없으면 스스로 정리되게 만든다.

본사는 그 안에서 계속 수수료, 장비 사용료, 브랜드 사용료, 원재료 판매 수익을 확보한다.

점주는 시스템 안에서 '실패해도 본사는 손해 없는 구조'의 일부가 된다. 계약 초기에는 "리스크가 작습니다.", "배달만 하면 되니까 쉬워요."라는 설명을 듣지만, 막상 운영이 시작되면 홍보, 재고관리, 배달 운영, 고객 응대까지 모두 스스로 감당해야 한다.

특히 이런 구조의 프랜차이즈는 점주의 이탈률이 극단적으로 높다. 같은 상호를 달고 오픈한 지점이 석 달 만에 없어지고, 몇 주 뒤엔 또 다른 사람이 그 브랜드를 시작한다.

그 브랜드는 브랜드가 아니라, '누구나 들어올 수 있고 아무도 오래 머물지 않는 구조'가 되어 있다.

문제는 이 구조에서 점주의 생존을 본사가 전혀 책임지지 않는다는 점이다. '소자본 창업이니 리스크도 적다'고 주장하면서도, 막상 실패했을 때 그 책임은 전적으로 점주 몫이다. 심지어 본사 입장에서는 점주 교체가 브랜드 확산 전략의 일부가 될 수도 있다.

진입이 쉽다는 것은 매력처럼 보이지만, 그만큼 경쟁도 많고, 생존율도 낮으며, 구조 자체가 점주의 자리를 '순환형'으로 만든다.

그 브랜드를 거쳐 간 수많은 점주들의 흔적은 계약서 뒤에만 남고, 새로운 점주는 늘 "이번엔 다르겠지."라는 착각 속에 들어온다.

창업은 가볍게 시작할 일이 아니다. 진입이 쉬운 만큼 이탈도 빠르다. 점주가 아니라 '임시 운영자'가 되어 버리는 구조, 오래 남는 사람이 없는 브랜드. 그 자리에 들어간다는 건… 누군가 빠져나간 자리로 들어간다는 뜻이다.

프랜차이즈는 시스템이다. 그러나 시스템이 점주를 교체 가능한 부품으로 대할 때, 그곳에 사람의 생존은 없다.

| 교훈 | 절대 하지 말아야 할 프랜차이즈 |

프랜차이즈를 창업하려는 사람들은 보통 이렇게 생각한다.

"유명한 브랜드고, 매장도 많고, 장사만 잘되면 괜찮겠지."
하지만 그 '장사가 잘되는 구조'가 누구를 위한 것인지는 아무도 묻지 않는다. 나는 묻는다. 장사가 잘되면 누가 웃고, 누가 쓰러지는가?

내가 직접 만난 돈가스 점주가 있다. 그는 1년에 매출 10억을 찍었다고 했다. 하지만 그가 남긴 건 돈이 아니었다. 온몸의 관절염, 허리디스크, 손목터널증후군, 무릎 통증, 피로 누적. 그는 이렇게 말했다.
"10억 매출 찍고, 0원 벌었고, 지금 병원비만 남았어요."
장사는 잘됐다. 그러나 그는 쓰러졌다.

또 다른 경험도 있다. 예전에 주방 물품을 당근마켓에서 중고로 구입하려고 한 적이 있다. 직거래 장소에 가 보니, 돈가스집이었다.
내가 물었다. "장사가 안돼서 폐업하셨어요?"
그녀는 웃으며 이렇게 말했다. "아뇨, 장사 잘됐어요."
"그런데 왜요?"
그녀는 씁쓸하게 말했다.
"남는 게 없어요. 그냥, 이건 사람이 할일이 아니에요."
장사는 잘됐고, 주문은 많았다. 그런데 사장은 떠났다. 그게 지금 프랜차이즈 구조의 현실이다.

실명을 언급해도 좋다. 부산 자갈치시장 건너, 깡통시장 입구에 있는 테이크아웃 커피점이 있다.
지금도 있는 그 카페는 항상 줄이 길게 서 있었다. 나는 과일 주스를 테이크아웃 주문하면서 말을 걸었다. 즉석 인터뷰를 한 것이다. 말을 전부 꺼내기도 전에 사장님 부부가 먼저 말했다.
"이거 하지 마세요. 골병들어요. 진짜 돈 안 돼요. 하루 종일 줄 서도, 남는 게 없어요. 장사 잘되니 돈 얼마 버느냐고 물어보는 사람이 많아요. 잘돼도 저는 하지 말라 하고 싶어요. 이거 골병들어요."

나는 말문이 막혔다. 사람들이 계속 줄을 서고 있었는데, 정작 가게 안의 주인은 '이걸 시작하지 말라'고 단호히 말하고 있었다.

여기서 얻을 수 있는 교훈은 허상과 실체를 볼 줄 알아야 한다는 것이다. 예나 지금이나 성공하는 사람들은 모든 현상에서 허와 실을 잘 구분해 볼 줄 알았다는 것이다. 장사에 대한 통찰이 조금은 있어야 한다는 것이다.

나는 단도직입적으로 말하고 싶다. 커피, 치킨, 피자, 돈가스. 프랜차이즈 하지 마세요. 나는 앞서 나열한 품목의 프랜차이즈를 다 해 본 사람이다. 저들 품목에 파스타까지도 포함한다. 이건 업종의 문제가 아니다. 이건 구조의 문제다. 이미 너무 많고, 구조는 본사를 위해 설계돼 있고, 점주는 그 구조를 유지하는 부속품처럼 쓰인다.

당신이 힘들게 일해도, 본사는 광고를 통해 다음 점주를 찾고 있을 것이다. 이 구조에 들어가기 전에 꼭 질문하라.

"나는 지금 장사를 하는가, 아니면 본사의 수익을 대신 만들어 주는 사람인가?"

그 질문 하나로, 당신의 2년, 당신의 전 재산, 당신의 가족 건강이 지켜질 수 있다.

9부

프랜차이즈 비용 분석

소멸 비용의 인식

• 서 문

 창업 비용은 항상 계산이 된다. 가맹비 얼마, 인테리어 얼마, 장비와 기기, 재료비, 광고비. 표로 정리된 견적서를 보면 그럴듯해 보인다.
 그러나 대부분의 예비 점주들은 그 수치를 '투자'라고 생각한다. 언젠가는 회수할 수 있으리라는 기대, 혹은 가게가 잘되면 의미 없는 비용이 될 거라는 막연한 낙관. 문제는 그 비용 중 많은 항목이 애초에 회수될 수 없는 구조라는 점이다.

 프랜차이즈 창업에서 가장 먼저 나가는 비용은 가맹비다. 브랜드를 쓴다는 이름으로 수백만 원에서 수천만 원이 요구된다.
 하지만 이 가맹비는 회수되는 비용이 아니라 소멸 비용이다.
 장사가 잘돼도, 브랜드가 망해도, 가맹계약이 중도 해지되어도, 이 금액은 돌려받지 못한다. 사용료가 아니라 입장료에 가까운 돈이다.

 그다음은 인테리어 비용이다. 본사가 지정한 디자인과 협력 업체를 통해 공사를 진행하는데, 이 비용은 대부분 매장 규모에 따라 수천만 원이 넘는다. 그러나 계약서에는 이 인테리어가 계약 종료 시 본사 자산이 아니라 점주 자산으로 남으며, 별도의 감가상각이나 보상은 없다고 명시된다. 즉, 폐점 시 이 인테리어는 아무 쓸모없는 벽과 바닥이 된다.

 또 다른 주요 항목은 교육비와 오픈 지원비다. 직원 교육, 운영 매뉴얼 교육, 초도 물품, 마케팅 지원 명목으로 청구되는 금액이다. 대부분 100만~300만 원 선이지만, 가시적인 결과는 적고 이마저도 '일회성 비용'으로 빠져나간다.
 그리고 가장 꾸준히 빠져나가는 비용은 물류 마진과 로열티다. 재료를 본사에서 공급받는 구조라면 단가가 높아도 거절할 수 없다. 가격은 본사가 정하고 마진도 본사가 가져간다. 로열티는 월 매출의 3~10%까지 책정되기도 하며, 고정으로 부과되는 경우도 있다.

이 모든 비용은 한 가지 공통점이 있다. 점주 입장에서는 전부 '선불'이거나 '일방적 출혈'이라는 것이다.

이 비용들을 아무리 잘 써도, 고객이 오지 않으면 매출은 없다. 매출이 없다면, 이 모든 비용은 그저 남지 않는 지출, 즉 소멸 비용이 된다.

프랜차이즈는 "성공하면 이 비용은 아무것도 아닙니다."라고 말한다. 그러나 문제는 '성공하지 못했을 때' 아무것도 돌려받을 수 없는 구조라는 점이다. 장사를 그만두고 점포를 정리할 때 남는 것은 채무, 철거비, 위약금뿐이다.

이 장에서는 이 소멸비용들을 하나씩 구분하고, 실제로 어떤 항목이 가장 큰 리스크인지, 어떤 비용이 다시는 돌아오지 않는지 밝힐 것이다. 장사에서 가장 무서운 건 '손해'가 아니라, 비용이 아무 흔적도 남기지 않고 사라지는 구조다. 그 구조를 먼저 아는 사람만이 생존 가능성을 확보할 수 있다.

1장

가맹비
입장료인가, 사용료인가

프랜차이즈 계약에서 가장 먼저 등장하는 항목이 가맹비다. 브랜드에 따라 300만 원에서 수천만 원까지 천차만별이며, 대부분 '브랜드 사용료' 또는 '시스템 이용료'라는 명목으로 표기된다.

겉으로 보기엔 정당해 보인다. 이미 자리 잡은 브랜드를 사용하고, 검증된 시스템을 제공받는 것이니, 일정한 대가가 필요한 것도 사실이다.

문제는 이 가맹비가 무엇을 위한 비용인지 명확하지 않다는 점이다. 많은 점주들은 이 금액이 향후 사업을 위한 시스템 이용료 또는 성과 연동형 수익 배분의 일부라고 생각한다.

하지만 실제 계약서를 보면, 가맹비는 대부분 일시불에 반환 불가로 명시되어 있다. 장사가 잘되든 망하든, 중도에 계약을 해지하든, 이 돈은 절대 돌려받을 수 없다.

즉, 가맹비는 '브랜드를 사용하는 대가'가 아니라, 브랜드 안으로 들어가기 위한 입장료에 가깝다. 이 입장료를 내면 본사의 시스템 안에 들어가고, 가맹 계약의 테두리 안에 들어간다.

그러나 그 이후 발생하는 운영, 마케팅, 교육, 물류, 광고, 재계약 등은 모두 별도의 비용 항목으로 추가된다.

가맹비만 내면 '시스템을 다 제공받을 수 있을 것'이라는 기대는 구조적으로 어긋난다. 대부분의 프랜차이즈는 시스템 사용료는 따로 청구하고, 가맹비는 계약 체결 시 본사가 확보하는 확정 수익 항목으로 취급한다.

이 구조에서 가맹비는 점주의 성과와 무관하며, 점주의 매출과도 무관하다.

더 심각한 건, 가맹비의 사용처에 대해 점주가 알 수 있는 방법이 없다는 것이다. 계약서에는 '본사 시스템 구축비', '브랜드 유지비', '운영 관리비' 등의 추상적인 표현만 들어 있고, 실제로 본사가 어떤 콘텐츠나 교육, 홍보를 제공했는지는 확인하기 어렵다.

또 하나의 문제는 재가맹 시에도 동일하거나 유사한 금액의 가맹비가 다시 청구되는 구조다. 계약이 끝나면 본사는 재계약 조건으로 가맹비 또는 유사 명목의 수수료를 요구하고, 점주는 이를 지불하지 않으면 운영을 지속할 수 없다. 브랜드를 빌리는 것이 아니라, 계속 빌려야만 살아남는 구조다.

그렇다면 질문은 명확해진다. 이 비용은 사용료인가, 입장료인가? 매출과 연결되지 않고, 시스템 이용과도 무관하며, 중도 해지 시 돌려받지 못하고, 사용처조차 불투명한 비용이라면, 이건 서비스 요금이 아니라 '브랜드 세계에 입장하기 위한 관문 통행료'에 가깝다. 그리고 그 문은 항상 본사만이 열고 닫을 수 있다.

프랜차이즈는 계약이다. 계약은 투자이기도 하지만, 때로는 구조적 착취를 숨기는 형식이 되기도 한다.
가맹비는 이름은 사용료지만, 본질은 일회성 구매 비용이다.
그 비용이 만들어주는 것은 '가능성'이 아니라, 본사의 선 확정 수익이다.

인테리어
회수 불가의 고정 투자

　프랜차이즈 창업 견적서에서 가장 큰 비중을 차지하는 항목이 인테리어다. 매장 규모에 따라 수천만 원에서 1억 원이 넘기도 하며, 거의 모든 프랜차이즈는 본사에서 지정한 인테리어 디자인과 협력 시공사를 통해 공사를 진행하도록 요구한다.
　겉으로는 '브랜드 통일성과 전문성을 위한 절차'라고 설명되지만, 실제로는 점주가 그 구조를 바꾸거나 협상할 수 있는 여지는 거의 없다.

　이 인테리어는 구조상 명백한 '회수 불가 고정 투자'다. 외관을 바꿀 수 없고, 내부 구조도 본사의 기준에 맞춰야 하며, 심지어 조명의 밝기나 카운터 위치까지 모두 매뉴얼로 지정된다.
　인테리어가 브랜드 정체성을 구성하는 주요 요소라는 명분 아래, 점주는 거부할 수 없는 선택을 하게 된다.
　문제는 그 비용이 오직 개점 시점에만 의미 있다는 점이다. 고객의 첫인상을 위한 장치로는 기능하지만, 영업 이후에는 오직 감가상각 대상일 뿐이며, 매출과 직접 연결되는 자산으로 작동하지 않는다.

　더욱 심각한 건 폐점 또는 재계약 시 이 인테리어가 무효화된다는 사실이다. 계약이 종료되거나 본사에서 브랜드 리뉴얼을 진행할 경우, 기존 인테리어는 '노후화', '브랜드 이미지 불일치' 등의 이유로 전면 철거를 요구받는다. 어떤 프랜차이즈는 재계약 시 기존 시설을 50% 이상 교체하도록 강제하며, 이를 지키지 않으면 재계약 자체를 거부하기도 한다.

그럼에도 이 인테리어는 점주의 자산으로 회계처리 된다. 당연히 본사는 이를 회수해 주지도 않고, 인수자에게 양도하도록 돕지도 않는다.

중고 거래도 어렵고, 이전 설치도 불가능하다. 오로지 계약된 그 공간에만 존재하며, 계약이 끝나면 가치 없는 장식물이 된다.

또한 대부분의 프랜차이즈는 특정 인테리어 시공업체를 지정 협력사로만 제한한다. 이 과정에서 발생하는 시공 수수료, 재료비 과다 견적, 브랜드 명목의 추가 비용 등은 모두 점주의 부담이다.

다른 견적을 비교할 수 없고 품질과 가격에 대한 협상도 불가능하다. 점주는 브랜드의 얼굴을 위해 수천만 원을 지출하지만, 그 얼굴은 계약이 끝나면 바로 '철거 대상'이 된다.

인테리어는 점주의 투자이지만, 본사의 지시에 의해 설계되고 관리되는 자산이다. 그러나 그 관리 책임도, 유지 비용도, 감가상각도 모두 점주의 몫이다. 프랜차이즈에서 인테리어는 브랜드 자산처럼 보이지만, 실상은 점주 개인의 회수 불가능한 소비로 남는다.

이 구조에서 점주는 사장이 아니라, 브랜드 이미지 유지를 위한 인테리어 투자자다.

그들이 꾸민 매장은 수익이 아니라, 계약 종료 시 '철거 비용'의 이름으로 되돌아온다.

그리고 그 비용은 처음부터 회수가 아닌 소멸을 전제로 설계되어 있었다.

본사 교육비
눈에 보이지 않는 서비스

프랜차이즈 계약서에는 종종 '교육비'와 '오픈 지원비'라는 항목이 함께 등장한다. 본사는 이를 '체계적인 운영을 위한 투자', '성공적인 오픈을 위한 필수 절차'라고 설명하지만, 그 실제 내용은 애매한 경우가 많다.
비용은 정해져 있지만, 제공되는 서비스의 수준은 명확하지 않고, 이 항목에 대한 점주의 기대와 현실 사이에는 늘 간극이 존재한다.

교육비는 주로 '운영 매뉴얼 전달'과 '조리법 숙련'을 중심으로 구성된다. 보통 2~5일 정도의 교육 기간 동안 본사나 직영점에서 진행되며, 이수 여부는 중요하게 다뤄진다.
그러나 실질적으로 그 교육이 창업 이후 점주의 경쟁력을 높여 주는 수준인지에 대해서는 평가도 검토도 없다. 대부분의 교육은 짧은 이론, 반복적인 실습, 매뉴얼 암기 위주로 구성되며, '실전 대응력'과는 거리가 먼 경우가 많다.

게다가 교육비는 정액제로 선불 납부되며, 점주가 실제 교육을 전부 이수하지 못하거나, 교육이 기대에 미치지 못해도 환불은 불가능하다.
마치 학원을 등록했지만 수업 내용은 부실하고, 환불은 불가한 구조와 같다.

오픈 지원비 역시 문제다. 본사는 '현장 운영 인력 파견', '초도 물품 세팅', '마케팅 가이드 제공' 등을 명목으로 100만~300만 원 가량의 비용을 요구한다. 그러나 그 지원이 실제로 얼마만큼 효과가 있었는지는 누구도 점검하지 않는다.

파견 직원이 하루 몇 시간 머물렀는지, 오픈 당일 어떤 마케팅이 실제로 집행됐는지, 점주는 체감할 수 없는 경우가 많다.

더 큰 문제는 이 교육과 지원이 브랜드 운영의 필수 자격 요건처럼 포장되며, 점주가 이 과정에서 받는 서비스는 대부분 1회성이며 비계량적이라는 점이다. 교육비와 오픈 지원비는 일회성이지만, 매출과는 지속적으로 연결되지 않는다. 장사가 잘돼도 교육의 덕분인지는 불분명하고, 장사가 안 돼도 본사의 교육 책임은 없다.

교육은 투자여야 한다. 그러나 프랜차이즈의 교육비는 점주의 지식수준을 향상시키는 '성장성 자산'이 아니라, 계약 체결을 위한 '통과의례 비용'처럼 작동한다. 그 안에는 교육 품질에 대한 검증도, 지원 서비스에 대한 명확한 기준도 존재하지 않는다.

점주는 교육을 받았지만, 교육은 끝나고 나면 사라진다. 지원은 있었지만, 흔적은 남지 않는다. 그 비용은 결국, 아무것도 남기지 않는 눈에 보이지 않는 출혈로 흘러간다.

그것이 프랜차이즈가 말하는 '지원'의 본모습일 수도 있다.

로열티·광고비
자동이체되는 본사 수익

프랜차이즈 구조에서 가장 꾸준하고 안정적인 수익원이 바로 로열티다. 본사는 이를 '브랜드 유지와 시스템 운영에 대한 정당한 대가'라고 설명한다. 광고비 역시 '전국 단위 브랜드 마케팅, 고객 유입을 위한 플랫폼 운영비'라는 명목으로 부과된다.

하지만 점주의 입장에서 이 두 비용은 '고정비로 자동이체되는 본사 수익'일 뿐이다.

로열티는 보통 월정액 또는 매출 연동 비율로 책정된다. 고정형의 경우 월 50만 원에서 200만 원, 매출 연동형은 월 매출의 2~8% 수준으로 설정되는 것이 일반적이다.

브랜드에 따라 차이가 있지만, 공통점은 단 하나다. 매출과 무관하게 꾸준히 빠져나간다는 것이다. 장사가 잘돼도, 장사가 안돼도, 로열티는 반드시 납부해야 한다.

광고비도 마찬가지다. 본사는 광고비 명목으로 매월 정기적인 비용을 청구한다. '배달 앱 광고 노출', 'SNS 캠페인 운영', '공동 마케팅' 등의 설명이 붙지만, 실제로 점주에게 구체적인 광고 내역이나 효과 분석이 제공되는 경우는 드물다. 본사가 운영하는 브랜드 전체를 위한 캠페인 비용을 점포 수만큼 나누어 분담하는 구조다.

더 심각한 것은, 이 광고비가 점포별 매출과 연결되지 않는다는 점이다. 어떤 점포는 전국 캠페인으로 매출이 오를 수도 있지만, 어떤 점포는 위치와 상권 특성상 아무런 체감을 못한 채 비용만 지출한다. 그러나 비용은 모든 점포에 동일하게 청구된다.

이 두 항목은 본사 입장에서 보면 가장 이상적인 수익 구조다. 노동이 없고, 리스크도 없으며, 매달 안정적으로 유입된다. 점주는 영업 상황에 관계없이 일정한 금액을 본사에 납부하고, 본사는 그 비용으로 브랜드 운영을 이어 간다. 하지만 그 운영이 실제 점주에게 어떤 도움을 주는지는 계량화되지 않는다.

로열티와 광고비는 계약서상 '의무 납부' 항목이다. 이행하지 않으면 위약금 또는 계약 해지 사유가 되기도 한다. 즉, 점주는 그 비용이 과하다고 느껴도 선택권이 없다.

문제는 이 구조가 점주의 매출과 수익성을 고려하지 않는다는 점이다. 매출이 적은 달에도 동일한 금액이 빠져나가고, 광고 효과가 미미해도 항의할 수 있는 근거가 없다.

본사는 "브랜드 전체에 기여하고 계신 겁니다."라고 말하지만, 점주는 "내 점포는 고객이 줄었고, 나는 광고 내용을 알지도 못했습니다."라고 반문한다.

결국 로열티와 광고비는 점주가 브랜드 안에 있다는 이유로 부담하는 비용이다. 그러나 브랜드 안에 있는 것만으로는 수익이 생기지 않는다. 그 구조에서 수익을 얻는 건, 비용을 징수하는 쪽이다.

프랜차이즈는 브랜드다. 하지만 그 브랜드가 점주의 수익을 돕는 게 아니라 본사의 수익을 구조화하는 장치가 되는 순간, 점주는 브랜드의 힘이 아니라 무게에 짓눌리게 된다.

물류 수수료
가격 선택권 없는 공급 계약

프랜차이즈 시스템의 핵심 중 하나는 '공동 물류'다. 본사는 이를 '품질 통일성 유지', '위생 관리 강화', '안정적인 공급망 확보'라고 설명한다.

점주도 초반에는 이 구조가 편리하고 안전하다고 느낀다. 재료를 일일이 조달하지 않아도 되고, 본사에서 일괄 배송해 주니 신뢰할 수 있을 것 같기 때문이다.

하지만 물류 구조 속에 숨겨진 수수료 체계를 보면, 이 시스템은 점주를 위한 것이 아니라 본사의 수익 구조라는 사실이 드러난다.

대부분의 프랜차이즈는 가맹계약서에 '전용 공급업체를 통한 의무 구매' 조항을 넣는다.

본사가 운영하거나 지정한 물류 업체를 통해서만 원재료, 포장재, 소스, 장비 등을 공급받을 수 있도록 하는 것이다.

이때 제품 단가는 본사가 정하며, 점주는 그 가격을 수용할 의무만 가진다. 시장 가격과 비교하거나 다른 업체에서 대체 구매를 할 수 있는 선택권은 없다.

문제는 본사 또는 물류 대행업체가 이 과정에서 '수수료' 또는 '마진'을 붙여 공급한다는 점이다.

예를 들어 시중에서 1,000원인 소스가 1,400원에 공급되고, 비닐 포장재는 인터넷보다 두 배 가격으로 청구되며, 조리 장비는 협력사를 통해 구입할 때만 보증 서비스를 제공한다는 식이다.

이 수수료는 매출과 무관하게 지속적으로 발생한다. 점주는 물류를 많이 받을수록 매출이 늘어날 가능성이 있지만, 동시에 원가 부담도 기하급수적으로 늘어난다. 고정된 가격, 강제된 거래, 그리고 절대 공개되지 않는 유통 마진. 이 구조에서 본사는 실질적으로 판매자가 아닌 공급자로서, 매출이 아닌 물류 흐름에서 수익을 확보한다.

더욱 심각한 것은, 본사가 때때로 특정 제품을 '판매 권장 품목'으로 지정하며 점주에게 재고 확보를 압박하거나, 일정 수량 이상 구매를 요청하는 구조다. "다음 달 프로모션이 예정되어 있으니 지금 미리 확보해 두세요.", "해당 상품이 베스트 메뉴로 선정될 예정입니다." 같은 말은 그럴듯하지만, 실제로는 창고에 쌓이는 재고와 폐기 비용만 남는 경우가 많다.

　물류 수수료는 투명하게 공개되지 않는다. 본사나 물류 업체가 얼마의 마진을 붙이는지, 공급가에서 얼마가 본사 수익으로 전환되는지는 점주가 알 수 없다. 모든 구조는 '브랜드를 위해 필요한 통제'라는 말로 덮여 있고, 점주는 그 말에 기대어 손익 구조를 감내해야 한다.

　프랜차이즈는 말한다.
　"통일된 맛과 품질을 위해서는 공동 물류가 필요합니다."
　그러나 그 말 속에는 "그 과정에서 본사는 수익을 얻습니다."라는 문장이 숨어 있다. 품질을 위한 유통이 아니라, 점주 수익률을 깎아 본사 마진을 확보하는 공급 구조. 그것이 물류 수수료가 존재하는 진짜 이유일 수 있다.

폐점 비용
정리할 때 시작되는 또 다른 비용

　프랜차이즈 창업을 계획할 때, 누구도 '폐점'을 상상하지 않는다. 모두가 '잘 되면 어쩌지'라는 기대 속에서 계약서를 넘기고, 사업을 시작한다.
　그러나 통계는 다르게 말한다. 한국의 프랜차이즈 점포는 2년 내 40% 이상이 폐점하며, 외식업의 경우 그 비율은 더 높아진다.
　문제는, 장사를 그만두는 순간에 '끝'이 아니라, 또 다른 비용의 시작이 기다리고 있다는 점이다.

　폐점은 단순히 문을 닫는 일이 아니다. 프랜차이즈 계약 구조상 점주는 계약 해지 또는 만료 시 본사에 해지 수수료, 위약금, 잔여 재고 정산, 시설 철거 및 원상 복구 의무를 지게 된다.

대부분의 계약서에는 '가맹점주는 계약 종료 후 매장을 원상태로 복구하여 반환해야 한다'는 조항이 포함되어 있으며, 인테리어 철거, 간판 제거, 장비 반출 등에 들어가는 비용은 점주가 모두 부담한다.

이 과정에서 점주는 수백만 원에서 수천만 원의 철거 비용, 인건비, 폐기물 처리비를 지출하게 되고, 설비의 일부는 본사 또는 협력 업체의 명의로 되어 있어 중고 매각조차 어려운 경우도 있다.

또한 본사는 폐점 시 본사 이미지 보호라는 명목으로 일정 기간 '동일 업종 재창업 금지 조항'을 적용하기도 한다. 즉, 장사가 안돼서 그만두었더라도 같은 자리에서 다른 간판으로 다시 시작하는 것조차 제한되는 것이다.

더욱 복잡한 문제는 본사와의 분쟁이 발생할 경우 법적 소송 또는 행정 절차가 뒤따른다는 점인데 위약금, 계약 위반 여부, 점포 권리금 회수 관련 다툼은 장사를 접은 이후에도 몇 개월, 길게는 수년간 이어질 수 있다.

점주는 장사를 접고도 여전히 시간과 비용을 본사와의 싸움에 써야 한다. 게다가 대부분의 점주는 이 과정을 혼자 감당한다.

가맹사업법은 점주의 권리를 보호한다고 명시하지만, 실제로 현장에서 폐점을 진행하면서 법률적 도움을 받을 수 있는 창구는 거의 없다.

공정위 신고나 분쟁 조정은 시간이 오래 걸리고, 비용 부담은 온전히 개인에게 돌아간다.

프랜차이즈 계약은 시작할 땐 화려하다. 홍보 자료는 인테리어와 매출 전망으로 가득 차 있다.

그러나 끝낼 때는 조용하고 무겁다. 본사는 '개점 축하' 꽃다발을 보내지만, 폐점할 때는 아무것도 보내지 않는다. 오히려 계약 조항 몇 줄로, 점주에게 마지막 고정비를 남긴다.

장사는 마이너스로 끝나지 않아야 한다. 하지만 프랜차이즈는 장사가 끝나는 순간, 새로운 빚과 책임이 시작되는 구조를 가지고 있다. 그것은 실패의 정산이 아니라, 끝날 수 없는 계약의 뒷면일지도 모른다.

교훈 — 내가 본 비용은 숫자가 아니라 상처였다

프랜차이즈 계약서에는 수많은 비용 항목이 명시돼 있다. 가맹비, 인테리어비, 교육비, 간판 설치비, 광고비, 디지털 장비, 포장재. 겉으로 보면 다 합리적으로 보이지만, 내가 경험한 진짜 손실은 계약서에 없었다. 아니, 정확히는 '적혀는 있지만 체감되지 않는' 손실이었다. 그게 바로 눈에 보이지 않는 비용, 나는 그것을 '소멸 비용'이라고 부른다.

크라상 관련 브랜드 매장의 오픈 준비를 할 때, 6개월 전 점주가 인테리어를 새로 한 상태였다. 벽, 바닥, 천장까지 깔끔했다. 그런데 본사는 브랜드 이미지 유지라는 명목으로 전체 인테리어를 다시 하라고 했다.

더본코리아의 빽보이피자 매장은 100% 배달로 운영하는 구조였다. 매장에 손님이 거의 오지 않는데도 쇼룸처럼 보여야 한다며 인테리어를 강조했다. 결국 나는 본사의 브랜드 홍보를 위해 내 가게 인테리어 비용을 다시 부담한 셈이 되었다.

같은 브랜드는 디지털 사이니지도 설치를 강제했다. 외부 모니터와 장비는 시중보다 비쌌고, 설치비까지 요구하고 월 2만 원씩 자동 공제됐다. 나중에 보니 설치 업체는 본사의 자회사였다. 나는 브랜드를 알리기 위해 비용을 낸 게 아니라, 본사의 또 다른 수익 사업을 위해 기계를 설치한 것이었다.

9부 프랜차이즈 비용 분석

'C 크라상'도 다르지 않았다. 오픈 전 교육비로 5일 교육비를 청구했고, 나는 그 비용을 냈다. 하지만 실제 교육은 3일 만에 끝났고, 나머지는 아무 설명 없이 종료됐다. 교육이라기보다는 브랜드 홍보 설명회였고, 실질적인 운영 정보는 거의 없었다. 그것은 가르침이 아니라 형식이었다.

심지어 전국에서 교육을 받으러 오는데도 불구하고 점심식사 제공은커녕 식당조차도 지정해 놓지 않았다. 점주의 위상이 어떤지 알게 해 주는 대목이다. 그나마 일부 제품의 레시피나 조리 방법은 유튜브 채널의 영상으로 대체했다.

물류 공급도 점주의 부담으로 설계돼 있었다. 냉동 제품을 한 번에 대량으로 받도록 구성된 물류 시스템은 본사 물류 창고 운영 효율만을 고려했다. 나는 원하지 않는 양을 한 번에 받아야 했고, 보관할 냉동고를 좁은 매장에 2대나 구매해야 했다. 본사의 편의를 위해 많은 가맹점의 부담을 강요하는 셈이다.

그리고 무엇보다 뜻하지 않은 손실이 발생한 것은 같은 브랜드로 운영하던 전주와 익산의 두 매장이었다. 둘 다 계약 기간이 18개월 이상 남은 상태에서 폐업했다. 경기 탓인지 매장 임대를 여러 부동산에 의뢰했지만 문의조차 없었다. 보증금은 반환되지 않았고, 월세로 다 탕감했다. 나는 빚만 남기고 떠났다. 떠나며 내가 남긴 말은 이렇다.

"더 하면 더 잃어요. 멈추는 게 그나마 덜 잃는 길이었어요."

하지만 멈추는 것도 힘이 있어야 멈출 수 있고 결단력이 있어야 그만둘 수 있다.

이 모든 비용은 계약서 어딘가에는 있었다. 하지만 문제는 그것이 전부 점주의 리스크로만 작동한다는 점이다.

본사는 강요하지 않았다고 말할 수 있고, 점주는 어쩔 수 없이 따른다. 결국 점주는 브랜드 유지에 필요한 모든 소모성 비용을 매달 부담하며 버티는 구조에 들어가는 것이다.

 이것이야말로 가장 은밀하고 위험한 손실이다. 쓰는 순간 회수할 수 없고, 멈추는 순간 사라지며, 남는 건 아무것도 없다.

 나는 지금도 그 많은 비용이 어디로 흘러갔는지 정확히 알지 못한다. 기록은 있지만 남은 게 없다. 그리고 본사는 여전히 그 시스템을 통해 수익을 쌓는다. 이 구조를 보지 않으면, 우리는 계속 눈에 보이는 매출만 보고 착각하게 된다. 하지만 살아남는 사람은 눈에 보이는 매출이 아니라, 눈에 보이지 않는 비용을 먼저 보는 사람이다. 그게 이 구조의 첫 번째 기술이다.

 마지막으로 이 장에서의 당부다. 하려고 하는 프랜차이즈에 사로잡히는 순간 정보공개서고 계약서고 설명서고 아무것도 눈에 들어오지 않는다. 그 순간 스스로가 을이 되어 버린다. 제발 부탁이다. 꽂히지 마라, 그리고 잊지 마라. 그 먼눈으로 시작하는 사업은 당신을 고통으로 몰고 간다는 사실을….

10부

가맹사업을 잘하기 위한 체질 개선

• 서 문

이 책은 지금까지 프랜차이즈 구조의 민낯을 드러냈다. 망하는 방식이 왜 반복되는지, 구조가 어떻게 점주를 소모하는지, 계약이 어떻게 수익보다 책임을 먼저 정하는지를 보여 주었다.

그러나 고발로 끝나면 고발자일 뿐이다. 우리는 살아남기 위해 말했고, 살아남기 위해 이제 대안을 말해야 한다.

프랜차이즈는 본래 잘만 운영되면 점주와 본사가 함께 성장할 수 있는 구조다. 브랜드는 신뢰를 만들고, 시스템은 시행착오를 줄이며, 공동 마케팅은 경쟁력을 강화한다. 그러나 이 구조가 점주의 이익을 중심으로 설계되지 않을 때, 프랜차이즈는 시스템이 아니라 착취가 된다.

이 장에서는 지금까지 다룬 모든 문제 구조에 대응하는 '현실적인 개선 방법'을 정리한다. 완벽한 해결이 아니라 조금 덜 아프게, 조금 더 오래 버틸 수 있는 시스템. 그리고 언젠가 진짜로 상생할 수 있는 프랜차이즈 모델을 위한 시작점을 제시한다.

당신이 본사라면, 이 장은 '점주가 오래 버텨야 당신도 산다'는 생존 전략이다. 당신이 점주라면, 이 장은 '계약 전에 반드시 확인해야 할 생명선'이다.
그리고 당신이 예비 창업자라면, 이 장은 '진짜 사업을 하고 싶다면 무엇을 물어야 하는가'에 대한 가이드다.
이제 우리는 고발에서 해법으로 넘어간다. 망하는 구조를 넘어, 살아남는 구조로. 당신도, 나도, 다음 사람도 그렇게 하기를 바란다.

1장

철저한 시장 조사와 입지 분석
감이 아니라 데이터로 판단하라

창업에서 가장 흔한 착각은 '여기가 잘될 것 같다'는 직감이다. 줄 서는 걸 봤고, 사람 많은 동네고, 누군가 '상권이 살아 있다'고 말했다.
그 말이 전부였다.
하지만 창업의 70%는 '자리에서 갈린다'. 프랜차이즈는 브랜드의 힘을 강조하지만, 실제 매출은 입지의 논리 위에서만 작동한다.

입지 분석은 감이 아니라 구조다. 유동 인구수, 체류 인구의 유형, 상권 내 경쟁 브랜드 수, 인근 유사 업종의 매출 평균, 상권 교체 주기, 월세 대비 수익률, 배달 가능 인프라, 낮/밤 인구 변화 이 모든 요소를 데이터로 읽지 않으면, '좋아 보이는 자리'는 곧 '위험한 착각'이 된다.

많은 점주가 본사의 추천을 믿고 계약한다. "본사가 말했으니 괜찮겠지." 하지만 본사는 추천할 뿐, 책임지지 않는다.
계약서에도 '입지 결정은 가맹점주의 책임'이라고 명시되어 있다. 하지만 본사에서는 개입은 한다. 결국 책임지지 않는 권한을 행사하는 것이다. 그러니 진짜 조사는 점주가 해야 한다.
최소한 한 번쯤은 직접 가서 하루 종일 앉아 있어야 하고, 인근 상가의 임대 간판, 배달 앱 평점, 유동 인구 시간대별 흐름까지 눈으로 확인해야 한다.

입지를 판단할 때 반드시 봐야 할 항목은 다음과 같다.
첫째, 경쟁 밀집도. 유사 브랜드가 많으면 '수요가 많다'는 의미가 아니라,

'생존이 어렵다'는 신호일 수 있다.

둘째, 소비 목적. 유동 인구가 많아도 체류 시간이 짧으면 매출로 이어지지 않는다.

셋째, 고객 회전율. 오피스 상권은 평일 점심에 집중되고, 주거지 상권은 저녁과 주말에 몰린다.

넷째, 상권 교체 주기. 새로 들어온 브랜드가 오래가지 못하는 곳은 이유가 있다.

본사의 자료만 믿지 말고 직접 발로 뛰어야 한다. 시장 조사 없이 창업하는 건 맨몸으로 전쟁터에 나가는 것과 같다.

좋은 자리는 우연이 아니다. 데이터와 반복된 확인, 그리고 현실 감각으로 만들어지는 전략적 선택이다.

프랜차이즈는 브랜드가 아닌, 입지에서부터 승부가 시작된다.

그 자리가 당신의 생존 기간을 결정할 수 있다면, 이 항목은 창업 전 가장 많은 시간을 들여야 할 투자다.

계약서 항목 꼼꼼하게 확인하기
숨겨진 조항에 주의하라

프랜차이즈 창업을 결정하는 순간, 사람들은 본사 설명회 자료를 본다. 브랜드 소개서, 매출 추정표, 상권 분석 리포트, 예상 수익률 시뮬레이션. 하지만 진짜 중요한 문서는 단 하나다.

계약서. 모든 구조는 이 문서에 이미 설계돼 있다.

문제는 그 계약서를 읽지 않고 사인하는 예비 점주가 너무 많다는 것이다.

계약서는 수십 페이지에 달한다. 법률 용어가 가득하고, 문장 구조는 복잡하며, 설명은 추상적이다. 그 안에 '당신의 권리'는 최소한으로 쓰이고, '당신의 책임'은 조목조목 정리되어 있다. 본사는 말한다.
"표준 가맹계약서라서 다 똑같습니다." 그러나 표준은 기본일 뿐, 그 위에 붙는 조항들이 점주의 목줄을 조인다.

계약서에서 반드시 확인해야 할 항목은 다음과 같다.
첫째, 해지 조항. 점주가 중도 해지할 수 있는 조건이 거의 없거나, 해지 시 위약금이 과도하게 설정된 계약서는 반드시 다시 검토해야 한다.
둘째, 인테리어 및 설비 소유권. 투자 비용을 점주가 부담했는데도 철거·교체 의무가 점주에게 있거나, 재계약 시 전체 교체를 요구하는 조항이 있을 수 있다.
셋째, 광고비와 로열티 사용처. 금액만 명시되어 있고 사용내역을 본사에 요구할 수 없는 구조라면, 그 비용은 영원히 불투명하게 빠져나간다.
넷째, 원재료 및 물류 계약 조건. 지정된 공급처 외 구매 불가, 가격 협상 불가, 최소 발주 수량 강제 등은 수익률을 결정짓는 핵심이다.

또한 재계약 조건과 권리금 관련 항목도 중요하다. 계약 종료 시점에 본사가 재계약을 거부할 수 있는 권한이 일방적으로 설정되어 있거나, 점주가 쌓은 영업권에 대해 어떤 보상도 받을 수 없는 경우, 폐점은 손실만 남는 마무리가 된다.
많은 점주가 "본사에서 다 잘해 준다고 하니 그냥 믿고 했습니다."라고 말한다. 하지만 본사는 약속이 아니라, 계약서에 따라 움직인다.
상담에서 들은 모든 말은 계약서에 명시되지 않으면 법적 효력이 없다. 구두 설명은 설명일 뿐이고, 효력은 없다.
계약서는 점주의 생존 기간을 결정짓는다. 그 한 줄의 조항이 폐점 비용을 만들고, 그 문장 하나가 3년을 묶고, 그 문단이 점주의 권리를 가로막는다.

읽어야 한다. 이해해야 한다. 검토받아야 한다.

모든 창업 설명회보다, 먼저 계약서를 변호사에게 가져가 보는 것. 그것이 유일한 사전 방어다. 프랜차이즈는 브랜드가 아니라 계약으로 운영된다. 모든 피해는 계약서에 묶인 사람에게만 반복된다.

인테리어, 장비, 재고
협상 가능한 항목 만들기

프랜차이즈 창업 비용에서 가장 큰 부분을 차지하는 건 인테리어와 장비, 그리고 초기 재고다. 본사는 이 세 가지 항목을 '표준화된 시스템'이라고 말한다.

"브랜드 통일성과 운영 효율을 위해 반드시 본사 기준대로 진행해야 합니다."

그러나 그 말은 점주에게 "비싸도, 불합리해도, 그냥 하세요."라는 말과 다르지 않다.

문제는 이 항목들이 계약 전에 충분히 협상 가능한 영역이라는 점이다. 특히 본사가 지정한 협력사 외에는 선택할 수 없도록 고정해 둔 구조는 점주의 협상력을 완전히 무력화시킨다.

인테리어는 동일한 디자인이어도 시공업체에 따라 수백만 원의 차이가 발생할 수 있으며, 장비 역시 중고나 대체품이 충분히 가능한 항목이다.

본사의 규정만 착실하게 따르기보다는 반문하고, 의견을 내서 비용을 줄일 수 있어야 한다. 이미 계약한 상태에서는 서로 구속력이 있기 때문이다. 예를 들어 타일 바닥이 별문제가 없는데 교체를 요구한다면 점주 측에서는 "꼭 교체를 해야 하느냐?" 반문하고 주장할 수 있어야 한다. 만약 관철시킨다면, 몇백만 원은 절약하는 것이다. 다 점주의 주머니에서 나오는 돈이다.

본사는 '표준 공정'이라는 명목으로 특정 견적서를 강요한다. 하지만 점주는 계약 전에 반드시 다른 시공 견적을 요청하고 비교할 권리를 주장해야 한다. 인테리어 감가상각은 오롯이 점주의 몫이기 때문이다.

계약이 끝나면 철거해야 하고 중고 매각도 불가능하다면, 그 비용은 곧 '한 번 쓰고 사라지는 돈'이 된다.

장비도 마찬가지다. 냉장고, 제빙기, 커피머신, 튀김기, 조리대, 이 모든 장비는 브랜드에 따라 '필수'라 말하지만, 실제로는 기능과 규격만 맞으면 대체가 가능한 항목이다.

중고로도 구할 수 있고, 기존 매장에서 회수한 장비를 재사용할 수도 있다. "신품만 가능합니다."라는 말 뒤에는 협력사 마진이 숨겨져 있을 수 있다.

초기 재고도 중요하다. 본사는 '초도 물량 확보'라는 이름으로 수백만 원 상당의 물품을 한 번에 공급한다. 그러나 이 중 일부는 실판매가 어려운 품목이거나, 매출 추정 대비 과잉 공급된 경우가 많다. 특히 시즌성 아이템이나 유통기한이 짧은 품목은 폐기 위험이 높다.

점주는 계약서에 사인하기 전에 반드시 묻고 확인해야 한다.
"인테리어는 반드시 이 업체만 가능한가요?"
"장비는 본사 아닌 외부 조달로 대체하면 안 되나요?"
"초도 물량은 세부 품목 리스트를 확인할 수 있나요?"

프랜차이즈 시스템은 표준화된 브랜드가 아니다.
점주의 비용 구조에 따라 유연하게 설계되어야 한다. 그러나 그 구조는 본사가 미리 짜 놓은 견적표를 '통과의례'처럼 받아들이는 순간부터 굳어 버린다.

협상은 가능하다. 계약 전에만. 사인한 후에는 아무것도 바꿀 수 없다. 그러니 계약 이전이 마지막 기회다. 그 기회를 놓치면, 남는 건 비싸게 꾸민 매장과 본사만 웃고 있는 재무제표다.

광고, 로열티
효과 없는 비용, 거절하기

프랜차이즈 계약서에는 늘 빠지지 않는 항목이 있다. 광고 분담금과 로열티다. 본사는 이를 '브랜드 유지와 성장의 필수 비용'이라고 설명하고, 점주는 어느 정도 당연하게 받아들인다.

그러나 문제는 그 비용이 실제로 내 매출에 어떤 기여를 하는지 확인할 수 없다는 데 있다.

광고비는 매장별로 정기적으로 청구된다. '전국 캠페인', 'SNS 마케팅', '배달 앱 프로모션'이라는 명목은 붙어 있지만, 실제 내 매장에 어떤 효과가 있었는지에 대한 설명이나 데이터는 없다.

광고는 브랜드 전체를 대상으로 이뤄지며, 개별 점포는 비용만 낸다. 본사는 광고비를 걷지만, 광고 결과를 투명하게 공유하지 않는다.

더 큰 문제는 이 비용이 대부분 정액제 또는 매출 연동 고정비로 구성되어 있다는 점이다. 장사가 안돼도 광고비는 빠져나가고, 프로모션이 효과가 없어도 다음 달 청구서는 온다.

심지어 배달 앱 이벤트에 참여 여부를 고를 수 없는 브랜드도 있다. 본사가 진행한 이벤트인데, 비용은 점주에게 분담된다.

로열티도 마찬가지다. 본사는 '시스템 이용료', '브랜드 운영 비용'이라 말하지만, 그 비용이 어떤 항목에 쓰이는지 점주는 알 수 없다. 더욱이 본사의 시스템을 제대로 활용하지 않거나 점주가 직접 마케팅을 하는 경우에도 로열티는 그대로 청구되지만, 이런 비용을 지불하면서도 점주는 '뭘 받았는지 모른다'는 상태에 놓이게 된다.

본사는 말한다.

"브랜드 전체의 가치가 올라가야 개별 점포도 득을 봅니다."

그러나 그 전체라는 말은 모호하고, 내 매출은 당장 빠지고 있다.

이 구조에서 필요한 건 '거절'이다. 계약 전에 반드시 따져야 한다.

"광고비의 집행 계획과 결과 보고서를 받을 수 있는가?"

"프로모션 참여 여부를 점주가 결정할 수 있는가?"

"로열티가 정액이 아닌 성과 연동 방식으로 조정 가능한가?"

이 질문은 의심이 아니라 당연한 경영 판단이다.

브랜드 유지라는 이름으로 청구되는 모든 비용은 '얼마를 냈느냐'보다 '얼마를 돌려받았느냐'로 평가되어야 한다.

광고비와 로열티는 본사 수익의 기반이 아니라, 점주 수익의 견인 장치가 되어야 한다. 그게 아니라면 거절하거나 재조정해야 한다.

본사는 그 비용을 당연하게 여기지만, 점주는 그 금액 하나로 오늘 장사의 손익을 결정짓는다.

BHC 치킨 광고비 분담 논란 (2018~2021)

BHC는 드라마 PPL 등 대규모 광고를 진행하면서, 가맹점주들에게 광고비를 월 매출의 4% 수준으로 분담하도록 요청.

분쟁 쟁점은 가맹점주들은 광고비 분담이 사전 동의 없이 일방적으로 결정되었으며, 광고비의 산정 기준과 사용내역이 불투명하다고 주장하는 데서 발생했다.

이에 공정위 판단으로 공정거래위원회는 BHC의 광고비 분담 요구가 가맹사업법상 부당한 거래 조건에 해당한다고 보고 시정 조치를 내리는 것으로 종결.

이에 대한 시사점은 광고비 분담은 사전 협의와 명확한 기준이 필요하며, 불투명한 광고비 청구는 분쟁의 원인이 될 수 있다는 것이다.

본사와의 커뮤니케이션 구조 만들기
점주가 실질적으로 말할 수 있는 통로

프랜차이즈 본사는 자주 말한다.
"점주님들의 의견을 항상 경청하고 있습니다."
그러나 정작 점주들은 말한다.
"본사에 말해도 돌아오는 게 없습니다."
시스템과 구조는 분명 존재하는데, 의견이 반영되지 않는 구조, 목소리가 전달되지 않는 구조라면, 그건 커뮤니케이션이 아니라 일방적 통보 체계에 불과하다.

대다수 본사는 '소통 창구'로 슈퍼바이저(S/V)를 둔다. 문제는 이 S/V가 본사의 정책을 점주에게 전달하는 역할만 수행한다는 거다.
점주의 고충이나 제안은 위로 올라가지 않고, 아래로만 내려오는 구조에서 SV는 중간 관리자일 뿐, 협력자가 아니다.
어떤 본사는 '점주 간담회'를 운영한다고 말한다.
하지만 그 자리가 마케팅 브리핑이나 신제품 설명회 수준에 머무른다면, 그것은 회의가 아니라 '통지'다.

점주는 말하고 싶다. 문제는 말할 수 있는 구조가 없다는 것이다. 전화는 연결되지 않고, 카톡방은 일방적 공지만 올라오고, 항의하면 '브랜드 이미지 훼손'이라 경고를 받는다. 이 구조는 점주를 침묵하게 만들고, 결국 혼자 참고 혼자 망하게 만든다.
커뮤니케이션이 원활하지 않고 일방적 소통만 하는 가맹본부는 그 자체로도 의도의 불순함이 있다고 봐야 한다. 하지만 대부분의 가맹본부들은 점주들의 의견을 외면한다. 다 불만으로 받아들이고 개선의 의지가 없기 때문이다. 한마디로 일일이 점주의 건의에 신경 써 주기 싫은 것이다.

진짜 커뮤니케이션 구조는 몇 가지 요소를 포함해야 한다.
첫째, 공식적인 피드백 채널. 온라인 게시판이든 이메일이든, 점주의 제안과 불만을 남길 수 있는 창구가 있어야 한다. 그리고 그에 대한 회신 기한과 책임 주체가 명확해야 한다.

둘째, 익명 제보 시스템. 실명 노출 없이 현장의 문제를 보고할 수 있는 통로가 있어야 한다. 내부 감시 기능은 외부 경쟁보다 더 중요한 생존 전략이다.

셋째, 점주협의회와의 협상 테이블. 점주 다수가 합의한 의견이 정책에 반영될 수 있는 구조가 없다면, 본사는 소통이 아닌 지시만 반복하게 된다.

커뮤니케이션은 감정의 문제가 아니다. 운영의 기술이고, 생존의 조건이다. 점주의 의견은 '들어주는 것'이 아니라 '경영 정보'다.
현장에서 나오는 이야기를 수렴하지 않는 브랜드는 결국 숫자로만 경영하게 되고, 숫자는 언젠가 거짓말을 들키게 되어 있다. 본사는 점주가 말할 수 있게 만들어야 한다.
점주는 말하는 방법을 배워야 한다. 가장 위험한 구조는 아무도, 아무 말도 하지 않는 브랜드다.
그건 안정이 아니라 침묵이고, 침묵은 언젠가 한꺼번에 터져 나온다. 그 전에, 말할 수 있는 구조부터 다시 짜야 한다.

점주 단체 구성과 권익 요구
목소리가 구조를 바꾼다

프랜차이즈 계약은 늘 개별적으로 이뤄진다. 본사와 한 명의 점주, 서류상으로는 대등한 계약이지만 실제로는 일방적인 구조다.

본사는 시스템과 자본, 법무와 영업, 모든 리소스를 갖춘 조직이고, 점주는 그 안에 들어가 '운영자'가 되기를 요청받는다. 문제는 이 구조 안에서 점주 혼자는 아무것도 바꿀 수 없다는 점이다.

그래서 필요한 것이 '점주 단체'다. 단체는 충돌을 위한 것이 아니다. 협상력의 최소 단위이자, 권익 보호를 위한 장치다. 점주 개개인은 말할 수 없다. 그러나 다수가 모이면 본사도 반응한다. 본사는 브랜드 평판을 중요하게 생각하고, 내부 단체의 집단적 요구를 무시할 수 없다.

거창하게 말하자면, 이 책에서 밝히는 모든 문제에 대한 해결의 시작은 점주협의회가 결성되는 순간부터 원활하게 가능해진다. 점주협의회가 제대로 결성되고 작동되는 순간부터 본사는 점주들을 함부로 대할 수 없게 된다. 이 점은 아주 중요하다.

단체는 처음부터 거창할 필요 없다. 지역별로, 세대별로, 입점 시기별로, 작은 모임부터 시작할 수 있다.

중요한 것은 공동의 요구사항을 정리하고 이를 본사에 정식으로 전달하는 구조를 만드는 것이다.

'누구는 되고 누구는 안 됐더라'는 식의 개별 민원이 아니라, 수십 명의 점주가 한 목소리로 요구할 때 비로소 제도는 반응한다.

대표적인 요구사항은 다음과 같다.

첫째, 단체 협의 없는 본사 정책 변경 금지. 가격 정책, 제품 교체, 인테리어 변경 등은 단체 의견 수렴을 거치도록 명문화해야 한다.

둘째, 정기적인 점주협의회 구성. 분기별 또는 반기별로 공식 회의를 통해 정책을 협의하고 결과를 공유할 수 있어야 한다.

셋째, 정보 공개와 회계 투명성 요구. 광고비, 로열티 사용내역, 물류 마진 구조에 대한 정기 보고를 요청할 수 있어야 한다.

이 단체는 필요시 법률 자문을 받을 수 있는 외부 전문가와도 연계해야 한다. 실제 공정거래위원회에 신고하거나 행정 조정에 들어갈 경우, 개별 점주보다 단체의 이름으로 움직이는 것이 훨씬 효과적이다.

단체가 없다면 피해는 늘 사적인 고통으로 끝난다. 그러나 단체가 있다면 피해는 구조의 문제로 바뀌고, 그 구조를 바꾸기 위한 힘이 만들어진다.

점주 단체는 싸우기 위한 조직이 아니다. 사라지지 않기 위한 전략이다. 그리고 언젠가, 점주 단체는 브랜드의 미래를 논의하는 파트너가 될 수 있다. 그때까지 버티기 위해, 혼자가 아닌 구조를 지금부터 만들어야 한다.

가맹본부가 바뀌어야 할 것들
오래가고 싶다면 해야 할 일

많은 프랜차이즈 본사는 창업 초기 '함께 가는 브랜드'를 말한다. 하지만 시간이 흐를수록 본사의 운영은 수익 극대화 중심으로 흘러가고, 점주들의 생존은 개별 역량과 운에 맡겨진다.

그 결과는 뻔하다. 몇몇 성공 사례를 앞세워 수많은 폐점 사례를 가린다. 문제는, 그렇게 해서 본사도 오래가지 못한다는 데 있다.

진짜 오래가는 브랜드는 시스템이 아니라 신뢰로 유지된다. 그 신뢰는 점주가 생존할 수 있어야 생긴다. 본사가 바뀌어야 할 가장 큰 이유는 도덕도 정의도 아니다. 지속 가능성 때문이다.

본사가 바꿔야 할 것은 많지만, 가장 기본적인 다섯 가지는 다음과 같다.

첫째, 수익 구조의 재설계.

점주의 매출에서 수익을 나누는 구조가 아니라 '점주의 생존이 곧 본사의 수익 안정으로 연결'되도록 로열티 체계와 마진 구조를 조정해야 한다. 재계약 시 인테리어 교체, 불투명한 광고비, 과도한 교육비 부과나 심지어 가맹비를 다시 받는 행위 등은 장기 생존을 갉아먹는 구조다.

둘째, 정보의 투명화.

물류 마진, 광고 집행 내역, 브랜드 유지비 등 본사가 점주에게서 거두는 모든 금액은 투명하게 공개되어야 한다. 감추지 않아도 되는 경영이 신뢰를 만든다.

셋째, 점주 참여형 정책 구조.

신제품 도입, 정책 변경, 가격 조정 등 주요 결정은 점주협의회와 사전 협의 체계를 구축해야 한다. 일방적인 탑다운이 아니라 바텀업 구조가 병행되어야 브랜드는 유연해진다.

넷째, 실패 책임의 분산.

폐점 시 원상 복구 강제, 해지 위약금, 권리금 손실 등을 모두 점주에게 전가하는 구조는 결국 브랜드 전체의 이미지와 생존율을 떨어뜨린다. 계약 종료 시 일정 수준의 정리 지원 정책과 재창업 전환 제도가 필요하다.

다섯째, 브랜드 확장의 속도 조절.
단기 출점 수익에 의존해 무분별하게 매장을 늘리기보다, 기존 점포의 유지율과 만족도를 먼저 챙기는 전략이 필요하다. 가맹 확장보다 더 중요한 건 점포 생존율이다.

가맹본부는 시스템 설계자다. 그 구조가 사람을 살릴 수도, 버릴 수도 있다.
지속 가능성은 어느 날 생기는 게 아니다. 점주의 생존이 높을수록 브랜드 평판은 상승하고, 브랜드 평판이 단단할수록 본사의 확장은 오래간다.
프랜차이즈 사업은 속도가 아니라 신뢰의 산업이다. 신뢰는 구조에서 오고, 구조는 선택에서 만들어진다. 본사가 바꾸지 않으면, 아무리 좋은 브랜드도 오래가지 못한다. 지금 바꾸는 것이 미래를 지키는 유일한 방법이다.

정부를 향한 정책 제안
최소한의 법적 기반 확립

프랜차이즈 산업은 민간 자율에 맡겨진 영역처럼 보이지만, 실제로는 수많은 점주와 소비자가 얽혀 있는 사회적 구조다.
점주들은 1억, 2억을 투자해 창업에 나서고, 소비자들은 매일 프랜차이즈를 이용하며, 브랜드 하나가 실패할 때마다 수십 명의 생계가 흔들린다. 그런데 이 구조에 대한 공적 개입은 여전히 너무 미약하다.

정부는 '가맹사업법'을 통해 최소한의 규제를 마련했지만, 현실에서 그 법은 점주를 구제하지 못하고 본사의 자율만 보장해 주는 수준에 머물러 있다.

형식상 정보공개서 제출, 계약서 기재 항목 통일, 분쟁조정위원회 운영이 존재하지만, 그 구조를 실질적으로 감시하거나 막을 수 있는 제도적 권한은 부족하다.

앞으로의 정책은 단순한 보호를 넘어 구조 자체의 개선을 유도하는 방향이어야 한다. 대표적인 개선 방향은 다음과 같다.

첫째로, 지금의 정보공개서 제도는 '형식적인 등록제'에 머물고 있다는 점이 문제다.

가맹본부가 정보공개서에 제출하는 숫자들(폐점률, 평균 매출, 분쟁 이력 등)은 겉으로 보기엔 정확해 보이지만, 실제로는 누구도 그 진실 여부를 점검하지 않는 시스템이다.

특히 폐점률을 낮춰 보이게 하는 '주소 기준 교란' 방식은 초보 창업자가 특히 조심해야 할 착시 통계 중 하나다.

예를 들어 설명하자면, 서울의 한 번화가에서 한 프랜차이즈 매장이 문을 닫았다.

그런데 얼마 지나지 않아, 같은 자리에 다른 점주가 같은 브랜드로 다시 오픈했다.

이 경우 많은 본사는 이걸 '기존 매장이 계속 운영되고 있는 것'처럼 기록한다. 실제로는 점주가 바뀌었고, 기존 매장은 폐점한 것이나 다름없지만, '주소가 같다'는 이유만으로 폐점 처리하지 않는 것이다.

이런 방식으로 폐점률 통계를 '예쁘게 포장'하는 것이다.

겉으로 보기엔 브랜드의 폐점률이 낮아 보이지만, 실제로는 한 자리에 여러 점주가 교체되며 수차례 문을 닫고 새로 열었던 매장이 '한 번도 폐점하지 않은 매장'처럼 꾸며지는 것이다.

결국 이런 식의 정보공개서는 창업을 앞둔 예비 점주들에게 브랜드가 안정적이고 가맹점 생존율이 높다는 착각을 심어줄 수 있다. 그러나 이는 기초 통계조차 신뢰할 수 없게 만드는 구조적 왜곡이다.

그래서 정보공개서는 단순한 등록제가 되어서는 안 된다. 허위 기재나 통계 왜곡이 드러날 경우, 강력한 행정 제재와 정정 의무가 뒤따르는 감시 시스템으로 바뀌어야 한다.

예비 창업자가 믿고 계약할 수 있는 최소한의 안전망이 마련되어야 하는 것이다.

프랜차이즈 가맹사업은 공적 성격을 지닌 중견 비즈니스 모델이다.

수십, 수백 명의 생계를 좌우하는 시스템이자 사회적으로도 고용과 소비를 연결하는 기반 사업이다.

그런 구조에서, 정보조차 진실하지 못한 본사의 꼼수 운영 마인드가 버젓이 용인된다는 건 가맹사업이라는 제도 자체의 신뢰를 무너뜨리는 일이다. 이런 집단에게 파트너십이란 무엇인가? '같이 성장하자'는 말이 과연 진심일 수 있는가?

이 질문을, 지금 우리는 진지하게 되물어야 한다.

둘째, 가맹거래사 제도의 실질적 운영이 필요하다. 가맹거래사는 제도적으로는 존재하지만, 현실에서는 거의 기능하지 않는다. 마치 건축현장에서 감리 없이 공사가 진행되는 것과 같다. 제 역할을 못 하는 감리는 무의미하며, 제도만 있고 실효성 없는 가맹거래사 제도 역시 마찬가지다.

현재 대부분의 가맹거래사는 가맹본부가 작성하는 정보공개서, 가맹계약서 검토 등 본사 중심의 업무에 치우쳐 있다.

가맹점주가 직접 선임해 계약 내용을 검토받고, 보고서를 남기고, 계약서에 서명하는 자리까지 입회하는 절차는 사실상 존재하지 않는다.

왜? 비용 때문이다. 점주는 가맹비, 인테리어, 보증금, 권리금 등으로 이미 부담이 크고, 그 안에 수십만 원 이상의 가맹거래사 자문료를 추가할 여력은 없다. 그래서 가맹거래사는 결국 '점주를 위한 제도'가 아니라 '본사의 내부 서류 작업자'가 되어 버렸다.

제도를 만든 정부는 이 구조를 몰랐을까? 아니다. 알면서도 아무런 강제 조항 없이 도입했기에 지금도 가맹거래사는 점주를 위한 방패가 아니라, 본사를 위한 도장 찍는 기계로 기능한다.

이제는 바뀌어야 한다. 가맹거래사는 점주가 선임하고, 계약 체결 전 반드시 입회하여 그 기록을 제도권에 보고하도록 해야 한다. 점주에게 불리한 조항은 가맹거래사가 책임지고 경고해야 하며, 그것이 누락될 경우 책임도 져야 한다.

정부는 제도를 만들었다. 그러나 제대로 작동하게 만들지는 않았다. 프랜차이즈 계약은 수십만, 수백만의 생계와 이어져 있다. 이제는 책임 있는 개입이 필요하다. 가맹거래사 수임에 드는 비용은 나중에 큰 비용을 지불할 실수를 막을 수 있다. 이를 꼭 의무화해야 한다.

다른 나라는 어떤가? 미국은 프랜차이즈 전문 변호사가 FDD를 기준으로 계약 전 검토를 수행한다. 프랑스는 가맹계약 전문가가 중립 입장에서 정보공개서와 계약서를 점검한다.

일본은 행정지도를 통해 가맹본부의 자료 제출과 설명 의무를 명확히 하고 있다.

우리는 어떤가? 정보공개서가 있다. 가맹거래사도 있다. 그러나 그 역할을 하지 않는다. 이걸 제도라고 부를 수 있는가?

현재로서의 답은 아니다.

그렇다. 우리는 아직 제대로 된 '점주의 방패'를 갖지 못했다. 그렇다. 이 제도는 지금까지 본사를 위한 도구였다. 이제는, 바뀌어야 한다. 반드시.

#첨부

한국의 가맹거래사, 제도

'가맹거래사 제도'는 한국에서 독자적으로 도입한 제도다.

2011년 공정거래위원회가 신설한 이 제도는, 가맹점주가 가맹계약을 체결하기 전에 전문가로부터 계약서나 정보공개서, 운영 조건 등을 점검받고 불리한 조항을 피할 수 있도록 돕기 위한 목적에서 만들어졌다.

이 제도는 세계적으로도 독특한 구조를 가지고 있다.

한국은 미국이나 유럽처럼 프랜차이즈 계약 자문을 변호사에게 전적으로 맡기는 방식이 아니라, '가맹거래사'라는 실무 중심 전문가를 육성해 중소 자영업자가 접근 가능한 보호 장치를 마련한 것이다.

해외의 사례를 보면, 미국에서는 '프랜차이즈 전문 변호사(Franchise Attorney)'가 계약서와 FDD(Federal Disclosure Document) 검토를 수행한다.

프랜차이즈 계약을 체결하기 전에 변호사의 자문을 받는 건 거의 필수적인 절차로 여겨진다.

프랑스의 경우, 계약 20일 전까지 'DIP(Document d'Information Précontractuelle)'라는 사전 정보 제공 문서를 반드시 제공해야 하며, 그 과정에서 변호사 또는 프랜차이즈 전문가가 계약 내용을 중립적으로 검토해 주는 자문 시스템이 일반화돼 있다.

일본은 별도의 자격 제도 없이 행정지도를 통해 가맹본부를 관리·감독한다. 지방자치단체와 공정위가 중심이 되어, 가맹본부에 직접 시정 권고나 개선 명령을 내리는 구조다.

이와 달리 한국의 가맹거래사는 공인 민간 전문가로서 정보공개서 작성 지원, 계약서 검토, 분쟁 예방 자문 등을 수행하며 '점주의 실무 파트너'라는 위치를 지닌다.

변호사보다 비용이 저렴하고, 실질적인 계약 현장에서 조언을 줄 수 있다는 점에서 중소 창업자 중심의 국내 현실에 맞춘 제도적 대안으로 도입된 것이다.

다만 현실적으로는 가맹본부 측에서 선임하거나 정보공개서 작성에만 활용되는 경우가 많아, 정작 점주의 계약 보호라는 본래의 목적이 제대로 구현되지 못하고 있다는 지적도 많다.

> 결국, 가맹거래사는 제도적 취지는 훌륭하지만, 운영 방식과 활용 구조에 따라 그 실효성은 극명하게 달라진다.

셋째, 인테리어·설비 교체 강제는 반드시 제도적으로 제한되어야 한다.

계약 해지나 재계약 시, 혹은 본사의 지침이라는 이유로 무조건 매장의 인테리어를 철거하거나 교체하도록 강요하는 관행은 명백히 경제적 약자에 대한 과도한 부담 전가이자, 브랜드 이미지를 유지하기 위한 본사의 비용을 점주에게 떠넘기는 구조다.

이 시대는 다양성과 독립성을 강조하고 받아들여지는 사회다. 만약 어떤 프랜차이즈가 가맹점이 입점할 장소의 분위기나 특성을 그대로 살리고 본사의 이미지는 로고나 간판으로 강조하는 방법을 택한다면 다양성 있는 문화적인 측면으로 간접 기여를 할 수 있을 것이다.

직접 몇 번의 가맹사업을 준비하고 인테리어를 해 본 경험자로서 단언하건대, 이 인테리어라는 이름의 구조는 '브랜드 이미지 유지'를 점주의 사비로 수행하게 만드는 본사의 교묘한 수익 모델에 가깝다.

프랜차이즈 인테리어의 대부분은 로고, 색상, 벽면 디자인 등 브랜드 정체성을 강조하기 위한 장식물이지만, 이런 요소들은 점주의 매출과는 직접적인 관련이 거의 없다.

실제로는 본사의 이미지 광고를 점주가 돈 들여 설치하는 셈이다. 그리고 이 과정에서 본사는 포스터 하나, 안내문 하나 지원해 주지 않는다. 심지어 인테리어 시공업체를 본사 자회사로 지정해 업자와 함께 추가 수익을 나누는 구조까지 형성되어 있다. 설계, 디자인, 시공까지 전부 독점 구조 안에서 이뤄지고, 점주는 거부권도, 선택권도 거의 없다.

전주에서 크라상 관련 체인점을 준비할 당시였다. 나는 매장 인테리어를 직접 시공하겠다고 제안했다. 경험도 있었고, 비용을 아끼기 위해서였다. 실제로 대구에서 인테리어 사무실을 경영했었기에 누구보다 인테리어 시장은 잘 안다고 자부했다.

하지만 본사 측은 단호했다.

"기준에 맞아야 합니다. 그러면 감리는 반드시 본사가 해야 합니다."

알겠다며 조건을 물었다. 그때 들은 감리비가 평당 50만 원이었다.

순간 귀를 의심했다.

'도면비를 요구한다면 이해를 할 수 있다. 하지만 감리비를, 그것도 평당 50만 원을?'

더 기가 막힌 건, 그 감리라는 사람은 단 한 번도 현장에 오지 않았다. 현장을 본 적도 없고, 내게 전화 몇 통만으로, 오직 매장 사진 몇 장만 보고 감리비로 몇백만 원을 청구해 왔다. 점주를 호구로 보는 노골적 뜯어먹기임이 여실히 드러난 것이다.

말 그대로 '눈탱이'였다.

그때 나는 깨달아야 했다. 이들은 나를 파트너로 보지 않았다. 나는 그저 한 번 쓰고 버릴 수 있는 먹잇감, 매출표에 숫자 하나를 더해 줄 수익 타깃일 뿐이었다.

속은 건 나였다. 그걸 몰랐던 것도, 믿고 싶었던 것도, 다 내 책임이었다. 누구 탓을 할 것도 없다.

그 순간, 나는 내 두 발로 걸어 들어가 호구가 되는 선택을 했다. 지금 생각해 보면 왜 그런 판단을 했는지 이유는 분명하다. 나는 그 브랜드에 '꽂혀 있었기' 때문이다. 어쩌면 처음부터 냉정한 판단은 불가능했는지도 모른다.

이성보다는 감정이 앞섰고, 사업이 아니라 꿈을 보고 있었으니까. 사회적 경험이 많다고 자부했고, 판단이 빠르고 냉철하다고 믿었던 나 자신조차 그 상황 안에서는 그 어떤 것도 제대로 볼 수 없었다.

더 솔직히 말하자면, 벌지도 못할 돈을 벌 수 있을 거란 착각, 그 가능성 하나에 욕심이 생기고 나는 나도 모르게 판단 능력을 잃어버리고 만 것이다. 이런 생각이 바로 도박 심리인 것이다.

그렇다면 생각해 보라. 나처럼 경험 많은 사람도 이럴진대, 사회 경험이 적고, 창업이 처음이며, 퇴직금 한 푼으로 인생을 걸고 들어오는 순수한 월급쟁이 생활자들 그리고 젊은 창업자들은 오죽하겠는가. 이건 개인의 실패담이 아니다. 누구나 빠질 수 있는 구조적 함정이다.

더 기가 막힌 건, 100% 배달 매장인데도 매장 내 전면 유리창을 활용한 고가 인테리어, 대형 간판, 고급 바닥재, 복잡한 조명 설비를 요구받는 현실이다.

그러나 중요한 질문은 이거다.

"그 인테리어가 실제 매장의 위생과 안전에 기여하는가?"

"그 구조가 일하는 사람의 효율성과 동선에 도움이 되는가?"

현실은 아니다.

많은 매장이 본사의 인테리어 기준을 따라 작업 동선을 고려하지 않은 주방 구조로 불편과 사고 위험에 노출될 수도 있다.

결국 인테리어는 고객이 보기 좋게 만들었겠지만, 그 안에서 일하는 사람은 불편하고 위험한 환경이나 동선을 고려하지는 않은 것이다.

모든 비용은 누가 내는가? 점주가 낸다. 이제는 인테리어 기준의 초점을 전면 수정해야 한다. 외형적 이미지 통일이 아니라, 위생 유지, 안전 확보, 작업 효율성 강화가 기준이 되어야 한다.

손님이 앉지도 않고, 보지도 않는 매장에 왜 몇천만 원씩 쏟아부어야 하는가? 그럴싸하게 포장된 말들이 있다.

"예쁘게 인테리어 해야 손님의 이목을 끌 수 있다."

"브랜드의 이미지가 전체 네트워크에 영향을 준다."

물론 조금은 그럴 수도 있다. 그러나 묻고 싶다. 왜 그 비용을 점주가 전적으로 부담해야 하는가?

그 이미지 유지가 본사에게 필요하다면, 그 비용도 본사가 분담하거나 지원하는 것이 맞지 않는가?

상인들이 흔히 하는 말이 있다.

"경기 안 좋으면 돈 버는 건 간판업자, 인테리어업자뿐이다."

맞는 말이다. 가맹점주만 매출 부진과 고정비에 시달리고, 그 틈에서 본사와 그 자회사들이 간판 바꾸고, 벽지 바꾸고, 천장과 바닥 타일까지, 매장을 부수면서 돈을 벌어 간다.

이런 구조는 더 이상 방치되어선 안 된다. 이제는 법으로, 제도적으로 막아야 한다.

BBQ 인테리어 비용 전가 사건 (2018~2019)

사건 개요: BBQ는 가맹점주들에게 인테리어 리뉴얼을 요구하며, 공사 비용을 전가함.
분쟁 쟁점: 가맹점주들은 인테리어 공사가 본사의 일방적인 결정으로 진행되었으며, 비용 부담에 대한 사전 협의가 없었다고 주장함.
공정위 판단: 공정거래위원회는 BBQ의 행위가 가맹사업법 위반에 해당한다고 판단하고, 과징금 3억 원을 부과함.
시사점: 인테리어 공사와 관련된 비용 부담은 가맹점주와의 사전 협의와 명확한 계약 조건이 필요함.

넷째, 가맹본부의 투자 의무화 제안.

"본사는 권리만 행사하고, 책임은 지지 않는다"

프랜차이즈 시스템은 본사와 점주가 함께 브랜드를 운영하고 키워 나가는 파트너십이어야 한다.

그러나 현실의 프랜차이즈 생태계는 전혀 그렇지 않다.

현재 가맹점 창업 시, 본사는 브랜드와 메뉴, 인테리어 기준만 제공할 뿐 실제 점포 개설과 운영에 필요한 모든 비용은 전적으로 점주가 부담하는 구조다.

가맹계약 시 수천만 원의 비용이 발생하고, 본사 기준에 따른 고가 인테리어, 간판, 주방 설비까지 모두 점주가 자비로 감당해야 한다.

그럼에도 본사는 책임을 지지 않는다. 매출 부진에 대한 대응도 없고, 구조적 실패를 보완해 줄 장치도 없다. 이런 구조에서 본사는 '브랜드 공급자'가 아니라 '남의 돈으로 확장하는 투자자'일 뿐이다.

이 제안은 본사가 일정 규모 이상일 경우, 신규 가맹계약 시 일정 비율의 비용을 공동으로 부담하도록 제도화하자는 취지다. 혹은, 창업 비용이 일정 기준 이상일 경우 적어도 본사의 무리한 요구를 제한할 수 있는 법적 장치로 활용되어야 한다. 아니면 최소한 초기 비용 회수 방안이라도 세워야 한다.

이는 본사에게 '당신도 돈을 내라'는 강요가 아니다. '지나친 비용 전가와 무책임한 요구는 하지 말라'는 최소한의 안전장치이자, 점주의 돈을 신중하게 생각하라는 점주의 권익 보호 장치다.

현실을 고려해 저비용 소형 프랜차이즈는 예외를 두되, 고비용, 고기준, 고요구의 브랜드일수록 그 리스크를 본사도 일부 짊어져야 한다는 것이 이 제안의 핵심이다.

프랜차이즈는 동업이 아니다. 하지만 적어도 책임을 나누는 '사업 동반자 관계'는 되어야 하지 않겠는가?

제도적 제안을 하자면, 가맹본부의 투자 의무화를 제도화하기 위해서는 다음과 같은 방안을 고려할 수 있다.

- **투자 비율 기준 설정**: 본사의 매출 규모나 브랜드 가치에 따라 일정 비율의 공동 투

자를 의무화한다.
- **투자 목적 명확화**: 공동 투자의 목적을 인테리어, 마케팅, 교육 등으로 명확히 구분하여, 점주의 부담을 줄이고 투자의 효율성을 높인다.
- **투자 결과 공유**: 공동 투자로 인한 수익이나 성과를 본사와 점주가 공정하게 공유할 수 있는 시스템을 마련한다.

이 제안은 하나의 예시일 뿐이며, 많은 연구와 시험과 공청회를 거쳐서 제도화해야 한다고 제안하는 바이다.

본사 공동 투자 사례
돈치킨

창업 비용 50:50 공동 투자, 생계 보장까지 함께하는 돈치킨은 본사와 가맹점주가 창업 비용을 절반씩 부담하는 구조를 채택한 드문 사례다.

점주 혼자 수천만 원의 초기 비용을 떠안는 일반적인 프랜차이즈 구조와 달리, 이 브랜드는 본사와 점주가 동일한 수준으로 투자에 참여함으로써 리스크를 공동으로 인식하고 책임을 공유하는 체계를 만들었다.

여기에 더해, 점주가 부부일 경우 매월 350만 원을 생계비로 지급하는 급여 보장 제도를 운영하며, 운영 초기 불확실성에 대한 안전장치도 마련하고 있다.

만약 사업이 잘되지 않을 경우에는 본사가 해당 매장을 100% 인수하는 회수 시스템도 구축돼 있었다.

이러한 구조는 점주의 책임을 본사와 분담하는 진정한 파트너십 모델로, 단순한 브랜드 확장이 아니라 지속 가능한 생존 구조를 제도적으로 구현한 보기 드문 사례라 할 수 있다.

다섯째, 계약서 감시 및 표준 계약서 강화.

가맹본부가 자율적으로 작성하는 계약서는 점주에게 불리한 조항을 집어넣기 쉽다. 공정위 또는 관련 기관이 계약서 내용을 수시로 샘플링 조사하고, 공통적으로 불공정 조항이 발견될 경우 수정 지시를 할 수 있는 권한이 부여되어야 한다. 모든 계약서는 본사 홈페이지나 공정위 데이터베이스에 업로드하는 방식도 도입을 검토해 볼 수 있다. 명색이 '웹3.0 시대'를 표방하는 시대다. 한번 생각해 볼 일이다.

프랜차이즈 산업은 창업의 70%를 차지하는 거대한 구조다.
이 구조를 시장 논리만으로 방치하는 것은 개인 창업자 수만 명을 '개별의 리스크'라는 이름으로 고립시키는 일이다.
점주들은 법을 모르고 당하지만, 본사들은 법을 알기에 피해서 움직인다. 그 간극을 줄이는 것이 정부의 역할이다.
규제는 브랜드를 죽이는 것이 아니라 브랜드를 오래 살게 하는 최소한의 안전장치다. 그 장치를 제대로 만들고 작동하게 하는 것, 그것이 지금 필요한 프랜차이즈의 공공 설계다.

교훈 — 프랜차이즈의 '체질'을 고치는 법

프랜차이즈는 커졌다. 하지만 내부는 곪아 있었다. 이제는 고쳐야 한다. 구조적으로 잘못된 시스템은 시간이 지나도 낫지 않는다. 그동안 점주는 사업가가 아니라 본사의 수익 구조를 떠받치는 구조물처럼 취급되어 왔다. 고쳐야 할 것은 단순한 조항이 아니라, 전체 구조다.

무엇보다 먼저 가맹계약 이전 단계에 '독립된 전문가'가 개입해야 한다. 지금은 가맹본부가 제공하는 정보공개서와 상담만으로 계약이 이루어진다. 하지만 점주는 그 내용을 해석하지 못하거나 묻지도 못한 채 서명한다. 앞으로는 점주가 직접 가맹거래사를 선임하고 그 거래사의 해석과 설명을 받은 후 계약이 가능해야 한다.

가맹거래사는 단순 입회인이 아니라 점주의 계약 컨설턴트여야 한다. 공급 조건, 리뉴얼 주기, 광고비 구조 등에서 이상 징후를 발견하면 거래사는 점주에게 계약 유보를 권고할 수 있어야 하고, 계약이 무산되더라도 거래사 활동비는 점주가 일정액을 지급하는 방식으로 제도화되어야 한다.

그래야 가맹거래사의 판단이 위축되지 않고 계약 성사 여부에 흔들리지 않는 독립성이 보장된다.

나 역시 그런 함정에 빠진 적이 있다. 계약도 하기 전에 가맹본부는 매장을 먼저 확보하라고 말했다. 계약은 아직 미정이었지만, 점포 임대를 먼저 진행하게 했다. 점포를 계약한 순간 이미 되돌릴 수 없게 된다.

본사와의 계약은 그다음이라도 현실적으로 점주는 이미 발을 들인 셈이다. 이 구조는 명백히 가맹법 위반 요소이지만, 여전히 많은 현장에서 공공연히 이뤄지고 있다.

해결책은 간단하지만 강력하다.

가맹점 계약 후 일정 기간, 예컨대 지금의 3개월의 숙려 기간을 법적으로 보장하고 그 기간 내 점포 임대를 유예하고 계약을 취소할 수 있도록 제도화하는 것이다.

이유는 심리적인 부분인데, 예비 점주가 해당 프랜차이즈를 하고 싶은 마음이 앞서고 또 법적 요인을 꼼꼼하게 따지면 본사가 골치 아픈 예비 점주라고 판단하고 계약을 거부할 수 있다.

그래서 일일이 따지지 못하는 경우가 생긴다. 이에 예비 점주는 일단 요건을 갖춘 계약을 맺고 권리를 획득한 후에야 모든 것을 따질 수 있는 힘이 생기는 것이다.

점포 계약은 브랜드 계약 이후, 판단이 성숙된 뒤여야 한다. 그러면 3개월 안에는 계약 해지도 가능한 것이다. 어차피 가맹사업의 오픈빨, 즉 '초기 3개월 반짝 매출'은 실적 착시에 불과하다.

그동안 점주는 매출이 아니라 구조를 바라볼 수 있어야 한다. 이 숙려 기간은 단지 생각할 시간을 주는 것이 아니라, 점주가 냉정을 되찾고 되돌릴 수 있는 법적 권리다.

계약서의 핵심 조항은 영상과 서면으로 설명되고 점주는 자필 확인을 남겨야 한다. 리뉴얼 주기, 철수 조건, 광고비, 본사 수익 항목 등은 단순 명시가 아니라 이해 여부까지 검증하는 절차가 포함되어야 한다. 계약이 단순 형식이 아닌, 실제 이해와 동의의 결과가 되어야 한다.

또한 폐점이 발생했을 경우, 가맹본부는 그 원인을 분석하여 가맹거래사 또는 공정위에 보고하고, 그 내역은 정보공개서에 기입되어야 한다.

폐점 유형은 자발적 철수, 수익 악화, 가맹 본부의 해지 등으로 분류되며, 예비 점주는 이를 열람한 뒤 계약 여부를 판단해야 한다.

폐점률이 연속 3년간 일정 수준을 넘을 경우, 신규 가맹 모집 제한, 공정위 구조조정 명령, 최종적으로는 가맹사업 등록 취소로 이어질 수 있는 페널티 제도가 필요하다.

프랜차이즈는 더 이상 숫자로만 평가되어선 안 된다. 유지율과 구조로 평가받아야 한다. 폐점률이 급격히 오르거나 브랜드 존속률이 낮아지면, 자동으로 점주 보호 장치가 작동해야 한다.

재계약 우대, 리뉴얼 면제, 폐점 지원금, 구조조정 컨설팅 등은 공공기관 주도로 운영되며, 그 비용은 일정 부분 본사 부담으로 환수되어야 한다.

프랜차이즈 계약은 시작일 뿐이다.

그러나 지금의 계약 구조는 언제나 '입점'에만 초점이 맞춰져 있다. 가맹점주는 화려한 오픈 프로모션과 브랜드 이미지에 둘러싸인 채 '들어가는 길'은 충분히 설명받지만, '철수하는 길'은 계약서 어디에도 제대로 안내되어 있지 않다.

그래서 우리는 제안한다. 가맹점주에게 '철수 시나리오 열람권'을 보장해야 한다.

폐점이 결정되었거나 예상되는 상황에서 점주가 실제로 어떤 절차를 밟아야 하고, 어떤 비용과 책임이 남는지 계약 전부터 표준화된 문서로 미리 확인하고 검토할 수 있도록 해야 한다.

여기에는 다음과 같은 항목이 포함되어야 한다:

- 폐점 시 위약금 조건
- 감가상각 및 시설 철거 기준
- 남은 재고의 처리 방식
- 상권 보호 범위
- 거래 중단 시 공급 해지 조건 및 정산 방식

이 내용은 단순 참고용이 아니라, 거래사(가맹거래사)의 날인이 포함된 표준 문서 형태로 계약서에 반드시 첨부되어야 한다. 점주가 계약 전에 검토하고, 계약 후에도 철수 권리를 행사할 수 있어야 한다.

왜 이런 제도가 필요한가?

가맹본부는 '들어오는 길'을 안내했다면, '나가는 길'도 안내할 최소한의 의무를 져야 하기 때문이다.

계약이라는 문서에는 항상 권리와 의무가 함께 존재해야 한다. '시작'에 대해 안내했다면, '끝'에 대한 책임도 마땅히 동반되어야 한다.

이 제도는 단지 점주를 위한 보호 장치가 아니다. 오히려 가맹본부가 입점 유치를 더욱 신중하게 만드는 장치가 될 수 있다.

지금처럼 '일단 계약하고, 리스크는 점주가 떠안는 구조'가 아니라, 계약이 무르익기까지 본사도 책임 있는 자세를 유지하도록 유도하는 메커니즘이 되는 것이다.

결국, 브랜드를 믿고 들어온 점주가 피해를 입었을 때, 그 피해는 본사도 공동으로 책임져야 한다는 철학이 이 제도의 출발점이어야 한다.

프랜차이즈는 '들어가는 문'만큼이나 '나오는 문'도 투명하고 공정해야 한다. 그게 바로 상생의 출구 전략이다.

또한 프랜차이즈 본부의 수익 항목은 반드시 정보공개서에 투명하게 공개되어야 한다. 디지털 사이니지, 장비 공급, 광고 대행, 물류 리베이트, 자회사 거래 구조 등은 모두 점주가 알고 계약할 수 있어야 한다.

지금까지는 브랜드 이미지와 메뉴가 선택 기준이었다면, 이제는 구조와 수익 배분 방식이 브랜드를 고를 기준이 되어야 한다.

이 구조를 단속이 아니라 설계로 바꾸지 않으면, 점주는 계속 희생당한다. 계약 이전부터 철수 이후까지, 모든 단계가 점주 중심으로 재설계되어야 한다. 계약서 한 장에 수천만 원이 걸려 있는 현실에서, 계약은 상품 구매가 아니라 인생 계약이다.

그래서 프랜차이즈의 구조적 체질을 고치려면, 외과적 개입이 필요하다. 진단도, 수술도, 회복도 모두 설계 안에 있어야 한다. 지금까지는 점주가 적응해야 했던 구조였다.

앞으로는 구조가 점주를 중심으로 재구성되어야 한다. 그것이 진짜 상생이며, 프랜차이즈 산업이 사회적 신뢰를 회복하는 길이다.

11부

본사는 어떻게 돈을 버는가?

• 서 문

시스템은 어떻게 본사를 살찌우는가

프랜차이즈는 구조다. 그리고 그 구조는 본사가 돈을 벌도록 설계되어 있다. 많은 사람이 프랜차이즈를 '같이 잘되기 위한 시스템'이라고 생각하지만, 실제로는 점주가 잘되지 않아도 본사는 이익을 낼 수 있는 구조가 이미 완성돼 있다.

이 장에서는 그 구조의 실체, 즉 가맹본부는 어떤 수익원으로 작동하는가를 하나씩 해부해 본다.

가맹본부는 매출이 아니라 시스템에 대한 수익을 벌어들인다.

점포의 장사 실적과는 별개로, 계약 시점부터 이미 수익을 확정하고, 운영 과정에서 지속적으로 점주의 고정비를 통해 '리스크 없는 현금 흐름'을 확보한다.

창업이 늘어날수록 본사는 성장한다.

하지만 그 창업이 오래가지 못해도, 본사의 수익은 줄지 않는다.

왜냐하면 수익 구조가 '점주의 성공'이 아니라 '점주의 계약 자체'에 기반해 있기 때문이다.

이 장에서는 다음과 같은 항목을 중심으로 가맹본부의 수익 구조를 면밀히 분석한다.

- **가맹비:** 계약 시 확정되는 입장 수익
- **로열티:** 매출에 고정된 본사의 현금 흐름
- **광고비:** 사용처는 본사 재량, 비용은 점주 몫
- **제품·원재료 공급:** 자체 마진이 숨어 있는 거래
- **교육비와 컨설팅비:** 눈에 보이지 않는 서비스로 만드는 수익
- **인테리어·장비 협력사 수수료:** 브랜드 표준화 뒤의 또 다른 통행료
- **갱신비·재계약비:** 한 점포에서 반복적으로 수익 창출
- **상권 보장과 재계약 해지 수수료:** 계약의 끝에서도 수익이 남는다

이 수익 항목들은 때로는 정당하고, 때로는 과도하며, 대부분은 점주가 사인한 계약서 위에서 움직인다.

　본사는 구조로 벌고, 점주는 노력으로 버틴다. 그 차이를 모르면 점주는 왜 힘든지조차 모른 채 쓰러진다. 이 장은 그 차이를 분해하기 위한 해부도다.

　이제 시스템의 속살을, 하나씩 들여다보자.

1장

가맹비
계약 시 확정되는 입장 수익

가맹비는 프랜차이즈 계약의 시작이자, 본사의 첫 번째 수익이다.
이 금액은 점포가 매출을 올리기도 전에, 본사가 먼저 확보하는 확정 수익으로 작동한다.

점주 입장에서는 브랜드에 들어가기 위한 '입장료'처럼 보이고, 본사 입장에서는 브랜드 확장 시점마다 발생하는 안정적인 현금 자산이다.
대부분의 브랜드는 가맹비를 수백만 원에서 수천만 원 수준으로 책정한다.
이 금액은 계약 체결 시 일시불로 납부되며, 어떤 경우에도 환불되지 않는 것이 일반적이다. 심지어 계약 이후 점주가 철회하거나 중도 해지하더라도, 이 비용은 본사 수입으로 귀속된다.
문제는 이 가맹비가 구체적으로 무엇을 위한 비용인지 설명되지 않는 경우가 많다는 점이다.
'브랜드 사용료', '시스템 이용료', '경영 노하우 이전 비용'이라는 이름이 붙지만, 실제 사용내역은 계약서에 명시되지 않는다.
이로 인해 점주는 이 비용을 단순히 '브랜드 안에 들어가기 위한 조건'으로 인식하게 되고, 본사는 설명 없이도 수익을 확보할 수 있게 된다.

또 하나의 특징은 이 가맹비가 출점 수에 따라 본사의 매출을 곱절로 불리는 수단이 된다는 점이다.
예를 들어 1년간 100개 가맹점을 유치하고 가맹비가 평균 1,000만 원이라면, 그해 본사는 출점만으로 10억 원의 순수익을 확보하는 셈이다.

이 수익은 점포가 폐점하더라도 본사에 손해로 환수되지 않으며, 출점만 늘려도 본사의 재무제표는 좋아지는 구조가 만들어진다.

일부 브랜드는 가맹비를 없앴다고 말한다. 그러나 실상은 그 금액이 다른 항목에 포함되거나, '교육비', '초기 운영비', '오픈 패키지 비용' 등으로 이름을 바꾸어 부과된다.

이처럼 가맹비는 브랜드에 따라 '보이는 수익'이기도 하고, '숨겨진 입장료'이기도 하다. 본사는 계약을 체결하는 순간 수익을 얻고, 점주는 그제야 장사를 시작한다.

양쪽 모두의 출발점은 같아 보이지만, 이미 수익을 확보한 쪽과 수익을 만들어야 할 쪽의 간극은 구조적으로 다르다.

가맹비는 그 차이를 상징적으로 보여 주는 첫 번째 수익 항목이다.

로열티
매출에 고정된 본사의 현금 흐름

로열티는 프랜차이즈 본사의 핵심 수익원이자, 지속적인 현금 흐름을 만들어 주는 구조적 장치다. 가맹비가 '계약 시 일회성 수익'이라면, 로열티는 운영 중 계속해서 들어오는 반복 수익이다. 본사는 이 로열티를 통해, 점포의 매출과 관계없이 안정적인 재무 기반을 구축할 수 있다.

로열티의 산정 방식은 보통 두 가지다.

하나는 '매출 연동형', 즉 월 매출의 일정 비율(예: 2%)을 본사에 납부하는 방식이고, 다른 하나는 '정액제', 월 ○○○원의 고정 요율을 매출과 관계없이 부과하는 방식이다.

이 중 매출 연동형은 점주 입장에서는 부담이 덜해 보이지만, 매출이 높아질수록 본사 수익도 같이 증가하는 구조이므로 본사에 유리하다.

문제는 로열티가 점주에게 의무적으로 부과되는 비용인데도 그 대가가 무엇인지 불명확한 경우가 많다는 점이다.

로열티는 '브랜드 가치', '운영 시스템', '지원 및 관리' 등의 명목으로 부과되지만, 실제로 어떤 구체적 서비스를 제공하는지는 계약서에 명시되지 않는다. 결국 점주는 '로열티를 낸다'는 사실만 인식할 뿐, 그 돈으로 본사가 어떤 활동을 했는지, 어떤 도움을 주었는지를 알기 어렵다.

일부 본사는 로열티를 받지 않는다고 말한다.

하지만 이는 대부분 '광고비', '물류 마진', '브랜드 운영비' 등 다른 명목으로 전환되어 있는 경우가 많다.

즉, 로열티가 사라진 것이 아니라 이름만 바뀌어 존재하는 셈이다.

본사 입장에서 로열티는 매우 매력적인 구조다.

점포가 많아질수록 별다른 추가 비용 없이 고정 수익이 늘어나고, 점포 한 곳이 망해도 다른 점포의 로열티로 손실을 메울 수 있다.

리스크는 분산되고, 수익은 고정된다.

이런 구조야말로 프랜차이즈 사업의 안정성을 떠받치는 수익 메커니즘이다. 그러나 점주 입장에서는 로열티는 성장과 무관하게 부과되는 고정비가 되기 쉽다.

매출이 줄어도, 손실이 나도, 로열티는 나가야 한다. 이때 그 금액이 실제로 어떤 가치를 제공했는지 확인할 수 없다면, 점주에게 로열티는 '가맹세'처럼 느껴지는 고정 부담이 된다.

프랜차이즈의 로열티 구조는 브랜드를 오래 유지하게 해 주는 기반이자, 점주의 수익률을 가장 은근하게 갉아먹는 지출 항목이기도 하다.

그 구조가 투명하지 않다면 본사는 벌고, 점주는 자기도 모르게 수익이 빠져나가는 것이다. 통상 로열티 회수를 위해 가맹점 포스기를 본사에서 모니터하는 경우가 있는데, 의도가 매출 지도를 하기 위한 것이 아니라 로열티를 위한 감시 체체라면 문제가 있고 이는 명백히 불법이므로 거부해야 된다.

로열티 산정은 점주에게 월매출을 제공받아 산정함이 마땅하므로 이런 경우 거부할 권리가 있다.

광고비
사용처는 본사 재량, 비용은 점주 몫

프랜차이즈 계약서에 포함된 광고비 항목은 대개 '브랜드 통합 마케팅'이라는 이름으로 정당화된다. 본사는 말한다.

"브랜드 전체의 인지도를 높이기 위한 공동 캠페인 비용입니다."

점주는 이해한다. 전국 브랜드로 함께 성장하기 위해 어느 정도의 광고비는 필요하다고 생각한다. 그러나 문제는 그 광고비가 누구에게 유리하게 작동하는지, 그리고 그 돈이 실제로 어떻게 쓰이는지를 점주가 알 수 없는 구조에 있다.

광고비는 대부분 매출 연동형 혹은 정액제로 징수된다. 월 매출의 1~3% 수준이거나 매달 일정 금액이 자동으로 청구된다.

이 비용은 로열티와 별개로 부과되며 점주가 요청하지 않아도, 광고를 보지 못했어도, 무조건 나간다.

가장 큰 문제는 광고비의 집행 내용이 불투명하다는 점이다. 본사는 "유튜브 광고를 집행했습니다.", "SNS 캠페인을 진행했습니다."라고 말하지만, 그 캠페인이 내 점포에 어떤 영향을 줬는지는 아무도 확인해 주지 않는다. 효과 분석도, 사후 보고도 없다. 단지 '브랜드 전체를 위한 활동이었다'는 설명만 반복된다.

또한 광고비 집행의 중심 타깃이 일부 지역 대형 매장이나 신규 오픈 지점에 쏠려 있는 경우도 많다. 결국 광고는 모두가 비용을 냈지만, 수혜는 일부에게만 돌아가는 구조가 되는 셈이다. 그런데도 점주는 매달 동일한 금액을 낸다.

더욱 심각한 건, 광고비로 진행되는 프로모션의 비용 부담을 점주가 또다시 떠안는 경우다. 본사 주도로 실시한 1+1 이벤트, 앱 쿠폰 제공, 할인 행사 등은 브랜드 홍보를 위한 전략이지만, 그에 따른 원가 손실이나 할인분은 개별 점포가 감당해야 한다.

결국 점주는 '광고비를 내고, 매출이 늘었지만 수익은 줄어드는' 이상한 상황에 놓인다.

광고비는 브랜드를 위해 필요하다. 그러나 광고비가 수익을 만드는 구조가 아니라 비용만 남는 구조가 된다면, 그건 본사의 마케팅이 아니라 점주의 출혈이다.

이 비용의 투명성은 매우 중요하다. 광고비 집행 계획, 예산 배정 기준, 집행 결과 보고 등은 공정위가 요구하는 최소한의 공개 대상이 되어야 한다.

점주가 자발적으로 납득하지 못한 광고는 결국 브랜드에 대한 신뢰를 갉아먹고, 본사의 이미지도 비용처럼 빠져나가게 만든다.

광고는 브랜드가 한다. 하지만 비용은 점주가 낸다. 그 구조는 지금보다 더 공정하고 상호 검증 가능한 방식으로 바뀌어야 한다.

그렇지 않다면 광고비는 '점주가 알 수 없는 곳에, 매달 보내는 고정 기부금'과 다를 바 없다.

제품·원재료 공급
자체 마진이 숨어 있는 거래

프랜차이즈의 가장 안정적인 수익원 중 하나는 바로 원재료와 물품의 공급 구조다. 본사는 대부분의 가맹점에 '지정된 유통망을 통해서만 재료를 구매해야 한다'고 명시한다.

이는 브랜드의 품질 유지와 위생 기준 강화를 위해 필요하다는 명분으로 포장되지만, 실질적으로는 점주의 구매 선택권을 막고 본사 또는 지정 업체가 일정 마진을 확보할 수 있는 구조를 고정시키는 장치다.

점주는 본사가 지정한 물류업체를 통해 정기적으로 식재료, 포장재, 소스, 유니폼, 집기 등을 구매한다.

그리고 그 단가에는 공식적으로 공개되지 않는 수수료 또는 리베이트가 숨어 있다. 본사가 직접 물류를 운영하는 경우 그 수익은 본사의 영업이익으로 귀속되고, 외부 협력사를 지정한 경우에도 계약을 통해 일정 비율의 리턴을 확보하게 된다.

이 구조에서 발생하는 문제는 다음과 같다.

첫째, 시장 가격보다 높은 단가. 시중에서 동일 품목을 훨씬 저렴하게 구입할 수 있음에도 점주는 계약상 강제로 더 비싼 가격에 구매해야 한다.

둘째, 최소 주문 수량 강제. 필요량보다 더 많은 수량을 주문하게 하여, 재고 부담과 폐기율을 높인다.

셋째, 대체 품목 사용 불가. 동일 성분, 동일 기능의 제품이 있음에도 브랜드 유지 명목으로 외부 제품 사용을 금지한다.

본사는 이 구조를 통해 점포당 월 수십만 원에서 수백만 원의 안정적인 이익을 확보한다. 그리고 점포가 많아질수록, 아무리 매출이 낮아도, 물류만 돌아가면 본사는 돈을 번다.

물류 마진은 회계상에 '제품 판매 수익'으로 분류되지만, 실질적으로는 점주의 수익률을 갉아먹는 고정 원가다.

본사는 '품질과 위생을 유지하기 위한 필수 요소'라고 말하지만, 실제로는 점주가 선택할 수 있는 가격 경쟁, 품목 조절, 공급처 다변화 등의 기회를 완전히 막는 것이다.

문제는 이 구조가 불공정하다는 자각조차 어렵게 설계되어 있다는 점이다. 점주는 한 달에 몇 번이나 발주를 하고, 물류 시스템에 의존하게 되면서 자연스럽게 이 구조를 당연한 것으로 받아들인다.

그러나 동일 품목을 외부에서 직접 조달해 본 점주들은 절감 가능한 원가 폭이 20~30%에 달한다고 말한다.

제품 공급은 브랜드 유지에 필수적이다. 그러나 그 구조가 오로지 본사의 수익 극대화로만 설계되어 있다면, 그것은 유통이 아니라 강제된 마진 시스템이다.

프랜차이즈는 통일성과 효율을 말하지만, 그 내부에서는 수익 독점과 선택 제한이 동시에 일어난다.

점주는 시스템을 따른다. 하지만 그 시스템은 오직 본사의 이익을 위한 루트로 설계되어 있다면, 그건 시스템이 아니라 구속 계약이다.

5장

교육비와 컨설팅비
눈에 보이지 않는 서비스로 만드는 수익

프랜차이즈 계약서에서 흔히 등장하는 항목 중 하나가 교육비와 컨설팅비다. 본사는 이 비용을 '성공적인 점포 운영을 위한 전문 지원'이라고 설명하지만, 실제로 이 항목은 내용은 추상적이고 금액은 명확한 본사의 고정 수익 장치다.

교육비는 주로 계약 직후, 오픈 전 과정에서 부과된다. 보통 50만 원에서 500만 원 수준이며, '운영 교육', '제품 조리 교육', '서비스 교육' 등의 이름으로 일괄 부과된다.

그러나 교육의 실제 내용은 매뉴얼 전달과 단기 실습 수준에 그치는 경우가 많고, 교육 품질이나 실효성에 대한 평가 기준도 존재하지 않는다. 이 비용은 일방적으로 정해지며, 교육에 만족하지 못하더라도 환불이나 조정은 거의 불가능하다.

컨설팅비는 이름은 있어 보이지만, 실체가 불분명한 수수료인 경우가 많다. 오픈 지원, 메뉴 구성, 인테리어 감리, 상권 분석 등 다양한 명목으로 청구되지만, 이 모든 것은 사실상 본사 운영 프로세스에 포함된 기본 업무다. 그럼에도 불구하고 별도 컨설팅비라는 이름으로 수십만~수백만 원의 금액이 청구된다.

이러한 서비스 항목의 가장 큰 특징은, 비용은 보이지만 결과는 보이지 않는다는 점이다.

교육을 받았다고 해서 성공 가능성이 높아졌는지 판단하기 어렵고, 컨설팅을 받았다고 해서 매출이 오르거나 폐점률이 줄어드는 것도 아니다. 그럼에도 본사는 이 항목들을 통해 '투자 대비 설명 가능한 비용'이라는 이미지를 연출한다.

교육과 컨설팅은 반드시 필요하다. 하지만 그것이 수익화의 수단이 되어서는 안 된다.

본사는 점주가 브랜드를 이해하고 운영을 익히도록 돕는 것이 기본 책무다. 그 책임을 비용화하고, 그 비용을 본사 수익 항목으로 전환하는 순간부터 교육은 권리에서 상품으로, 컨설팅은 지원이 아니라 청구 대상이 된다.

점주는 이 항목을 당연하게 받아들이지만, 그 안에 담긴 구조는 '설명만 있고 성과는 없는 장치'다.

교육은 서비스가 아니라 성과로 평가받아야 하며, 컨설팅은 선택 가능하고 실명 기반으로 제공되어야 한다.

눈에 보이지 않는 서비스로 수익을 만드는 구조는 결국 책임 없는 수익을 의미한다. 책임지지 않는 비용 구조는 언제나 점주의 희생 위에 세워진다.

인테리어·장비 협력사 수수료
브랜드 표준화 뒤의 또 다른 통행료

프랜차이즈 브랜드는 매장을 열기 전 반드시 본사의 표준 인테리어와 지정 장비를 사용하도록 요구한다.

표면적으로는 브랜드 이미지 유지와 운영 효율성 확보가 이유다. 그러나 그 이면에는 '선택 불가'의 구조로 만들어진 통행료 수익이 숨겨져 있다.

본사는 대부분 특정 인테리어 업체, 장비 공급사와 협력 계약을 맺고 가맹점주에게 지정 시공을 요구한다. 이때 점주는 외부 견적을 낼 수 없고, 비교 견적이나 자체 시공을 요청해도 받아들여지지 않는다. 어떤 경우는 점주가 직접 시공을 주장하면 본사는 평당 기준으로 감리비를 요구한다.

그 결과 인테리어 비용은 시장 평균보다 높게 책정되며, 일부 브랜드는 일정 금액 이상을 납부하지 않으면 가맹계약을 진행할 수 없다고까지 안내한다.

여기서 본사의 수익 구조는 명확하다. 시공업체와 장비업체는 본사와 리베이트 계약을 체결하고, 점주가 지불한 총액에서 일정 비율을 본사에 수수료로 지급한다.

이 구조에서 본사는 직접 시공하지 않지만, '브랜드 표준화'를 이유로 안정적인 수익을 얻는 간접 유통 구조를 완성한다.

더 큰 문제는 재계약 시점에 발생한다. 계약이 끝나거나 리뉴얼이 요구되면, 본사는 '브랜드 이미지 리프레시'를 이유로 기존 인테리어를 전면 철거하고 새로 시공할 것을 요구한다. 그리고 이 과정에서도 점주는 다시 협력사와 계약을 맺고, 본사는 또 한 번 수익을 챙긴다.

장비도 마찬가지다. 조리기기, 냉장고, 제빙기, 유니폼, 간판 등 거의 모든 항목이 본사 지정 업체를 통해서만 구매가 가능하도록 설계되어 있으며, 브랜드별 규격이라는 이름으로 대체품 사용을 금지한다. 가격은 높고, 경쟁은 없고, 본사의 수익은 반복된다.

이 모든 구조는 점주가 '브랜드를 유지하기 위해선 어쩔 수 없다'고 받아들이는 순간 정당화된다.

그러나 이 구조는 본사는 직접 투자 없이 점주의 초기 비용을 기반으로 무위험 수익을 만들어 내는 방식이다.

브랜드 통일성과 고객 경험은 분명 중요하지만, 그것이 비교 불가의 견적, 선택 불가의 계약, 수익 보장된 파트너십으로 이어질 필요는 없다.

프랜차이즈는 시스템이지만, 그 시스템은 늘 누군가의 부담 위에서 굴러간다.

인테리어와 장비가 브랜드의 얼굴이라면, 그 얼굴을 꾸미는 비용은 왜 늘 점주에게만 돌아가야 하는가. 선택이 없는 거래는 거래가 아니다.

그건 구조적으로 설계된 또 하나의 수익 장치이며, 브랜드 통일이라는 명분 뒤에 숨겨진 통행료일 수 있다.

갱신비·재계약비
한 점포에서 반복적으로 수익 창출

가맹계약은 유효기간이 있다. 대부분 2~3년, 길게는 5년으로 설정되며, 계약 기간이 만료되면 가맹점주는 본사와 재계약 협상을 거쳐야 한다.

이때 본사는 '갱신비', '재계약비', '브랜드 사용 연장료'라는 이름으로 또 하나의 수익 항목을 만들 수도 있다.

이 비용은 처음 계약 시점과 다르게 설명된다.

점주는 브랜드에 오랫동안 기여했고 매장을 성실히 운영해 왔지만, 계약 만료가 다가오면 다시 입장료를 내야 하는 구조에 직면한다.

브랜드를 그대로 사용하기 위해 또 한 번 수백만 원의 금액을 납부하게 되고, 본사는 이 비용을 점포 유지의 조건으로 내건다.

문제는 이 비용의 명확한 근거가 거의 없다는 점이다. 계약 연장은 행정 절차일 뿐인데, 본사는 이를 통해 또 다른 수익을 확정한다.

점주는 이의를 제기하기 어려운 입장이다.

'계약을 갱신하지 않으면 브랜드를 사용할 수 없고, 기존 매장 운영이 불가능하다'는 불안감 때문이다.

이 과정에서 본사는 갱신비 외에도 다양한 부대 비용을 추가로 요구한다.
인테리어 재시공, 간판 교체, 장비 업그레이드, 신규 메뉴 장비 설치,
이 모든 것이 재계약의 조건으로 따라붙으며, 결국 하나의 점포에서 또 한 번 창업 비용에 가까운 지출이 발생한다.
여기서 본사는 아무런 리스크를 지지 않는다.
기존 매장을 계속 운영하겠다는 점주의 '의지'만으로, 본사는 또 한 번 수익을 확보한다.

신규 창업은 아니지만, 수익 구조는 거의 동일하다.
매장이 유지될수록 점주는 안정감을 기대하지만, 본사는 반복되는 수익을 설계한다.
이 구조의 문제는 점주의 '기여에 대한 보상'이 아니라 '존속에 대한 대가'를 요구한다는 점이다.
브랜드에 대한 충성도가 높을수록, 계약 갱신은 수월해져야 한다.
하지만 오히려 충성도가 높은 점주일수록 갱신비 구조에 더 깊이 묶인다.
'너무 많이 투자했기 때문에 그만둘 수 없다'는 점주의 심리를 이용하는 구조가 형성되는 것이다.

가맹점 운영은 단발성 계약이 아니라 장기적 협력이어야 한다.
재계약은 보상의 시점이어야지, 다시 한번 수익을 짜내는 구조가 되어선 안 된다.
갱신은 비용이 아니라, 서로가 함께 유지해 온 신뢰에 대한 확인 절차여야 한다.
그렇지 않다면 재계약은 또 다른 창업이고, 본사는 같은 점포로 다시 벌고, 점주는 같은 자리에서 또 갚는다.

해지 수수료
계약의 끝에서도 수익이 남는다

프랜차이즈 계약은 보통 "상권을 보호해 드립니다.", "계약 해지 시 위약금이 발생할 수 있습니다."라는 말과 함께 시작된다.

겉으로 보기엔 본사와 점주 모두를 보호하는 장치처럼 보인다.

하지만 실제로는 계약의 끝마저도 본사가 이익을 남길 수 있도록 설계된 구조임을 알 수 있다.

프랜차이즈 계약에서 상권 보호 조항은 가맹점주에게 있어 가장 중요한 생존 장치 중 하나다. 본사는 일반적으로 일정 반경 내에 동일 브랜드의 가맹점을 추가로 출점하지 않겠다고 약속한다. 이른바 '출점 제한 거리' 조항이다. 그러나 이 조항은 현실에서는 거의 작동하지 않는다.

대부분의 계약서에는 '500m', '1km'처럼 명확하지 않은 거리 기준이 명시돼 있고, '복합 상권이거나 유동 인구가 많은 지역은 예외로 한다'는 단서 조항이 함께 붙는다.

즉, 형식적으로는 보호하고 있는 듯 보이지만, 실제로는 본사가 마음만 먹으면 얼마든지 피해 갈 수 있는 구조다.

A 가맹점이 한 지역의 아파트 단지 바로 옆에 위치해 있고, 이 단지가 전체 매출의 절반 이상을 차지하고 있었다고 하자.

그런데 본사는 지도상의 직선거리 500m를 기준으로 같은 아파트 단지 끝자락, 반대편 출입구 쪽에 또 다른 가맹점을 허용했다.

서류상으로는 거리 제한을 지킨 셈이지만, 실제로는 해당 단지의 '실질적인 상권'이 통째로 겹치는 셈이었다.

이런 일이 내게도 실제로 벌어졌다. 내 매장의 주요 상권은 거리 기준의 끝자락에 걸쳐 있었고, 새로 생긴 매장은 그 주요 고객을 하루아침에 빼앗아 갔다. 매출은 단기간에 1/4 토막이 났고, 급격한 고정비 압박과 매출 하락으로 사실상 영업이 불가능해졌다.

이런 식의 '서류상 거리'는 현장을 전혀 고려하지 않은, 가장 위험한 형태의 허울뿐인 보호 장치다. 그러므로 점주는 계약 시 반드시 다음 사항을 확인하고 문서화해야 한다.

거리 제한 기준이 '지도상의 직선거리'인지, '실제 생활권 기반'인지, 유동 인구가 많은 구간에 예외 적용이 어떻게 되는지, 주요 수익 발생 구역을 중심으로 상권 범위를 명확히 정의했는지. '단서 조항'이 사실상 보호 조항을 무력화하지 않는지 꼼꼼히 따져야 한다

이런 출점 방식은 브랜드 내부의 점주 간 경쟁을 유도하는 구조로, 본사 입장에서는 손해가 없지만, 기존 점주의 생존권을 침해하는 일방적 확장 전략에 불과하다.

상권 보호는 '거리'만이 기준이 되어서는 안 된다. 매출 중심 구역, 실제 유동 흐름, 구매 동선 등 현장 중심의 논리로 보호 기준이 설정되어야 한다.

계약서의 한 줄이, 정말로 하루아침에 점포를 무너뜨릴 수도, 살릴 수도 있다는 것을 잊어서는 안 된다.

'상권 보호'는 언제나 점주 편일까?

프랜차이즈 계약에서 '상권 보호'는 처음 가맹을 준비하는 점주들에게 아주 매력적으로 들리는 말이다. '본사가 내 매장 주변에 같은 브랜드 점포를 내지 않도록 해 준다'는 건 내 매출을 지킬 수 있는 중요한 장치처럼 느껴진다.

그런데 실제로는 이 조항이 늘 점주에게만 유리하게 작동하지는 않는다. 예를 들어, 누군가 본사에 새로 매장을 열고 싶다고 문의했을 때 본사는 이렇게 말할 수 있다:

"그 지역은 기존 가맹점 상권이라 출점이 어렵습니다."

겉으로 보기엔 기존 점주를 보호하는 좋은 본사 같지만, 실제로는 점포 수를 조절하거나 특정 조건이 안 맞는 창업자를 거절하는 명분으로 상권 보호를 '선별적 필터'처럼 활용하는 경우도 있다.

또 한 가지 중요한 건, 기존 점주가 계약 갱신을 앞뒀을 때 본사가 이런 말을 꺼낼 수도 있다:
"상권은 계속 보호해 드릴게요. 대신 리뉴얼은 진행해 주세요."
즉, 상권을 지켜 주겠다는 조건으로 매장 리뉴얼이나 간판 교체, 인테리어 변경 등을 요구하는 거다.

이런 경우 점주는 다시 수백만 원에서 수천만 원의 비용을 부담해야 하고, 그 과정에서 본사 자회사를 통한 시공·납품이 반복되며 본사 수익이 다시 발생하는 구조가 된다.
정리하자면, '상권 보호'는 당연히 필요한 제도다. 그러나 그 조항이 항상 점주의 편에서만 작동하는 건 아니라는 것도 잊지 말아야 한다.
그 이름으로 신규 창업자는 거절당하고, 기존 점주는 또 다른 부담을 지게 되는 경우도 생긴다.

우리 가맹점주협의회 점주가 직접 경험한 실제 사례가 있다.
경남 양산에 위치한 크라상 프랜차이즈 가맹점 이야기다. 계약 당시 이 브랜드는 이제 막 성장 궤도에 오르기 시작한 단계였고, 초창기 출점이었던 이 가맹점의 계약서에는 출점 제한 기준이 '거리'가 아닌, '행정구역 단위'로 설정되어 있었다.
즉, '양산시 내에는 더 이상 점포를 내지 않겠다'는 본사의 상권 보호 약속이 계약서에 명시되어 있었던 것이다.

그러나 시간이 흘러 본사가 성장하면서 구조도 바뀌고, 담당자도 바뀌었다. 그리고 어느 날, 양산 내에 또 다른 매장이 조용히 출점되었다.

기존 점주의 입장에서는 명백한 계약 위반이자 상권 침해였다. 문제 제기를 하자, 본사는 이렇게 대응했다.

"당시 계약은 특별한 경우였고, 지금은 상황이 다르다. 보상으로 대신 재료를 한 달간 무상으로 공급해 드리겠다."

그게 전부였다. 계약서에 명시된 약속을 단 한 줄도 지키지 않으면서, 한 달치 재료비 무상 공급이라는 '터무니없는 보상안'으로 이 상황을 무마하려 했다.

결국 이 사안은 민사소송으로까지 번졌고, 지금까지도 소송 중이다. 그동안 점주는 토막 난 매출을 부둥켜안고 고통을 감내해야 하고 본사는 시간 끌기로 일관하고 있는 것이다. 상권 보호 조항이 있어도, 문서가 구체적이지 않거나, 해석의 여지를 남기면 언제든 본사의 입장에서 유리하게 뒤집힐 수 있다는 현실을 보여 주는 사례다.

그리고 계약 해지. 가장 민감한 이슈이자, 본사의 마지막 수익 포인트다. 계약서에는 대부분 '점주가 계약을 중도 해지할 경우, 잔여 계약 기간에 대한 위약금 또는 손해배상을 청구할 수 있다'고 명시되어 있다. 이 위약금은 통상적으로 잔여기간 동안 본사가 예상했던 수익, 또는 초기 투자 비용 일부 환수 등의 논리로 산정된다.

문제는 장사가 안돼서 점주가 폐점을 원할 때조차, 본사는 이 수수료를 면제하지 않는다는 점이다.

점주 입장에서는 이미 투자금을 날리고 있는데, 본사는 여기에 추가로 몇백만 원에서 천만 원 이상의 위약금을 청구한다. 가장 고통스러운 순간에 가장 많은 비용이 부과되는 셈이다.

더 나아가 일부 본사는 기존 점포를 본사가 직접 인수해 '신규 가맹점주'에게 다시 재계약을 체결한다. 이 과정에서 본사는 다시 한번 가맹비, 인테리어비, 장비비를 청구한다. 같은 자리, 같은 공간, 다른 점주. 점포는 바뀌지 않았지만, 본사는 두 번의 수익을 올린다.

계약의 시작에서 본사는 수익을 만든다. 계약의 과정에서도 반복적인 구조로 수익을 만든다. 그리고 계약의 끝에서도, 본사는 손실을 입지 않는다. 오히려 또 한 번 이익을 만든다.

프랜차이즈 계약이 점주의 리스크를 줄여 주기 위한 구조가 되려면, 상권 보호는 실질적인 기준과 예외 없는 이행이 전제되어야 하고, 해지 수수료는 합리적인 범위에서 조정 가능하고, 상황에 따라 면제될 수 있는 구조여야 한다.

그렇지 않다면 점주는 계약을 시작할 때도 돈을 내고, 끝낼 때도 또 한 번 돈을 내는 양방향 수익 구조의 고객일 뿐이다.

교훈 착각하지 마라! 가맹점주는 프랜차이즈의 가족이 절대 아니다

가맹점주는 본사에게 있어서 일선 소비자일 뿐이다.

프랜차이즈 본사의 수익은 어디서 오는가? 많은 사람들은 소비자에게서 온다고 생각한다.

하지만 아니다. 프랜차이즈 본사의 수익은 소비자가 아니라 점주에게서 온다. 브랜드가 전국에 퍼질수록, 점포가 많아질수록, 본사의 수익은 커진다. 그런데 그 돈은 소비자의 결제에서 직접 오지 않는다. 대부분은 '가맹점 내부에서 발생하는 비용 구조'로부터 나온다.

우선 로열티. 매월 고정 또는 매출의 일정 비율이 본사로 자동 납입된다. 장사가 잘돼도 더 많이 내고, 장사가 안돼도 일정액을 낸다.

이 수익은 점주의 손익과 무관하다. 로열티는 사업 파트너 간의 이익 분배가 아니라, 일종의 시스템 사용료에 가깝다.

그 시스템의 성능이 좋든 나쁘든, 점주는 낸다. 본사는 받는다. 마치 건물주가 임대인이 적자를 봐도 월세를 꼬박꼬박 받는 것과 같다.

다음은 식자재와 물류다. 대부분의 프랜차이즈 본사는 자사 물류센터 또는 계열사를 통해 식자재를 공급한다.

이때 마진이 어디서 붙는지는 본사만 안다. 점주는 가격을 비교할 수 없고, 품질을 선택할 수도 없다.

지정된 품목만 받는다. 물류가 많을수록 본사의 매출은 오른다. 장사가 잘돼도 더 많이 사야 하고, 장사가 안돼도 기본 물량은 받아야 한다.

심지어 본사 물류의 편리를 위해 물량까지도 본사가 정한다. 안 그래도 장사가 안돼 재료 소진도 어려운 실정에, 적은 물량은 배송이 안되니 한 번에 일정량을 받아야 된다고 강제한다. 욕이 목구멍까지 올라오게 만드는 본사의 행태다.

디지털 사이니지, 포장재, 매장 디스플레이 등도 수익 항목이다. 대부분은 자회사 또는 제휴업체를 통해 공급되며, 본사는 납품 수수료 또는 간접 리베이트를 챙긴다.

디지털 사이니지? 이건 광고가 아니라 '점주 과금 시스템'이다. 가맹점에 설치되는 사이니지, 처음에는 광고인 줄 알았다.

"본사가 브랜드를 알려 주고, 홍보해 주니까 나도 도움을 받겠구나."라고 생각했다.

하지만 진실은 달랐다.

나는 어느 날, 그 장비가 단순한 디지털 메뉴판이 아니라, '본사 이미지 관리용 모니터'라는 사실을 알게 되었다.

메뉴보다 더 많이 나오는 건 본사의 브랜드 로고, 대표 문구, 캠페인 슬로건이었다. 그걸 매달 '홍보비' 명목으로 본사가 공제하고 있었던 것이다. 말 그대로, 내 매장에서 틀어 주는 본사 광고에 내가 돈을 내고 있는 셈이었다. 내가 경험한 사례를 들어보자.

◆ 더본코리아 빽보이피자 매장의 실제 사례

오픈 준비 중인 매장에는 사이니지가 설치되어 있었다.

그 가격은 시세보다 훨씬 비싼 가격으로 책정돼 있다.

나의 기억에 LG 사이니지 제품인데, 알아보니 3~40% 비싸게 책정되었다는 생각이 들었다. 심지어 그 설치도 본사 자회사를 통해 이뤄진다.

그러고도 끝이 아니다. 매달 홍보비라는 이름의 고정 공제가 이뤄진다. 이쯤 되면 이것은 광고가 아니다. '점주 과금 장치'에 불과하다. 이건 단순한 불만이 아니다. 구조적 착취다.

사이니지는 기본적으로 가맹점주에게 실질적인 광고 효용을 주는 방식이 아니라, 본사 브랜드 이미지를 유지하는 도구로 활용된다.

광고가 아니라, 이미지 송출·홍보가 아니라, 감시 장치였다. 그리고 그 모든 비용은 점주가 감당하고 있다.

점주는 본사 홍보의 플랫폼이 되었고, 그 대가를 정작 받기는커녕 오히려 매달 납부하고 있는 셈이다.

통상 인터넷을 가입하고 단말기를 설치하면 장비는 해당 인터넷 통신사가 본사가 공급한다.

그런데 매장의 디지털 사이니지는 점주가 설치하고 설치비까지 부담하고 점주의 전기, 그리고 점주의 인터넷으로 본사는 이미지만 반복 송출하고 오히려 매달 돈을 받는다.

교육비도 마찬가지다. 오픈 전, 필수 교육이라는 이름으로 수십만 원에서 수백만 원의 교육비가 청구된다. 하지만 교육은 짧고, 내용은 부족하다.

교육은 생존 매뉴얼이 아니라 브랜드 소개 영상에 그치는 경우가 많다. 그것이 교육이라면, 우리는 브랜드 히스토리를 돈 주고 사는 셈이다.

리뉴얼은 또 다른 수익 구조다. 일정 주기마다 간판, 인테리어, 벽지, 메뉴판을 교체해야 한다.

마치 자동차를 정비하듯, 브랜드는 '매장 이미지 정비'를 요구한다. 하지만 그 비용은 점주가 전부 낸다.

그리고 그것은 소비자보다 본사 홍보에 더 쓰인다. 브랜드 일관성을 유지한다는 명분 아래, 점주는 지속적인 비용 부담을 감당해야 하는 위치가 된다.

여기에 더해, 프로모션과 할인 행사, 구독 할인 같은 소비자 혜택도 마찬가지다. 소비자 입장에서는 본사가 제공하는 할인처럼 보이지만, 실질적으로는 대부분의 할인 비용을 가맹점이 부담한다.

본사는 전체 행사 기획을 결정하고, 점주는 매출 단가를 낮춰 가며 따라야 한다. 매출은 늘어난 듯 보이지만, 마진은 줄어들고, 광고 효과는 본사 이미지로 귀속된다.

점주는 프로모션의 주체가 아니라 비용 부담자다. 결국 프로모션은 점주에게는 출혈이고, 본사에게는 기회다.

재료 사용량이 늘어나고 본사 물류 매출은 함께 오르며, 점주의 희생으로 본사는 물류와 수수료 수익을 더 챙긴다.

팔리는 양이 늘수록 본사는 배가 부르고 점주는 허기진다. 이 구조를 바꾸지 않는 한, 프로모션이란 이름은 곧 '가맹점주 출혈 영업'을 포장한 명분에 불과하다.

최근의 실제 사례가 있다. 스타벅스는 최근 구독 서비스 '버디 패스'를 출시하며 월 7,900원으로 다양한 혜택을 제공했다.

오후 2시 이후 제조 음료 30% 할인, 푸드 30% 할인, 배달비 무료, 온라인 배송비 무료 등이 포함됐다. 소비자 입장에서는 '파격 구독'으로 보였지만, 할인에 따른 수익 손실 대부분은 산하 매장으로 전가된다.

스타벅스 '버디패스(Buddy Pass)'

'버디패스(Buddy Pass)'는 스타벅스 코리아가 브랜드 론칭 25주년을 기념해 2024년 10월부터 시범적으로 도입한 월 구독형 커피 할인 서비스이다.

이 서비스는 정해진 월 구독료를 지불한 고객에게 다양한 할인 쿠폰을 정기적으로 제공하는 방식으로 운영된다. 스타벅스를 자주 이용하는 충성 고객층의 만족도와 재방문율을 높이기 위한 전략적 시도다.

버디패스의 기본 구독료는 월 7,900원(초기에는 9,900원)으로 책정되며, 주요 혜택으로는 ▲제조 음료 30% 할인 쿠폰(30일간 매일 오후 2시 이후, 하루 1회 사용 가능), ▲푸드 30% 할인 쿠폰 월 1회 제공, ▲'스타벅스 딜리버스' 배달비 무료 쿠폰 월 1회, ▲온라인 스토어 배송비 무료 쿠폰 월 2회 제공 등이 있다.

또한, 해당 쿠폰 사용 시에도 기존 'e-프리퀀시' 별 적립이 가능하여 고객에게 가격 할인과 리워드 적립을 동시에 제공하는 구조로 설계되어 있다.

서비스 이용은 스타벅스 모바일 애플리케이션을 통해 간편하게 시작할 수 있다. 사용자는 앱 내 '버디패스' 메뉴를 통해 구독을 신청하고, 원하는 날짜에 시작하여 자동 결제로 매달 혜택을 받을 수 있다.

해지도 앱 내에서 손쉽게 진행 가능하며, 해지 시 이용자 유형을 선택하여 피드백을 남기는 방식이다.

다만, 할인 쿠폰은 당일에만 유효하며 미사용 시 자동 소멸되며, 기타 할인 및 프로모션과 중복 적용은 불가하다.

하지만 구독료는 본사가 가져가고 할인 판매로 인한 이익 손실은 지역점에서 작용하는 구조가 되었다.

프랜차이즈 본사의 마케팅 전략은 종종 '전국 프로모션'이라는 이름으로 포장된다. 점주 입장에서는 자율 참여처럼 보이지만, 실제로는 불참 시 광고 제외, 본사 지원 차단 등 비공식적 불이익이 따르기 때문에 사실상 '강제'나 다름없다. 문제는 이러한 프로모션이 고객에게는 혜택을 주는 듯하지만, 그 손해를 전 가맹점이 떠안는 구조라는 데 있다.

예컨대 한 분식 프랜차이즈의 '5천 원 런치 세트'는 떡볶이·김밥·튀김을 묶은 세트로 기획됐다. 그러나 각 메뉴의 원재료를 계산해 보면 실제 원가는 5,300원을 넘는다.

즉, 점주는 팔수록 300원을 손해 보는 구조다. 해당 프로모션은 한 달 넘게 지속되었고, 점포당 주간 70만 원대의 손실을 입었다. 일부 점주는 적자를 견디지 못하고 폐업을 결정했다.

또 다른 사례로, 대형 카페 브랜드는 '월정액 구독 서비스'를 도입하며 '2만 원에 커피 무제한'이라는 문구로 고객을 끌어모았다. 고객은 기뻐했지만, 가맹점은 그렇지 않았다. 하루 3잔씩 소비하는 고객이 적지 않았고, 실제로는 한 달 200~300만 원 규모의 손실이 발생했다. 본사는 '구독자 수 증가'와 '고객 확보'라는 명목으로 해당 정책을 유지했지만, 이익은 본사의 브랜드 인지도 상승과 재료 판매 증대로 집중되었다.

정작 일이 많아진 것은 가맹점이었고, 벌이가 줄어든 것도 가맹점이었다. 이런 구조는 치킨 프랜차이즈의 VIP 멤버십에서도 반복되었다.

고객은 30% 할인 혜택을 받았지만, 그 할인분은 가맹점이 전액 부담했다. 본사는 VIP 가입자 수 증가와 재방문율 상승을 홍보했지만, 점주는 월 300만 원에 달하는 마이너스 마진을 기록했다.

'매출은 오르지만 수익은 줄어드는' 이 기형적 구조는, 누군가가 고의로 설계하지 않았더라도 결과적으로 착취에 가깝다.

이런 경우 주문 수는 늘어나고 고객은 몰려들지만, 가맹점은 바빠질 뿐 이익은 줄어든다. 반대로 본사는 재료 판매량이 증가하니 오히려 좋아진다.

따라서 본사 또한 그 구조 속에서 이익을 공유하고 있다면, 원재료 마진이나 로열티 일부를 포기하는 방식으로 손실을 공동 부담해야 한다.

그것이 '동반성장'이라는 말의 진짜 의미다.

프랜차이즈의 모든 구조를 보면, 본사 입장에서는 점주는 어떤 존재인가? 단순히 브랜드를 빌려 쓰는 사용자가 아니다.

점주는 본사의 월별 수익을 보장해 주는 고정 채널이며, 자사 제품을 소화해 주는 유통망이고, 장비와 서비스를 소비하는 고객이다. 그렇다. 본사에게 고객은 소비자가 아니라 점주다.

본사는 점주에게 '파트너'라고 말한다. 그러나 그 말은 마케팅 용어일 뿐이다. 실제로는 '지속적인 비용을 발생시켜 주는 존재'가 바로 점주다.

점주가 가게를 열면 본사의 매출이 시작되고, 점주가 리뉴얼을 하면 본사의 매출이 또 한 번 오른다.

점주가 메뉴를 바꾸고, 홍보를 따르고, 물류를 소비하는 순간마다 본사는 안정적인 수익을 확보한다.

가맹점이 오픈하는 순간부터 본사에는 돈이 흘러 들어가고 가맹점은 적자를 보던 망하던 가맹본부에 돈을 주는 입장이 되는 것이다.

그러니 묻는다. 가맹본부의 고객은 누구인가? 소비자가 고객인가, 아니면 점주가 고객인가?

지금의 구조에서는 명백히 후자다. 좀 더 강하게 이야기한다면 그나마 가맹본부에게 점주는 고객도 아니다.

고객은 존중이라도 받는다. 그저 일선 소비자일 뿐이다. 거대한 먹이사슬의 최하위의 존재일 뿐이다. 이러한 내용을 알고도 체인사업을 할 것인가?

자성해야 할 일이다. 그리고 이 구조가 바뀌지 않는 한, 점주는 본사의 이익을 설계된 시스템 안에서 반복적으로 '납부'하는 존재로 남을 것이다.

12부

가맹법으로 보호받을 수 있는가?

• 서 문

법은 약자를 얼마나 지켜 주는가?

프랜차이즈 계약은 '사업'이지만, 동시에 '법률 행위'다. 점주는 브랜드를 믿고 계약서를 넘기지만, 그 계약서가 보호해 주는 쪽은 언제나 본사다. 계약서는 본사가 준비하기 때문이기도 하다. 예비 창업자는 "계약 전에 다 설명을 들었다."라고 말하고, 본사는 "계약서에 명시되어 있다."라고 말한다. 그리고 대부분의 다툼은 점주가 손해를 입고 끝난다.

이 구조에서 유일한 보호 장치는 '가맹사업법'이다. 공식 명칭은 「가맹사업거래의 공정화에 관한 법률」, 줄여서 '가맹법'이라 불린다.
이 법은 본사와 점주 사이의 불공정 거래를 막고, 최소한의 계약 질서를 유지하기 위해 만들어졌다.
그러나 현실에서 이 법은 예외 조항이 많고, 집행력이 약하며, 점주가 쉽게 접근하기 어려운 구조로 남아 있다.

이 장에서는 지금까지 다뤄 온 구조적 불합리들을 법적으로 어떻게 규정하고 있는지, 그리고 그 법이 실제 현장에서 얼마나 작동하는지를 요약 정리한다.
목표는 명확하다. 당신이 다음 계약서를 마주할 때, 적어도 이 법을 알고 질문할 수 있는 사람이 되도록 돕는 것이다.
계약은 종이지만, 법은 도구다. 도구를 모르면 다친다. 이 장은, 당신의 첫 번째 '법적 방패'다.

1장
정보공개서
계약 전 반드시 받아야 할 문서

프랜차이즈 계약에서 점주가 가장 먼저 확인해야 하는 문서, 그리고 가장 중요하지만 종종 가볍게 다뤄지는 문서가 바로 '정보공개서'다.

가맹사업법에 따르면 본사는 가맹계약을 체결하기 최소 14일 전 예비 가맹점주에게 반드시 정보공개서를 제공해야 하며, 이를 어길 경우 행정처분과 과태료 대상이 된다.

정보공개서는 쉽게 말해 브랜드의 이력서다.

그 안에는 이 브랜드가 얼마나 많은 점포를 운영 중인지, 폐점률은 어떤지, 최근 3년간 분쟁이나 법적 문제가 있었는지, 본사의 재무 상태는 어떤지 등의 정보가 담겨 있다.

계약서를 쓰기 전, 점주는 이 문서를 통해 이 브랜드의 과거와 현재를 객관적으로 확인할 수 있다.

주요 항목은 다음과 같다.

- **본사의 일반 현황:** 설립일, 대표자, 자본금 등
- **가맹점 현황:** 직영점 수, 가맹점 수, 지역별 분포, 개·폐점 수, 폐점률
- **가맹사업자의 재무제표:** 최근 3년간 수익, 손실, 자산 현황
- **가맹사업자의 법적 분쟁 이력:** 점주들과의 민형사 소송 내역
- **필수품목 및 공급 구조:** 어떤 항목을 어디에서, 누구로부터 사야 하는지
- **로열티 및 수수료 체계:** 정액/비율, 광고비 포함 여부 등
- 주요 경영진의 이력 및 변경사항

이 정보공개서는 공정거래위원회 가맹사업거래 홈페이지에서 누구나 조회할 수 있고, PDF로 내려받을 수도 있다. 그러나 문제는 이 문서를 실제로 받아 보지 못했거나, 받아도 내용을 제대로 이해하지 못하는 예비 점주가 많다는 데 있다.

또한 일부 본사는 이 문서를 지나치게 요약하거나, "이건 형식적인 자료입니다."라며 중요성을 낮게 설명한다.
심지어 "본사 직원이 따로 설명드릴게요."라며 구두로만 넘기려는 경우도 있다. 그러나 구두 설명은 법적 효력이 없으며, 정보공개서 제공 없이 계약이 진행됐다면 향후 계약 무효 또는 손해배상 청구의 근거가 될 수 있다.

정보공개서는 계약 이전에 반드시 점주가 필히 꼼꼼히 검토해야 하는 문서다. 단순히 받는 것이 아니라, 내용을 이해하고 질문하고 의심하는 태도가 필요하다. 이 문서 하나가 곧, 당신이 앞으로 2년 동안 어떤 구조 속에서 장사를 하게 될지를 말해 준다.

모든 계약은 신뢰에서 출발하지만, 정보공개서는 그 신뢰를 확인할 수 있는 유일한 사전 증거다.
보지 않고 사인하는 계약은 시동도 걸지 않고 출발하는 차와 같다. 그 차가 어디로 가든, 가다가 멈추든, 목적지는 본사가 아닌 점주가 책임지게 된다.

프랜차이즈 창업이나 분석을 목적으로 정보공개서(가맹사업 정보공개서)를 열람할 경우, 단순히 수치나 가맹점 수만 확인해서는 안 된다.
이 문서는 프랜차이즈 본사의 본질적인 운영 성향과 리스크를 엿볼 수 있는 주요 자료이기 때문에, 특이점 분석 포인트를 제대로 파악하는 것이 중요하다.
아래에 '정보공개서에서 반드시 확인해야 할 항목'과 '주의 깊게 분석할 특이점'을 정리해 본다.

◎ 대표자 및 임원의 전과 이력

- 제4호 서식 '임원의 일반 현황'에 표시
- 대표자(또는 주요 임원)의 전과 사실, 파산·회생·형사처벌 여부 기재
- 사기, 횡령, 배임 등 전과는 향후 가맹점 운영의 신뢰도에 심각한 영향을 끼칠 수 있음
- 대표자가 과거 다단계/투자형 피해 관련 전력이 있다면 회피해야 할 중요한 경고 신호
- 본인이 아닌 타인 명의 또는 법인 명의로 등록된 경우 전과 이력은 우회될 수 있으므로 언론 검색·법원 판결문 병행 추천

◎ 가맹점 평균 매출과 폐점률

- 제11호 서식 '가맹점 사업자의 평균 매출액 및 영업 현황'에 표시
- 전체 가맹점 수 대비 폐점률이 높을 경우 수익성과 지속 가능성에 의문 제기
- 평균 매출만 보고 판단 금지. 상위 몇 곳이 평균을 끌어올릴 수 있으므로 가능하다면 상·하위 구간 분포/중앙값 확인 필요(정보공개서에는 상세 분포 미기재되므로 별도 요청 or 현장 조사 필요)

◎ 광고·판촉비 부담 구조

- 제16호 서식 '광고·판촉비 등 부담금 세부 항목'에 표시
- '가맹점 자율 참여'라는 명목이지만 사실상 의무적으로 부담하는 구조가 많음. 광고비나 이벤트 비용 중 본사가 얼마를 부담하는지, 가맹점에 전가하는 구조인지 확인 필요
- '본사 0% / 가맹점 100%' 구조가 있다면 구조적 불공정 가능성 있음

◎ 로열티 및 기타 수수료 구조

- 제13호 서식 '가맹사업 관련 금전 지급'에 표시
- 초기 가맹금(가입비), 교육비, 보증금 등 '일회성' 비용과 로열티, 시스템 사용료, 물류비 등의 '지속적' 비용 구분. 특히 물류 강매 또는 독점 공급 여부 확인
- 물류 마진이 과도할 경우 가맹점주 수익률이 급격히 낮아질 수 있음

◎ **가맹계약 해지 및 분쟁 발생 이력**
- 제17호 서식 '가맹사업자의 계약해지·분쟁 등 현황'에 표시
- 가맹계약 해지 또는 소송 건수가 많으면 시스템 불안정 또는 본사 불공정 계약 가능성
- 계약해지 사유가 본사 귀책인지, 점주 과실인지 확인 필요
- 가맹사업법 위반 이력도 중요, 공정거래위원회 제재 여부 반드시 확인

◎ **상표권 및 브랜드 소유 구조**
- 제14호 서식 '지적재산권 등록 및 소유권 현황'에 표시
- 상표권이 본사 명의가 아닌 제삼자(예: 타 법인, 개인, 투자자 등)에게 있다면 법적 리스크(본사 폐업 또는 대표자 이탈 시 상표권 분쟁이 발생할 수 있음)

◎ **정보공개서 분석 포인트**

항목	왜 중요한가?
가맹점 개설연도	지속가능성과 성장 기간 판단 가능
가맹점 밀집도	지역 간 경쟁 과열 여부 → 신규 창업에 불리
교육 및 운영 지원 시스템	온라인 교육, 점주 간 네트워크 등 장기 생존에 영향
정보공개서 등록일과 최신화 여부	1년 이상 업데이트되지 않았다면 신뢰도 의심

가맹계약서
반드시 명시되어야 할 필수 항목

프랜차이즈 사업은 결국 계약으로 움직이는 구조다. 본사와 점주가 맺는 계약서 한 장이 브랜드 사용, 운영 방식, 물류 구조, 수익 배분, 분쟁 처리의 모든

기준이 된다.

 가맹계약서는 단순한 동의서가 아니다. 점주의 수익 구조를 결정하고, 본사의 책임 범위를 제한하며, 어떤 경우에 점주가 폐점을 해도 책임이 본사에 돌아가지 않는 구조까지 설계하는 문서다.

 가맹사업법은 이 계약서에 반드시 포함되어야 하는 항목들을 명시하고 있다. 가장 중요한 필수 기재사항은 다음과 같다.

① 계약 기간과 갱신 조건: 계약 시작일과 종료일, 자동 갱신 또는 재계약 요건
② 상권 보호 범위 및 중복 출점 제한 여부
③ 로열티 및 광고비, 교육비 등의 부과 기준과 납부 방식
④ 필수 품목 공급 강제 여부, 공급처 및 단가 변경 가능성
⑤ 본사의 경영 지원 범위: 교육, 점검, 마케팅, 메뉴 개발 등
⑥ 계약 해지 조건: 점주/본사 양측의 해지 권한과 위약금 규정
⑦ 영업 양도·양수, 리뉴얼, 재계약 시 발생할 수 있는 의무사항
⑧ 분쟁 발생 시 해결 절차: 조정, 소송, 관할 법원

 이 외에도 중요한 조항은 별지 형식으로 첨부되는 부속 계약서, 운영 매뉴얼, 보안 계약서 등에 숨어 있는 경우가 많다. 이 부속 문서들이 본 계약서보다 우선 적용되는 경우도 있으므로, 반드시 함께 검토해야 한다.

 많은 점주가 계약서를 충분히 읽지 않고 서명한다.
 "이런 건 다 똑같아요.", "본사에서 잘 알아서 해 줍니다."라는 말은 무책임한 위로일 뿐이고, 계약서에 적힌 한 문장이 수천만 원의 차이를 만들 수 있다. 계약은 말이 아니라 글로 남는다. 그리고 법은 말이 아니라 서명한 계약서를 근거로 판단한다.

또한 본사는 '표준 가맹계약서'를 사용한다고 설명할 수 있지만, 표준은 골격일 뿐이며 브랜드마다 그 위에 추가되는 조항이 실제 리스크를 만든다.

특히 상권 보장 예외, 물류 단가 변경 권한, 인테리어 전면 교체, 광고비 자동 인출 등은 대부분 표준이 아니라 별도 삽입 조항으로 구성되어 있다.

가맹계약서는 점주에게 선택권을 주는 문서가 아니다. 이미 정해진 구조에 '동의하겠냐'고 묻는 문서다.

따라서 이 계약서에 서명하기 전에 점주는 전문가와 반드시 조항을 검토하고, 필요한 경우 본사에 조정 요청을 시도해야 한다.

계약은 평등해 보여도, 구조는 평등하지 않다.

글을 아는 것과 계약서를 아는 것은 다르다. 계약서는 단어의 선택으로 돈을 결정짓고, 문장의 순서로 책임을 나눈다. 그리고 그 책임은 대부분 점주가 진다. 그렇기에 가맹사업법 시행령 중에는 계약에 관한 아주 중요한 사항이 있다.

가맹 희망자는 가맹계약서를 제공받은 날 또는 정보공개서를 제공받은 날 중 늦은 날부터 14일 이내에 가맹계약을 철회할 수 있다. 다만, 가맹 희망자가 가맹점 영업을 개시한 경우에는 그러하지 아니하다.

만약 조급한 마음에 계약을 했더라도 14일 이내에 철회할 수 있으니 이 기간을 꼭 고려해서 마지막까지 신중한 의사결정을 해야 한다. 만약 계약을 철회하려거든 기일 내에 근거를(녹취, 서면, 문자, 카톡, 메일) 가지고 요청해야 뒤탈이 없다.

◎ 가맹계약서 작성 시 착안사항

항목	필수 기재사항	착안사항(작성 시 유의점)
① 계약 기간 및 갱신 조건	계약 시작일과 종료일, 자동 갱신 또는 재계약 조건	- 계약 기간이 지나치게 짧거나 자동 갱신 조건이 불리하지 않은지 확인 - 갱신 거절 사유가 명확하게 규정되어 있는지 점검 검토
② 상권 보호 및 중복 출점 제한	상권 범위 설정, 인근 출점 제한 여부	- 거리·반경 등 구체적 수치로 보호 범위 명시 - 중복 출점 시 제재 또는 손해배상 규정 포함 여부 검토
③ 비용(로열티·광고비·교육비 등)	부과 기준과 납부 방식	- 정액 vs 매출 연동, 산정 방식 명시 여부 - 광고비나 교육비 사용내역 공개 여부
④ 필수 품목 및 공급 조건	필수 품목 지정, 공급처 고정 여부, 가격 조정 가능성	- 자체 구매 가능 품목의 범위 - 공급 가격 인상 통보 시기 및 방식 - 경쟁 입찰이나 제삼자 공급 가능성 여부
⑤ 본사 지원사항	교육, 점검, 마케팅, 메뉴 개발 등 구체적 명시	- 교육 횟수, 점검 주기 등 정량적 기준 제시 - 지원 의무 미이행 시 제재 조항 존재 여부
⑥ 계약 해지 조건	양 당사자의 해지 사유와 위약금	- 즉시 해지 가능 사유 명확화 - 점주의 계약 해지권이 제한되지 않았는지 확인 - 위약금 기준이 과도하지 않은지
⑦ 영업 양도·양수 등 사유 발생 시 의무사항	사전 통보, 본사 승인 여부, 수수료 등	- 양도 제한 조건 과도 여부 - 양수인 승계 조건 및 교육 등 의무 이행 여부
⑧ 분쟁 해결 절차	분쟁 발생 시 절차 및 관할법원	- 조정 또는 중재 우선 여부 - 전속 관할 지정이 일방에게 불리하지 않은지 - 소비자분쟁조정위원회 또는 공정위 조정 제도 명시 여부

◎ **가맹계약서 점검 체크리스트**

점검 항목	체크사항
계약 기간 및 갱신	☐ 계약 기간 명시 여부 ☐ 자동 갱신 조건 확인 ☐ 갱신 거절 사유 명시 여부
상권 보호	☐ 보호 범위 구체적 명시 ☐ 중복 출점 제한 여부 확인
로열티 및 기타 비용	☐ 로열티 산정 기준 명확 ☐ 광고비, 교육비 등 사용내역 확인
필수 품목 및 공급 조건	☐ 공급처 지정 여부 ☐ 공급 가격 인상 기준 존재 ☐ 자체 구매 가능 여부
본사 지원	☐ 교육, 점검, 마케팅 등 구체적 명시 ☐ 지원 미이행 시 책임 규정
계약 해지	☐ 해지 사유 명확화 ☐ 위약금과도 여부 확인
영업 양도·양수	☐ 본사 승인 요건 존재 ☐ 양수인 의무사항 명시
분쟁 해결 절차	☐ 분쟁 시 조정 절차 명시 ☐ 관할 법원 지정의 형평성

금지 행위

본사가 하면 안 되는 행동들

가맹사업법은 단지 정보 제공 의무만 규정한 것이 아니다.

보다 직접적으로 본사가 점주에게 저지르면 안 되는 행위들을 명문화하고 있다.

이 조항은 점주에게 '무엇을 할 수 있는가'보다 더 중요한, '본사가 어떤 짓을 해서는 안 되는가'를 정한 최소한의 방패다.

가맹사업법은 다음과 같은 행위를 '불공정 거래 행위' 또는 '부당한 영향력 행사'로 규정하고, 이를 위반할 경우 과태료, 시정명령, 형사처벌까지 가능하도록 하고 있다. 정확한 법령의 내용은 '국가법령정보센터'를 참조하기 바란다.

① 거짓·과장 정보 제공 금지

본사는 가맹계약을 유도하기 위해 허위 매출, 부풀린 수익, 조작된 폐점률, 왜곡된 상권 정보를 제공해서는 안 된다.

특히 정보공개서나 설명회 자료, 구두 설명에서의 허위는 명백한 법 위반이다.

② 가맹금 외 강제 부담 금지

계약서에 명시되지 않은 비용(추가 인테리어, 재계약 조건, 필수 장비 교체 등)을 별도 요구하거나, '브랜드를 유지하려면 어쩔 수 없다'는 식으로 유도하는 것도 금지된다.

③ 경쟁 제한 행위 금지

본사는 점주에게 경쟁업체 취급 제한, 사업 확장 제한 등을 부당하게 요구해서는 안 된다. 계약 해지 후 일정 기간 동일 업종에 종사하지 못하게 하는 사후 경쟁 금지 조항도 과도하면 무효로 판단될 수 있다.

④ 거래상 지위 남용 금지

슈퍼바이저를 통한 일방적인 지시, 내부 평가에 따른 불이익, 마케팅 참여 강제, 본사 제품의 과도한 강매 등은 '거래상 우월적 지위 남용'에 해당된다.

⑤ 부당한 계약 해지·갱신 거절 금지

정당한 이유 없이 계약 갱신을 거절하거나, 사소한 사유로 중도 계약 해지를 통보하는 행위는 법적으로 제재를 받을 수 있다.

⑥ 기타

판촉비 전가, 물류 강매, 원재료 공급 제한, 인테리어 강제 전면 교체 등

계약에 명시되지 않은 항목에 대해 '묵시적 동의'를 유도하거나, 본사 내부 방침을 근거로 비용 전가하는 구조 전반이 법 위반 대상이 될 수 있다. 문제는 점주가 이 조항을 알아도 막상 위반 사실을 입증하기가 어렵다는 데 있다.

많은 부당 행위는 구두로 이뤄지고, 서면으로 남지 않으며, 심지어 점주는 '본사가 원래 이렇게 하니까 어쩔 수 없다'고 체념하는 경우가 많다.
하지만 '알고 있다는 것' 자체가 가장 강력한 무기다.
점주는 계약 이후에도 일상 운영 과정에서 법 위반 정황을 기록하고, 증거를 모으고, 정식으로 공정거래위원회 또는 가맹사업거래 분쟁조정협의회에 제기할 수 있다.

가맹사업법은 점주를 적극적으로 돕진 않지만, 그 점주가 스스로 목소리를 내는 순간 법적 근거가 되어 준다.
불공정은 구조가 아니라 습관으로 이어진다.
그 습관을 막는 방법은, '본사가 하면 안 되는 일'부터 점주가 아는 것이다.

4장

점주의 권리
알 권리, 철회할 권리, 구제받을 권리

프랜차이즈 계약은 본사 중심으로 설계된 구조다.

그러나 가맹사업법은 이 구조 속에서도 점주가 최소한의 주체로서 가질 수 있는 권리를 명시하고 있다. 이 권리는 계약 전에도, 계약 이후에도 유효하다. 그리고 그 핵심은 단 세 가지다.

알 권리, 철회할 권리, 구제받을 권리.

✅ 알 권리 – 정보공개서 및 계약서 사전 열람 권한

점주는 본사로부터 정보공개서를 최소 14일 전에 제공받을 권리, 그리고 가맹계약서 사본을 계약 7일 전까지 열람할 권리를 가진다. 이때 본사는 사전 검토 기간을 점주가 실제 확보할 수 있도록 해야 하며, 이를 무시하고 계약을 진행할 경우 계약 자체가 무효 또는 과징금 대상이 될 수 있다.

또한 정보공개서의 내용에 대해 질문하고, 본사로부터 명확한 답변을 받을 권리 또한 '알 권리'에 포함된다.

✅ 철회할 권리 – 계약 후 14일 이내, 위약금 없이 철회 가능

가맹계약은 '청약 철회'가 가능한 계약이다. 즉, 점주는 계약을 체결한 후라도 14일 이내에는 아무런 위약금 없이 일방적으로 계약을 철회할 수 있다.

이 권리는 점주가 본사의 설명이나 정보 제공에 문제가 있었다고 판단하거나, 계약서 검토 이후 내용이 불리하다고 판단했을 때 행사할 수 있는 유일한 리셋 기회다.

  단, 본사가 이미 매장 준비, 시공, 발주 등을 시작한 경우라면 일부 비용 부담이 발생할 수 있으므로 가급적이면 계약 이후 즉시 검토를 마무리하고 필요 시 철회 의사를 서면으로 통보하는 것이 바람직하다.

  만약 영업이 개시되었다면, 14일 이전이라도 철회할 수 없다.

◆ 구제받을 권리 – 법적 분쟁 시 조정 및 시정 요구 가능

  점주는 본사의 불공정 행위, 계약 위반, 강제 정책 등에 대해 공정거래위원회에 신고하거나 가맹사업거래분쟁 조정협의회에 분쟁 조정을 신청할 수 있다.

  이 과정에서 전문 조정인이 개입하며, 양 당사자 간 중재안을 제시하고, 일정 경우 시정명령, 과징금, 손해배상 등의 조치를 권고할 수 있다.

  또한 점주는 필요한 경우 가맹거래사를 통해 계약서를 분석받거나 소송 대응 자문을 받을 수 있으며, 최근에는 지방자치단체나 상생센터 등에서도 무료 법률 상담을 지원하고 있다.

  점주의 권리는 사용하지 않으면 존재하지 않는 것과 같다. 본사는 점주의 권리를 알려 주지 않는다.

  그러므로 점주는 스스로 찾고, 스스로 말하고, 스스로 사용해야 한다. 권리라는 것은 구조 안에서의 유일한 힘이다.

  그 힘을 모르고 서명하면 계약은 권리가 아닌 책임이 된다. 그리고 그 책임은 결국 점주의 몫으로 돌아온다.

5장

분쟁 조정
싸우지 않고 해결할 수 있는 법적 절차

프랜차이즈 계약은 문제가 생겨도 쉽게 소송으로 가지 않는다. 점주는 시간도 자금도 부족하고, 본사는 법무팀과 자문 변호인을 상시 두고 있다.

이런 구조에서 점주는 대부분 피해를 입고도 조용히 접는 길을 택 한다. 그래서 필요한 것이 바로 '분쟁 조정'이다.

가맹사업법은 점주와 본사 사이에서 문제가 생겼을 때, 정식 소송 이전에 분쟁을 조정할 수 있는 제도를 마련해 두고 있다.

그 중심이 바로 가맹사업거래분쟁 조정협의회이며, 이 외에도 공정거래조정원, 지자체 상생센터, 공정위 민원센터 등이 제도의 외곽을 구성한다.

조정이 가능한 사안은 다음과 같다. 계약서 위반(예: 상권 침해, 물류 강매), 계약 갱신 거부, 위약금 과다 청구, 본사 직원의 부당한 언행, 폐점 후 권리금 미보상 문제, 정보공개서 미제공·허위 정보 제공 등이 있다.

신청 절차는 단순하다. 온라인 또는 서면으로 분쟁 조정 신청서를 제출하고, 양측의 의견서를 받은 뒤 사실 관계를 확인한 후 협의회가 조정 절차에 착수한다. 대면 또는 서면 조정 방식이 있으며, 합의 시 조정안이 확정되고, 미합의 시 일반 소송 절차로 전환할 수 있다.

조정은 점주 개인도 신청할 수 있고, 점주협의회나 단체 명의로도 가능하다. 무엇보다 이 과정은 대부분 무료이며, 변호사 없이도 충분히 진행할 수 있다.

조정이 성립되면 법적 구속력은 없지만 강한 권고 효력이 발생한다.

본사가 이에 불응할 경우 향후 민사소송에서 불리한 정황증거로 작용하며, 공정위가 시정명령이나 과징금 처분으로 이어갈 수 있다.

점주는 조용히 당하면 끝이다. 하지만 공식적인 제도를 활용하면, 본사와의 대등한 무대에서 문제를 말할 수 있는 기회를 만들 수 있다.

그 시작이 바로 조정이다.

분쟁은 피하는 것이 최선이다. 그러나 문제가 생겼다면, 제도의 문을 두드릴 수 있는 사람이 되어야 한다.

싸우지 않고, 그러나 무너지지 않고 당신의 권리를 회복하는 길은 생각보다 가까이에 있다.

교훈 | 법은 있으나, 작동하지 않는다

프랜차이즈 사업에서 점주는 언제나 을이다. 그런데 그 을은 계약이 시작되는 순간 이미 결정된다.

가맹본부는 시스템을 설계한 주체이고, 점주는 그 시스템에 들어가는 사용자다. 문제는 그 시스템이 언제나 본사의 수익에 유리하게 설계되어 있고, 점주는 그 구조를 바꾸거나 거부할 수 없다는 데 있다.

점주는 늘 불리한 위치에서 시작하며, 그 위치를 뒤집을 권한을 갖고 있지 않다.

법은 있다. 가맹사업법도 있고, 공정거래법도 있고, 표준계약서도 있다. 정보공개서도 있고, 가맹거래사 제도도 있다.

그런데도 점주는 왜 매번 당하고 마는가. 그 이유는 단순하다. 법이 작동하지 않기 때문이다.

정보공개서는 존재하지만, 읽을 수 있어도 해석할 수는 없다.
계약서에는 조항이 있지만, 협의는 불가능하고 서명만 남는다.
리뉴얼 강제, 식자재 강매, 프로모션 비용 전가 등 모든 문제는 법의 문턱을 피해 '자율'이라는 이름으로 제도권 밖에서 이뤄진다. 법은 있고, 서명도 했고, 보호 조항도 있다. 하지만 본사는 그 위에서 움직이고, 점주는 그 아래에서 책임만 진다.

강력한 가맹사업법이 있다. 하지만 그 법은 현실에서 본사의 계약서보다 약하다.
왜냐하면 그 법은 작동하지 않기 때문이다. 법이라는 것은 종이 위에 존재하는 것이 아니라, 현장에서 살아 움직이고 강제로 실현될 때 비로소 제도라 불릴 수 있다.
지금 대한민국 프랜차이즈 생태계는 '법이 설계보다 약한 구조'에 갇혀 있다. 법이 구조를 제어하는 게 아니라, 구조가 법을 무력화하고 있는 상황이다. 본사는 법을 피해 나가는 방법을 잘 알고 있고, 점주는 법을 지키려 해도 지킬 수 없다. 이것이 프랜차이즈 계약의 현실이다.

우리는 지난 정부에서 '임대차보호법'이 현실을 바꾸는 장면을 목격했다. 그전까지만 해도 임대인은 갑, 임차인은 을이었다. 하지만 제도가 바뀌고 사회적 인식과 행정 지침이 따라오자, 임차인이 진짜 '갑'으로 올라서는 변화가 가능해졌다.
이것이 진짜 제도의 힘이다. 강력한 법은 단지 문장으로 강한 것이 아니라, 그 법이 실제로 작동할 수 있도록 사회가 그것을 밀어줄 때 의미가 생긴다.

가맹사업법도 마찬가지다. 외국의 제도를 베끼는 것만으로는 부족하다. 그 법이 프랜차이즈 생태계 안에서 실제로 굴러가도록 만드는 것, 그것까지가 제도 설계의 책임이다.

아무리 좋은 자동차를 만들어도 도로 위를 달리지 못하면 무슨 소용이 있는가. 자동차를 잘 만들었으면, 이제는 굴러가게 해야 한다.

결국 이 문제는 단지 법을 더 만드는 것이 아니라 있는 법을 진짜로 작동하게 만드는 환경과 설계, 그리고 그 작동을 감시하고 보장하는 사회적 의지의 문제다.

브랜드가 법 위에 군림하는 구조를 끝내기 위해, 우리는 법을 새로 쓸 게 아니라 제대로 작동시키는 사회적 풍토와 제도적 장치를 구축해야 한다. 그것이 바로 프랜차이즈 구조 혁신의 출발점이다.

프랜차이즈 가맹점주를 위한 '가맹사업법'과 '대통령령'의 이해

프랜차이즈 사업을 운영하다 보면 본사로부터 "이건 법으로 정해진 사항입니다.", "대통령령에 따라야 합니다."라는 말을 종종 듣게 된다.

하지만 실제로 이 말이 어떤 의미를 갖는지, 법적으로 얼마나 강한 효력이 있는가에 대해 명확히 이해하기 어려운 경우가 많다.

특히, 가맹점주 입장에서는 그 법이 나를 보호해 주는 것인지, 아니면 본사의 무기인지 판단이 필요하다.

가맹사업법, 즉 정식 명칭으로는 「가맹사업거래의 공정화에 관한 법률」은 바로 이런 상황에서 핵심적인 역할을 한다.

이 법은 가맹점주와 가맹본부 간의 거래가 공정하게 이뤄질 수 있도록 규율하기 위해 제정된 '국회 입법 법률'이다. 다시 말해, 이 법은 단순한 운영 지침이 아니라 국가가 법률로 정한 강제적인 규칙이며, 가맹점주를 보호하기 위해 만들어졌다는 점에서 매우 중요한 의미를 지닌다.

그런데 이 법을 보면 종종 "이 법에서 정하지 아니한 사항은 대통령령으로 정한다."라는 문구가 등장한다. 이 '대통령령'은 무엇일까?

이해를 위해 대한민국의 법 체계를 간단히 보면, 최상위에는 헌법이 있고 그 아래에 국회에서 제정한 법률이 존재한다.

그리고 법률에서 미처 구체적으로 정하지 못한 세부사항들은 대통령이 만드는 '대통령령'이라는 형태로 보완된다.

대통령령은 '시행령'이라고도 불리며, 법률의 위임을 받아 대통령이 정한 공식적인 법의 규칙이다.

즉, 가맹사업법은 법률로써 전체적인 틀과 원칙을 제시하고, 구체적인 운영 기준이나 절차, 조건 등은 대통령령을 통해 세분화하여 집행되는 구조이다. 이러한 구조는 단순히 행정적 편의를 위한 것이 아니라 실질적으로 법률과 거의 동등한 효력을 가지는 강제력 있는 규범 체계를 의미한다.

가령, 정보공개서에 포함되어야 할 필수 항목이 무엇인지, 가맹계약서에 어떤 조항을 반드시 기재해야 하는지, 또는 가맹본부가 계약을 갱신하지 않겠다고 할 수 있는 정당한 사유가 무엇인지 등은 대부분 대통령령에 의해 구체적으로 정해져 있다.

이러한 법 체계는 가맹점주 입장에서 매우 중요한 역할을 한다.

예를 들어, 본사가 '브랜드 이미지 통일을 위해 인테리어를 전면 교체해 달라'고 요구할 때, 그 요구가 가맹사업법이나 대통령령에 따른 정당한 사유인지 아닌지를 따져 볼 수 있는 기준이 되는 것이다. 만약 인테리어 상태가 양호하고 법에서 정한 리뉴얼 사유에도 해당되지 않는다면, 본사의 요구는 법적으로 부당할 수 있다.

또, 본사가 정보공개서를 누락했거나 허위로 기재한 경우, 혹은 계약서에 반드시 들어가야 할 조항이 빠졌다면, 그것은 가맹사업법 위반에 해당할 수 있고 실제로 과징금, 시정명령, 계약 해지의 사유가 되기도 한다.

결국, 우리가 본사로부터 듣는 "이건 법으로 정해진 겁니다."라는 말은 무조건 따라야 하는 명령이 아니라, 법률상 정해진 근거가 있는지 점검하고 판단해야 하는 부분이라는 것이다.

가맹사업법은 단순히 본사 편을 들어주는 법이 아니라, 가맹점주가 부당한 요구로부터 자신을 보호할 수 있는 법적 무기이기도 하다. 대통령령이라는 표현이 들어갔다고 해서 어려운 행정 규정이라고 오해할 필요는 없다. 그것은 법의 연장선에 있는 강제 규정이며, 실질적인 영향을 주는 법률의 일부라고 이해하면 된다.

　요약하자면 가맹사업법은 국회가 만든 강력한 법률이고, 그 법의 구체적인 내용들은 대통령령으로 정해지며, 이 두 가지는 모두 가맹점 운영 전반에 매우 직접적이고 실질적인 영향을 주는 법적 기준이다.

　따라서 프랜차이즈를 운영하는 점주님들께서는 어떤 정책이나 요구가 나왔을 때, 그 요구가 법률 또는 대통령령에 근거한 것인지, 단순한 본사의 내부 기준인지를 구분하여 판단하는 것이 중요하다.
이 구분이 향후 운영의 안정성과 권리 보호에 큰 영향을 미치게 된다.

13부

창업 전 함정 분석: 계약서의 덫과 말의 마법

서 문

많은 점주가 실패한 뒤에 말한다.
"그때 왜 그걸 몰랐을까."
"계약서에 그렇게 쓰여 있을 줄은 몰랐어요."
"본사 직원이 그렇게 설명하길래 믿었죠."
그러나 문제는, 몰랐다고 해서 책임이 면제되지 않는다는 데 있다.
프랜차이즈 계약은 의외로 단순하다. 모든 리스크는 점주에게 있고, 본사는 계약서대로만 움직이면 된다는 논리다.

이 장에서는 '계약 전 반드시 의심해야 할 말들', '표면 아래 감춰진 구조적 함정', '점주가 가장 많이 빠지는 착각과 자기 합리화'들을 하나하나 분석한다. 그리고 이 모든 것이 종국에는 "왜 나는 사인했고, 나는 왜 당했는가?"라는 질문으로 연결된다.

누군가는 말한다.
"계약 전에 설명을 잘 들었어야지."
"사인을 했다는 건 동의했다는 거지."
그러나 그 말이 성립하려면 점주가 모든 정보를 이해하고, 비교하고, 선택할 수 있는 상태였어야 한다. 하지만 현실은 그렇지 않다. 본사는 이미 시스템과 언어를 알고 있다. 점주는 처음이자 마지막일지도 모르는 계약서를 앞에 둔 채, 수천만 원에서 수억 원을 투입하려 한다. 이 구조에서 '사인'은 정보의 교환이 아니라 압력의 결과다.

이 장은 어떤 점주에게는 과거의 복기이고, 어떤 창업자에게는 미래의 경고다. 말과 계약은 다르고, 설명과 문장은 다르며, 느낌과 구조는 다르다.
창업은 선택이다. 그러나 그 선택이 함정 위에 놓여 있다면, 점주는 선택한 것이 아니라 말려든 것이다.
우리는 이제, 가장 위험한 말들과 가장 교묘한 문장들, 그 안에 숨어 있는 진짜 구조를 들여다본다.

1장
"매출 보장된다"는 말의 실체

"매출은 최소 이 정도는 나옵니다."
"다른 매장들은 월 2천은 기본이에요."
"장사 잘되니까 걱정 마세요."
계약 전에 본사 담당자에게 가장 자주 듣는 말이다.
그리고 점주는 그 말을 믿고 투자한다. '보장'은 안 했지만, '확신'처럼 들렸고, 사인한 순간부터 그 수치는 내 기대가 된다.
하지만 그 매출은 누구의 매출인가? 어떤 위치의 매장이고, 어떤 시기의 수치인가? 지속적인 것인가, 개업 초기 '오픈빨'인가? 점주는 묻지 못했고, 본사는 설명하지 않았다.

가맹사업법은 본사가 매출을 보장하거나 오해의 소지가 있는 말을 하는 것을 명백히 금지하고 있다. 그럼에도 불구하고 이런 말들이 사라지지 않는 이유는, 이 말이 '계약서에 남지 않기 때문'이다.
"그렇게 말한 적 없습니다."
"상담 중이었고, 결정은 점주님이 하신 거죠."
말은 사라지고, 책임은 남는다.

본사가 제공하는 수익 시뮬레이션도 마찬가지다. '예상 수익', '평균 매출', '모델 사례'라는 이름으로 제공되지만, 어디까지나 참고일 뿐이고, 계약서에는 "실제와 차이가 있을 수 있음"이라는 문장이 빠지지 않는다.

점주는 이런 숫자를 보고 예상 수익률을 계산하고, 투자 회수 기간을 상상하고, 가족과 미래를 설계한다. 그러나 그 기대는 어디에도 기록되지 않고, 현실은 언제나 "당신이 잘못 운영한 겁니다."라는 말로 수렴된다.

'보장'은 법적으로도 불가능한 표현이다. 그렇기 때문에 오히려, 비공식적으로 빈번하게 사용된다.

이 말은 계약 전 가장 강력한 무기이자, 계약 후 가장 잔인한 함정이다. 점주는 믿고 싶다. 본사는 팔고 싶다. 그 중간에 서 있는 말이 "잘됩니다."이다.

'보장'이라는 단어가 나오는 순간, 당신은 사인하기 전에 질문해야 한다.

"그 수치의 근거는 어디 있습니까?"

"제 매장과 조건이 같습니까?"

"이 말이 계약서에 포함되나요?"

그 질문을 하지 않으면, 그 매출은 당신 것이 아니고, 그 책임만 당신 것이 된다. 프랜차이즈에서 가장 흔한 피해자 유형은 '매출은 들었지만, 근거는 듣지 못한 사람'이다.

"이 자리는 무조건 됩니다"의 심리 함정

"여기는 자리 하나만 나면 바로 들어옵니다."

"대형 상권이라 이 자리는 경쟁도 없어요."

"주변에 유동 인구 보셨죠? '자리빨'만으로도 충분해요."

이런 말은 점주의 귀를 사로잡는다. 숫자보다 감각이 먼저 반응하고, 마음이 먼저 끌린다. 그 순간 계약은 이미 절반쯤 끝난 것이다.

창업에서 입지는 중요하다. 하지만 입지는 만능이 아니다. 문제는, 이 말을 하는 쪽은 늘 본사라는 점이다. 본사는 자리를 먼저 보는 것이 아니라, 어떤 자리든 사람을 먼저 앉혀야만 수익이 생기는 구조를 가지고 있다.

즉, 자리가 좋아서 계약을 권하는 것이 아니라 누군가 계약을 해 줘야 그 자리가 의미가 있는 것이다. "이 자리는 무조건 됩니다."라는 말은 그래서 위험하다. 객관이 아니라 설득이기 때문이다.

이 말은 특히 점주가 '자리 보는 눈'이 없을 때 더 강력하게 작동한다. 점주는 "나는 창업은 처음이고, 본사는 많이 해 봤으니까."라고 생각한다. 그 순간 판단의 권한을 내어주고, 입지 평가를 믿음의 문제로 전환하게 된다.

그러나 입지는 단지 상권이 아니라 구조다. 경쟁 브랜드는 무엇인지, 출퇴근 동선과 체류 고객 비중은 어떻게 되는지, 낮과 밤의 매출 비중은 어디에 쏠리는지, 인근 점포 폐업률은 어떤지, 주차, 접근성, 배달 매출 전환 가능성은 있는지, 이 모든 걸 살펴야 '된다'는 말이 비로소 데이터가 된다.

그러나 대부분의 점주는 이 질문을 하지 못하고 본사 담당자의 감각적 표현만을 기준으로 삼는다.

"예감이 좋다."

"여기 오래된 맛집 골목이라 손님 많다."

"배달권역 좋아요." 이런 말들.

본사는 자리의 장점만을 말한다. 단점은 계약 후에야 스스로 겪으며 알게 된다. 그때는 이미 계약금도 들어갔고, 점포도 공사 중이다.

"이 자리는 됩니다."라는 말이 무섭게 들릴 수 있어야 한다. 그 말이 나왔을 때, 점주는 오히려 물어야 한다.

"이 자리가 된다면, 왜 지금까지 비어 있었습니까?"

"이전 점주는 왜 나갔습니까?"

"본사가 입지 분석한 자료가 있습니까?"

좋은 자리는 본사가 설명하지 않아도 계약된다. '설명해야만 하는 자리'일수록 의심이 필요하다. 본사가 말한 입지의 명당은, 당신에겐 실패의 무덤이 될 수도 있다.

"전부 교육해 드려요"와 '운영 책임'의 전가

"운영은 본사에서 다 알려 드립니다."
"조리도 간단하고, 하루만 교육받아도 누구나 할 수 있어요."
"창업 초보자도 금방 익힐 수 있게 다 시스템화되어 있어요."
이 말은 점주에게 안심을 준다.

모든 게 익숙하지 않은 상황에서, '다 해 드린다'는 말만큼 강력한 설득은 없다. 그리고 점주는 '운영 부담'이라는 두려움을 내려놓고, 대신 '신뢰'라는 손잡이를 붙든다.

그러나 이 말은 반드시 물어야 한다.
"무엇을 어떻게, 어디까지 교육합니까?"
대부분의 프랜차이즈 본사는 3일~7일 내외의 운영 교육을 제공한다. 조리법, 메뉴 구성, 위생 관리, 고객 응대, POS 사용법 등 핵심 내용을 전달한다. 하지만 문제는 교육의 '범위'가 아니라, 교육의 '깊이'다.

점주는 운영을 배운다고 생각하지만, 실제로는 '매뉴얼을 읽는 시간'을 제공받는 경우가 많다.

현장 상황, 변수 대응, 매출 분석, 노무관리, 배달 앱 최적화, 세무 회계, 손익 분석 같은 실제 경영의 핵심은 대부분 "직접 해 보시면 익혀집니다."라는 말로 넘어간다.

게다가 교육의 품질은 지점마다, 시기마다, 담당자마다 천차만별이다. 어떤 교육장은 기초조차 제공하지 않고, 본사의 담당자가 바뀌거나 브랜드가 확장기에 들어가면 교육 인력조차 부족해진다.

그럼에도 계약서에는 이렇게 쓰여 있다.
"본사는 교육을 이수한 점주가 독립적으로 운영하는 것을 전제로 하며, 운영 결과에 대한 책임은 점주에게 있음."
즉, 본사는 교육을 '했기 때문에', 점주의 운영 실패에 책임이 없다는 입장을 갖는다.

처음부터 끝까지 "교육 다 해 드립니다."라고 했지만, 실패하면 "이건 점주님 책임이에요."가 되는 구조. 이 말은 약속이 아니라 책임의 회피다.
교육은 의무다. 하지만 그 의무가 '면피용 전달'에 머물러 있다면, 그건 책임의 전가일 뿐이다.
점주는 반드시 물어야 한다.
"교육 커리큘럼을 보여줄 수 있나요?"
"오픈 후 현장 지원은 며칠이나 진행되나요?"
"기존 점주들이 교육에 대해 어떻게 평가하나요?"
본사가 말하는 "누구나 쉽게 할 수 있어요."라는 말은 운영이 쉬운 게 아니라 책임이 점주에게 있다는 뜻일 수도 있다.
가장 복잡한 구조는, '쉬워 보이지만, 실패는 오롯이 당신 탓'이라는 프랜차이즈 교육이다.

"계약서는 그냥 형식이에요"의 위험성

"계약서 내용은 다 형식적인 거예요."

"실제 운영하면서 융통성 있게 다 처리돼요."
"너무 딱딱하게 보지 마시고, 믿고 맡기시면 됩니다."
이 말은 계약 직전에 자주 등장한다. 조항이 부담되거나, 해석이 애매할 때, 본사 담당자는 '말'로 설명을 덧붙인다.

점주는 그 말을 믿고 사인한다. 하지만 나중에 문제가 생기면, 계약서가 법이고 말은 사라진다.
가맹계약서는 민법과 가맹사업법의 적용을 받는 공식적 계약 문서다. 그 안에 적힌 조항 하나하나는 '그럴 수도 있다'가 아니라 '그대로 적용된다'를 뜻한다. "그 조항은 실제로는 안 써요."라는 말은 아무런 효력이 없다.

재판정에서는 말보다 문장이 우선이고, 설명보다 서명이 강하다.
문제는 많은 점주들이 계약서를 충분히 읽지 않고, 이해하지 못한 상태에서 사인한다는 것이다.
내용이 길고 법률 용어가 많고, 담당자가 "다들 그냥 사인하신다."라고 말하면, 점주는 서류를 넘기며 스스로를 설득한다.
"이건 어차피 다 정해진 거니까."
"내가 따지 걸면 괜히 계약만 늦춰질지도 몰라."
"어차피 본사에서 알아서 운영할 테니."

그러나 그런 생각이 만든 계약은 나중에 점주를 가장 아프게 한다. 상권 침해, 일방적 가격 변경, 강제 리뉴얼, 계약 해지, 로열티 인상, 위약금 청구… 이 모든 것이 계약서에 이미 적혀 있던 내용이었다.
"그때 설명과 다르잖아요."라는 말은 본사에겐 기억이지만, 점주에겐 손해다.
특히 주의해야 할 조항은 다음과 같다.

– 계약 해지 요건: '정당한 사유 없이' 또는 '본사 판단에 따라'라는 문구,

- **상권 보장 범위:** 보장 반경이 너무 좁거나 '예외 조항'이 많은 경우
- **물품 공급 강제:** 공급처 및 가격 변경 가능성 조항
- **교육·지원·마케팅의 비구속성:** '본사 재량' 또는 '협의에 따라 조정'이라는 표현

계약서는 말보다 냉정하다. 점주가 믿은 것은 설명이지만, 본사가 근거로 내미는 건 문서다. 그러므로 계약서에 사인하기 전, 점주는 이렇게 물어야 한다.

"이 조항은 실제로 어떻게 적용되나요?"

"구두 설명과 다르면 어느 쪽이 우선인가요?"

"이 내용을 제가 별도로 검토해도 되겠죠?"

'형식'이라고 말하는 계약서가 실제로는 가장 결정적인 무기가 된다. 문장은 감정이 없고, 계약은 변명도 기억하지 않는다.

"초도 물량, 인테리어는 기본이죠"라는 말의 비용

"초도 물량은 기본이죠."

"오픈 준비에 필요한 건 본사에서 다 패키지로 드려요."

"인테리어는 브랜드 정체성이니까요."

창업을 결심한 예비 점주에게 이 말은 '편리함'으로 들린다.

이것저것 신경 쓰지 않아도, 본사에서 알아서 해 주고, 준비물까지 다 세팅해 주는 느낌. 그러나 그 말 뒤에는 숫자가 숨겨져 있다.

초도 물량은 매장 오픈을 앞두고 본사에서 공급하는 초기 상품이다. 식재료, 포장재, 유니폼, 청소용품, 소스, 메뉴판, 간판, 매장용 앱 단말기, 마케팅 키트 등 항목은 브랜드마다 다르지만, 금액은 수백만 원대에 이른다. 이 항목은 '패

키지'라는 이름으로 묶여 제공되며, 점주는 그 구성을 선택할 수 없다.

문제는 그 수량이 실제로 필요한 양을 초과하는 경우가 많다는 것이다. 보통 오픈 초기 물량은 '공급 우선'보다 '수익 확보'가 먼저 고려된다. 그렇기에 사용 기한이 짧은 식재료가 포함되기도 하고, 판매량을 예측하지 못한 채 물류창고 수준의 재고가 들어오기도 한다.

점주는 이를 오픈 준비로 생각하지만, 본사 입장에서는 첫 번째 확정 매출이다. 계약 체결 후 가장 먼저 발생하는 수익이 바로 초도 물량 판매다. 이 물량의 단가에는 유통 마진, 로열티, 운영비 등이 포함되어 있고, 본사는 이 한 번의 거래로 수십만~수백만 원의 수익을 확보한다.

인테리어도 마찬가지다. '브랜드 정체성 유지'라는 명분 아래 본사는 '지정업체'만 사용하게 하며, 디자인, 자재, 시공업체까지 본사와 연결된 구조 안에서 처리된다. 점주는 선택권이 없고 견적 비교도 불가능하다.

가격은 시중보다 20~30% 높고, 브랜드 내부의 리베이트 구조로 인해 실제 시공업체는 낮은 단가로 작업을 수행하며 품질 문제까지 발생하는 경우도 있다. 심지어 인테리어에는 '간접비' 또는 '감리비'라는 이름으로 본사 혹은 중간관리자에게 돌아가는 비용이 포함되기도 한다.

이 금액은 계약서에는 명시되지 않지만, 시공 견적서에 자연스럽게 녹아 있다.

"기본이에요."라는 말은 편하게 들리지만, 그 안에는 기본이 아닌 비용이 숨어 있다. 점주는 구조를 모르고 사인하지만, 본사는 이미 이 구조로 매출을 설계한다.

준비물은 정성으로 챙겨야 하는데, 이 구조에서는 비용으로 짜인 상차림이 된다. 초도 물량과 인테리어, 이 두 항목은 계약 직후 본사가 가장 먼저 돈을 버는 포인트다.

"기본이니까요."라는 말이 나올 때, 점주는 물어야 한다.
"이 구성은 변경이 가능한가요?"
"내가 직접 조달하거나 견적 비교를 할 수 있나요?"
"이 비용의 세부 항목과 단가는 확인할 수 있나요?"
기본이라는 말은 가장 강력한 강요가 될 수 있다. 초도 물량도, 인테리어도, 비용 구조도 투명하지 않으면 전부 함정이다.

✅ 교훈 계약서에 숨은 함정을 읽는 법

계약서는 법적 문서다. 하지만 프랜차이즈 계약서에서 법은 형식일 뿐이다. 관행과 설계, 해석권을 쥔 쪽이 진짜 힘을 가진다.

점주는 계약서를 받는 순간부터 '읽는 사람'이 아니라 '서명하는 사람'으로 자리매김된다. 대부분은 계약서에 무엇이 들어 있는지 보지 못한다. 아니, 볼 수 없는 상태다.

그 이유는 단순히 법적 지식의 부족 때문이 아니다. 더 중요한 건 점주의 심리 상태다. 점주는 계약 전에 냉정하지 않다.

장사하면 잘될 것 같고, 이번 기회를 놓치면 후회할 것 같다는 생각에 사로잡혀 있다. 이미 가게 안에 들어가 있는 마음으로 계약서를 대하게 된다. 본사는 이런 심리를 잘 안다. 수많은 계약과 폐점 데이터를 통해 점주가 어디서 흔들리는지 파악하고 있다.

그리고 말한다.

"과거에 문제가 있었지만, 지금은 보완됐고, 모든 건 점주님의 판단입니다."
책임은 넘기고 설명은 선택지처럼 포장한다.
결국 점주는 그 말에 안심한 채 서명한다. 계약서가 눈에 들어오지 않게 만든 건, 본사만이 아니라 점주의 조급함이다.

리뉴얼 조항은 대표적이다.
"브랜드 이미지 유지를 위해 본사의 요청에 따라 인테리어 리뉴얼을 시행할 수 있다."
표현은 협의지만, 현실은 지시다. 자율이라지만 거절할 수 없다.
법은 인테리어 강제를 금지하지만, '권고'라는 명분으로 정기 리뉴얼을 유도하며 점주에게 비용 부담을 전가한다.
점주는 본사의 브랜드를 위해 자기 매장을 지속적으로 갈아엎는 셈이다.

지정 물류 조항은 본사의 핵심 수익 루트다.
"점주는 지정된 업체를 통해 식자재를 구매해야 한다."
이 한 줄이 본사의 유통 마진을 고정 수익으로 만들어 준다. 점주는 시세보다 비싼 단가를 감수하며 다른 선택지를 가질 수 없다. 강매는 불공정 행위지만, 계약서에 '지정'이라는 단어 하나만 들어가면 합법처럼 작동한다.

위약금 조항도 치명적이다.
"계약 해지 시 잔여기간에 대한 위약금이 발생한다."
조항은 평범하지만 산정 기준은 모호하다.
본사 귀책사유가 명시되어 있어도 실제로는 대부분 점주가 책임을 진다. 해지는 자유지만 손실은 오롯이 점주의 몫이다. 여기에 남은 식자재, 장비 철거, 원상 복구까지 겹치면 손실은 배가된다.

광고비 조항은 점주의 고정비를 만든다.
"전국 단위 마케팅을 위해 매달 일정 금액을 분담한다."
문제는 이 비용이 개별 매장의 수익 증가와 직결되지 않으며, 사용내역조차 투명하게 공개되지 않는 경우가 많다는 점이다.

브랜드 이미지 관리의 주체는 본사지만 비용은 점주가 내고, 효과는 브랜드 전체에 귀속된다.

또 하나, 자동 갱신 조항.
"계약 종료 60일 전 서면 통보 없을 시 자동 연장된다."
이 문장 하나가 철수 타이밍을 놓치게 만든다.
갱신 통보 시점을 놓치면 위약금이 발생하거나 다시 몇 년간 계약이 묶인다. 종료보다 갱신 조건이 더 중요하다는 사실을 많은 점주가 뒤늦게 안다.

결국 계약서는 글자가 아니라 구조다. 점주가 냉정하지 않으면 계약서를 제대로 볼 수 없다. 본사는 점주의 조급함을 이해하고 활용한다. 점주는 구조를 모르고 마음으로 계약한다.

계약은 시작이 아니라 굴레일 수 있다. 그 굴레에 들어가기 전, 계약서뿐 아니라 자신의 상태도 함께 점검해야 한다. 계약서를 읽는다는 건 단순히 글자를 해석하는 것이 아니다. 그 문장 안에 숨어 있는 권력의 방향을 읽는 일이다.

13부에서의 공통점은 '말'이다.
그들의 말을 믿으면 안 된다. 말은 말일 뿐이고, 그 말은 법적 효력이 없다. 결국 계약서밖에 없다. 계약서 외에는 어떤 말도 도움이 되지 않는다.

위약금 분쟁 사례
그는 파스타를 말리고 싶다고 했다

2019년에 발생한 사례다. 박성민 씨는 40대 후반, 직장을 은퇴하고 인생 2막을 준비하던 평범한 가장이었다. 외식 창업을 고민하던 그는 지인의 추천으로 'O파스타'라는 프랜차이즈 브랜드에 관심을 갖게 되었다.

창업 설명회에 참여했을 때, 본사의 제안은 확신에 가까웠다.
"이 지역은 배후 수요가 좋고, 파스타 수요가 폭발적으로 늘고 있습니다."
"1일 매출 120만 원은 충분히 가능합니다."

그는 믿었다. 아니, 믿고 싶었다.

몇 번의 상담 후, 박 씨는 가맹계약서에 서명했다. 계약은 2년 단위였고, 위약금 조항은 "계약 해지 시 잔여기간에 비례해 위약금을 지급한다."라는 문구로 정리돼 있었다. 별다른 경고는 없었다.

그는 곧바로 상권 분석표에 나와 있던 상가로 점포를 계약했다. 총 투자 비용은 1억 5천만 원. 자녀 대학 등록금을 제외하고 가진 돈 대부분을 쏟아부었다.

하지만 가게는 오픈 초기부터 힘들었다. 매출은 하루 40만 원을 넘기기 힘들었고, 식자재 원가는 높고, 인건비는 빠듯했다. 몇 차례 본사에 문의했지만 돌아온 대답은 이랬다.

"처음엔 다 그렇습니다. 곧 입소문이 납니다. 조금만 버티세요."

그는 두 번째 계약 갱신 때 '매장 이미지 업그레이드'를 명분으로 인테리어 일부 리뉴얼도 진행해야 했다. 자비로 1,200만 원을 들였다. 계속해서 적자가 누적되던 어느 날, 그는 도저히 버틸 수 없다는 결론을 내렸다.

폐업을 선언했다. 그러자 본사로부터 청구서가 날아왔다.

[잔여 계약 20개월 × 월 위약금 220만 원 = 총 4,400만 원 청구]

그는 뒤늦게 계약서를 다시 꺼내 보았다. 처음 계약 당시 보지 못했던 별첨 합의서가 있었다. 거기엔 이렇게 쓰여 있었다.

"상기 가맹점이 계약 기간 내 자발적 해지 시, 월 220만 원의 위약금을 본사에 지급한다."

그리고 그는 그 문서에 서명한 상태였다. 그것도 본사 직원이 "형식상 필요한 거니까."라며 건넨 서류였다.

분노와 좌절 속에 박 씨는 법무법인을 통해 가맹사업법 제9조 제3항(매출 과장 제공 금지)을 근거로 대응에 나섰다.

그는 본사가 매출 정보를 실제 수익으로 오인하게끔 구성한 설명 자료를 확보했고, 과장된 기대치를 기반으로 계약을 유도한 정황을 입증해 냈다.

결국 본사는 위약금 청구를 철회했고, 오히려 박 씨에게 위로금 75만 원을 지급하는 선에서 사건은 마무리되었다.

몇 년이 지난 지금, 그는 말한다.

"그땐 무조건 잘될 줄 알았어요. 계약서보다 먼저 냉정해졌어야 했어요. 이제 누가 프랜차이즈 파스타 창업 상담을 하면, 저는 딱 한 마디만 해요. '계약서 말고, 먼저 당신 마음부터 들여다보세요.'"

교훈 — 뒤통수의 값, 4,400만 원

망해서 나가는 사람에게, 한때 같은 브랜드의 이름을 달고 장사했던 본사는 마지막 인사 대신 4,400만 원짜리 위약금 청구서를 던졌다. 계약은 해지됐지만 상처는 계속됐다.

그 점주는 매장 폐점이라는 고통에 이어, 소송이라는 긴 터널을 통과해야 했다. 결국 위약금은 철회됐지만, 시간과 감정, 비용은 누구도 돌려주지 않았다.

이게 바로 프랜차이즈의 민낯이다. 화려한 메뉴 사진과 창업 성공 스토리 뒤에 감춰진 구조는, 이익은 본사가 챙기고 손실은 점주가 감당하는 시스템이다. 우리는 이 한 사람의 사례를 단순한 '특별한 사건'으로 넘기면 안 된다. 이건 구조의 결과다. 구조가 그렇게 설계되어 있고, 그 안에 들어간 사람은 언젠가 부딪히게 되어 있다.

그래서 우리는 질문해야 한다.
"이 구조는 나에게 유리한가?"
"계약서는 나를 지켜 주는가, 아니면 나를 묶는가?"
"이 시스템은 성공보다 실패를 어떻게 처리하는가?"

이런 질문도 하지 않은 채 창업이 유행이니까', '이번엔 다를 거 같아서', '지금이 기회 같아서' 덤비는 사람은 실패해도 누구를 탓할 수 없다. 경고를 들었고, 사례를 봤고, 구조를 알았으니까.

프랜차이즈 창업은 도전이 아니라 계약이다. 계약은 철저한 계산이 먼저고, 질문은 의무다. 판단 없이 시작한 창업은 실패해도 할 말이 없는 일이다.

편의점 창업, 위약금의 덫에 빠지다

김영수 씨는 50대 초반의 가장으로, 퇴직 후 안정적인 수입을 위해 편의점 창업을 결심했다.

본사의 설명회에서 "하루 매출 150만 원 이상은 보장된다."는 말을 듣고, 그는 가맹계약서에 서명했다.

계약서에는 '계약 해지 시 잔여기간에 비례한 위약금을 지급한다'는 조항이 포함되어 있었지만, 김 씨는 이를 깊이 고민하지 않았다.

매장 오픈 후, 초기 몇 주간은 매출이 괜찮았다. 그러나 시간이 지나면서 매출은 급격히 하락했고, 인근에 동일 브랜드의 다른 매장이 생기면서 상황은 더욱 악화되었다. 김 씨는 본사에 지원을 요청했지만, 돌아온 답변은 "계약서에 따라 운영해야 한다."라는 말뿐이었다.

결국 김 씨는 폐점을 결정했고, 본사는 잔여 계약 기간에 따른 위약금 3,600만 원을 청구했다.

김 씨는 경기도 공정거래지원센터에 분쟁 조정을 신청했고, 조사관의 중재를 통해 위약금을 1,000만 원으로 감면받을 수 있었다.

이 사례는 가맹계약서의 위약금 조항이 실제로 어떻게 작동하는지를 보여 준다. 계약서의 조항을 꼼꼼히 검토하지 않고 서명할 경우, 예상치 못한 큰 부담을 안게 될 수 있다. 또한, 본사의 과장된 매출 정보 제공이 법적 책임으로 이어질 수 있다는 점에서 중요한 시사점을 제공한다.

이러한 사례를 통해, 점주들은 계약 전 충분한 검토와 법적 자문을 받는 것이 중요하다는 교훈을 얻을 수 있다. 또한, 위약금 조항의 실제 작동 방식과 그로 인한 부담을 명확히 이해하고, 필요시 공정거래지원센터와 같은 기관의 도움을 받는 것이 필요하다.

출구 전략 없는 희망의 비행은, 결국 착륙이 아니라 추락으로 이어질 수 있다. 비행기는 추락을 대비해 매뉴얼을 준비하고, 선박 역시 침몰을 대비해 구명정을 갖춘다. 이들은 추락이나 침몰을 바라지 않지만, 만약의 사태에 대비해 비용을 들여 안전장치를 마련한다. 그래야 불행을 최소화할 수 있기 때문이다.

가맹사업을 하고자 하는 점주들의 마음은 대부분 희망적이다. 그것이 오히려 문제다. 창업은 언제나 기대감과 긍정적인 시나리오로 시작된다. 그러나 사업의 기본은 '출구 전략'이다.

들어갈 생각만 하고 나올 방법을 준비하지 않는다면, 그 희망은 구조선이 아니라 함정이 된다.

경제학 용어에는 '연착륙'이라는 말이 있다. 거친 시장 속에서도 부드럽게 착지할 수 있는 기술과 전략을 말한다.

사업도 마찬가지다. 사업의 구조를 이해하고, 철수 시기를 판단할 수 있어야 한다.

그러나 프랜차이즈 가맹점주 다수는 '나갈 수 있는 출구'를 설계하지 않은 채, '잘 될 것'이라는 감정에 이끌려 진입한다. 본사는 그 희망을 부추기고, 점주는 현실을 잊는다.

출구 전략이 없는 창업의 끝은 연착륙이 아니다. 그것은 추락이다. 연착륙은 다치지 않고 끝낼 수 있는 시나리오를 준비하는 것이고, 추락은 무너지는 것이다. 실패한 가맹점들이 입을 모아 말한다.

"들어갈 땐 설명서가 있었지만, 나올 땐 아무것도 없었다."

따라서 사업을 시작하기 전, 반드시 '망했을 때의 그림'을 그려야 한다. 우리의 전통적인 정서에는 안 좋은 예상이나 망할지도 모르니 대비하고자 하는 말을 하면 재수 없다고 치부하며 부정한다. 하지만 사업은 그런 차원이 아니다. 잘 안될 경우를 대비한 자금 여유, 폐업 시 임대차 계약의 잔여기간, 권리금 회수 가능성, 철거·원상복구 비용, 위약금 발생 여부 등 퇴장을 위한 정보와 비용 구조를 미리 검토해야 한다.

　프랜차이즈 계약은 출발보다 철수가 훨씬 중요하다. 왜냐하면, 망해도 본사는 살아남지만, 점주는 끝이기 때문이다.

14부

건전한 프랜차이즈란 무엇인가

> • 서 문

상생의 구조는 가능한가

이 책의 앞 장까지는 가혹한 현실을 기록해 왔다. 왜 점주들이 반복해서 망하는지, 본사가 구조적으로 어떻게 수익을 챙기는지, 그 과정에서 무엇이 '계약'이라는 이름으로 정당화되는지를 낱낱이 살펴보았다.

그러나 여기서 멈출 수는 없다. 모든 프랜차이즈가 나쁜 것은 아니다. 문제는 시스템이 아니라, 그 시스템을 어떻게 설계하고 운영하느냐의 문제다.
분명히 존재한다. 가맹점주와 이익을 나누고, 상권을 보호하며, 경청하고, 리스크를 함께 짊어지는 프랜차이즈.
'함께 사는 법'을 알고 실천하는 브랜드들.
이 장에서는 그런 브랜드들의 철학과 구조를 짚어 본다.

그들은 어떻게 계약을 쓰고, 어떻게 비용을 책정하며, 어떻게 점주의 성공을 본사의 성공으로 연결시키는가.
그리고 무엇보다 중요한 질문 하나. 이런 모델은 과연 재현 가능한가? 한국에서도 가능한가? 점주와 본사가 함께 잘사는 구조는 꿈이 아니라 현실이 될 수 있는가?
이 장은 고발이 아니라 제안이다. 이제, 프랜차이즈의 '가능성'을 꺼내 보자.

1장

철학이 있는 브랜드는 무엇이 다른가

프랜차이즈는 사업이지만, 브랜드가 사람을 다룬다면 그것은 철학이 된다. 철학이 없는 프랜차이즈는 수익 구조만 존재하고, 철학이 있는 프랜차이즈는 관계 구조가 존재한다.

철학은 메뉴를 만들지 않는다. 그러나 메뉴를 고르고 버리는 기준을 만든다. 철학은 수익을 만들지 않는다. 그러나 어떤 비용을 본사가 감당하고 어떤 이익을 점주에게 남길지 결정하는 '의지'가 된다.

우리는 종종 이런 질문을 해야 한다.

"이 브랜드는 왜 존재하는가?"

"누가 누구를 위해 이 구조를 만들었는가?"

철학이 있는 브랜드는 이 질문에 대답할 수 있다.

예를 들어 보자. 어떤 브랜드는 매장 수보다 '폐점률'을 내부 성과지표로 관리한다. 단순히 얼마나 늘렸는가가 아니라, 얼마나 함께 살아남았는가를 중요하게 여긴다.

어떤 브랜드는 매출보다 '점주의 수익률'을 측정한다. "장사 잘돼요."라는 말보다 "얼마 남습니까?"라는 질문을 본사 스스로 던진다.

어떤 브랜드는 전 직원을 점포 경험자 중심으로 뽑는다. 현장을 모르고 책상 위에서 의사결정을 하지 않겠다는 철학이다.

어떤 브랜드는 리뉴얼을 브랜드 이미지가 아니라 점주의 생존 기준에 맞춰 조정한다. 같은 매장을 한 번 더 쓰는 것을 자랑으로 여긴다.

이들은 말로만 상생을 이야기하지 않는다. 계약서에, 정책에, 매뉴얼에, 재무구조에 그 철학을 새긴다.

철학이란 결국 이익보다 관계를 먼저 보는 태도다. 브랜드 이미지가 아니라 운영자의 숨소리를 먼저 듣는 감각이다.

철학이 있는 브랜드는 매출보다 버팀의 시간을 계산한다. 화려한 입지보다 조용한 이익을 존중한다. 가장 중요한 건, 점주를 '파트너'로 보는가, '고객'으로 보는가의 차이다.

철학 없는 브랜드는 계약으로 시작해 책임으로 끝난다. 철학 있는 브랜드는 설명으로 시작해 신뢰로 지속된다.

프랜차이즈는 시스템이다. 그러나 철학이 깔려 있지 않은 시스템은 언제든지 사람을 수단으로 만든다.

철학은 말이 아니라 구조다. 구조는 말보다 오래 남는다.

상생의 계약 구조란 어떤 것인가

'상생'이라는 말은 프랜차이즈 업계에서 가장 많이 쓰이지만, 정작 계약서 안에서는 보기 어렵다.

대부분의 계약서는 본사의 권한을 명시하고, 점주의 의무를 열거하며 책임의 귀속을 분명히 한다. 상생은 말로는 쉬워도 문장으로는 어렵다. 그렇다면 상생의 계약 구조는 어떻게 만들어지는가?

첫째, 정보의 비대칭을 줄이는 것에서 출발한다.

본사는 점주보다 훨씬 더 많은 정보와 경험, 자원을 갖고 있다.

상생 계약은 이를 전제로 하고, 점주에게 계약 전 충분한 정보 공개와 검토 시간을 제공하는 데서 시작한다.

둘째, 위험을 나누는 조항이 존재해야 한다. 손해가 발생했을 때 모든 책임이 점주에게만 돌아가도록 설계된 계약은 이미 상생이 아니다.
  가령 예상치 못한 공사비 증가나 상권 실패가 발생했을 경우, 일정 부분을 본사가 함께 분담하거나 위약금 부담을 유예하는 조항이 포함될 수 있다. 그래야 본사도 신중해질 수 있다.

셋째, 유연성과 협의 가능성이 명시되어야 한다. '본사 판단에 따라', '재량으로 결정'이라는 표현은 점주에게 협상의 여지를 주지 않는다.
  대신 '상호 협의 후 조정 가능', '양측의 서면 동의 하에 변경'과 같은 문장이 들어가야 진정한 공동 경영의 틀이라 할 수 있다.

넷째, 계약 해지 및 갱신의 조건이 명확하고 공정해야 한다. 계약을 유지하거나 종료할 수 있는 기준이 본사에만 유리하게 설정되어 있다면, 점주는 언제든 일방적으로 계약을 잃을 수 있다.
  반면 상생 계약은 재계약 기준을 명확히 제시하고, 일정 기간 전 통보와 구제 절차를 명시함으로써 점주의 안정성을 보장한다.

다섯째, 수익의 구조가 투명해야 한다. 로열티, 광고비, 물류비, 교육비, 리뉴얼 비용 등 모든 고정비는 그 산정 기준과 사용 목적이 명확히 계약서에 기재되어야 한다.

상생 계약은 단지 '불공정하지 않은 계약'이 아니다. 그것은 점주의 관점에서 불안을 줄이고, 본사의 입장에서도 신뢰를 쌓는 도구다. 계약이란 서로를 의심하지 않기 위한 장치가 아니라 의심을 투명하게 해소할 수 있는 구조여야 한다.

상생은 말로 약속되지 않는다.

상생은 반드시 문장으로 남아야 한다.

좋은 계약은 누구의 손도 묶지 않지만, 누구도 혼자 쓰러지지 않게 한다.

본사 대표가 직접 듣고 움직이는 브랜드들

프랜차이즈 브랜드는 커질수록 점주와 대표 사이의 거리가 멀어진다. 한때는 전화 한 통이면 대표를 만날 수 있었던 시절이 있었지만, 매장이 수백 개로 늘어나면 대부분의 브랜드는 점주를 관리의 대상으로만 바라보게 된다. '소통'이라는 말은 남지만, 실제로는 슈퍼바이저, 영업팀, 기획실을 거친 보고서 한 장이 점주의 목소리를 대신하게 된다.

그러나 소수지만, 여전히 대표가 직접 점주와 대화하고, 현장의 이야기를 '진짜 일'로 받아들이는 브랜드들이 있다.

그들은 커뮤니케이션을 '형식'이 아니라 '운영 시스템'으로 만든다.

어떤 브랜드는 대표 명의의 메일을 통해 매달 가맹점주의 목소리를 받는다. 그리고 그 질문에 직접 답하고, 정책으로 반영하거나 개선안을 공식 발표한다. 답변이 늦어질 경우, 지연 사유와 일정까지 알린다.

어떤 브랜드는 가맹점주협의회를 조직하고 분기마다 경영진과 대면 회의를 진행한다. 회의록은 모두 공개되며 주요 사안은 찬반 투표로 결정한다.

어떤 브랜드는 신규 정책 시행 전 '점주 사전 설명회'를 의무화한다. 설명 없이 바뀌는 운영 방식은 없고, 정책 시행 이후에도 사후 점검을 통해 개선을 반복한다.

어떤 대표는 주 1회 이상 직접 점포를 방문한다. 그 자리가 불편하더라도, 눈으로 보고 귀로 듣는 것을 포기하지 않는다. 대표는 시스템 뒤에 숨지 않고, 가맹사업은 결국 사람의 일이라는 것을 기억한다.

이런 브랜드들의 공통점은 소통을 '전달'이 아니라 '응답'으로 여긴다는 점이다. 말만 듣는 것이 아니라, 듣고 바꾸는 것이다.

본사는 점주의 의견을 '현장의 이야기'라고 표현하지만, 실제로는 '불만'이나 '건의'로만 취급한다.

그러나 대표가 직접 듣는 브랜드는 그 이야기를 '운영 리스크가 아니라, 성장의 단서'로 해석한다.

대표가 시스템 위에 있느냐, 시스템 안에 있느냐의 차이. 그것이 브랜드의 온도다.

거리가 멀어질수록, 브랜드는 효율적이지만 차가워진다. 대표가 귀를 닫으면, 점주는 입을 닫는다. 입을 닫는 점주가 많아지면, 브랜드는 어느 날 조용히 무너진다.

좋은 브랜드는 항상, 대표가 먼저 듣는다.

◆ 대표의 이름으로 묻고 듣는 브랜드 – '이메일 소통형'

'채널톡'은 점주와 고객사의 목소리를 단순한 '피드백'이 아닌 사업 개선의 출발점으로 삼는다.

이 회사는 대표 명의의 메일을 통해 매달 직접 의견을 수렴하고, 그에 대한 답변을 '정책'으로 연결한다. 답변이 늦어질 경우에도 사유와 향후 일정까지 함께 안내하여, 단순한 회신이 아닌 신뢰의 루틴을 만든다. 소통이 이벤트가 아닌 시스템일 때 가능한 일이다.

✅ 점주가 의사결정의 주체가 되는 브랜드 – '협의회 참여형'

'티오더'는 가맹점을 운영 파트너로 인정한다. 분기마다 열리는 점주협의회에는 주요 안건이 올라오고, 본사 경영진이 직접 참석해 논의한다.

이 회의의 특징은 '결정 구조'에 있다. 모든 회의록은 공개되며, 중요한 사안은 점주들의 찬반 투표를 거쳐 결정된다.

운영의 기준이 '통보'가 아닌 '합의'에 기반할 때, 점주는 브랜드의 고객이 아니라 공동 운영자가 된다.

✅ 설명 없이 바뀌는 건 아무것도 없는 브랜드 – '사전 설명형'

'스타벅스 코리아'는 정책 시행 전에 반드시 점주 대상 설명회를 연다. 지역별로 열린 설명회에서는 본사 운영팀이 직접 나와 정책의 배경과 목적을 공유하고 모든 질문에 응답한다. 시행 이후에도 사후 점검을 통해 개선안을 도출하고 이를 다시 현장에 적용한다. 설명회는 형식이 아니다. 변화가 현장에 스며들도록, 제도 이전에 신뢰를 설계하는 과정이다.

✅ 눈으로 보고 귀로 듣는 것을 포기하지 않는 브랜드 – '현장 방문형'

'한결가치'라는 브랜드의 대표는 말보다 먼저 걷는다. 그는 매주 한 번 이상 직접 매장과 생산 현장을 찾고, 그 자리에서 점주와 제작자의 목소리를 듣는다. 이러한 방문은 단순한 격려나 홍보가 아니라 실제 운영에 반영되는 데이터로 기능한다.

눈으로 본 것을 회의에서 공유하고, 들은 내용을 정책으로 만든다. 소통은 말이 아니라 발로 이뤄질 수 있다는 걸 증명하는 방식이다.

✅ 듣고, 바꾸는 브랜드의 공통점 – '응답 중심형' 운영 철학

이들 브랜드는 모두 '말을 듣는 것'에 멈추지 않는다. 중요한 것은 듣고 나서의 변화다. 질문에 답하고, 제안을 반영하고, 문제가 생기면 그 이유와 일정을 설명한다. 소통을 '전달'로 끝내지 않고, 반드시 '응답'으로 마무리한다. 그리고 그 응답은 다시 행동으로 이어진다. 이처럼 시스템과 문화가 맞물릴 때, 브랜드는 현장과 단절되지 않고 성장한다.

이처럼 서로 다른 방식의 소통을 실천하는 브랜드들의 사례를 살펴보면, 하나의 공통된 메시지가 드러난다. 그것은 바로 "소통은 시스템이며, 책임의 방식이다"라는 점이다.

어떤 브랜드는 이메일을, 어떤 브랜드는 설명회나 회의록을, 어떤 브랜드는 발걸음을 택한다. 방식은 다르지만, 이들이 공통적으로 보여 주는 핵심은 소통을 '전달'로 끝내지 않고, '응답'으로 완성한다는 데 있다.

중요한 건 듣고 있다는 제스처가 아니라, 듣고 난 후 무엇을 어떻게 바꿨는가다. 그리고 그 변화는 반드시 보이게 만들어야 한다. 눈에 보이는 설명회, 문서로 남는 회의록, 매주 반복되는 방문 같은 '형식'은 그래서 중요한 장치다. 형식은 진정성을 증명하는 매개이며, 반복될 때 신뢰가 된다.

결국 이것은 '좋은 소통'에 대한 이야기가 아니다. '신뢰를 지속 가능하게 만드는 운영 설계'에 대한 이야기다.

소통이 경영의 중심에 있는 브랜드는 위기가 와도 흔들리지 않는다. 점주와 현장이 신뢰라는 뿌리로 연결돼 있기 때문이다. 이 연결이 바로, 가맹사업이 '사람의 일'임을 잊지 않는 브랜드가 가진 가장 큰 경쟁력이다.

이 사례들을 단순한 '좋은 기업 이야기'로 소비하지 않길 바란다. 이것은 전략이자 구조이며, 선택 가능한 시스템이다. 그리고 지금도, 누군가는 이 시스템을 설계하고 있다.

4장
해외 우수 사례 vs 국내 실천 모델 비교

프랜차이즈 시스템은 미국에서 시작되었고, 전 세계로 퍼졌다. 그러나 그 구조는 단순히 수출된 것이 아니라, 각국의 문화와 제도에 따라 조정되고 진화해 왔다.

특히 미국과 유럽의 몇몇 브랜드는 '가맹본부의 수익'보다 '점주의 지속 가능성'을 핵심 경영 지표로 삼는 사례로 주목받고 있다.

대표적인 예가 미국의 칙필레(Chick-fil-A)다. 이 브랜드는 독특하게도 창업 비용을 본사가 거의 전액 부담하고, 점주는 '운영권'을 얻는 방식으로 참여한다. 대신 철저한 교육, 가치관 검증, 장기 운영 역량 등을 기준으로 점주를 선발하며, 점주는 본사와 '수익 나눔'의 구조로 계약을 맺는다.

또한 계약 갱신을 점주가 원하면 본사는 특별한 사유 없이 거절할 수 없다는 원칙을 갖고 있으며, 폐점률과 점주의 만족도가 브랜드 평가지표의 핵심 항목이다.

영국의 '프레타망제(Pret A Manger)'는 직원 복지와 근속률을 본사-가맹점 공동 목표로 설정하고, 일정 이상 성과를 낸 점포는 이익의 일부를 직원 보너스로 전환하는 구조를 운영한다. 점주의 이익이 곧 내부 구성원의 삶의 질로 연결되는 모델이다.

국내에서도 일부 긍정적 실천 사례가 존재한다.
'이삭토스트'는 가맹점 개설 시 보증금 및 가맹비 면제를 원칙으로 하며, 최대 3개월간 로열티 유예 정책을 운영한다.

또 가맹점주가 자율적으로 만든 '이삭협의회'와 정기적으로 소통하며, 신규 정책 시행 전 반드시 점주 설명회 및 의견 수렴 절차를 거친다.

또한 일부 지방 중심의 프랜차이즈 브랜드는 오히려 서울의 대형 브랜드보다 더 유연한 상생 모델을 실천하고 있다. 브랜드 확장보다는 지역 밀착형 운영, 점주 추천 기반의 신규 창업, 비공식 점검 없는 신뢰 운영 등의 방식을 통해 작지만 안정적인 생태계를 구축하는 경우도 늘고 있다.

이처럼 해외는 구조화된 시스템으로, 국내는 관계 기반의 실천으로 상생을 구현하고 있다. 두 방식은 다르지만 공통점은 분명하다. 브랜드는 점주를 단순한 고객이 아니라, 함께 운영하는 '플랫폼의 구성원'으로 인식한다는 점이다.

단순히 '팔 수 있는 구조'를 넘어, '같이 살아갈 수 있는 구조'를 만들 때, 프랜차이즈는 비로소 기업이 아니라 '함께 사는 브랜드'가 된다.

상생, 말이 아니라 구조로

프랜차이즈는 '확장'을 목적으로 한다. 그러나 그 확장이 점주의 삶을 위태롭게 만든다면, 그것은 시스템이 아니라 착취다. 지금까지 수많은 브랜드가 '성장'이라는 이름 아래 가맹점을 늘려왔고, 그 뒤에서 수많은 점주가 조용히 사라져 갔다.

우리는 이제 묻는다.

"이 시스템은 누구를 위한 것인가?"

"이 계약은 누가 안전하고, 누가 불안한가?"
"이 구조는 누군가에게만 이익이고, 누군가에게는 리스크인가?"

상생은 감정이 아니다. 구조다.

좋은 의도는 글로 남아야 하고, 계약서에 반영돼야 하며, 매출보다 오래 버틸 수 있어야 한다.

상생은 정답이 아니라 태도다.

이익을 나누려는 태도, 문제를 같이 풀려는 태도, 실패를 한 사람의 탓으로 돌리지 않으려는 태도. 이 태도가 시스템이 되면 프랜차이즈는 한 사람의 사업이 아니라 수많은 점주의 삶을 지지하는 생태계가 된다. 그때 비로소 브랜드는 살아남는 것이 아니라 살아 있게 된다.

> **교훈** **각성 없는 사람에게 구조는 반복된다**

이 모든 절차를 다 따랐는데도 망한 점주가 있다면, 그것은 안타까운 일이다. 정말로 불운이거나, 환경이 나빴을 수도 있다.

하지만 절차를 제대로 다 따져 본 사람은 대부분 시작조차 하지 않는다. 철저히 구조를 파악하고, 계약서를 해부하고, 수익 구조와 출구 전략을 계산한 사람은 대부분 그 구조 안으로 들어가지 않는다.

왜냐하면 본사보다 자신이 약하다는 걸 알고, 시스템이 자신에게 유리하지 않다는 걸 미리 알아차렸기 때문이다. 반대로, 아무것도 따지지 않고 들어간 사람은 실패해도 구조를 탓하기 전에 자신을 먼저 돌아봐야 한다. 계약서가 불리하게 구성된 건 맞지만, 그것을 읽지 않은 건 자기 자신이다.

리뉴얼이 강제되는 건 맞지만, 그것을 사전에 확인하지 않은 것도 본인이었다. 점주는 피해자일 수 있다. 그러나 모든 피해자가 책임에서 면제되는 것은 아니다. 무지와 침묵은 구조를 강화시키는 가장 조용한 공범이다.

계약은 감정으로 하는 것이 아니다. 감정은 쉽고 이성은 복잡하고 어렵기 때문이다.

창업은 희망으로 시작할 수 없다. 판단 없이 시작된 도전은 구조 앞에서 무너지고, 그 무너짐은 반드시 다음 사람의 실패로 이어진다.

철저한 각성 위에만 변화가 시작된다. 각성 없는 사람에게는 발전이 없고, 반복만 있을 뿐이다. 그리고 이 문장은 누군가를 꾸짖기 위해 쓰는 것이 아니다. 어쩌면 이 문장은 나 자신에게 가장 먼저 들려주고 싶은 말이다.

과거의 나, 덜 준비된 채 서명했던 나, 눈앞의 기대에 구조를 외면했던 나, 그 나에게 다시 묻는다.

"그때, 정말 다 봤는가?"

"계약서 너머의 구조까지 읽었는가?"

"그 시스템 안에서 살아남을 자신이 있었는가, 아니면 그저 버텨 보자는 마음뿐이었는가?"

프랜차이즈는 계속 존재할 것이다. 본사도 남을 것이다. 그리고 점주도 사라지지 않아야 한다.

그 생존은 냉정한 질문에서 시작되고, 철저한 준비에서 보장된다. 침묵하지 말고, 묻고, 의심하고, 거절할 줄 아는 점주가 돼라. 그래야 살아남는다.

15부

국내 외 분쟁 사례 분석

서문

점주들이 말하지 못한 이야기

모든 가맹점주는 계약서를 쓰며 꿈을 꾼다. 그 꿈은 매출이었고, 자유였고, 가족을 지킬 수 있는 기회였다. 그러나 그 꿈이 현실과 부딪히는 순간, 계약은 보호막이 아니라 벽이 된다.

이 장에서는 실제 국내에서 벌어진 프랜차이즈 분쟁 사례를 정리하고자 한다. 뉴스 기사로 잠깐 나왔다가 사라진 이야기, 공정위 문서에 몇 줄로 적힌 통계 속 숫자들, 그러나 그 안에는 점주들의 인생이 담겨 있다.

이 분쟁 사례들은 단순한 갈등이 아니다. 그 안에는 공통된 구조가 있다. 정보 불균형, 불공정 계약, 일방적 비용 전가, 리뉴얼 강제, 상권 침해, 계약 해지 통보, 권리금 박탈. 이 모든 단어는 '피해'로 기록되지만, 현장에서는 '점주 한 사람의 실패'로 둔갑된다.

이 장은 그 실패의 원인이 어디에 있었는지를 묻고, 법은 어떤 판단을 내렸는지를 기록하며, 같은 일이 반복되지 않도록 앞으로의 점주에게 경고를 남기려는 시도다.

이야기는 많지만, 말한 사람이 적다. 이제, 말하지 못한 사람들의 말이 되어 보려 한다.

1장

미스터피자
원재료 강매와 보복성 점검의 민낯

 2017년, 프랜차이즈 업계에 큰 충격을 던진 사건이 있었다. 국내 대표 피자 브랜드 중 하나였던 미스터피자가 공정거래위원회로부터 과징금 7억 2천만 원과 형사 고발 조치를 받은 것이다. 그 이유는 명백했다. 본사가 가맹점에 대해 원재료 강매, 보복성 점검, 불공정 계약 운영을 지속해 왔다는 사실이 드러났기 때문이다.

 가맹점주들은 본사가 지정한 유통회사를 통해 치즈, 소스, 포장재 등 주요 원재료를 시중보다 높은 가격에 구매해야만 했다.
 그리고 이 유통회사는 본사 대표의 친인척이 운영하는 회사였다. 가맹점은 선택권이 없었다.
 다른 곳에서 동일 품질의 원재료를 더 저렴하게 구해도 사용하지 못하게 하였고, 이를 어기면 본사 점검과 경고, 심지어 계약 해지 위협까지 받았다.

 문제는 단지 '비싸게 샀다'가 아니었다. 점주는 수익이 줄었고, 본사는 유통 이익까지 이중으로 챙기는 구조를 만들었다.
 점주 입장에서는 장사를 잘해도 이익이 줄었고, 점검이라는 이름으로 본사의 감시를 받아야 했다. 게다가 본사 비판 활동을 했던 일부 점주에게는 보복성 점검과 혐의 없는 징계가 가해졌다는 사실도 조사 결과 드러났다.
 실제로 한 가맹점주는 "가맹점주협의회를 만든 뒤부터 본사 점검 횟수가 급증했고, 자잘한 위생 문제로 경고장을 연이어 받았다."라고 증언했다.

이 사건은 단순한 계약 문제를 넘어, 브랜드 내부 권력 구조가 점주에게 어떻게 작용하는지를 보여 주는 사례였다.

계약은 점주가 자발적으로 사인한 것이었지만, 그 안에는 강제된 유통 구조와 불공정한 거래 환경이 숨겨져 있었다.

공정거래위원회는 이 사건을 통해 '가맹점이 선택할 수 없는 구조는 사실상 강제'라는 입장을 분명하게 했고, 본사 대표는 사법처리를 받았으며, 브랜드 이미지 또한 큰 타격을 입었다.

그러나 많은 점주들은 이 사건 이후에도 말을 아꼈다. 여전히 본사의 영향력은 컸고, 일부는 폐업했고, 일부는 침묵했다.

미스터피자 사태는 보여 준다.

가맹계약이라는 한 장의 종이 뒤에 누구는 사업을 하고, 누구는 복종을 한다면 그 구조는 이미 프랜차이즈가 아니다. 그것은 '수직적 계약'이고, 점주가 점주이기를 포기당한 구조다.

2장

BHC 치킨
광고비 논란과 집단행동의 출발점

2020년, BHC 치킨 가맹점주들은 본사를 상대로 집단행동에 나섰다. 가맹점협의회 명의로 입장문을 발표했고, 언론을 통해 광고비 부당 집행 및 본사 이익 편취 구조를 공개했다. 이 사건은 점주들이 본사의 수익 구조를 파헤치고, 집단으로 반기를 든 드문 사례였다.

사건의 핵심은 광고비였다. BHC는 가맹점에서 일정 비율의 매출을 '광고·

마케팅 분담금' 명목으로 본사에 납부받고 있었고, 이 비용은 연간 수백억 원에 달했다.

문제는 그 광고비가 정작 가맹점 매출에 도움이 되는 방식으로 쓰이지 않았다는 점이다. TV 광고는 대형 스타를 모델로 기용해 전국 캠페인을 벌였고, 일부 홍보비는 대형 온라인 마케팅 대행사나 스폰서십 형태로 쓰였다.

그러나 가맹점주 입장에서는 매장 인근 상권, 실제 유입 효과, 배달 앱 광고, 할인 행사 등 '실제 매출로 이어지는 현장 밀착형 광고'는 전무했다.
"우리가 낸 돈인데, 우리에게 해당되는 광고는 보지 못한다."라는 말이 매장에서 흘러나왔다. 게다가 일부 매장은 자체 광고를 하려 해도 본사의 브랜드 가이드라인에 막혔다. 광고비는 내지만, 광고는 하지 못하는 이중 구조. 점주 입장에서는 "돈을 냈는데 무언가를 통제당한다."라는 역설이었다.

가맹점협의회는 이 문제를 제기했고, 공정거래위원회는 광고비의 투명한 사용 여부와 사전 동의 없는 집행 방식에 대한 조사를 착수했다.
이 과정에서 본사의 광고비 집행 내역 일부가 '일반 마케팅 비용'이나 '비공개 경영 활동'으로 처리된 사실이 드러나며, 불신은 갈등으로 확산되었다.

점주들은 말했다.
"이 광고는 누구를 위한 광고인가."
"우리는 브랜드를 위해 광고비를 낸 것이 아니라, 매출을 올리기 위해 낸 것이다."
이 사건은 중요한 이정표가 되었다. 가맹점주들이 본사의 수익 구조를 '추적하고 해석한 첫 시도'였고, 모든 계약 항목은 그 사용내역까지 추적할 수 있어야 한다는 요구를 만들어 냈다.

이후 BHC는 광고비 집행 방식 일부를 조정했고, 이 사건은 광고비 분쟁이 더 이상 '감정적 항의'가 아니라 회계 구조, 수익 배분, 투명성이라는 이름으로 재정의될 수 있다는 가능성을 보여 줬다.

가맹점주는 이제 묻는다.

"내가 낸 돈은 어디로 갔습니까?"

그 질문을 막는 프랜차이즈는, 브랜드가 아니라 울타리 없는 본사일 뿐이다.

더본코리아의 B 브랜드의 구조적 한계
안전한가, 아니면 안전해 보이는가?

많은 예비 창업자들이 프랜차이즈를 선택할 때 가장 먼저 떠올리는 이름은 단연 'B 대표'이다. 요식업계의 신뢰 아이콘, 창업 멘토, 브랜드 성공의 대명사. 실제로 더본코리아가 운영하는 브랜드들은 창업 비용이 비교적 낮고, 시스템이 안정적으로 보이며, 메뉴와 운영 방식도 간편한 편이다.

하지만 이 안정성은 어디까지가 '실체'이고, 어디서부터는 '이미지'일까. 파트너인 나 역시 이 브랜드를 직접 운영해 본 경험을 통해 느꼈다. 시스템은 효율적이지만, 그만큼 점주의 자율성은 제한적이고, 초기 매출은 높지만 구조는 빠르게 평준화된다.

가맹본부의 가장 큰 수익은 재료 공급이다. '자체 물류 시스템'이라는 장점이 있지만, 이것이 곧 점주의 선택권이 차단된 구조이기도 하다. 식재료, 포장재, 간판, 유니폼까지 전 항목을 본사 유통망으로 공급받아야 하며, 원가 절감이나 대체 가능성은 거의 없다.

또한 인테리어와 간판 리뉴얼 주기는 일정하며, 일부 점포는 본사의 통보에 따라 예고 없이 브랜드 변경이나 리모델링 대상이 되기도 한다. 이 과정에서의 비용은 고스란히 점주의 부담이다.

"매출은 잘 나오는데 왜 이익이 남지 않느냐?"라는 질문은 많은 가맹점주들의 공통된 푸념이다.

마진 구조는 본사에 유리하게 설계되어 있고, 가맹비·교육비·로열티 면제를 강조하지만 실제 수익은 본사의 유통 마진과 시스템 사용료에서 발생한다.

게다가 최근에는 본사 소속이 아닌 '제휴 브랜드'를 확대하면서도 'B 브랜드'라는 이미지 아래 관리 체계나 품질, 점주 케어 수준이 달라지는 현상도 있다. 본사의 공식 책임 아래 놓이지 않는 구조는 점주의 혼란과 불만을 가중시킬 수 있다.

문제는 브랜드가 나쁘다는 게 아니다. 오히려 이 브랜드는 한국형 프랜차이즈 중 가장 체계적인 시스템을 갖춘 편이다.

그러나 이 구조조차 점주의 권한이 아닌 본사의 효율성과 수익 극대화에 맞춰 설계되어 있다는 점에서 '안전해 보이지만 결코 안전하다고 말할 수 없는 구조'라는 사실은 간과되어선 안 된다.

많은 이들이 더본코리아사의 B 브랜드를 '망하지 않을 프랜차이즈'라 말한다. 그러나 중요한 건, 망하지 않는 것과 살아남는 것은 다르다. 본사가 망하지 않는 것이지 가맹점주는 수시로 망해 나간다.

그 사이에 있는 건 이익이고, 현실이며, 점주의 목소리다.

그 브랜드는 믿을 만한가?

그보다 먼저 묻자.

그 구조는, 살아갈 만한가?

K 치킨
프리미엄 브랜드의 그림자, 점주의 마진은 어디에

'국내 프리미엄 치킨 1위 브랜드'라는 타이틀은 신뢰를 만든다. K 치킨은 고급 이미지, 품질 중심, 가격 방어 전략으로 꾸준히 브랜드 가치를 상승시켜 온 대표 프랜차이즈다.

그러나 그 화려한 외관 뒤에는 오래된 질문이 있다.
"이익은 누구에게 돌아가고 있는가?"
K 치킨의 구조는 단단하다. 자체 물류 시스템, 본사 직영 공장, 일원화된 유통. 이 시스템은 품질 유지에는 탁월하지만, 그만큼 가맹점주의 자율성과 마진 구조는 제한적이다.

가맹점들은 본사로부터 정해진 단가로 식재료를 구매하고, 할인 프로모션도 본사 주도로 진행된다. 하지만 문제는 점주가 부담해야 할 비용이 늘어나는 반면, 판매가는 고정되어 있어 마진이 좁아진다는 점이다.
2만 원짜리 치킨 한 마리를 팔 때, 본사의 공급가와 수수료, 광고비, 로열티 등을 제하고 나면 실질적으로 점주의 손에 남는 순이익은 15~20% 내외에 불과하다는 내부 자료도 있다. 물론 배달 관련 수수료는 별도다.
점주들은 "K 치킨은 잘되는 브랜드지만, 우리도 잘된다는 뜻은 아니다."라고 말한다. 브랜드 프리미엄은 유지되지만, 그 비용을 점주가 감내하는 구조는 오래 지속될 수 없다.

2021년에는 가맹점주협의회가 결성되어 본사에 구조 개선을 요구했지만,

공식적 회신은 제한적이었고 협의 구조 자체도 제도화되지 못했다.

K치킨은 매출은 크지만, 상생의 구조는 아직 작다. 점주의 자율성은 제한되어 있고 이익은 브랜드 이미지 유지에 우선 투자된다.

이 사건은 보여 준다. '브랜드가 잘되는 것'과 '점주가 잘되는 것'은 다를 수 있다는 것을. 점주는 브랜드를 믿고 따랐지만, 그 구조는 '브랜드 중심'이었고, 점주는 그 안에서 운영자이자 고객이었다.

"K 치킨이라서 망하지는 않을 것 같다."

많은 창업자가 그렇게 말하지만, '망하지 않는 것'과 '살아남는 것'은 다르다.

카페베네
달콤한 붕괴, 과잉 확장의 비극

한때 '프랜차이즈 카페의 제왕'이라 불리던 브랜드가 있었다. 2010년 전후, 카페베네는 하루 2~3개씩 신규 점포가 생기던 시절을 지나 단 3년 만에 전국 800개가 넘는 매장을 개설하며 스타벅스를 위협하는 브랜드로 급부상했다.

그러나 그 확장은 곧 붕괴의 서막이었다.

카페베네의 전략은 단순했다. "점포 수가 곧 브랜드다."

하지만 이 철학은 점주의 수익 구조보다 본사의 외형적 성장에 집중된 전략이었다.

가맹 개설 당시 고가 인테리어와 넓은 점포, 비싼 커피 머신과 복층 구조를 포함한 매장 설계는 '프리미엄 카페'라는 인상을 만들었다.

하지만 점주는 투자금을 회수하지 못했고, 고객은 공간만큼의 품질을 기대했지만 제품력은 그에 미치지 못했다.

일간에는 복층구조의 넓은 매장이 인테리어에서 살인적인 이익을 챙기기 위한 것이라는 말들이 많았다.

문제는 확장 속도였다.

상권 분석 없이 개설된 점포가 인접 매장과의 출혈 경쟁을 불러왔고, 브랜드가 확산될수록 점주의 생존율은 낮아졌다.

본사는 브랜드 가치 하락에도 불구하고 '해외 진출'을 선언하며 외형적 확장을 지속했고, 국내 가맹점들은 매출 하락과 고정비 부담 속에서 구조조정을 강요받는 상황에 직면했다.

결국 카페베네는 2014년을 기점으로 폐점 수가 신규 개점 수를 초과했고, 다수 점주는 계약 종료 후 폐업 또는 간판 교체를 선택했다. 본사도 법정관리를 검토해야 할 정도로 급격한 유동성 위기를 겪었다.

이 사례는 말해 준다. 프랜차이즈는 브랜드를 파는 사업이 아니라 공간과 시간을 공유하는 사업이어야 한다는 것을. 점포 수가 아니라 점주의 생존율이 성장을 증명해야 한다는 것을.

확장만이 목표가 된 프랜차이즈는 브랜드가 아니라 구조다. 그 구조가 비었을 때, 그 안에는 점주의 실패만이 남는다.

서브웨이
세계 최대 프랜차이즈의 함정

'서브웨이'는 전 세계에서 가장 많은 점포 수를 가진 프랜차이즈다. 한때 맥도날드보다 더 많은 지점 수를 자랑했고, '저비용 고수익'이라는 매력적인 슬로건 아래 수많은 예비 창업자들이 줄을 섰다.

그 구조는 놀라울 만큼 간단했다. 초기 창업 비용이 저렴하고, 운영이 단순하며, 본사 개입이 적다는 특징은 많은 창업자에게 '자유로운 운영'이라는 환상을 심어 줬다.
그러나 이 시스템은 곧 점주 간 출혈 경쟁을 유발하는 구조로 변질되었다.
서브웨이는 가맹점 개설에 제한을 두지 않았다. 심지어 같은 상권 안에도 점포가 중복 개설되었고, 이로 인해 가맹점주끼리 고객을 뺏고 빼앗기는 경쟁이 시작되었다.

미국 내 한 보고서에 따르면, 10년간 약 6,000개의 서브웨이 매장이 폐업했다. 그중 상당수는 동일 브랜드 간 과잉출점으로 인한 내부 경쟁에서 비롯되었다.

더 큰 문제는 서브웨이 본사는 이 상황에 책임을 지지 않았다는 점이다. 계약서에는 '출점 제한 없음', '상권 보호 없음'이라는 조항이 명시되어 있었고, 그에 따라 점포 수가 늘어날수록 본사의 로열티 수익은 증가했다.

이 구조에서 가장 손해를 본 것은 늘 먼저 들어온 점주였다. 브랜드 성장에 기여했지만, 성장 이후엔 후속 점포의 경쟁에 가장 먼저 노출되는 대상이 되었다.

결국 서브웨이 점주들 사이에서는 "브랜드는 커졌지만, 점주는 갈수록 작아진다."라는 말이 퍼지기 시작했고, 일부 점주는 집단 소송에 나섰으며, 미국 하원 청문회에서 프랜차이즈 남용 사례로 다뤄지기도 했다.

서브웨이 사태는 말해 준다. 프랜차이즈는 늘리기보다 지키는 일이 먼저여야 한다. 브랜드가 이기는 구조에서 점주는 버티기 어렵고, 점주가 살아야 브랜드도 산다.

가맹사업에서 가장 무서운 문장은 '상권 보호 없음'이라는 여섯 글자다.

세븐일레븐 일본
24시간 강제 영업과 인간의 존엄

일본 오사카에 위치한 한 세븐일레븐 매장에서 2019년, 작지만 깊은 파장이 시작되었다. 이 매장의 점주는 아내의 건강 악화와 장시간 노동으로 인한 피로 누적 끝에 심야 영업을 스스로 중단했다.

그 결과는 가혹했다. 본사는 즉각 계약 위반을 통보했고, 가맹계약 해지와 손해배상 청구를 진행했다.

문제는 이 점포의 24시간 영업 중단이 점주의 생존과 가족의 건강을 위한 결정이었음에도 본사는 '브랜드 신뢰 훼손'을 이유로 단호하게 대응했다는 점이다.

이 사건은 일본 사회에 큰 충격을 주었고, 언론은 "편의점 가맹점주의 삶은 누구의 것인가?"라는 질문을 던졌다.

실제 일본의 편의점은 대부분 24시간 운영을 원칙으로 하고 있으며, 계약서에는 이를 '운영 의무'로 명시하고 있다. 하지만 문제는 인건비 상승과 지역 고령화, 코로나19 이후 고객 수 감소 등으로 야간 영업의 손익분기점이 무너졌음에도 이를 조정할 수단이 없다는 것이었다.

이 사건은 법정까지 이어졌다. 재판부는 "점주의 자율권과 인간적 존엄은 브랜드 운영 원칙보다 우선한다."라는 판결을 내렸고, 본사는 결과적으로 패

소했다.

 그 판결 이후, 세븐일레븐 본사는 일부 점포에 한해 탄력 운영을 허용하는 시범 정책을 도입했으며, 야간 무인화 시스템과 로봇 도입 등의 방식으로 구조 개선을 시작했다.

 그러나 이 사건은 단순한 시스템 변화 이상의 메시지를 남겼다. 가맹사업이 효율을 넘어 인간의 삶을 고려해야 하는 이유, 브랜드 일관성과 점주의 생활권 사이에 경계가 존재해야 한다는 원칙, 그 모든 것을 다시 생각하게 만든 사례였다.

 브랜드는 신뢰다. 그러나 점주가 소진되며 유지되는 신뢰는 결국 소비자에게도 오래가지 못한다.
 가맹점주가 일하는 이유는 돈을 벌기 위해서가 아니라, 존엄을 지키며 살아가기 위해서다.
 가장 인간적인 이유가 가장 정당한 영업의 이유가 되어야 한다.
 우리가 지금 묻고 있는 것은 단 하나다:
 "이 구조에서 나는 살아갈 수 있는가?"
 그 물음이 없다면,
 아무리 화려한 브랜드도,
 아무리 체계적인 시스템도,
 점주에게는 지속 불가능한 헌신의 구조일 뿐이다.

> **교훈**
>
> **프랜차이즈 사례로부터
> 얻는 결론**

 프랜차이즈 사업은 '공유된 브랜드'라는 울타리 아래 수많은 점주들이 각자의 삶을 투자하는 구조다.

그러나 이 구조가 공정하지 않거나 브랜드만이 이익을 독점하고 점주가 일방적 희생을 감수하는 방향으로 설계된다면, 그것은 더 이상 동반 성장의 모델이 아니라 수직적 지배 계약에 불과하다.

이번에 살펴본 7가지 사례—미스터피자, BHC치킨, B 브랜드, 교촌치킨, 카페베네, 서브웨이, 그리고 일본의 세븐일레븐—는 저마다의 방식으로 프랜차이즈 운영의 구조적 한계와 불합리함을 드러내고 있다. 그리고 이들은 모두 다음과 같은 중요한 교훈을 남긴다.

✅ 강제된 거래는 자유가 아니다

미스터피자 사례는 점주가 스스로 공급처를 선택할 권리가 박탈당한 구조였다. 원재료 강매와 보복성 점검은 계약이라는 외형을 띠었지만, 실질은 통제였다.

형식적 자율은 실질적 강제 아래선 무력하다. 가맹점은 자영업자의 형태를 하고 있지만, 실제로는 독립된 기업으로 존중받지 못했다.

가맹점이 스스로 선택할 수 없는 구조는 '자영업'이 아니라 '하청'이다.

✅ 수익은 공유되어야 한다, 단지 모여서는 안 된다

BHC의 광고비 논란은, 점주가 낸 비용이 점주에게 도움이 되지 않는 방식으로 운영될 때 어떤 불신이 생기는지를 보여 준다.

점주의 비용이 브랜드 광고로 쓰이는 것이 아니라 본사의 홍보 수단으로 전용된다면, 그 비용은 투자 아닌 착취다.

공동 비용은 공동의 효과로 증명되어야 하며, 점주는 '결과'에 대해 물을 권리가 있다.

✅ 브랜드 신뢰는 구조로 만들어야 한다

B 브랜드는 높은 신뢰도와 체계로 잘 알려져 있지만, 그 신뢰는 '본사 중심의 효율 구조' 속에서 만들어진 것이다.

이익 구조의 중심이 본사의 물류·공급망에 집중되어 있을 때, 점주는 매출은 올리지만 실질적인 통제권과 이익 분배권을 상실하게 된다.

시스템이 좋다는 말은 '누구에게 좋은가'를 먼저 묻고 나서야 의미가 있다.

✅ 프리미엄은 점주의 마진을 먹고 자란다

교촌치킨의 사례는 브랜드 이미지와 점주의 현실이 일치하지 않을 때 발생하는 괴리를 보여 준다. 고급 브랜드를 유지하기 위한 비용과 전략이 점주의 마진을 줄이고, 자율성을 억제한다면, 그 프리미엄은 점주의 손실 위에 존재하는 허상이다. 브랜드의 겉모습이 아니라, 그 안에서 점주가 얼마나 숨 쉴 수 있는지가 지속 가능성을 말해 준다.

✅ 확장은 성장이 아니라 증식일 수 있다

카페베네는 외형적 성장을 위해 복층 구조와 고급 인테리어를 강요하고 점포 수 증가에만 집중했지만, 실질적인 생존율은 급감했다.

프랜차이즈는 '점포 수'가 아니라 '점주의 성공률'로 평가받아야 하며, 확장 중심 전략은 점주의 몰락을 동반하는 경우가 많다.

성장하는 브랜드는 많지만, 점주와 함께 자라는 브랜드는 드물다.

✅ 무제한 출점은 내부 출혈을 부른다

서브웨이의 사례는 같은 브랜드끼리 경쟁하게 만드는 구조의 위험성을 보여 준다. 상권 보호 없는 계약은 점주를 브랜드 확장의 희생양으로 만들며, 본사는 로열티만 얻고 책임은 지지 않는다. 브랜드는 하나지만 점주는 경쟁자일 때, 프랜차이즈는 공정하지 않다.

◆ 영업은 의무가 아니라 선택이어야 한다

세븐일레븐 일본의 사례는 '24시간 영업'이라는 시스템이 점주의 인간적 삶과 충돌할 때 어떤 비극이 발생하는지를 보여 준다.

그 판결은 선언했다.

"점주의 자율성과 인간의 존엄은 브랜드 운영보다 우선한다."

브랜드 일관성이 사람을 짓밟을 수는 없다. 점주의 삶이 유지되지 않는 브랜드는, 소비자에게도 오래가지 못한다.

프랜차이즈는 구조다. 그 구조 안에 '사람'이 있어야 한다.

이 일곱 가지 사례는 각각의 브랜드가 실패하거나, 문제가 있다는 것을 말하려는 것이 아니다.

오히려 프랜차이즈 업계가 얼마나 복잡하고, 본사와 점주 간 구조가 어떻게 설계되어 있느냐에 따라 생존이 달라지는가를 보여 준다.

16부

배달, 프랜차이즈의 또 다른 함정

· 서 문

배달은 편리하지만, 점주는 울고 있다

프랜차이즈의 또 다른 약점은 바로 '배달'이다. 표면적으로는 소비자가 편하게 음식을 주문하고 배달 기사가 신속하게 전달하는 구조지만, 그 이면에는 점주에게 과도한 부담이 쏠려 있다.

예를 들어, 고객이 18,000원짜리 음식을 주문했다고 가정하자. 이 중 배달에 들어가는 비용은 대략 최대 6,000원(30~35%)에 이른다. 여기에 고객 유치를 위한 광고비, 프로모션 참여비, 실제 배달 비용까지 더해지면, 점주의 손에 남는 금액은 고작 10,000원 남짓이다.

다시 말해, 매출이 높아져도 수익은 커지지 않고, 오히려 준 고정비만 늘어나는 구조다. 그뿐만 아니라 포장 용기 비용, 배달 응대 인건비, 배달 지연에 따른 민원 처리 비용 등도 점주의 몫이다. 결국, 배달 건수가 늘어날수록 점주의 노동은 가중되고, 배달 시스템 관련 지출도 폭증한다.

요식업 프랜차이즈의 핵심이었던 '단가 경쟁력'은 이제 배달 플랫폼 수수료 앞에서는 무력하다. 편리함이라는 명목 아래, 점주의 이익 구조를 잠식하는 플랫폼 생태계가 구축된 셈이다.

재료를 구매하고, 조리하고, 포장하고, 인력이 투입되고, 배달까지 이어지는 복잡한 과정 속에서 점주에게 돌아오는 보상은 너무 적다.

반면, 배달 플랫폼 업체는 단지 플랫폼 하나로 높은 수익을 얻는다.

1장

수수료란 무엇인가
그 본래의 의미와 타 산업과의 비교

이쯤에서 우리는 질문해야 한다.

"수수료란 무엇인가?"

수수료란 본래, 중개인이나 플랫폼이 거래를 돕고 그에 대한 일정한 보상을 받는 구조다. 이는 공정하고 비례적인 개념이어야 한다.

중개 과정에서 발생한 노력, 위험, 책임 범위에 비례하여 수수료가 정해지는 것이 이상적이다.

하지만 현재 배달 플랫폼의 수수료 구조는 그러한 균형을 상실했다. 플랫폼은 리스크도 없이, 인건비나 재고 부담도 없이, 단지 주문을 연결해 주는 역할만으로 전체 주문 금액의 30% 이상을 가져간다.

이를 타 산업과 비교하면 그 과도함이 뚜렷해진다.

다양한 업계의 수수료 비교

산업명	평균 수수료율	주요 리스크 및 운영 특징
카드 결제 수수료	2.0% ~ 3.0%	결제 시스템 운영, 부정 거래 방지, 기술 유지 비용
가상 자산 거래소 (업비트 등)	0.05% ~ 0.25%	해킹 방지, 고도 보안, 실시간 거래 처리 시스템 유지
외환거래 수수료(은행)	1.75% ~ 2.5%	환율 리스크, 국제 정산 시스템, 규제 대응
PG사(결제대행사)	약 3%	정산 리스크, 보안 유지, 시스템 트래픽 관리

유통 중간상/ 오프라인 마켓	평균 10% 내외	물류비, 재고 및 보관 비용, 실물 유통 리스크
배달 플랫폼 수수료	30% ~ 40%	주문 중개 및 노출마케팅 외 실질적 부담 없음

※ 이 수치는 비중이 큰 경우를 표본으로 했으며, 실제 형태에 따라 낮아질 수도 있음. 배달 플랫폼은 광고 상품을 병행할 경우, 실질 수수료가 40% 이상으로 상승하는 경우도 존재하고, 표의 내용은 산출 방식이나 대상에 따라 변할 수 있으며 절대적인 수치는 아님

◉ 이제는 '수수료의 상식'을 다시 물어야 할 때

배달 플랫폼의 수수료는 플랫폼이 감당하는 리스크에 비해 지나치게 과도하다. 이는 본래 수수료의 개념, 즉 상호 보완과 공정한 보상이라는 정신에서 완전히 벗어난 구조다.

물론 배달 플랫폼 측 역시 이에 대한 입장을 내세울 수 있다.

기본 수수료율은 낮은 편이며, 전체 비용의 대부분은 광고나 노출 옵션 등 점주가 선택한 부가 항목에 따른 것이라는 논리다.

즉, 최종 수수료 구조는 자율적 결정이며, 플랫폼은 다양한 선택지를 제공할 뿐이라는 입장이다. 그러나 현장에서의 실상은 다르다.

이러한 부가 옵션들은 단순한 '선택'이 아니라, 실질적인 '노출 경쟁의 필수 조건'으로 작동하고 있다.

플랫폼 담당자들이 '노출을 늘려야 매출이 는다'는 식의 논리로 옵션 가입을 유도하는 구조는 자연스럽게 점주 간 광고 경쟁을 부추기고, 그 과정에서 비용은 과열되고 수익성은 오히려 악화된다.

결국, 이 구조는 자율이라는 이름 아래 점주의 생존을 조건부로 내건 비대칭적 계약이며, 플랫폼 생태계의 책임 있는 운영과 투명한 수수료 기준이 새롭

게 요구되는 시점에 우리는 도달해 있다.

배달 플랫폼 쿠팡이츠와 배달의민족의 광고 및 옵션 비용 비교(2025년 기준)

항목	쿠팡이츠	배달의 민족
상위 노출 광고 방식	입찰형 광고 시스템 도입 광고 수수료율을 자율 설정 (5%~50%)	오픈 리스트(기존 울트라콜 대체) 주문 1건당 광고비 발생
광고 수수료율	기본 10% 권장 설정 수수료율에 따라 노출 빈도 결정	6.8%(주문 1건당)
광고비 부과 방식	고객이 광고를 클릭하여 주문 시에만 수수료 부과	고객이 주문 시에만 광고비 발생
노출 순위 결정 요소	설정한 광고 수수료율 매장 평점 및 리뷰 수 등	광고 상품 가입 여부 매장 평점 및 리뷰 수 등
추가 옵션 비용	별도 없음	배민1플러스 요금제 가입 시 상생 요금제 적용 월정액 광고 상품 종료 (울트라콜, 파워콜)

'성과 기반 광고'라는 이름의 착시
쿠팡이츠 광고 시스템의 이면

최근 배달 플랫폼, 특히 쿠팡이츠는 '성과형 광고' 모델을 내세우며 점주들에게 효율적인 마케팅 수단을 제공한다고 주장한다.

겉보기에 이 구조는 매출이 발생한 경우에만 광고 수수료를 부과하기 때문에, 기존의 정액제 광고보다 투자 대비 효율(ROAS, Return on Ad Spend)이 높은 구조로 인식되기 쉽다.

◐ 마케팅 관점에서 바라본 '성과형 광고'의 장점과 그 이면

성과형 광고(performance-based advertising)는 최근 외식 프랜차이즈, 특히 배달 플랫폼과 연계된 광고 구조에서 주요 전략 중 하나로 떠오르고 있다. 이 광고 방식의 가장 큰 장점은 점주가 광고 수수료율을 자율적으로 설정할 수 있다는 점이다.

예를 들어, 점주는 5%에서 최대 50%까지 수수료율을 선택할 수 있으며, 광고 노출 이후 고객이 실제로 주문을 완료했을 경우에만 수수료가 부과되는 클릭 기반 과금(CPC, Cost Per Click) 구조를 따른다.

이러한 방식은 점주 입장에서 리스크를 최소화하면서도 공격적인 마케팅 전략을 유연하게 설계할 수 있는 장점이 있다.

성과가 발생하지 않으면 비용이 들지 않기 때문에 광고비를 투자로 볼 수 있는 구조이며, 노출-전환-매출의 선형 흐름이 비교적 명확하다.

특히 스타트업 형태의 신규 매장이나 매출 확대가 절실한 상황에서는, 일정 기간 수수료율을 높여 주목도와 순유입을 확보하는 전략으로 활용되기도 한다.

그러나, 그 구조 속에는 함정이 있다. 선택이지만 사실상 강제된 선택일 뿐이다.

이 광고 모델이 점주에게 진정한 자율성을 부여한다고 말할 수 있을까? 광고 수수료율은 자율이라고 하지만, 실제 경쟁 환경에서는 높은 수수료를 설정하지 않으면 광고 순위에서 밀리고, 노출량이 급감하는 구조로 운영된다.

결국 "50% 수수료도 점주의 선택 아닙니까?"라는 말은 형식적 자유 뒤에 숨어 있는 구조적 압박을 외면하는 표현일 수 있다.

배달 플랫폼 입장에서는 주문이 발생할 때만 수수료를 가져가는 방식이므로 책임을 회피하기 쉽다. 노출이 많아질수록 매출이 나오는 구조는 맞지만, 그 '노출'을 위해 점주는 실질적으로 자신의 마진 절반을 포기해야 하는 상황에 내몰리는 셈이다.

사탕을 향한 싸움 - 상처뿐인 영광

이 구조를 바라보며 드는 생각은 마치 이렇다.

어린아이들 앞에 사탕을 걸어 두고, 서로 싸워서 이긴 아이에게만 그 사탕을 주겠다는 것.

물론 아이는 자발적으로 참여한 것이고, 사탕도 탐나는 것이지만, 그 과정에서 터진 코피, 멍든 무릎, 쓰라린 마음은 누가 책임지는가?

비유가 과하다고 느껴질 수도 있겠지만, '상처뿐인 영광'이라는 말이 이 구조를 설명하는 데 정확하다.

점주는 매출을 높이기 위해 선택지가 제한된 구조 속에서 극단적인 광고비 투자와 낮은 마진 구조를 감수하게 된다. 이는 자율적인 경쟁이 아니라, 구조화된 생존 경쟁 속에서 점주를 밀어 넣는 시스템적 설계다.

성과형 광고는 애초에 잘못된 착상인가?

성과형 광고 자체가 '광고 효율을 극대화하기 위한 선한 전략'이라는 시각도 존재한다. 그러나 본질적으로 이것은 초기 설계 단계부터 점주 간의 경쟁을 전제로 만들어진 구조이며, 그 기획 의도에는 플랫폼과 본사의 수익 극대화가 중심에 있었던 것은 부정할 수 없다.

이러한 모델을 비판하지 않고 수용하는 것은, 가맹사업을 단순 '수익 배분 시스템'으로 보는 시선에 동의하는 것과 다름없다.

✅ 그럼 점주는 무엇을 해야 하는가?

그럼에도 불구하고, 현재 이 광고 모델이 존재하는 이상, 점주 입장에서 가장 필요한 것은 무조건적인 거부가 아니라 신중한 접근과 데이터 기반의 전략 설정이다.

무턱대고 높은 수수료를 설정하는 것이 아니라 지역 상권 특성, 고객 유입률, 배달 앱 이용률 등을 종합적으로 고려한 광고 전략을 구성해야 하며, 본사 또는 협회 차원에서 성과형 광고의 한계와 문제점을 제기하고, 정책적 기준 마련을 요구하는 움직임도 병행되어야 한다.

✅ 선택처럼 보이는 구조, 그러나 그 선택이 진짜 자유로운가?

성과형 광고는 자율성과 효율성을 표방한다. 그러나 그 구조 속에는 선택을 가장한 유도, 경쟁을 가장한 희생이 자리하고 있다.
'성과'가 없으면 비용이 없다는 말은 맞지만, '성과를 내려면 마진의 절반을 내놓아야 한다'는 현실 또한 분명히 존재한다. 그리고 그 구조는, 점주의 몫을 줄이고 본사의 플랫폼 수익을 키우는 방식으로 설계되어 있다.
이제 점주는 묻고 있다.
"내가 낸 광고비는, 나를 위한 것인가?"
그 질문에 진지하게 답하지 않는 프랜차이즈는 브랜드가 아니라 계산기일 뿐이다.

이런 현실에서 점주의 현실은 '성과형 광고'의 또 다른 이름은 경쟁형 착취 모델일 뿐이다. 이 광고 구조는 겉보기와 달리 광고비의 자율성이 아닌 '경쟁 입찰형 구조'에 가깝다. 상위 노출을 위해서는 높은 수수료율을 설정해야 하고, 결국 점주들 간에 '광고비 경쟁'이 벌어지는 구조다.

광고 수수료율이 낮으면 상위 노출이 어려워지고, 결국 매출로 이어지지 않는다. 이로 인해 점주들은 울며 겨자 먹기로 점점 더 높은 수수료율을 설정하게 되고, 그 부담은 오롯이 영업이익에서 빠져나간다.

이는 영세 점주의 '이중고'를 강요한다. 광고비를 감당할 여력이 있는 가맹점에만 유리할 뿐이다. 광고 경쟁에서 밀린 점주는 아예 노출조차 어렵다. 기존 수수료(중개+배달비)에 광고 수수료까지 더해져 실질 수익은 급감한다.

게다가 광고 수수료 외에도 노출 순위는 리뷰 수, 별점, 이전 매출 등 알고리즘에 따라 달라진다. 이는 점주 입장에서는 통제할 수 없는 영역이며, 자본과 리뷰 유치력, 브랜드 인지도가 낮은 영세 점주는 구조적으로 불리할 수밖에 없다.

구조적 불균형을 가리는 마케팅 언어인 '성과형 광고'라는 표현은 점주들에게 효율성을 강조하지만, 실제로는 노출이라는 필수 자원을 둘러싼 '자본력 경쟁'을 유도하는 시스템이다.

이는 일종의 착시 효과를 유발하는데, 다음과 같은 특징을 갖는다:

'성과형'이라는 단어가 마치 점주에게 유리한 구조처럼 포장되지만, 실제로는 경쟁 입찰과 불투명한 노출 알고리즘으로 구성된 비대칭 구조다. 아마도 그들이 말하는 성과는 배달 플랫폼의 성과인가 보다. '점주의 영업 성과'라는 탈을 쓴….

점주의 선택권은 존재하지만, 실질적으로는 '선택 가능한 것처럼 보이는 강제'가 작동한다.

플랫폼은 '광고 클릭 → 주문'으로 이어지는 경우에만 수익이 발생하기 때문에 효율적이라고 주장하지만, 결과적으로는 점주의 순수익을 갉아먹는 방식으로 연결된다.

광고 효율보다 중요한 건 플랫폼 공정성이다. 쿠팡이츠의 광고 시스템은 마케팅 적으로는 '성과형'이라는 유연한 구조로 해석될 수 있으나, 현실 속 자영업자들에게는 또 다른 형태의 착취 구조로 작용할 수 있다.

진정한 성과형 광고란 모든 참여자가 실질적인 선택권과 기회를 갖는 구조여야 한다. 그렇지 않고 자본에 따라 노출이 좌우되는 시스템이라면, 이는 효율이 아니라 편향과 불균형을 확대하는 기제가 될 뿐이다.

배민, 딜리버리히어로, 그리고 2조의 그림자

이를 이해하기 위해서는 먼저 한국 배달 플랫폼 시장의 전체 규모를 살펴볼 필요가 있다.

'배달의민족'은 2019년 독일의 딜리버리히어로(Delivery Hero)에 약 3조 7,000억 원에 인수되었고, 최근 연간 매출은 약 2조 원에 육박한다.

이 엄청난 수익은 수백만 명의 자영업자들이 감내하는 비용 위에 세워진 것이다. 플랫폼은 광고와 수수료로 배를 불리고, 본사는 침묵하며, 점주는 오늘도 배달 건수를 늘리기 위해 아침부터 밤까지 매달린다.

'쿠팡이츠' 역시 빠르게 시장을 확대하며 플랫폼 영향력을 강화하고 있다. 2024년 기준 쿠팡이츠의 연간 결제 추정액은 약 5조 원을 넘어섰고, 이는 배달의민족과의 격차를 빠르게 좁히는 수치다.

한편 쿠팡 전체의 매출은 31조 원을 넘어섰지만, 영업이익은 약 6,174억 원에 불과해 영업이익률은 고작 1.9% 수준에 머물고 있다.

수익을 직접 창출하지 못하는 대신, 쿠팡이츠는 무료 배달 쿠폰 제공, 공격적인 광고비 할인 등으로 소비자를 끌어들이고, 그 이후 발생하는 비용은 점주에게 전가하는 구조를 고착화하고 있다.

이 두 플랫폼 모두 막대한 수익 또는 시장 규모를 키우는 과정에서 자영업자의 비용 희생을 기본값으로 삼고 있다.

점주는 이 구조 속에서 하루하루 출혈을 감수하며 장사를 이어 가고 있다.

2023년, 배달의민족을 운영하는 '우아한형제들'은 연 매출 약 3조 4천억 원을 올렸고, 영업이익은 약 7,000억 원에 달했다. 영업이익률은 20%를 넘었다. 반면, 쿠팡은 같은 해 31조 원이 넘는 매출에도 불구하고 영업이익은 고작 6,174억 원. 영업이익률은 1.9%에 불과했다.

말은 플랫폼 경제지만, 아니다. 이 수치는 배민이 점주의 희생을 통해 얼마나 과도한 수익을 거두는지 보여 주는 비교다.

점주는 배달 앱 입점을 위해 계약서를 작성해야 하며, 그 안에는 필수 광고 상품 구매, 특정 메뉴 노출을 위한 추가 비용, 이벤트 강제 참여 같은 항목이 실린다.

실질적으로는 선택이 아니라 '울며 겨자 먹기'다. 광고를 거절하면 노출이 줄고, 주문도 줄어든다. 고객을 유치하려면 더 내야 한다.

결국 고객이 18,000원에 주문한 한 끼에서 플랫폼이 가져가는 몫은 수수료 (15~20%), 광고비(월 20~40만 원 또는 클릭당 과금), 배달비 분담 등 복합적이다. 남는 것은 인건비도, 식자재도 충당하기 어려운 현실이다.

여기에 더한 문제는 수수료가 '정액'이 아닌 '정률'이라는 점이다. 점주가 재료비나 배달 앱 수수료를 감안해 음식 가격을 올리면, 플랫폼은 가격이 오른 만큼 더 많은 수수료를 가져간다.

가격 인상이 곧 플랫폼의 수익 증가로 이어지는 구조인 것이다. 이처럼 점주는 어떤 선택을 해도 손해를 피할 수 없고, 플랫폼은 구조 자체로 이익을 자동으로 증식시킨다.

이것이야말로 기가 막힌 현실이다. 점주는 오늘도 '매출이 늘수록 손해가 늘어나는 장사'를 반복한다.

✅ 본사는 침묵하고, 플랫폼은 웃는다

물론 배달 기사에게는 정당한 보상이 주어져야 한다. 그러나 현재의 배달 시스템은 그 정당함을 명분 삼아 점주에게 거의 모든 부담을 전가하는 구조로 작동하고 있고, 가맹본부는 이 구조를 알고도 침묵한다.

배달 수수료에 대한 문제 제기나 구조 개선 요청이 나와도 본사는 '자율적인 배달 채널 선택은 가맹점의 몫'이라는 원론적 입장만 반복한다.

하지만 현장은 원론으로 움직이지 않는다. 배달을 하지 않으면 장사가 되지 않고, 배달을 하면 남는 게 없다. 이 간극은 단지 배달비의 문제가 아니라, 영업의 지속 가능성을 위협하는 구조적 모순이다.

더 큰 문제는 배달 앱과 플랫폼이 점주들 간의 과잉 경쟁을 의도적으로 유도하는 방식의 마케팅 전략이다.

'슈퍼리스트 상단 노출'과 같은 광고 상품은 클릭당 과금(CPC) 또는 월 정액 요금제로 운영된다. 거기다 노출 순위는 실시간 경쟁 입찰 방식에 의해 결정된다.

같은 상권 안에서 같은 카테고리에 속한 점주들끼리 더 많은 광고비를 써야만 상단에 노출되는 구조다.

이것은 단순한 마케팅이 아니다. 이는 점주들 간의 출혈 경쟁을 플랫폼이 중개하며 이익을 취하는 구조이며, 점주 입장에서는 생존을 위한 '울며 겨자 먹기'식 경쟁에 내몰리게 된다.

가맹본부는 진짜 책임이 없을까?

물론 가맹본부가 배달 앱과 직접 계약을 맺거나 수수료율을 통제하는 주체는 아니다. 그러나 만약 해당 브랜드가 배달 중심 모델로 설계되어 있다면, 본사는 최소한 가맹점주와 함께 이 문제를 고민하고 공동 대응 방안을 모색해야 할 의무가 있다.

이는 법적 책임이 아닌 브랜드 생태계를 지키기 위한 전략적 대응이며, 장기적으로는 브랜드 전체의 지속가능성을 위한 투자이기도 하다.

C 사의 '배달비 할인' 프로모션도 문제다. 소비자에게는 무료 혹은 1,000원 배달처럼 보이지만, 결과적으로 그 차액은 점주가 보전하는 구조다.

쿠팡은 신규 고객 확보를 위해 배달비 무료 쿠폰을 적극적으로 뿌린다. 그러나 플랫폼은 이 비용을 어디에서 보전할까? 결과적으로 점주가 고객 유치에 쓴 배달비를 대신 내는 셈이다.

소비자는 '무료'에 익숙해지고, 유료 배달을 꺼리게 된다. 그러니 점주는 울며 겨자 먹기로 그 비용을 감수한다.

이 구조에서 웃는 쪽은 오직 플랫폼뿐이다. 본사는 침묵하고, 플랫폼은 수익을 늘린다. 그 결과, 점주는 매출은 늘어도 남는 게 없는 구조에 갇힌다.

결국 플랫폼은 웃는다. 늘어나는 주문과 고정 광고 수익, 반복되는 노출 판매로 손해 볼 일이 없다.

본사는 침묵한다. 점주의 목소리는 계약서 뒷면 어디에도 없다. 그리고 점주는, 오늘도 그 구조 안에서 혼자 싸운다.

배달 이후를 상상하다
구조를 바꾸는 다섯 가지 대안

배달은 본래 프랜차이즈 시스템과 직접적인 연관이 없는 유통 방식이다. 프

랜차이즈 본사는 메뉴와 브랜드를 공급하는 역할이며, 배달이라는 행위는 점주의 개별적 선택으로 작동하는 외부 유통 구조다.

즉, 배달 플랫폼과 프랜차이즈 본사는 구조적으로도 계약적으로도 완전히 별개이며, 배달로 인한 수익이나 손실은 본사가 아닌 점주에게만 귀속된다. 따라서 배달 문제는 프랜차이즈 구조 내부의 논의로 해결될 수 없다. 이는 명백한 사회 문제이자 산업 구조의 문제다.

지금의 배달 시스템은 자영업자의 노동과 비용을 바탕으로 소비자의 편의만을 극대화하는 구조다. 소비자는 무료 배달에 익숙해졌고, 플랫폼은 그 비용을 점주에게 전가하며 수익을 극대화했다. 이 구조가 지속된다면, 점주의 생존 가능성은 점점 사라질 것이다.

이제는 사회 전체가 이 문제를 함께 인식해야 한다. 단순히 플랫폼을 비판하거나 본사를 압박하는 것으로는 부족하다. 정부는 배달 수수료 상한제, 공공배달 앱 지원, 플랫폼 과점 규제와 같은 정책적 개입을 강화해야 하며, 소비자 역시 무의식적인 공짜 심리에서 벗어나 정당한 대가를 지불하려는 윤리적 태도를 함께 가져야 한다.

배달은 단순한 유통이 아닌, 지금 우리 사회의 자영업 구조를 들여다보는 창이 되어야 한다.

첫째, 매장 운영 수익률을 기반으로 한 '역마진 분석 보고서'를 제공해야 한다. 단순한 매출 추정보다 실제 영업이익률, 배달 수수료 비중, 인건비 부담 등 상세 항목별 데이터가 포함되어야 하며, 이는 가맹계약 전 반드시 점주가 검토하도록 해야 한다.

둘째, 본사의 배달 정책도 매장 유형별로 세분화하고, 홀 중심 점포에 대해서는 배달 최소화 전략을 유도해야 한다. 강제 배달 시스템에서 벗어나 점포의 특성과 입지에 맞는 수익 모델을 안내해야 하며, 매출이 아니라 이익 중심 운영 전략을 제공하는 것이 본사의 의무다.

셋째, 본사의 수익 모델 또한 조정되어야 한다. 매출 비례 수수료 외에도 고정 관리비 체계나 상생형 로열티 모델 도입 등을 통해 점주가 위기에 빠졌을 때 함께 부담을 나눌 수 있는 시스템이 필요하다.

브랜드의 진짜 힘은 점주의 지속성에서 나온다. 점주가 버텨야 브랜드도 살아남는다. 이제 본사의 시스템은 수직적 지시 체계가 아닌, 수평적 상생 구조로 다시 짜여야 한다.

예를 들어, 배달 수수료의 상한선이나 본사의 프로모션 강요에 대한 법적 제한은 없다. 본사가 플랫폼과 제휴해 점주에게 특정 마케팅 참여를 유도하거나 강제해도, 이를 막을 제재 수단이 없다. 점주는 선택권이 있는 듯 보이지만, 선택하지 않으면 도태되는 구조 속에 놓여 있다.

따라서 이제는 실질적인 법적 장치가 필요하다. 배달 수수료 상한제, 본사-플랫폼 간 광고비 분담 강제 조항, 가맹본부의 배달 운영 가이드라인 공개 의무화 등이 그것이다.

나아가, 공정위나 지자체 차원의 실시간 모니터링 시스템도 구축되어야 한다. 자율 규제라는 이름의 무책임이 더는 용인되어선 안 된다.

법은 제도이자 문화다. 구조를 바꾸려면 법부터 바로 서야 한다. 점주가 최소한의 권리를 확보하지 못하면, 어떤 개혁도 현장에서 실현될 수 없다.

하지만 현실은 다르다. 지금의 구조는 점주가 선택할 수 없도록 짜여 있다. 본사도 플랫폼도 배달을 기본 전제로 마케팅과 메뉴 구성을 유도하며, 배달을 포기한 점주는 자동으로 도태된다.

이러한 경우 본사는 제품의 비용에 배달료도 적용해서 산출해야 한다. 배달 전의 이익률과 배달 후의 이익률은 다르다.

배달을 하지 않으면 손님은 줄고, 배달을 하면 손해를 본다. 이런 모순된 구조에서 점주에게 진짜 필요한 것은 매출이 아니라, 생존 가능한 구조다. 매출이 늘어도 남는 게 없다면, 그것은 매출이 아니라 비용일 뿐이다.

일부 프랜차이즈는 배달을 하지 않고도 살아남는다. 대표적으로 '두끼'처럼 셀프 조리 시스템을 기반으로 홀 매출에 집중하거나, 지역 밀착형 커뮤니티를 형성한 브랜드들은 배달 없이도 안정적인 수익을 올린다. 이들은 오히려 배달로 인한 포장비, 인건비, 플랫폼 수수료의 부담을 줄이며 점주의 실질 이익률을 높이고 있다.

정책적으로도 배달 플랫폼에 대한 규제나 가맹본부의 배달 강제 행위에 대한 점주 보호 장치가 필요하다.
최소한의 선택권은 점주의 생존권과 직결된다. 프랜차이즈 시스템이 지속 가능하기 위해서는 점주가 자율적으로 배달 여부를 결정할 수 있어야 하며, 그것이 불이익으로 이어져선 안 된다.

이제는 구조를 바꿔야 한다. 플랫폼이 아닌 점주가 중심이 되는 구조. 배달은 점주의 선택으로 돌아와야 한다. 그래야 프랜차이즈도, 소비자도, 시장도 함께 살아남을 수 있다.

교훈 | 배달 앱에 대한 사회적 인식

배달 수수료는 사회 문제다. 인식의 전환이 필요하다.
배달 플랫폼 수수료 구조는 단순한 시장 경쟁의 문제가 아니라 명백한 사회 구조적 문제다.

한국노동연구원의 「배달 플랫폼 노동의 특징과 문제」 보고서에 따르면, 플랫폼 기반 사업은 단기성과 수익성 위주로 재편되어 자영업자에게 구조적인 비용 전가를 초래한다.

특히, 자영업자들은 배달 앱 수수료 외에도 광고비·기기 임대료·이벤트 비용 등 다양한 간접비를 부담하면서도, 그 수익 구조를 제어할 수 없다.

또한 세계일보의 보도(2025년 3월 3일)에서는 한 치킨 전문점 점주가 매출 1,200만 원 중 무려 400만 원을 수수료와 광고비로 납부한다고 밝혔다. 이는 매출의 33% 수준으로, 인건비나 재료비보다 더 높은 수치이다. 문제는 이러한 비용이 고정비가 아니라, 매출이 높아질수록 더 많이 빠져나간다는 데 있다. 수수료 구조가 '정률제'이기 때문이다. 음식 가격을 인상해도 플랫폼은 더 많은 수수료를 가져가고, 점주는 실질 수익을 확보하지 못한다.

이와 같은 현상은 단순히 시장의 작동이 아니라, 사회가 감시하고 조정해야 할 공공적 문제이다.

정성훈 외의 논문 「배달 앱의 독과점과 정부의 대응: 공공가치론 관점에서」는 플랫폼 독점이 공공의 이익을 침해한다고 분석하며, 정부가 수수료 상한제나 정률제 폐지, 지역 공공 배달 앱 육성과 같은 제도적 개입을 통해 시장 질서를 재설계해야 한다고 강조한다.

배달 플랫폼이 거대한 이익을 창출하는 동안 그 기반이 되는 점주는 손실을 감내하고 있다. 이는 단지 프랜차이즈 내부 문제가 아니라 대한민국 유통 구조와 소비문화, 자영업 생태계 전반의 위기이기도 하다.

이제는 소비자도, 정부도, 정책가도 이 구조의 불공정을 정확히 인식하고 책임 있는 전환을 시작해야 한다.

배달 플랫폼 수수료 구조는 단순히 시장의 자유 경쟁 문제가 아니라 명백한 사회 구조적 문제다.

서울 소재의 한 연구기관의 연구에 따르면, 배달 앱은 음식 가격의 25~35%를 수수료 명목으로 가져가며 이 금액에는 광고비, 프로모션비, 정산 수수료 등이 포함되어 있다.

이는 일반 제조업이 공장과 유통망을 갖추고도 평균 10~20% 수준의 마진을 유지하는 것에 비하면, 플랫폼의 수익률이 얼마나 과도한지를 단적으로 보여 준다.

생산 설비도 없고, 재고 부담도 없으며, 고정 인건비조차 거의 없는 구조에서 배달 플랫폼은 단지 '정보 연결'이라는 명목으로 실질적 생산자인 점주보다 더 많은 수익을 가져간다.

이제 이 문제는 더 이상 자영업자의 몫으로 남겨둘 수 없다. 소비자는 공짜 배달에 익숙해져 있지만, 그 이면에는 점주의 눈물과 희생이 있다. 우리는 이 구조를 고쳐야 한다. 사회 전체가 이 구조의 불공정을 인식하고, 정부는 제도적으로 개입하며, 소비자는 '공짜의 대가'를 인식해야 한다. 그래야 진짜 공정한 시장이 시작될 수 있다.

17부

프랜차이즈 가맹법 개요

가맹법의 이해

서 문

프랜차이즈 가맹법이라는 제도적 내용을 분석하기에 앞서, 꼭 짚고 넘어가야 할 이야기가 있다.

이 글은 단지 법 조항을 해석하는 문서가 아니다. 직접 가맹점을 여러 개 운영해 본 한 사람의 현실적인 체험이자, 그 경험에서 우러난 진심 어린 호소이기도 하다.

사람은 세상을 살아가면서 끊임없이 배우고, 그 배움을 통해 더 나은 선택을 하고자 노력한다.

나 또한 그랬다.

수많은 시행착오와 좌절을 겪었고, 그 속에서 '법'이라는 존재를 진심으로 바라보게 되었다.

프랜차이즈라는 구조 안에서 장사란 단순한 생계 수단일 뿐만 아니라 내 전 재산과 내 가족의 시간과 건강까지 걸린 선택이다.

그런데 이 선택을 하면서, 우리는 너무나 쉽게 법을 모르고, 계약서를 넘기고, 브랜드 이미지만을 믿고 가맹계약을 맺는다.

큰 자본과 경험을 가진 이들은 전략적으로 접근할 수 있다. 그러나 창업 비용 1억 남짓으로 점포를 열려는 수많은 예비 창업자는 대개 '한번 해보자'는 심정으로 시작한다.

솔직히 말해서 나도 그랬다. 그 선택이 내 인생의 중요한 터닝포인트였다는 걸 뒤늦게 깨달았다. 하지만 그땐 몰랐다.

그리고 뼈저리게 느꼈다. 프랜차이즈 창업은 사업이 아니라 법적인 계약이다. 나의 재산권이 걸려 있다면, 그 선택은 '공부'와 '판단'이 전제가 되어야 한다. 특히, 법을 모르면 반드시 손해를 본다.

책 『세이노의 가르침』의 저자, 세이노는 말한다.

"이 세상의 법이 알아서 해 줄 것이라는 생각을 하지 마라. 법은 본인이 알고 본인이 스스로 사용해야 한다. 나를 위한 법이라면 이 법이 나를 위해 작동하는지 스스로 확인하고 작동시켜야 한다."

가맹법은 누구를 위한 법인가?

가맹사업법. 이름은 익숙해도, 그 실체를 제대로 이해하는 점주는 드물다. 하지만 꼭 기억해야 할 사실이 있다. 이 법은 '점주를 보호하기 위한 법'이다.

왜냐하면 대한민국의 법 체계는 기본적으로 '약자를 보호하는 방향'으로 설계되어 있기 때문이다.

가맹점주는 구조상 본사에 비해 정보와 권한이 부족한 '을'의 위치에 있다. 그래서 가맹사업법은 존재한다.

중요한 건, 이 법 자체는 매우 강력한 효력을 가진다. 문제는, 그 법이 '작동하지 않는다'는 것이 아니라, 그 법을 '점주가 사용하지 못한다'는 데 있다. 아무리 날카로운 칼이 손에 쥐어져 있어도, 휘두르지 않으면 아무 소용이 없다. 가맹법도 마찬가지다.

쓴다는 건, 알아야 쓸 수 있고, 이를 사용해서 싸워야 지킬 수 있다는 뜻이다.

예비 점주는 계약 전엔 약자지만 계약 후엔 법의 보호를 받는 주체가 된다.

많은 예비점주는 계약 전에는 조심스러울 수밖에 없다. 본사 입장에서 불리하게 보일까 두려워 강하게 주장하지 못한다.

그 마음, 충분히 이해한다. 계약이 성사되기 전, 점주의 입장은 사실상 을 중의 을이다. 하지만 중요한 전환점은 바로 '계약이 체결되는 순간부터' 시작된다. 그때부터는 가맹사업법이라는 방패와 칼을 들 수 있는 위치가 된다.

본사는 함부로 점주에게 불이익을 줄 수 없고, 그 어떤 조치도 법적 기준과 근거 없이 행사할 수 없다.

하지만 법만 가지고는 안 된다. 가장 먼저 해야 할 것은 바로 '점주협의회'. 기존 협의회가 있다면 소통하고, 없다면 당장 연대의 힘을 만들어야 한다.

단순히 '혼자서 법을 안다고 해서' 본사의 구조적 권력에 대응할 수 있는 것은 아니다.

가장 효과적인 무기는 점주협의회의 존재다. 협의회는 법적 무장을 조직적 실천으로 전환하는 출발점이다.

그 안에서 점주들은 정보를 공유하고, 사례를 축적하며, 집단적으로 본사에 대응할 수 있는 목소리를 갖게 된다.

가맹법, 협의회, 그리고 단체 교섭권. 이 세 가지는 점주가 본사의 갑질이나 부당한 계약 해석으로부터 자신을 지키는 강력한 삼각 구조다. 이 체계를 갖추고 나면 본사 또한 더 이상 함부로 대할 수 없고, 최소한의 협의회의 구조를 인정할 수밖에 없다.

지금부터 소개할 가맹사업법 조항 중 일부는 그저 이론이 아니라 점주가 반드시 실무에서 알고 있어야 할 생존을 위한 지식이다.

법은 멀리 있는 것이 아니다. 계약서 한 줄, 광고비 명세서 한 줄, 인테리어 리뉴얼 조건 한 줄에도 법은 작동한다. 그것을 아는 자는 살아남고, 모르는 자는 침묵 속에서 손해를 감수할 뿐이다.

이 글을 읽는 누군가가 지금 막 계약을 준비 중이거나, 이미 매장을 운영하고 있는 중이라면, 꼭 기억해 주기 바란다.

프랜차이즈는 브랜드를 믿어서 될 일이 아니라, 그 구조를 이해하고 알고, 자신의 권리를 지키는 일이다.

1장
가맹사업법의 개요와 제정 목적

「가맹사업거래의 공정화에 관한 법률」, 줄여서 '가맹사업법'은 한국 프랜차이즈 산업의 급속한 성장과 함께 나타난 다양한 불공정 문제를 제도적으로 해결하기 위해 제정된 법률이다.

프랜차이즈 산업은 본사(가맹본부)가 브랜드와 운영 시스템을 제공하고, 각 가맹점이 그 브랜드를 사용해 독립적으로 사업을 영위하는 구조를 갖는다.
 이 구조는 자영업자에게 창업 기회를 제공하며 산업적으로도 큰 성장을 이루었지만, 동시에 가맹점이 본사에 비해 상대적으로 약한 위치에 놓이게 되면서 계약상 불이익, 정보 부족, 일방적 지시 등 심각한 문제들이 발생했다.

이러한 구조적 불균형과 그로 인한 사회적 갈등을 해결하기 위해, 2002년 가맹사업법이 제정되고 2003년부터 시행되었다.
 이 법은 가맹계약의 체결 전 단계에서부터 영업 중, 그리고 계약 종료 이후에 이르기까지 전반적인 거래 과정에서 가맹점의 권리를 보호하고 공정한 관계가 유지될 수 있도록 설계되었다.
 본사는 법에 따라 일정한 정보 제공 의무를 지니고, 부당한 계약 해지나 비용 전가를 할 수 없으며, 가맹점은 정당한 권리를 주장하고 법적으로 보호받을 수 있다.
 가맹사업법은 단순히 상거래 규칙을 정한 법이 아니라 자영업자의 생존권과 직결되는 경제적 안전장치를 제공한다는 점에서 '공정 경제'를 실현하는 핵심 도구이기도 하다.
 이 법을 통해 가맹점주는 단순한 종속 관계의 대상이 아닌, 법적 권리를 가진 계약 당사자로 자리매김하게 되었으며, 본사 또한 책임 있는 사업 주체로서의 역할을 요구받게 되었다.

가맹사업법의 구성과 구조 요약
가맹법 개념 파악

가맹사업법은 「가맹사업거래의 공정화에 관한 법률」이라는 공식 명칭으로, 총 6개의 장으로 구성되어 있다. 각 장은 가맹사업의 단계별 흐름에 따라 구성되어 있으며, 가맹본부와 가맹점 간의 공정한 거래를 실현하기 위한 주요 조항들을 포함하고 있다.

2024년 12월 기준으로 약 38개 조문(부칙 제외)이 포함되어 있으며, 시행령 및 시행규칙을 통해 세부사항이 보완된다.

가맹사업법의 전체 구조는 다음과 같다.

◎ **제1장 총칙**
법의 목적, 용어 정의, 적용 범위 등 법률의 기초 개념을 담고 있다.

◎ **제2장 가맹사업거래의 기본원칙**
계약 전과 계약에 관한 사항이다. 가맹계약 체결 전의 정보공개서 제공, 예상 매출 산정 자료 제공, 가맹계약서 교부, 숙지 기간 등의 절차와 의무사항을 규정한다.

◎ **제3장 가맹사업거래의 공정화**
가맹계약 후 영업 중에 대한 사항이다. 가맹사업 운영 중 발생하는 거래와 관련된 불공정 행위 금지, 광고비·판촉비 부담 조건, 강제 물품 구매 금지 등 실질적인 거래 질서를 다룬다.

◎ 제4장 가맹점 사업자단체(본사와 협의회의 분쟁 등 관계에 관한 사항)

가맹점주가 협의회나 단체를 구성할 수 있는 권리를 보장하고, 본사가 이에 대해 불이익을 주지 못하도록 규제한다.

◎ 제5장 분쟁 조정 및 시정 조치 등(분쟁 발생 시 본부의 위법에 관한 사항)

가맹본부의 위법 행위에 대해 시정 조치를 명할 수 있으며, 분쟁 발생 시 조정 제도를 통해 원만한 해결을 유도한다.

◎ 제6장 보칙(분쟁 처리 부분에 관한 사항)

벌칙, 행정처분, 이행강제금 등의 조항이 포함되며, 법률 운영의 실효성을 높이기 위한 장치가 담겨 있다.

가맹사업법은 각 장의 구조에 따라 계약 전 단계, 영업 중 단계, 종료 및 분쟁 처리 단계로 구분되며, 실질적으로 가맹점주가 처음 계약할 때부터 운영, 폐점에 이르기까지 전 과정에서 권리를 행사할 수 있도록 설계되어 있다.

또한, 공정거래위원회가 이 법률을 전담하여 운용하며, 행정지도와 함께 처벌도 가능하도록 법적 구속력을 갖춘 것이 특징이다.

가맹사업 계약 시 꼭 알아야 할 법적 근거와 사항들

지금부터 기술하는 내용들은 가맹사업을 하려는 예비 점주, 가맹사업을 하고 있는 점주들, 그리고 폐업을 준비 중이거나 이미 한 점주들이 꼭 알아야 할 내용들이다. 모든 과정을 거친 저자가 현장 경험을 바탕으로 기술한 중요한 장이니, 최소한 이것만은 알고 사업에 임하기를 간곡히 부탁한다.

● 프랜차이즈 가맹사업 시 가맹점주가 알아야 할 필수 법률사항

구분	내용 요약	관련 조항
계약 전	- 정보공개서 제공 의무 - 예상 수익 산정 자료 및 근거 제공 - 가맹계약서 서면 교부 및 숙지 기간 보장	- 제9조 - 제9조의2 - 제10조
사업 중	- 거래처·물품 구매 강제 금지 - 제품 가격 자율 결정 보장 - 구입 강제 품목 계약서 명시 의무 (2024.07 시행) - 광고·판촉비 분담 시 서면 동의 및 사용내역 투명성 확보 - 가맹점 사업자 단체 구성 및 활동 보호 - 계약 해지 시 시정 요구·서면 통지·유예 기간 등 절차적 보호	- 제12조제1항제1호 - 제12조제1항제2호 - 제11조제2항제12호 - 제13조 - 제14조의2 - 제14조, 시행령 제15조
계약 종료, 폐업 예정 중과 후	- 계약 갱신 요구권 - 과도한 위약금·손해 배상 제한 - 재고·인테리어 정산 조건 사전 명시 - 계약 종료 후 본사 책임 확대 필요(정책 방향) - 분쟁 발생 시 조정 협의회 활용 가능	- 제14조의3제6조, 공정위 표준계약서 권고사항 - 제6조제1항제8호, 제11조 공정위 정책 방향, 국회 입법 예고안 제30조~제34조

● 가맹계약 체결 전 확인해야 할 법률사항 설명

　가맹계약은 단순한 계약을 넘어, 장기간의 상업적 파트너십을 약속하는 법적 관계다. 따라서 계약 체결 이전 단계에서 가맹 희망자에게 충분하고 정확한 정보가 제공되어야 하며, 이를 기반으로 신중하게 판단할 수 있도록 보호하는 것이 가맹사업법의 출발점이다.

첫 번째로 확인해야 할 것은 정보공개서 제공 의무다.

가맹본부는 가맹계약을 체결하기 최소 14일 전까지 가맹 희망자에게 '정보공개서'를 교부해야 한다. 이것은 계약하기 전 최소 2주간의 고민을 하라는 뜻이다. 정보공개서의 내용을 확인하고 잘 분석해서 신중하게 진행하라고 법이 보장하는 기간인 것이다.

이런 취지를 꼭 알고, 본인의 재산이 투입되는 중요한 사안인 만큼 신중하게 결정을 해야 한다.

이 문서에는 본사의 재무 현황, 브랜드 운영 현황, 기존 가맹점의 수익률, 폐점률, 소송 여부, 그리고 기타 주요 위험 요인 등이 포함되어 있어야 한다.

이는 점포 오픈 이후 발생할 수 있는 리스크를 미리 인지하고 합리적인 판단을 내릴 수 있도록 보장하기 위한 장치다.

또한 본사는 예상 수익에 대한 자료를 제공할 경우, 그 산정 근거와 방법을 명확히 밝혀야 하며, 허위 또는 과장된 정보 제공은 법적으로 금지되어 있다. 이를 위반할 경우 민사적 손해배상은 물론, 형사처벌이나 공정위의 제재 대상이 될 수 있다.

즉, 프랜차이즈 본사의 상세한 내부 정보에 접근하는 것이다. 가맹사업은 정보공개서의 열람과 사실 확인으로부터 시작하는 것이다.

✅ 정보공개서 수령 후 예비 점주가 반드시 해야 할 실질적 활동과 판단 기준

가맹계약 체결 전, 가맹본부는 가맹 희망자에게 반드시 정보공개서를 최소 14일 이전에 제공해야 하며, 가맹계약서도 서면으로 교부한 뒤 14일의 숙지 기간을 보장해야 한다.

이 '14일'은 단순히 시간이 지나기를 기다리는 유예 기간이 아니라, 예비 점주가 창업 여부를 최종적으로 판단할 수 있도록 법적으로 보장된 검토 및 확인의 시간이다.

그러나 현실에서는 많은 예비 점주들이 이 숙지 기간의 진정한 의미를 이해하지 못한 채, "어차피 할 계약이니까.", "오픈 일정이 다가오니까."라는 조급함 속에서 형식적인 절차로만 넘어가는 경우가 적지 않다. 심지어 일부는 계약일을 소급하거나 서명 날짜를 임의로 조정하여 서둘러 계약을 체결하는 사례도 있는데, 이러한 조치들은 향후 계약 분쟁의 불씨가 된다.

실제로 필자가 조정 절차를 진행했던 크라상 브랜드의 가맹점 사례에서도 정보공개서 제공일과 계약일 간의 14일 숙지 기간을 지키지 않은 문제가 쟁점이 되었고, 조사 결과 가맹본부의 법 위반이 드러난 사례로 귀결되었다.

이와 더불어, 정보공개서를 어떻게 제공했는가에 대한 문제도 분쟁 요소로 떠오르고 있다.
최근에는 정보공개서를 종이 서면의 형태를 제공하기 전이나 동시에 이메일, 카카오톡, 문자 등 전자 방식으로 전달하는 경우가 있다.
문제는 이 경우, 메일을 보낸 날짜인지, 수신자가 실제로 열람한 날짜인지, 카카오톡 전송 기록만으로 제공으로 간주할 수 있는지 등 법적 해석이 엇갈릴 수 있다는 것이다.
메일의 경우 수신자가 실제로 열람한 시점부터 숙지 기간이 기산될 수 있으며, 카카오톡은 단순 전송만으로 제공이 인정되지 않을 가능성도 있다.
따라서 가맹 희망자는 정보공개서를 받을 때 반드시 파일을 수신한 날짜, 읽은 날짜, 대화 내용 등을 스스로 기록해 두는 것이 바람직하다. 어쨌든 분쟁의 소지는 남기지 않는 것이 좋다.

이 숙지 기간 동안 예비 점주가 반드시 해야 할 핵심 활동은 정보공개서에 적힌 정보가 실제와 일치하는지 직접 확인하는 일이다. 이는 단순한 문서 검토가 아니라, 현장 조사, 점주 인터뷰, 매출 추이 분석 등 적극적인 활동이 필요한 시간이다.

◎ 인근 가맹점 영업 상태 확인

정보공개서에는 가맹점 수, 폐점률, 평균 매출 등이 담겨 있지만, 이는 본사의 관점에서 정리된 자료일 뿐이다.

예비 점주는 실제로 오픈 예정 지역 반경 1~2km 내의 기존 매장을 방문해 고객 유입 상황, 직원 수, 매장 분위기 등을 직접 눈으로 확인해야 한다.

◎ 기존 점주와의 인터뷰 – 숫자보다 '사람'에서 나오는 정보

가맹 창업을 준비하면서 마주치는 수많은 자료 중 가장 신뢰할 수 있고 현실적인 정보는 사실상 문서가 아닌 사람, 즉 '기존 점주'에게서 나온다.

가맹본부가 제공하는 자료는 기본 전제일 뿐, 현실은 항상 다르다.

따라서 예비 점주는 반드시 가능한 한 여러 명의 점주와 직접 만나 대화를 나눠야 한다.

이때 주의할 점은 인터뷰 대상의 신뢰도다. 가맹본부와 인척 관계에 있는 점주, 지나치게 협조적이거나 본사 행사에 자주 등장하는 점주는 정보의 객관성이 떨어질 수 있다. 오히려 영업 성과가 낮거나, 타 지역에서 운영 중인 냉정한 시각의 점주를 찾는 것이 도움이 된다. 매출이 부진했던 점포의 경험은 위기 상황 시 대응 방식, 본사의 실질적 지원, 손익분기점 문제 등을 가감 없이 말해 줄 수 있다.

또한, 점주들은 매우 바쁘고 피곤하다. 때문에 식사를 대접하거나 시간을 내어 주실 수 있겠냐고 배려를 구하는 자세로 접근하는 것이 바람직하다. 이는 단순한 정보 수집을 넘어, 창업 선배의 조언을 들으려는 후배로서의 예의이기도 하다.

아래는 기존 점주와의 인터뷰 시 참작해야 할 내용을 체크 리스트로 만든 것이다.

✅ 기존 점주 인터뷰 세부 체크리스트

구분	질문 내용	내용	비고
매장 운영 전반	매장 영업 연차		
	창업 초기, 가장 힘들었던 점?		
	하루 평균 오픈 시간		
	직원은 몇 명이며, 정규직/알바 비율		
수익 구조 & 손익	월평균 매출과 실제 손에 남는 수익		
	가장 잘된 달과 가장 안된 달의 매출 차이		
	인건비는 월평균 얼마? (매출 증가 여부)		
	손익분기점		
본사 시스템	본사 물류 시스템에 강제성 여부, 기타 불만사항		
	인테리어 비용과 안내받은 금액의 차이(추가 비용)		

✅ 정보공개서 수령 후 14일, 행동으로 판단하라

◎ 현장 조사와 점검을 위한 창업 실천 가이드

가맹사업법에 따라 정보공개서를 수령한 예비 점주는 최소 14일간의 숙지 기간을 보장받는다.

이 기간은 단순히 '기다리는 시간'이 아니다. 서류를 다시 읽고, 현장을 직접 확인하고, 사람을 만나고, 전문가와 상담하는 실천의 시간이다.

이 시기에 예비 점주가 반드시 해야 할 핵심 활동 중 하나는 '지역 상권에 대한 직접 조사'다.

단순히 '좋아 보이는 자리', '사람이 많이 다니는 곳'이라는 직관만으로 창업지를 선택하는 것은 위험한 착각이다. 상권 분석은 "매출이 나는가?"가 아니라 "수익이 남는가?"를 중심으로 진행되어야 한다.

반경 500m 내 경쟁 브랜드 및 유사 업종의 분포, 점심·저녁 피크 시간대 유동 인구의 흐름, 요일별, 시간대별 매출 편차 가능성 등을 반드시 현장에서 확인해야 한다.

특히 간과하기 쉬운 핵심은 제품 단가 대비 임대료의 비중이다. 판매하는 제품의 가격이 낮은데, 입지에 따라 고액의 임대료가 발생한다면 매출이 많아도 수익은 남지 않는다.

실제로 필자의 경험에 따르면 전주의 대표적 핵심 상권인 도청 앞 효자동에 입점했을 당시, 매장은 유동 인구도 많고 입지도 훌륭했지만, 판매하는 상품의 단가와 상권 임대료가 맞지 않아 임대료 부담이 과도하게 매출을 잡아먹는 구조가 되었다.

결국 그 매장은 수익이 아닌 손실을 키우며 폐업하게 되었다. 이처럼 '장사가 잘될 것 같은 자리'가 반드시 '돈이 되는 자리'는 아니라는 사실을 현장 경험을 통해 미리 확인하는 것이 중요하다.

◆ 법률 자문 또는 전문가 의견 요청

숙지 기간 동안 변호사, 세무사, 외부 컨설턴트에게 계약서 또는 정보공개서를 보여 주고 숨겨진 의무나 불리한 조건이 없는지 확인받는 것도 적극 권장된다. 이 14일은 그만한 가치가 있는 시간이다.

✓ 정보공개서 수령 후 14일 숙지 기간 체크리스트

구분	확인사항/ 질문 내용	점검 내용	비고
기본 정보 검토	정보공개서에 명시된 점포 수, 폐점률, 예상 매출 등을 확인했는가?		
	계약서가 표준가맹계약서 형식을 따르고 있는가?		
	인테리어, 가맹비, 로열티 등 주요 비용이 명확히 구분되어 있는가?		
현장 점검	예비 매장 위치 주변 상권을 직접 조사했는가?		
	반경 1~2km 내 경쟁 브랜드, 유사업종, 유동 인구를 파악했는가?		
	요일/시간대별 매출 변동 가능성을 직접 확인했는가?		
	판매 제품의 단가와 임대료의 비중을 검토했는가?		
점주 인터뷰	세 곳 이상의 기존 점주와 대화를 나눴는가?		
	매출이 낮은 점주나 타 지역 점주에게 인터뷰했는가?		
	본사의 약속(광고, 물류, 교육 등)이 실제로 지켜졌는지 물어봤는가?		
	"이 사업, 돈이 되나요?"라는 핵심 질문을 던졌는가?		
비용 구조 검토	인건비 구조가 수익에 어떤 영향을 미치는지 파악했는가?		
	매출이 늘어날수록 적자가 나는 구조인지 여부를 검토했는가?		
전문가 검토	계약서 또는 정보공개서를 전문가에게 검토받았는가?		
	본사에 질문할 항목을 정리해 직접 문의했는가?		
정보 제공 확인	정보공개서 수령 방식(메일/카톡)의 수신 시점을 캡처해 기록했는가?		
	정보공개서 제공일과 계약일 사이에 14일이 경과했는가?		

✅ 마무리 조언

이 2주는 '기다리기 위한 시간'이 아니라, 실행하고 확인하고 판단하기 위한 시간이다. 점주가 이 기간을 허투루 보낸다면, 그 피해는 향후 몇 년간 이어질 수도 있다.

정보공개서를 받은 순간부터 예비 점주는 본사와 대등한 위치에서 자신의 경제적 선택을 객관적으로 검토해야 할 의무가 있다.

"가맹계약은 브랜드에 대한 맹신이 아니라, 현실에 대한 냉정한 점검 위에 체결되어야 한다."

이 조언은 수많은 가맹 희망자들이 간과하는 진실이기도 하다.

계약 후 영업 중 반드시 알아야 할 법적 권리와 보호 조항

✅ 거래처 및 물품 구매의 자율성 보장

가맹사업법 제12조제1항제1호 및 제2호에 따르면, 가맹본부는 가맹점 사업자에게 특정 거래처로부터 상품이나 원자재를 강제로 구매하도록 요구하거나, 정당한 사유 없이 일방적으로 특정 품목을 지정해 강매할 수 없다.

이는 가맹점의 자율적인 영업 활동과 구매 선택권을 보장하기 위한 핵심 조항이다.

물론 현실에서는 모든 가맹점이 원자재를 직접 소싱하거나 관리하기 어렵기 때문에 본사의 물류 시스템을 통해 공급받는 방식이 효율적인 경우가 많다. 예를 들어, 본사가 대량 구매를 통한 원가 절감 효과를 가져오고, 일괄적인 품질 관리 및 편리한 물류 지원을 제공한다면 가맹점으로서도 시간과 에너지를 절약할 수 있는 장점이 있다.

하지만 문제는 본사가 이러한 편리성 제공을 명분으로 가격에 과도한 마진을 붙이거나, 비정상적으로 높은 공급가를 책정해 가맹점에 폭리를 취하는 구조로 이어질 때 발생한다.

더 나아가 1회 주문 최소 수량을 과도하게 설정하거나, 특정 시점에 대량 물량을 일괄 강제 공급하는 등의 방식은 실질적으로 가맹점의 영업 자율성을 침해하는 행위로 간주될 수 있다.

심지어 일부 프랜차이즈 본사는 자사 브랜드를 부착한 OEM 제품을 만들어, 이를 '전용 제품'이라며 반드시 사용하기를 요구하는 경우도 있는데, 이 또한 계약 조건상 자율 선택권이 명시되지 않은 경우 가맹사업법 위반 또는 불공정거래 소지가 존재한다는 점을 기억해야 한다.

본사의 물류 시스템을 사용하는 것이 무조건 나쁜 것은 아니다.

오히려 양측이 서로 도움이 될 수 있도록 협의된 구조가 마련된다면 가맹점은 효율적이고 안정적인 운영이 가능하고, 본사는 규모의 경제를 실현하며 적정한 수익을 거둘 수 있다.

다만 마진의 합리성, 대체 가능성, 공급 조건의 유연성이 가맹점의 손익에 미치는 영향을 철저히 따져 봐야 하며, 조금이라도 일방적인 강제성이 느껴질 경우에는 공정거래위원회 또는 가맹사업 분쟁조정협의회에 문제를 제기할 수 있다.

◆ 제품 가격 결정권 보장 – 권장가에 숨은 진실, 가격은 점주의 마지막 자율성이다

가맹점 운영에서 '가격'은 수익에 직접적으로 영향을 주는 매우 민감한 요소다. 그럼에도 불구하고 많은 점주들은 이 가격에 대해 스스로 결정할 수 없다고 생각한다.

"이건 본사에서 정한 가격이라 바꿀 수 없어요."라는 말은, 사실상 본사로부터의 안내도 있었겠지만, 동시에 점주 스스로 만들어 낸 고정관념이기도 하다. 하지만 가맹사업법은 이 점을 분명히 하고 있다.

「가맹사업거래의 공정화에 관한 법률」 제12조 제1항 제2호는 '가맹본부가 가맹점주가 취급하는 상품이나 용역의 가격을 부당하게 구속하거나 제한해서는 안 된다'고 명시하고 있다.

즉, 가격 설정은 법적으로 가맹점주의 고유 권한이며, 본사가 제시하는 가격은 어디까지나 권장 가격일 뿐이다.

실제 현장에서는 '브랜드 이미지가 손상된다'는 이유로 할인을 막거나 이벤트 진행을 제지하는 본사의 지시가 여전히 존재한다.

때로는 '가격을 조정하면 광고 대상에서 제외된다'는 식의 간접적 압박도 들어오는데, 이러한 일들은 법적으로 매우 위험한 영역에 해당하며, 점주의 자율권을 침해하는 대표적인 불공정 사례다.

가맹점은 입지, 상권, 고객층, 인건비, 임대료, 경쟁 환경 등 모든 조건이 다르다. 그런데도 전국의 모든 매장이 동일한 가격을 고수해야 한다는 것은 현실을 무시한 비효율적인 통제일 수밖에 없다.

예를 들어, 서울 강남 한복판에서 10,000원짜리 메뉴를 팔았을 때와 조그

마한 소도시에서 같은 가격으로 팔았을 때, 점주가 가져가는 실제 이익은 완전히 다르다. 같은 가격이라도 손에 남는 수익은 천차만별이다. 실제로 필자의 경험에서도, 본사로부터 "할인하면 브랜드 이미지에 좋지 않다."는 지적을 받은 적이 있다. 하지만 내 매장은 점심 특가 경쟁이 매우 치열한 지역이었고, 주변 경쟁 브랜드들은 가격을 탄력적으로 바꾸며 유연하게 대응하고 있었다.

결국 나는 본사 권장가보다 1,000원 낮은 가격을 설정했고, 그 결과 점심 매출은 무려 30% 이상 증가했다.

얼마 지나지 않아 본사 담당자도 내 정책을 다시 참고해 달라며 연락을 해 왔다.

이 경험은 내게 한 가지 교훈을 줬다.

현장은 본사보다 **빠르다**. 그리고 그 현장을 책임지는 사람은 바로 점주 자신이다.

가격 자율성은 단순한 숫자 조절의 문제가 아니다. 그 지역 고객의 소비 패턴, 체감 가성비, 경쟁 매장의 가격 등을 종합적으로 고려한 '시장 대응 전략'의 중심에 해당한다. 점주는 권장 가격을 참고하되, 실제 판매가는 자신의 점포 상황에 따라 정해야 한다.

배달 플랫폼에서 동일 제품의 가격을 비교하거나 재고 처리 및 비수기 전략, 유입 유도용 메뉴의 가격 설정 등 다양한 방식으로 가격 전략을 조정해야 한다. 이러한 전략적 판단은 법이 보장한 권한이며, 본사가 이를 제한하거나 간섭할 경우 공정거래위원회 또는 가맹사업 분쟁조정협의회를 통해 대응할 수 있다.

정리하자면, 가맹점은 브랜드를 사용하는 파트너이지, 가격을 통제당하는 하청 사업자가 아니다.

가격은 점주의 자율권이자 마지막 경영 전략의 무기이며, 그 권리는 법에 의해 보장되고 있다.

점주는 스스로 다음과 같은 질문을 던져야 한다.

"얼마에 팔아야 진짜 이익이 남을까?"

"우리 지역 고객은 이 가격을 납득할까?"

"본사 말만 믿고 가는 게 맞을까? 내가 직접 시장을 봐야 하지 않을까?"

이 질문에 스스로 답할 수 있을 때, 비로소 점주는 진짜 내 가게의 가격을 만들 수 있다.

◆ 구입 강제 품목의 명확한 계약 기재 의무

"이건 꼭 본사 걸 써야 해요."

"… 그럼 계약서에 적혀 있어야 합니다."

2024년 7월부터 시행되는 개정 가맹사업법은 가맹본부가 특정 물품이나 원자재를 가맹점주에게 반드시 본사 또는 특정 거래처에서 구매하라고 요구할 경우, 그 품목의 이름과 공급 가격이 어떻게 산정되는지 구체적으로 계약서에 명시하도록 의무화했다.

이게 무슨 의미일까?

한 프랜차이즈 본부가 "이 도시락은 무조건 본사 전용 용기로 포장해야 해요."라고 말한다면, 그 용기의 이름(예: '이지락 사각 도시락 용기 700ml')과 가격이 어떻게 정해지는지(예: 월 단가 고시 / 생산단가 + 물류비 + 본사 마진 10%)가 가맹계약서 안에 명확히 적혀 있어야 한다는 것이다.

지금까지는 본사가 "이건 전용 자재라 어쩔 수 없다."라는 말 한마디로 일방적으로 자재나 포장재, 식자재를 공급하고 가격을 올리는 일이 많았다.

가맹점 입장에선 "나도 쓰기 싫은데 써야 하고, 비싼데도 어쩔 수 없다."라는 심정으로 계속 구매해 왔다. 하지만 2024년부터는 그게 안 통한다. 계약서에 빠져 있다면, '강제할 권리' 자체가 없어진다.

◎ **불공정한 상황 예시**

"사장님, 이번 달부터 냅킨 단가가 올랐어요. 묻지 말고 그냥 받으세요."
→ 계약서에 공급 품목과 가격 산정 방식이 없다면, 이건 명백한 위법 가능성 있음.

◎ **합리적인 상황 예시**

"이 포장지는 브랜드 이미지상 필수라 본사 납품을 의무화합니다. 계약서 6번 항목 보시면 단가 계산 방식도 명시되어 있어요."
→ 공급 기준이 명확하고 예측 가능하다면, 점주도 신뢰할 수 있다. 이 제도는 단순히 본사를 제약하려는 것이 아니라, 가맹점이 사전에 충분히 예측하고 준비할 수 있도록 만드는 '계약의 투명성' 확보 조치다.

앞으론 본사 마음대로 가격을 올리거나 물건을 강제로 팔 수 없다. 정해진 조건이 있다면 반드시 계약서에 쓰여 있어야 하고, 쓰여 있지 않다면 강제할 수 없다.

이 조항은 특히 개설 초기에 "이것도 사야 해요.", "저것도 추가돼요." 하며 비용이 계속 불어나는 구조에 대해 점주가 방어할 수 있는 아주 중요한 장치다.

계약서에 없는 자재는 "선택사항입니다."라는 말을 이끌어 낼 수 있고, 본사의 공급 정책이 공정한지 따져 볼 근거도 생긴다.

✔ 광고비·판촉비 분담의 투명성 확보

비용을 낼 수는 있지만, 정당한 사전 동의와 투명한 공개가 먼저다.

가맹사업법 제13조는 가맹본부가 광고, 판촉, 마케팅 등과 관련된 비용을 가맹점주에게 부담시키려는 경우 반드시 사전에 서면으로 동의를 받아야 하며, 그 이후에도 비용의 사용내역, 목적, 방식 등을 투명하게 공개할 의무가 있음을 명시하고 있다.

이는 '정보 비대칭' 구조에서 본사가 일방적으로 비용을 전가하거나, 사용 내역을 숨기는 방식으로 가맹점에 불이익을 주는 것을 막기 위한 장치다. 즉, 광고비 자체가 문제가 되는 것이 아니라 어떻게 걷고, 어디에 썼는지를 설명하지 않는 구조가 문제다.

실제 현장에서는 이를 둘러싼 분쟁이 크고 작은 규모에서 빈번히 발생하고 있다.

대형 프랜차이즈의 일괄 광고비 징수 분쟁

사례 1

수도권에서 A브랜드 치킨점을 운영하던 B 점주는 본사로부터 '전국 단위 TV 광고 캠페인'을 시행한다는 통보를 받았다.

그에 따라 매월 15만 원씩 광고비가 본사 정산 시스템에서 자동으로 공제되기 시작했다.

문제는 해당 광고가 비수도권 위주로 방영되었고, 자신의 매장에서는 매출에 유의미한 변화가 없었음에도 불구하고 동일하게 비용을 부담해야 했다는 점이다.

B 점주는 광고비 정산 내역과 효과 분석 자료를 요청했지만 본사는 "모든 가맹점이 함께 부담해야 한다."라는 원칙만을 강조할 뿐 구체적인 사용내역은 제공하지 않았다.

이에 B 점주는 공정위에 정보 제공 의무 위반 및 사전 동의 없는 비용 강제 청구로 신고했고, 공정거래조정원은 '비용 부담의 정당성과 지역 효과 고려 부족'을 이유로 본사 측에 비용 재정산 및 일부 환불 조정을 권고했다.

이 사례는 광고비가 전국 단위로 청구되더라도 그 사용과 효과는 지역별로 차등 고려되어야 하며, 사전에 계약서 또는 개별 동의서로 그 기준이 명확히 되어야 한다는 점을 보여 준다.

사례 2 - 소규모 브랜드의 SNS 광고비 강제 논란

한 중형 카페 프랜차이즈는 매월 '브랜드 인지도 강화를 위한 SNS 콘텐츠 마케팅'을 명목으로 각 가맹점에서 5만 원의 광고비를 정기 징수하고 있었다.

문제는 광고 콘텐츠가 대부분 본사나 일부 대표 점포 중심으로 제작되어, 대다수

> 의 매장에는 직접적 효과가 거의 없다는 것이었다.
>
> 또한 광고비 사용내역 역시 '월간 SNS 광고 집행 완료'라는, 형식적 메시지만 전송될 뿐, 광고 노출 수, 타깃 지역, 사용 매체 등은 일절 공유되지 않았다. 이로 인해 일부 점주들은 '본사 SNS 활동을 위해 내 돈을 대는 느낌'이라며 불만을 제기했다.
>
> 광고비 청구에 대해 구체적 내역 제공이 없고, 사전 서면 동의서가 없었기 때문에 이 브랜드 또한 법적 책임 가능성에 노출되었다는 것이 전문가 분석이다.

◇ 법적으로 꼭 기억해야 할 세 가지 핵심

사전 서면 동의 없이 광고비 청구는 불법 소지가 있다. 가맹사업법 제13조는 반드시 '서면 동의'를 요구한다.

명시적 계약서나 동의서가 없는 경우, 분쟁 시 점주에게 유리하게 작용할 수 있다.

① 사용내역 공개는 의무

단순 총액이 아니라, 어떤 광고에, 어떤 지역에서, 어떤 방식으로 사용되었는지를 요청 시 정리해서 제공해야 하며, 이를 거부하면 정보 비공개 위반이다. 효과의 지역 편중 문제도 감안해야 한다

전국 광고라고 해도 실제로 광고 효과가 집중되는 지역이 한정적이라면 일괄 부담 방식은 분쟁의 원인이 될 수 있으며, 조정이나 법적 다툼으로 이어질 수 있다.

광고비는 필요할 수 있다. 브랜드를 알리고, 고객 유입을 유도하고, 마케팅을 강화하는 건 점주에게도 이익이니까. 하지만 광고비가 이름뿐인 '명목 비용'으로 전락해서는 안 된다. 내가 낸 비용이 언제, 어디서, 어떤 방식으로 쓰였는지를 확인할 수 있어야 한다.

그게 바로 신뢰할 수 있는 본사의 기준이고, 정당한 가맹계약의 조건이다.

② 가맹점 사업자단체 구성 및 활동 보장

아주 중요한 부분이다. 앞의 여러 가지 사례의 사항에 대한 대응도 함께해야 비로소 본사와 마주할 수 있다.

가맹점 운영의 가장 큰 어려움 중 하나는, 점주가 겪는 문제들이 개별 사례로 분리되어 목소리를 내기 어렵다는 점이다.

그래서 점주들이 협의회를 구성하는 것은 단지 단체 행동을 위한 것이 아니라, 공동의 목소리와 권익 보호를 위한 최소한의 자구책이다.

「가맹사업법」제14조의2는 가맹점주가 본사의 사전 승인 없이 자유롭게 단체를 구성하고 활동할 수 있는 권리를 보장하며, 본사는 이를 이유로 계약 해지, 갱신 거부, 광고 제외, 물류 차단 등의 불이익을 줄 수 없다. 이는 점주가 연대와 협의의 힘을 행사할 수 있도록 보장한 핵심 권리다.

이 부분에 대한 실제 사례다.

과거 크라상 프랜차이즈에서는 필자와 여러 점주들이 협의회를 결성하려 했고, 그 과정에서 현실적인 저항에 부딪혔다.

본사는 협의회 결성을 '내부 선동'으로 간주하고, 내용증명 경고를 발송했으며 공문 수령을 거부하고 협의회 존재를 부정했다. 일부 점주들에게는 묵시적 불이익을 암시하거나, 물류 공급에서 차별을 받기도 했다.

이로 인해 내부적으로도 갈등이 생기고, 협의회는 한때 위기를 맞았다. 하지만 끝내 결성에 성공했고, 그 덕분에 본사를 상대로 공정위에 거래 구조 전반에 대한 문제를 정식 제소할 수 있었다.

공정거래위원회는 정보공개서 제공 의무 위반, 원가율 위조, 협의회 결성 방해 등 가맹사업법 위반사항을 인정하고 시정 조치 및 과징금을 부과했다.

이 과징금은 단체 구성 방해뿐만 아니라, 본사의 전반적인 위법 구조에 대한 판단이었다. 본사는 행정소송과 민사소송으로 반발했지만, 점주들은 협의회를 통해 공동 대응의 힘을 잃지 않았다. 만약 협의회가 없었다면, 점주들은 각자 외로운 싸움을 감내해야 했을 것이다.

비슷한 예는 더본코리아사의 빽보이피자 프랜차이즈 사례에서도 나타났다. 이 브랜드에서는 본사가 표면적으로 단체 결성을 막지는 않았지만, 담당 직원들이 지속적으로 '너무 앞서가면 본사와 관계가 불편해질 수 있다'는 식의 정서적 회유와 압박을 반복했다.

공식적인 저지는 없었지만 피로감이 누적되며 결국 협의회는 출범 직전 해산됐고, 이후 본사 측에서 매장 운영 정책상 문제가 생겼을 때 점주들은 조직적 대응 없이 각자 감당해야 했다.

현행법은 단체 구성의 자유와 그에 대한 불이익 금지를 분명히 규정하고 있지만, 실제 현장에서는 법 조항보다 강한 것은 본사의 '분위기'와 점주들의 '불안'이다. 공정위 역시 지금까지 단체 구성 방해만을 이유로 과징금을 부과한 사례는 드물지만, 관련 사안이 다른 위반들과 함께 다뤄질 경우 간접적인 판단 근거로 작용한다.

결론적으로 협의회는 단순한 모임이 아니라 정보의 통로이며, 점주의 방어선이자 본사와의 협의 구조다.

필자 또한 이 협의회가 있었기에 지금까지 목소리를 유지할 수 있었고, 점주 간 정보와 대응 자료를 함께 나누며 대응을 지속할 수 있었다. 협의회가 없었다면, 아무도 문제를 제기하지 못했을 것이다. 개별 점주는 작지만, 함께일 때 작지 않다. 점주의 연대는 선택이 아니라 생존의 방식이다.

③ 부당한 계약 해지에 대한 보호

통보만으로는 끝낼 수 없다. 계약 해지에도 법이 있다.

가맹사업 계약은 단순한 상표 사용 권한이 아니라, 양 당사자의 권리와 의무가 명확히 설정된 법적 계약이다.

따라서 가맹본부가 "이제 계약을 종료하겠습니다."라는 통보만으로 일방적으로 계약을 해지할 수는 없다.

가맹사업법 제14조 및 시행령 제15조는 가맹본부가 계약 해지를 시도할 경우 반드시 따라야 할 법적 절차를 규정하고 있으며, 이를 어길 경우 해당 해지는 무효로 간주되거나 점주의 법적 대응 대상이 된다.

법이 정한 해지 요건과 절차는 다음과 같다.

첫째, 본사는 가맹점에 시정 요구를 해야 하며, 이는 단순한 구두 전달이나 단체 메신저 알림으로는 인정되지 않는다. 반드시 두 차례 이상의 서면 통지로 정식 절차를 밟아야 한다.

둘째, 최소 2개월 이상의 유예 기간을 제공해야 한다. 이 시간 동안 점주는 자신의 문제를 개선하거나 본사의 주장에 대해 반론을 제시할 기회를 가질 수 있어야 한다.

셋째, 본사가 주장하는 해지 사유는 시행령 제15조에서 정한 구체적인 항목에 해당되어야 한다.

예컨대 지속적인 계약 위반, 고의적인 매출 누락, 심각한 위생 위반 등은 정당한 사유가 될 수 있지만, 단순한 매출 부진, 본사와의 소통 불만족 등은 정당한 해지 근거가 되지 않는다.

만약 본사가 위의 절차를 무시하거나 형식적으로만 진행하여 계약 해지를 시도한다면, 가맹점주는 여러 법적 대응 수단을 가질 수 있다.

우선 공정거래위원회에 정식 신고를 통해 시정 조치를 요구할 수 있으며, 가맹사업 분쟁조정협의회를 통해 조정 절차에 돌입할 수도 있다.

필요한 경우 민사 소송으로 손해배상을 청구하거나 해지 무효 확인을 구할 수 있으며, 부당 해지 효력을 정지시키기 위한 가처분 신청도 가능하다.

하지만 현실에서는 본사가 이 절차를 피하고자 점주에게 자진 폐점을 유도하거나, 합의서를 강요해 사인을 받아내는 경우도 많다.

이른바 '유도 해지'다. 그로 인해 실제로 공정위나 법원에서 '부당 해지만을 이유로 본사를 처벌한 사례'는 상대적으로 드물다.

하지만 이런 경우에도 충분한 정황 증거가 확보되어 있다면 법적 책임을 물을 수 있으며, 최근 들어 점점 더 많은 점주들이 이와 같은 방식으로 정당한 권리를 행사하려는 움직임을 보이고 있다.

가맹사업법은 가맹점주가 계약 해지라는 중대한 국면에서 일방적으로 밀려나지 않도록, 실질적인 보호 장치를 분명히 마련하고 있다.

점주는 단순한 브랜드 사용자나 본사의 하청 수탁자가 아니라, 법적으로 보호받는 독립된 사업자이자 계약의 당사자이다. 본사가 "계약 해지하겠습니다."라고 말하는 순간, 점주는 "왜?"라고 질문하고, "그 근거는 무엇이며, 시정 요구는 있었는가?"라고 되물어야 한다. 그게 바로 법이 보장한 권리이고, 스스로를 지킬 수 있는 최소한의 자존이다.

폐업 시 또는 계약 종료 후 법률 보호

나갈 때도 법은 점주를 보호한다.

프랜차이즈 가맹계약은 시작할 때만 중요한 것이 아니다. 끝나는 시점, 또는 그 직전 단계에서의 법적 권리 보호 역시 점주에게는 매우 중요한 사안이다.

많은 가맹점이 처음보다 폐업 단계에서 더 큰 금전적 손해나 갈등을 겪기 때문이다.

✅ 계약 갱신 요구권

「가맹사업법」제13조1항은 가맹점주가 정해진 조건하에 계약 갱신을 요구할 수 있는 권리를 명시하고 있다.

"가맹본부는 가맹점사업자가 가맹계약기간 만료 전 180일부터 90일까지 사이에 가맹계약의 갱신을 요구하는 경우 정당한 사유 없이 이를 거절하지 못한다."

정당한 사유란 주로 중대한 계약 위반, 반복된 위생 위반, 가맹금 미납 등으로 제한되며, 본사의 주관적 판단이나 단순한 수익성 저조는 거부 사유가 될 수 없다.

하지만 현실에서는 "갱신해 줄 순 없지만 자진 폐업하시면 위약금은 면제해 드릴게요."라는 식의 비공식적 회유나, "지금은 브랜드 리뉴얼 중이라 재계약이 어렵습니다." 같은 불명확한 통보로 사실상 갱신을 어렵게 만드는 사례도 있다.

이러한 경우에도 점주는 갱신 요청서를 서면으로 남겨 두고, 본사 반응이 부당할 경우 공정위 또는 가맹사업거래 분쟁조정협의회에 제소할 수 있다.

✅ 위약금 및 손해배상 청구 제한

폐업 또는 계약 종료 시점에 가장 큰 부담이 되는 것이 바로 '위약금'이다. 하지만 가맹사업법과 공정거래위원회가 권고한 표준 가맹계약서에 따르면 위약금은 반드시 계약서상에 명시되어 있어야 하며, 실제 손해를 초과하는 위약금 청구는 무효 또는 부당한 조건으로 간주된다.

본사가 손해배상 청구나 위약금 부과를 주장할 때, 그 금액이 실제 발생한 손해(예: 미사용 인테리어 재고, 남은 물류 등)와 관련되어야 하며, 가맹점주가 사전에 동의하지 않은 비용에 대해선 청구 근거가 약하다.

예를 들어, '기존 상권 독점권을 침해했다'는 이유로 수백만 원의 위약금을 부과하거나, '브랜드 이미지를 손상시켰다'는 모호한 사유로 수천만 원대 손해배상을 요구하는 경우가 있는데, 이러한 사례는 실손이 입증되지 않으면 대부분 법원에서 기각되거나 감액되는 경우가 많다.

◎ 현실에서의 적용 – 사전 협의 없는 일방적 청구의 문제

많은 점주가 폐업을 결정할 때 본사로부터 "위약금은 기본입니다.", "당신 때문에 손해가 막심하다."라는 통보를 받지만, 정작 계약서를 다시 보면 금액 산정 근거가 없거나, '갑의 판단에 따름'과 같은 불공정 문구로 가득한 경우가 많다.

하지만 현행법상, 위약금은 실제 피해 금액을 기반으로 산정되어야 하며, 기계적으로 정액화된 위약금, 부당한 해지 요청 이후에도 부과되는 손해배상은 모두 공정위 시정 대상 또는 민사상 다툼의 여지가 있는 조항이다.

가맹 본부와의 계약 종료는 해방이 아니라 또 다른 권리의 시작이다. 점주가 계약 종료를 결정하거나, 본사로부터 계약 해지를 통보받는 시점은 단순한 운영 종료가 아니라 법적 권리가 본격적으로 발동되는 지점이다.

계약 갱신 여부, 위약금 적정성, 손해배상 범위 등은 점주 스스로가 계약서를 다시 읽고, 관련 법 조항을 확인하며 방어의 전략을 마련해야 하는 시기다. 무턱대고 "그냥 나가겠다."라는 말은 위험하다. 본사도, 점주도 서로의 권리와 의무를 다해 계약을 정리해야 그 끝이 분쟁이 아닌 정당한 종료가 될 수 있다.

✅ 재고 및 인테리어 관련 처리

계약이 끝난 후에도, 점주가 감당해야 할 몫은 명확해야 한다.
가맹계약이 종료되는 시점은 단지 영업의 끝이 아니라, 비용 정산과 시설 처리, 재고 정리 등 새로운 갈등이 시작되는 순간이기도 하다.

많은 가맹점주가 폐점 이후 예상치 못한 재고 처리 문제나 인테리어 철거 비용에 직면하며, 그동안 쌓은 수익을 마지막에 모두 소진하는 경우도 적지 않다.
가맹사업법은 가맹계약서에 반드시 기재해야 하는 항목으로 '인테리어 및 시설의 사양과 철거 기준', '계약 종료 시 재고·시설 등의 처리 방식' 등을 명시하도록 하고 있다.
또한 공정거래위원회의 표준가맹계약서와 가맹본부 표준 가이드라인에서도 계약 종료 시 남은 물품, 시설물, 장비 등에 대한 처리 기준을 사전에 합의하고 문서화할 것을 권고하고 있다.

하지만 현실은 그렇지 않다. 폐점 이후 본사에 재고 매입을 요청했지만 '매입 의무는 없다'는 답변을 받거나, 초기 본사 권장 사양에 따라 수천만 원을 들여 인테리어를 했음에도 불구하고 '철거 및 원상복구는 점주의 책임'이라는 통보를 받는 경우가 흔하다.

간판, 외장 색상, 바닥재 철거 등까지 점주가 전적으로 부담하게 되며, 이로 인해 영업을 정리하면서도 빚을 떠안고 나오는 구조가 발생한다.
공정위는 이러한 불합리한 사례를 줄이기 위해 '페어 클로징(Fair Closing)' 제도 도입을 준비하고 있다. 이는 가맹계약 종료 후 본사의 책임 범위를 명확히 하고, 재고 매입 의무나 인테리어 잔존가치 정산 기준, 시설 철거비 분담 기준 등을 법제화하려는 방향이다.

현재는 법 조항으로 명시되지는 않았지만, 공정위 보도자료와 국회에 계류 중인 가맹사업법 개정안이 이러한 논의의 방향을 뒷받침하고 있다.

한편, 분쟁이 발생했을 때 점주가 선택할 수 있는 가장 현실적인 수단은 공정거래조정원 산하 '가맹사업거래 분쟁조정협의회'를 통한 조정 절차다.

가맹사업법에 따라 운영되는 이 제도는 비공개, 저비용, 신속한 합의를 특징으로 하며, 복잡한 민사 소송보다 접근이 쉽고 실용성이 높다.

철거비 분담, 브랜드 철거 기준, 잔여 재고의 처리 책임 문제 등도 계약서상에 명확한 규정이 없거나 본사 일방으로 편중되어 있다면, 조정 과정에서 '불공정 조건'으로 판단될 가능성이 높다.

이러한 분쟁은 단순한 비용 문제가 아니라 계약 종료 이후 점주의 최소한의 존엄과 권익을 지키는 문제이기도 하다.

결국, 계약은 끝났지만 비용을 무조건 감당할 필요는 없다. 가맹점주는 브랜드 사용자가 아니라 정당한 사업자이며, 사업 종료 또한 법이 보호하는 정당한 권리 행사다.

'그냥 나가면 끝'이 아니라, '나갈 때도 보호받아야 할 권리'가 있다는 사실을 인식하는 것이 현명한 가맹점주의 자세다.

18부

자영업 경영자가 알아야 할 참고사항들

서 문

나는 장사를 하며 깨달았다.

사람은 세상을 살아가면서 끊임없이 배운다. 그 배움은 우리의 선택을 바꾸며 삶의 방향을 바꾸고, 어떤 순간에는 인생을 지켜주는 힘이 되기도 한다.

그런 마음으로 장사에 도움이 되는 학문을 찾아 공부하기 시작했고, 방송통신대학교에서 경영학을 전공하게 되었다. 그 공부는 단순한 지식이 아니라 현장에서 바로 쓰이는 실전 무기가 되었다.

특히 식당을 운영하며 익힌 마케팅 지식은 내 매장의 방향을 설정하는 데 많은 도움이 되었다. 나는 실제 운영하던 한식당 '송학구이'를 사례로 삼아, 마케팅 6P 모델을 적용한 논문을 쓰기도 했다.

젊은 시절 대학에서 전공한 공부보다, 짬을 내어 다시 시작한 경영학 공부가 현장에서는 훨씬 더 실질적이고 유효했다. 그래서 나는 이 글을 읽는 자영업자들이라면, 매장의 규모를 불문하고 마케팅 6P는 기본으로 알아야 한다고 생각한다.

그것은 단순한 이론이 아니라, 가게 하나하나를 지탱하는 실질적인 경영 체계를 잡을 기본이 되어 줄 수 있기 때문이다.

1장

마케팅 6P 설명 및 적용사항

✓ Product(상품)

고객 체감 가치(Customer-perceived value)와 직접 소비 요소(Direct consumption elements)의 구성.

프랜차이즈 산업에서 고객이 매장을 방문하거나 메뉴를 주문할 때 가장 직접적으로 인식하는 것은 단순한 가격 대비 효용이 아니라, 실제로 경험하고 체감하는 가치(Customer-perceived value)다.

이 가치는 고객이 메뉴나 서비스를 실제로 소비하는 과정 전체에서 발생하는 만족, 인식, 감정의 총합을 의미하며, 이는 다시 직접 소비 요소(Direct consumption elements)라는 구체적 항목으로 분해하여 분석할 수 있다.

이러한 요소는 다음 네 가지로 대표된다.

◎ 맛(Flavor)

맛은 고객 체감 가치의 가장 본질적이며 즉각적인 평가 요소다.

단순한 짠맛, 단맛을 넘어서 지역별 선호도(Regional preferences), 세대별 기호 변화(Generational taste shifts)를 반영해야 한다.

예를 들어, 고소득 주거지에서는 상대적으로 단맛(Sweetness)을 선호하는 경향이 있고, 젊은 층은 매운맛(Spiciness)에 강한 반응을 보이며, 중장년 층은 담백함(Mild flavor)과 건강한 이미지를 중요하게 여긴다.

◎ 양(Portion Size)

양은 특히 가격 대비 만족도를 결정짓는 핵심 요소로, '가성비(Value-formoney)'의 인식과 직접 연결된다.

서민 상권에서는 '푸짐한 양'이 강한 만족 요인으로 작용한다. 이는 '한 끼 배부름'이라는 현실적 니즈에 부합하기 때문이다.

반면, 고소득층은 '적당한 양 + 고급 재료'의 조화, 즉 퀄리티 중심의 품격 있는 소비를 더 중시하는 경향이 있다. 이들은 정량적 충족보다 정서적 만족을 추구한다.

◎ 비주얼(Visual Appeal)

비주얼 요소는 이제 단순한 보기 좋은 음식의 수준을 넘어 소셜 미디어(SNS)상의 콘텐츠화 가능성까지 고려하는 방향으로 발전하고 있다.

컬러감(Color contrast), 플레이팅(Plating style), 패키징 디자인(Package design)은 모두 고객의 시각적 만족도를 증폭시키는 장치이며, 특히 MZ세대를 중심으로 '사진이 잘 나오는 음식(Instagrammable food)'은 실제 구매로 이어지는 결정적 계기가 된다.

◎ 차별화된 레시피 / 스토리텔링(Recipe Uniqueness / Storytelling)

오늘날 프랜차이즈의 성공은 "뭐가 맛있는가?"보다 "왜 이걸 먹는가?"라는 이유(Reason to believe)를 제공하는 데 달려 있다.

차별화된 레시피(Recipe uniqueness)는 브랜드만의 고유 정체성을 형성하는 핵심 자산이며, 이와 함께 제공되는 스토리텔링(Storytelling)은 소비자에게 정서적 동기를 부여한다.

예를 들면 지역 특산물을 활용한 로컬 콘텐츠형 메뉴, 셰프의 철학이나 브랜드의 태도(Brand attitude)를 담은 메뉴 설명, 전통 방식의 계승과 현대화 등이 대표적 사례이다.

아울러, 고객군의 입지(Location)와 사회문화적 배경, 그리고 시대적 소비 트렌드(Consumption Trends)에 따라 직접 소비 요소의 적용 방식은 달라져야 한다.

고객군 특성에 따라 메뉴를 기획하는 전략은 다음과 같다.

◎ 입지 기반 전략(Location-based Strategy)

부촌(Affluent Areas)은 건강을 중요시하는 소비자들이 많아 건강 지향(Health-focused) 메뉴가 우선시되며, 이들은 단맛을 선호(Sweet preference)하는 경향도 있다. 동시에 고급스러움(High-end feel)과 독특한 식재료(Unique ingredients)에 대한 관심이 높아, 고가 재료를 활용한 프리미엄 메뉴 구성과 차별화된 콘셉트가 주요 전략이 된다.

대단지 아파트(Large Apartment Complexes)는 가족 단위 고객층이 주를 이루므로, 아이 중심 메뉴(Children-focused meals)를 마련하고, 친환경 재료(Eco-friendly ingredients)를 사용해 신뢰를 확보하는 것이 중요하다. 또한 가족 단위의 식사를 고려한 가족 세트 구성(Family sets)과 함께, 선물용 포장 세트(Gift packaging) 같은 실용적 서비스도 유효하다.

대학가(University Districts)는 가격에 민감한 젊은 층이 많아 저렴한 가격(Affordable)이 필수이며, 동시에 만족감을 줄 수 있도록 푸짐한 양(Large portions)이 뒷받침되어야 한다. 학생들의 성향상 즉각적 만족(Immediate satisfaction)을 줄 수 있는 메뉴와 자극적인 중독성 있는 맛(Addictive flavors)이 특히 강한 반응을 얻는다.

관광지(Tourist Zones)는 소비자들이 비일상적 경험을 기대하는 공간이므로, 사진이 잘 나오는 메뉴(SNS-friendly visuals)가 중요한 마케팅 요소다. 이와 함께 지역의 특색을 담은 지역 특산물 활용(Localized concept)을 통해 관광객의 흥미와 만족도를 높일 수 있다.

오피스 상권(Office Areas)에서는 빠른 시간 내 식사를 해결하려는 수요가 많기 때문에 빠른 회전율(Fast turnover)이 관건이다. 효율성을 높이기 위해 포장·배달 최적화(Optimized for delivery)가 필요하며, 시간과 비용을 고려한 세트 메뉴 구성(Combo meals)도 효과적인 전략이 된다.

◎ 소비 트렌드 기반 전략(Trend-based Strategy)

친환경·건강 중심(Eco-friendly & Health-conscious) 트렌드는 현대 소비자들의 가치 소비 성향을 반영한다. 저당(Low sugar), 글루텐프리(Gluten-free), 채식 기반(Plant-based) 메뉴는 건강을 중시하는 소비자들에게 필수 요소이며, 식품 선택 시 윤리적 기준까지 고려하게 만든다.

1인 소비 시대(Solo Consumption Era)에는 1인 가구 증가와 함께 소용량 메뉴(Small portions), 간편식(Simple meals), 개별 포장(Individual packaging)과 같은 맞춤형 솔루션이 필요하다. 이는 편리성과 위생을 중시하는 현대 소비자의 기대에 부합한다.

SNS 시대(Social Media Era)는 소비자들이 메뉴 자체를 하나의 콘텐츠로 소비하는 경향을 강화시키고 있다. 따라서 사진과 영상 콘텐츠화 가능한 디자인형 메뉴(Visual & Cinematic food styling)의 개발이 필요하며, 이는 브랜드의 확산력에도 영향을 미친다.

감정 소비 강화(Emotional Consumption)는 맛을 넘어 감정적 연결을 제공하는 방향으로 발전하고 있다. 위로 푸드(Comfort food)는 지친 고객에게 정서적 위안을 제공하며, 추억 자극형 메뉴(Nostalgia-inducing food)는 개인의 기억과 감정을 불러일으킨다. 이러한 메뉴에 담긴 감성적 서사(Emotional storytelling)는 브랜드 충성도를 높이는 중요한 자원이 된다.

아이들이 게임 아이템을 바꾸거나 과금하는 이유는 '승리하기 위해서', 즉 성과를 내기 위한 투자이다. 음식점 역시 성과를 내려면 변화에 투자해야 한다.

그런데 많은 가게들이 3년, 5년, 심지어 10년째 변화 없는 메뉴로 장사를 하곤 한다. 시대와 고객의 취향이 바뀌었는데도 여전히 옛날 메뉴 옛날 방식이라면, 고객은 지루함을 느끼고 떠나간다.

Tip 정기적으로 '고객 중심'으로 메뉴를 재정비하고, '시즌 한정 메뉴'나 '레트로 재해석 메뉴'처럼 반응을 유도할 수 있는 상품 전략이 중요하다.
신제품 개발, 세트 메뉴 개발, 젊은 층을 위한 메뉴, 등.

지역별 제품 착안사항

고객 유형	전략 메뉴 또는 서비스 예시
학원가·학생 중심	탄수화물 위주의 중독성 강한 매운 떡볶이, 세트 할인
가족 중심 아파트 단지	어린이용 반찬 소포장 세트, 부모용 저염 건강식 구성
프리미엄 부촌 상권	와인과 어울리는 샤퀴테리, 고급 디저트 플래터 구성
Z세대 SNS 타깃	캐릭터 푸드, 이색 컬러 드링크, DIY 토핑 메뉴 등
어르신 밀집 지역	익숙한 향토 음식, 부드러운 식감, 큰 글씨 메뉴판

◈ Price(가격)

가격은 단순히 숫자가 아니라 포지셔닝 도구다.
같은 메뉴라도 고급 동네 vs 원룸촌은 가격 전략이 달라야 한다.
치킨을 예로 든다면, 대형 아파트보다 소형 아파트가 잘된다. 젊은 부부들이 많고 아이들이 많기 때문이다.
이와 같이 가격은 지역 상권과 타깃 계층에 따라 정교하게 설계돼야 한다.

예를 들어, '가성비를 중시하는 상권'에서는 세트 구성이 효과적이고, '감성 소비층'이 많은 지역에서는 비주얼과 디저트, 분위기에 따른 고부가 가치 전략이 필요하다.

손님의 관심을 유도할 수 있는 할인 메뉴를 선정한다든지 신메뉴를 알리기 위한 할인 등, 가격에 대한 각종 정책을 말한다.

"우리 동네의 손님은 어떤 가격 심리를 가질까?"가 먼저다.

✓ Place(장소)

이제는 '어디에 있느냐'보다 '어디서 보이느냐'의 시대이다.

프랜차이즈 업계에서 말하는 'Place(장소)'는 전통적으로는 매장의 입지, 즉 매장이 어디에 위치해 있는지를 뜻한다.

예를 들어 학원가, 오피스 상권, 주택가, 대형 쇼핑몰 근처 등, 특정한 상권 속에 위치한 물리적 공간이 그 기준이 되어 왔다. 그러나 이제는 단순히 매장이 있는 지리적 위치(Location)만을 장소로 보기 어렵다.

'장소'는 점점 물리적 공간과 디지털 공간이 결합된 개념으로 확장되고 있다. 즉, 고객이 실제로 가게를 방문하는 장소만큼이나, 브랜드가 디지털 상에서 어디에 노출되고 어떤 방식으로 보이느냐가 더 중요해진 것이다. 이제 장소는 고객의 눈과 손이 닿는 모든 곳이 된다.

◎ 오프라인 점포로서의 장소 전략

가게의 입지를 선정할 때는 여전히 유동 인구, 고정 고객층, 경쟁 매장과의 거리 등 전통적인 요소들이 중요하다. 그러나 중요한 것은 단지 '어디 있느냐'가 아니라, 그 장소가 고객에게 어떤 방식으로 경험되느냐이다.

예를 들어 외부 환경이 좋지 않은 곳에 매장이 위치한 경우, 고객의 시선이 바깥보다 매장 내부로 향하게끔 설계해야 한다. 조명, 벽면 디자인, 내부 구조를 통해 내부의 감성적인 요소에 시선을 머물게 하는 것이 중요하다. 반대로,

창 밖의 뷰가 좋은 입지라면 그 뷰를 살려 매장의 개방감을 강조하는 전략이 효과적이다.

또한 출입구의 위치를 어디에 둘 것인가도 매우 중요하다. 고객의 이동 동선, 인근 도로의 방향, 주차 공간의 위치 등을 종합적으로 고려해 고객이 가장 자연스럽게 접근할 수 있는 지점에 출입구를 배치해야 한다. 내부에서는 벽면을 포토존으로 꾸미거나, 브랜드의 철학이나 메뉴 이야기를 담은 벽을 만들어 고객이 머물며 브랜드를 느끼도록 해야 한다. 이런 요소들은 모두 장소의 전략적 설계에 해당한다.

◉ 디지털 공간으로서의 장소 전략

이제 오프라인 입지보다 더 중요한 것은 온라인 공간에서의 존재감이다. 아무리 골목 안에 숨어 있어도, 디지털 공간에서 번화가처럼 보이게 만들 수 있다. 바로 이것이 "오프라인이 불리하면, 온라인에서 번화가를 만들어라."라는 전략의 핵심이다.

요즘은 물리적인 골목 상권이라 하더라도 인스타그램, 배달 앱, 맘카페, 지역 블로그, 유튜브 등을 통해 디지털 상에서의 '핫플레이스'로 브랜딩할 수 있다. 매장의 사진이 인스타 감성을 자극하고, 지역 블로거나 체험단의 후기가 공유되며, '한 번쯤 가 봐야 할 곳'이라는 말이 퍼지면, 그 매장은 디지털 번화가에 입점한 셈이 된다.

배달 앱에서는 메뉴 이미지, 리뷰 수, 별점 관리가 중요하고, 인스타그램에서는 사진의 구도와 감성, 해시태그가 관건이 된다. 지역 맘카페나 블로그에서는 신뢰를 줄 수 있는 생생한 체험 후기가 '장소성'을 만들어 준다. 이러한 디지털 상의 모든 접점이 곧 장소의 확장판이라 볼 수 있다.

예전에는 상권이 곧 매장의 운명을 좌우했다. 하지만 지금은 매장의 위치보다 브랜드가 고객의 눈에 얼마나 자주, 얼마나 매력적으로 노출되느냐가 더 중요하다. 다시 말해, 고객이 기억하는 장소는 지도로 확인하는 위치가 아니라 디지털 콘텐츠 속에서 경험한 브랜드 이미지다.

과거의 장소 전략이 '존재하는가'에 초점이 맞춰졌다면, 지금의 장소 전략은 '어떻게 표현되는가'에 맞춰져 있다. 가게가 어떤 거리의 몇 번지에 있는가는 점점 중요하지 않아지고, 그 가게가 어떤 사진으로, 어떤 감성으로, 어떤 이야기로 소비자의 피드에 등장하는가가 더 중요해진 것이다.

결국 장소는 이제 공간의 개념을 넘어서 콘텐츠화된 경험의 총합으로 재정의된다. 오프라인 매장과 온라인 플랫폼이 서로 연동되고, 고객은 물리적 장소에서 브랜드를 만나는 것이 아니라 디지털 이미지와 이야기 속에서 브랜드를 먼저 체험한 후 방문하게 된다. 따라서 장소는 물리적 '존재'가 아니라, 디지털 시대의 '표현 방식'이다.

◆ Promotion(홍보)

고객에게 나를 알리고 나를 이야기하게 만드는 힘, 홍보(Promotion)는 단순히 정보를 전달하거나 광고를 송출하는 일이 아니다. 그것은 곧 '내가 누구인지 고객에게 알려 주는 과정'이며, 더 나아가 고객이 나를 기억하고, 다시 누군가에게 소개하도록 만드는, 확산을 전제로 한 관계의 설계다. 특히 프랜차이즈 브랜드일수록 본사 차원의 중앙 집중형 마케팅뿐 아니라, 지역 단위에서 브랜드가 살아 움직이도록 만드는 '로컬 확산력(Local virality)'이 핵심 전략이 된다. 홍보는 결국 브랜드가 한 사람의 삶 속으로 자연스럽게 침투할 수 있게 하는 수단이다.

홍보의 첫 번째 방식은 이벤트성 홍보이다. 전통적으로 많이 활용되어 온 쿠폰, 스탬프 카드, 특정 요일 할인, 런치 타임 이벤트 등은 여전히 강력한 고객 유입 장치로 작동한다. 그러나 단순히 가격을 낮추는 방식보다는 브랜드의 정체성과 연결된 이벤트가 더 효과적이다.

예를 들어, '리뷰 인증 시 무료 음료 증정'과 같은 이벤트는 고객의 참여를 유도함과 동시에 온라인 콘텐츠로 이어지며 2차 노출을 만들어 낸다. 이벤트는 혜택이 아니라 브랜드 경험을 유도하는 장치로 바라보는 것이 좋다.

다음으로 중요한 축은 콘텐츠형 홍보다. 지금은 대부분의 소비자가 콘텐츠를 통해 매장을 먼저 경험한다.

인스타그램 릴스, 블로그 후기, 유튜브 쇼츠, 틱톡 영상 등을 통해 매장의 분위기, 메뉴의 매력, 직원들의 서비스 등을 간접적으로 체험한 후 방문을 결정한다. 이제는 매장을 알리는 것이 아니라 매장을 콘텐츠화하는 것이 홍보의 본질이 되었다. 단순한 정보보다 감정과 분위기, 음악과 연출이 담긴 짧은 영상이 훨씬 강력하게 고객의 마음에 각인된다. 매장이 콘텐츠가 되는 순간, 홍보는 자생적으로 작동하게 된다.

로컬 제휴 마케팅은 생활권 기반의 연결을 만든다. 키즈카페, 네일숍, 학원, 애견카페, 지역 병원 등과 협업하여 자연스러운 노출을 유도하는 방식이다. 예를 들어 키즈카페 이용 고객에게 매장 할인 쿠폰을 제공하거나, 네일숍에서 매장 인증 이벤트를 공동으로 진행하는 식이다.

이는 단순한 제휴를 넘어 지역사회 안에서 브랜드가 '친숙한 존재'로 기능하게 만드는 방식이다. 프랜차이즈가 본사 브랜딩을 넘어서 각 지점마다 로컬 기반의 생활 마케팅 전략을 세워야 하는 이유가 여기에 있다.

하지만 이 모든 홍보 수단보다 더 강력한 것이 있다. 바로 '팬덤'과 '밈(meme)'이다. 지금의 홍보는 기업이 말하는 것이 아니라 사람들이 자발적으로 브랜드를 언급하고 재해석하는 방식으로 작동한다.

팬덤은 브랜드에 감정을 이입한 사람들이 스스로 홍보자가 되는 현상이고, 밈은 SNS상에서 유머나 과장, 상징으로 브랜드가 회자되는 방식이다. '떡볶이계의 구찌', '먹다가 울 뻔함' 같은 표현은 단순한 리뷰를 넘어, 브랜드를 하나의 문화 콘텐츠로 전환시키는 힘이 있다. 밈이 만들어지는 순간, 브랜드는 음식점이 아니라 하나의 언어, 정서, 태도가 된다.

이 모든 과정에서 잊지 말아야 할 것은, 결국 가장 강력한 홍보는 사람이라는 점이다. 친절한 직원, 정이 가는 서비스, 인상적인 응대 하나가 사람들의 입소문을 이끈다. 디지털 세대는 감정과 공감을 중심으로 브랜드를 소비한다. 한 번의 공감이 팬을 만들고, 한 번의 미소가 방문을 유도한다. 지금 시대는 사람들이 '한 번쯤 가봐야 하는 곳'이라고 말해 줄 수 있는 이유를 만드는 브랜드가 성공하는 시대다.

그래서 홍보는 이제 '무엇을 알릴까'의 문제가 아니다. '사람들이 무엇을 공유하고 싶어 할까'를 묻는 일이며, 단순한 기능적 정보가 아니라 감정, 경험, 공감을 설계하는 행위다. 홍보는 브랜드의 외침이 아니라, 사람들이 자발적으로 만들어내는 이야기의 시작이어야 한다.

"홍보는 비용이 아니라 투자다."

✅ People(사람)

우리는 음식이 아니라 '이야기'를 팔고 있다. 그런 의미에서 홍보(Promotion)는 단순히 브랜드를 알리는 기술적 행위가 아니다. 그것은 곧 '내가 누구인지, 왜 이 일을 하고 있는지를 사람들에게 말하는 과정'이며, 오늘날 이 과정에서 가장 강력한 매체는 바로 '사람'이다. 다시 말해, 현대의 홍보는 콘텐츠나 광고가 아니라 '사람을 매개로 한 관계의 형성'에 뿌리를 두고 있다.

지금은 '사람이 그리운 시대'다. 디지털 기술이 넘쳐 나고, 자동응답 시스템이 익숙해진 시대일수록, 진짜 사람의 미소, 말투, 시선, 기억은 더욱 강하게 고객의 마음에 남는다. 고객은 단지 맛있는 음식을 사러 오는 것이 아니라, '인간적 경험'을 소비하러 오는 경우가 많다. 한 끼 식사보다 더 기억에 남는 건 그 음식을 건넨 사람의 얼굴, 한마디 말, 친근한 눈빛이다.

이런 맥락에서 『오술차의 기적』은 단순한 식당 이야기 이상의 메시지를 전해 준다. 그 책에 나오는 작은 주점 '오술차'는 마을 사람들의 식탁이자 관계의 공간이며, 공동체의 기억을 엮는 장소다. 사장과 손님이 함께 술을 마시기도 하고, 한 달에 한 번은 단골들이 모두 모여 같은 자리에 앉아 함께 술을 나누는 날도 있다. 음식과 서비스가 아니라 사람과 사람이 만나고 엮이는 이야기 그 자체가 브랜드의 힘이 되는 것이다.

이처럼 프랜차이즈 매장도 사람과의 접점을 홍보의 핵심으로 삼아야 한다. 예를 들어 손님에게 음식을 건넬 때, "오늘 쓴 소스는 직접 만든 거예요~"라는 한마디는 고객의 신뢰를 얻고, 기억 속에 브랜드를 남기는 강력한 언어가 된다. 진심이 담긴 한마디 인사, 유쾌한 농담 한 줄, 그날따라 유난히 다정했던 표정 하나가 결국 고객의 SNS에 '후기'로 올라가고, 지인에게 '입소문'으로 전해진다.

디지털 홍보의 시대라지만, 팬덤과 밈을 만들어 내는 것은 결국 사람의 매력이다. 고객은 메뉴의 사진보다 사장의 말투에 더 끌릴 수도 있다. "그 가게 가면 기분 좋아져.", "사장님이랑 얘기하는 재미에 간다."라는 말은 마케팅 언어보다 훨씬 더 강력한 전파력을 지닌다.

우리는 음식을 파는 사람들이다. 그러나 동시에 우리는 관계를 파는 사람들이기도 하다. 고객이 테이블에 앉는 순간, 우리는 단순한 요리사가 아니라 그들의 일상에 참여하는 한 명의 사람이 되는 것이다. 그리고 그 관계 속에서 브랜드는 단골을 만들고, 팬을 만들고, 지역의 문화가 된다.

결국 홍보는 말이나 콘텐츠로 완성되지 않는다. 사람과 사람 사이의 감정이 흐를 때, 그것이 곧 최고의 홍보가 된다. 프랜차이즈의 시대일수록 모든 매장은 다시 '한 사람의 공간'이 되어야 한다. 고객이 브랜드를 기억하는 방식은 단지 로고나 간판이 아니라, 그날의 온도, 한 잔의 술, 한마디 인사 속에 있는 '사람'이다.

◆ Process(과정)

Process(과정)는 고객에게는 잘 보이지 않지만, 브랜드 신뢰의 토대이자 전체의 품질을 좌우하는 '운영의 내면'이다. 브랜드가 겉으로 아무리 멋져 보여도, 운영의 흐름이 혼란스럽고 매번 다르게 작동된다면 고객은 직감적으로 불안정함을 감지한다. 프로세스는 바로 그 신뢰를 형성하는 보이지 않는 설계도이자, 브랜드 정체성이 일관되게 작동하는 숨은 메커니즘이다.

◎ 프로세스는 '보이지 않는 서비스'의 핵심이다

고객은 때때로 음식의 맛이나 가격보다 그 음식이 어떻게 나왔는지를 더 민감하게 기억한다. 주문을 받고, 음식을 조리하고, 테이블에 전달하기까지의 흐름, 식사 도중 요청에 대한 반응, 계산 과정, 인사하는 태도까지. 이 모든 것이 하나의 유기적인 '경험 흐름'을 만든다.

예를 들어 음식이 빨리 나오면 효율적이고 전문적인 느낌을 주지만, 너무 늦어지면 불쾌함과 불신이 생긴다. 반대로 빠르게 나오더라도 서두르는 듯한 분위기나 불친절한 응대가 함께라면 그 속도는 전혀 의미가 없다. 결국 중요한 것은 '흐름의 자연스러움과 일관성'이다.

◎ 프로세스는 신뢰의 조건, '일관성'에서 완성된다

매장마다, 직원마다 대응 방식이 다르다면 고객은 브랜드가 아닌 '사람'에 의존한 불안정한 경험을 하게 된다. 프랜차이즈 브랜드일수록 중요한 것은 매장마다 동일한 경험을 제공하는 일이다. 이는 단순한 반복이 아니라 표준화된 운영 매뉴얼(Standardized operation)과 반복 학습을 통한 내재화를 의미한다.

예를 들어 다음과 같은 항목들은 반드시 브랜드 표준 프로세스로 명확히 정해져야 한다.

- 고객이 몰려들어 주문이 갑자기 밀릴 때, 어떻게 주문을 나누고 안내하며 대기 시간을 최소화할 것인가?
- 조용한 시간대에 방문한 손님에게 어떤 방식으로 정성스럽게 서비스를 제공할 것인가?

- 클레임이 발생했을 때 어떤 순서로, 누구의 책임 아래, 어떤 언어로 대응할 것인가?
- 포장 요청 시 어떤 자재를 사용하고 어떤 안내문구와 함께 제공할 것인가?
- 식사 후 퇴장까지 고객이 느끼는 마지막 인상이 어떤 분위기 속에서 마무리되도록 설계할 것인가?

이러한 세세한 순간들의 대응 방식이 누적되어 브랜드 신뢰를 만든다.

◎ 프로세스는 단지 효율이 아니라 '브랜드의 문화'다

효율을 위한 단순한 작업 동선 설계도 중요하지만, 더 본질적인 것은 '이 프로세스를 어떤 정신으로 실행할 것인가'다. 예를 들어 '청소는 조용할 때 해도 된다'는 기준을 넘어서, 고객 없는 시간은 오히려 '브랜드를 준비하는 시간'이라는 태도가 내재화되어야 한다.

이러한 마인드는 단순한 교육으로는 해결되지 않는다. 지속적인 반복 훈련(Training), 매장 간 피드백 공유, 리더의 모범 사례 전파 등을 통해 '문화'로 자리 잡아야 한다. 프로세스가 문화로 승화될 때, 브랜드는 단단해진다.

◎ 프로세스는 결국 사람을 중심에 둔 시스템이다

많은 운영 매뉴얼이 시스템만을 강조하지만, 실제 현장에서는 유연성과 감각이 필요하다. 같은 프로세스라도 상황에 따라 미묘하게 조정할 수 있어야 하며, 그 판단 기준은 '고객을 먼저 생각하는 감정적 직관'이어야 한다.

예를 들어, 바쁜 시간에 들어온 손님에게는 빠르고 명확한 응대가 중요하지만, 한가한 시간의 손님에게는 여유 있는 안내와 정성스러운 응대가 더 큰 감동을 준다. 이처럼 상황에 따라 동일한 프로세스를 서로 다르게 적용할 수 있는 능력, 그것이 성숙한 브랜드 운영의 완성이다.

◎ 프로세스는 '브랜드가 브랜드다워지는 방식'이다

맛, 가격, 홍보, 인테리어가 브랜드의 외형이라면, 프로세스는 그 브랜드가 브랜드답게 작동하게 만드는 내부 메커니즘이다. 브랜드의 얼굴은 메뉴이지만, 브랜드의 뼈대는 과정이다. 프로세스를 무시한 매장은 언젠가 고객의 신뢰를 잃는다.

'맛있다'고 소문난 가게가 오래가지 못하는 이유, 혹은 같은 프랜차이즈 매장인데 매번 다른 경험을 주는 이유는 모두 프로세스의 부재에서 비롯된다. 고객은 모른다. 하지만 그들은 '느낀다.' 그리고 한 번의 혼란스러운 경험은 여러 번의 좋은 기억을 지워 버릴 수도 있다.

결론적으로, Process는 브랜드를 '경험의 구조'로 만들어 주는 가장 보이지 않는 힘이다. 그것이 잘 설계되고 실행될 때, 브랜드는 단지 상품을 파는 매장을 넘어서 신뢰와 기억을 파는 브랜드로 성장하게 된다.

요식업 수요의 흐름 요약 마인드셋

요식업의 발달은 사람들의 수요와 요구를 빠르게 변화시켰다. 사람들이 가게를 찾는 이유는 생각보다 빠르게, 그리고 끊임없이 변해 왔다는 사실을 알게 되었다.

처음에는 단순했다. 사람들은 단지 끼니를 해결하기 위해 식당을 찾았다. 먹을 것이 귀하고 식사가 생존과 직결되던 시절, 식당은 배를 채우기 위한 공간에 불과했다.

그다음으로 변화가 찾아왔다. 사람들은 끼니 해결을 넘어, 배부름을 중요하게 여기기 시작했다. 많은 양을 푸짐하게 제공하는 식당이 인기를 끌던 시기가 있었다. 한 끼를 먹더라도 배불리, 넉넉하게 먹을 수 있는 곳이 사랑받았다.

그러나 시간이 지나면서 사람들의 기준은 다시 바뀌었다.

이제는 '맛'이 중요한 요소가 되었다. 사람들은 단순히 배를 채우는 데서 만족하지 않고, 더 맛있고 더 특별한 음식을 찾아다니기 시작했다. 이른바 '맛집'이라는 개념이 등장하고, 음식을 통해 경험을 소비하는 문화가 자리 잡기 시작했다.

경제 수준이 높아지고 시간이 흐르면서, 이제는 '위생'이 외식 선택의 주요 기준이 되었다. 아무리 맛있고 푸짐해도, 청결하지 않은 식당은 소비자의 선택지에서 제외되기 시작했다.

그 이후로는 음식의 '편의성'과 '접근성' 같은 실용적인 요소들이 중심에 섰고, 어느 순간부터는 '분위기'와 '감성'이 사람들의 선택을 좌우하는 주요 요인이 되었다.

지금은 인테리어와 아웃테리어는 물론이고, 레트로 감성, 라이브 퍼포먼스, 미닝아웃, 주변 환경, 주차 접근성 등 다양한 요소가 장사의 성패를 가르는 결정적 변수로 작동하고 있다.

특히 요즘 소비자들은 더 이상 단순히 '음식'을 소비하는 것이 아니라, '공간' 자체를 경험의 일부로 소비하고 있다.

지금까지 고객 니즈가 어떻게 변화해 왔는지 간략하게 짚었다. 이 흐름을 바탕으로 이제 우리가 주목해야 할 키워드는 단연 '공간'이다. 여기서 말하는 공간이란 단순히 물리적인 장소만을 뜻하지 않는다. 그것은 심리적 공간, 물리적 공간, 관계의 공간을 모두 포괄하는 개념이다.

과거에는 공간을 단순히 '단위 면적'으로 계산했다. 그러나 지금의 소비자는 공간의 '높이'까지 경험 요소로 인식하고 있다.

층고가 높을수록 공간은 더 쾌적하게 느껴지고, 사람은 무의식적으로 더 큰 안정감을 느낀다. 여건상 구조적 변경이 어렵다면, 테이블 간 거리, 좌석 배치, 시선의 흐름 등 섬세한 공간 배려만으로도 고객의 체감 만족도를 높일 수 있다.

만약 여건상 층고를 높이는 것이 어렵다면, 대신 테이블 간 거리, 마주 앉는 사람 사이의 거리 등 작은 배려를 통해서라도 공간적 쾌적성을 확보해야 한다.

공간은 이제 단순한 물리적 개념을 넘어, 고객이 머무르고 싶어 하는 감정적 경험을 결정짓는 핵심 요소가 되었다.

그저 맛있고 깔끔한 음식을 파는 공간이 아니라, 심리적인 해방감과 감정적 여백을 느낄 수 있는 장소를 원하게 된 것이다.

높은 천장, 탁 트인 시야, 햇살이 드는 통유리 창, 여백 있는 테이블 간격…. 이런 요소들은 단순히 인테리어가 아니라 사람들의 삶 속에서 부족한 '공간감'을 채워 주는 장치로 기능하고 있었다.

그 흐름을 읽으면서 매장을 운영하는 사람은 단순히 음식만 잘 만들어서는 안 된다는 걸 배웠다. 이제는 공간을 설계하는 사람, 그리고 고객의 정서를 함께 다듬는 사람이 되어야 했다.

하지만 그렇다고 마케팅의 기본이 바뀌는 건 아니었다.

Product, Price, Place, Promotion, People, Process.

이 여섯 가지 마케팅의 골격은 여전히 유효했고, 가게의 전략을 설계할 때 가장 중요한 기준이 되었다.

상품은 고객의 기호와 흐름에 따라 끊임없이 진화해야 했다. 가격은 지역과 타깃 계층에 맞춰 정교하게 조정되어야 했다.

장소는 단순한 입지만이 아니라, 온라인상의 노출 위치까지 고려해야 했고, 홍보는 광고보다 경험 중심의 콘텐츠로 바뀌어야 했다.

서비스는 무표정한 응대보다 감정이 전달되는 얼굴 있는 서비스가 필요했고, 운영 시스템은 일관성과 신뢰를 바탕으로 안정적으로 설계되어야 했다.

하지만 이 모든 것 위에 더 중요한 게 하나 있다고 느꼈다. 바로, '고객의 관심이 지금 어디로 향하고 있는가'를 감각적으로 읽어내는 것이었다. 이 감각이 없으면, 아무리 좋은 전략도 현실에서 무뎌지기 마련이었다.

한편, 고객들은 이제 메뉴조차도 '이야기'로 소비하고 있었다.

그 메뉴가 어떤 재료로 만들어졌고, 어떤 스토리를 담고 있는지, 또 어떻게 나오는지에 따라 그 가치는 완전히 달라졌다.

예쁜 플레이팅은 더 이상 '보너스'가 아니었다. 그건 하나의 퍼포먼스였고, 콘텐츠였으며, 고객이 사진을 찍고 이야기를 만들 수 있는 '장치'였다.

"오늘만 나오는 한정 메뉴입니다."

"이건 ○○○ 농장에서 가져온 재료로 만들었습니다."

이런 말 한마디가 고객의 머릿속에 매장의 이미지를 새기게 했다. 결국 마케팅은 책에 나오는 이론이 아니라, 현장을 관통하는 감각이었다. 그 감각은 공간에 대한 이해에서 시작되고, 메뉴를 어떻게 보여 줄지에 대한 고민으로 이어졌다.

고객은 이제 단순한 소비자가 아니라 경험의 주체이자 감정의 여행자가 되었고, 가게는 음식을 파는 곳이 아니라 공간과 감정, 그리고 이야기를 제공하는 플랫폼이 되어야 했다.

한 개의 식당 3개의 프랜차이즈

대구 북구청 인근에 위치한 한식당 '송학구이'는 겉보기엔 하나의 식당처럼 보일 수 있지만, 그 안을 들여다보면 훨씬 복합적인 구조로 운영되고 있다. 이곳은 단순한 한식 전문점이 아니라 한 개의 전통 식당과 세 개의 프랜차이즈 브랜드가 함께 공존하는 하이브리드형 매장이다.

기본 골격은 대구의 토속적인 전통 메뉴를 기반으로 구성되어 있다. 대표적으로 소고기 육회와 생고기회를 중심으로 한식 정식류를 제공하며, 점심시간에는 지역 정서를 반영한 한식 중심 운영이 이루어진다.

이때의 메뉴는 전통성을 유지하면서도 타 지역에서 반응이 좋았던 메뉴들을 유기적으로 혼합해 구성함으로써 고객의 입맛 스펙트럼을 넓게 수용하고 있다.

운영 구조는 층별과 시간대, 그리고 주방의 기능에 따라 세분화되어 있다. 1층의 메인 주방은 송학구이의 핵심이 되는 전통 한식 조리를 담당한다.

이 공간에서는 기본 메뉴 외에도, 안양에 본점을 두고 있는 프랜차이즈 '시골 통돼지 볶음'의 메뉴를 점심시간에 함께 제공하고 있다. 이를 통해 전통성과 대중성을 동시에 확보하는 전략이 자연스럽게 녹아 있다.

한편, 보조 주방은 또 다른 기능을 담당한다. 여기에서는 전국적으로 인기 있는 「제주 쾅쾅돈가스」 프랜차이즈 메뉴를 준비하여 배달 및 매장 판매를 병행하고 있다. 특히 배달 플랫폼을 적극적으로 활용하면서 매장 공간과 주방 인력을 효율적으로 분산·운영하고 있다.

시간대가 바뀌면 메뉴 구성도 달라진다. 저녁 시간에는 더욱 풍성한 구성을 통해 다양한 소비층을 겨냥한다. 점심에 제공되던 식사 메뉴는 그대로 유지하되, 저녁에는 주류와 어울리는 안주형 메뉴가 추가되고, 돈가스 메뉴도 계속해서 함께 운영된다. 이는 회식 손님부터 혼밥 고객까지 다양한 저녁 수요를 포괄할 수 있는 전략적 배치다.

여기에 더해, 송학구이는 자체적으로 개발한 브랜드인 '서민통닭'을 별도의 보조 주방에서 조리해 매장과 배달 채널을 통해 판매하고 있다.

이 브랜드는 송학구이의 정체성을 해치지 않으면서도 치킨이라는 대중적 메뉴를 통해 외연을 확장할 수 있는 수단으로 기능하고 있다.

이처럼 송학구이는 단순한 한식당의 범주에 머무르지 않는다.

하나의 공간 안에서 정통 한식, 외부 인기 체인가맹 메뉴, 자체 브랜드 메뉴를 동시에 운영하고 있으며, 시간대별로 메뉴 구성을 유연하게 조정하고, 채널별(내점, 배달) 전략도 병행하고 있다.

결과적으로 이 매장은 시간·메뉴·채널의 3가지 축을 입체적으로 활용하는 '멀티 하이브리드 식당'이라 할 수 있다. 공간과 인력의 효율을 극대화하는 동시에 다양한 고객군의 니즈를 수용하며 매출 다변화를 실현하고 있다. 이는 단순한 외식업을 넘어 브랜드 융합과 매장 운영 전략의 모델로 주목할 만한 사례다.

✅ 해도 되는 프랜차이즈, 하면 안 되는 프랜차이즈

한때 크루아상 관련 프랜차이즈 본사와의 심각한 분쟁에 휘말린 적이 있었다. 단순한 오해나 계약 문제를 넘어서 점주와 본사 간의 구조적인 불균형과 책임 회피 문제를 직면해야 했고, 그 분쟁은 지금도 법정 소송이라는 형태로 진행 중이다.

그 시기, 나 스스로도 흔들렸지만 끝까지 곁을 지켜준 몇몇 점주들이 있었다. 같은 구조 안에서 같은 고통을 겪은 이들이었고, 나는 그들과 한 가지 약속을 했다.

"실험적인 메뉴가 있다면 내 매장에서 먼저 시도하고, 효과가 입증되면 그 노하우를 누구에게든 무상으로 공유하겠다."

그 약속은 지금도 지켜지고 있다. 그 약속의 한 결과물이 바로 내가 직접 개발한 자체 브랜드 '서민통닭'이다. 이 브랜드는 특정 프랜차이즈에 기대지 않고, 나의 매장에서 직접 메뉴를 실험하고, 현장 데이터를 기반으로 구성한 결과물이다.

실제로 서민통닭은 한때 지역 배달 플랫폼에서 1위를 차지할 정도로 성과를 냈다. 이는 단순히 맛이나 가격 때문만은 아니다. 배달 구조, 제품 구성, 고객 응대까지 하나하나 현장에서 검증한 결과가 반영된 성과였다.

이 소식을 들은 일부 사람들은 체인점을 내 달라며 찾아왔다. 하지만 나는 그 제안을 단호하게, 그러나 정중하게 거절한다. 그 이유는 단순하다. 프랜차이즈화한다는 생각 자체가 나에게는 '상도를 거스르는 발상'처럼 느껴지기 때문이다.

　나는 치킨 장사를 직접 하며 이 바닥 구조가 어떻게 돌아가는지를 몸으로 체득한 사람이다.
　치킨으로 프랜차이즈 사업을 하면 돈을 벌 수 있다. 실제로 많은 본사들이 그렇게 수익을 올리고 있고, 그 구조를 나도 알고 있다.
　하지만 나는 이제 분명히 말할 수 있다. 지금 시대에 치킨은 하지 말아야 할 가맹사업 중 하나라고.
　지금 소비자들이 먹고 있는 치킨은 재룟값이나 제조 비용 자체로 비싼 게 아니다. 그 가격 안에는 본사의 로열티, 물류 마진, 광고비, 배달 플랫폼 수수료까지 수많은 간접 비용이 덧붙여져 있는 구조다. 일종의 '배보다 배꼽이 더 큰 구조'라고 해도 과언이 아니다.
　그 결과, 소비자는 '치킨 너무 비싸다'고 말하지만, 정작 그 치킨을 파는 점주는 남는 게 없어 좁은 주방에서 기름에 절고 유증기를 마시며 허덕인다.
　이 구조 속에서 누가 진짜 이익을 얻고 있는가를 생각해 보면, 답은 명확하다.
　그래서 나는 이 구조에 의문을 갖고 반대한다.
　서민통닭은 내가 검증한 결과물이지만, 그것을 프랜차이즈화해 확장할 생각은 전혀 없다. 오히려 누군가 진심으로 배우고 싶다면, 현장에서 바로 레시피와 운영 노하우를 나눠 준다.
　브랜드를 퍼뜨리는 것보다, 한 사람이라도 장사를 통해 살아남는 것, 그 사람이 지치지 않고 장사를 지속하는 것이 더 중요하다고 믿기 때문이다.

　장사는 혼자서 할 수 있다.
　하지만 상생은 반드시 함께해야만 가능한 일이다.
　이윤을 극대화하기 위한 구조는 언젠가 누군가를 소모시키며 끝을 맞이하지만, 사람이 지치지 않는 구조는 오래간다.

나는 그렇게 믿고, 지금도 그 믿음을 지키며 실천하고 있다.

그렇다면, 정말 궁금해질 수밖에 없다.
프랜차이즈라는 게 그토록 문제투성이 구조라면, 도대체 어떤 프랜차이즈는 해도 되는 걸까?
나는 이 질문에 분명하게 대답할 수 있다.
"프랜차이즈라고 해서 모두 문제가 있는 건 아니다."
오히려 내가 직접 경험해 본 바로는 충분히 해볼 만한 프랜차이즈, 믿고 함께할 수 있는 브랜드도 분명히 존재한다.
실제로 나는 지금 운영하고 있는 송학구이 매장에서 한 가지 외부 브랜드의 메뉴를 함께 병행하고 있다.

바로 '시골통돼지볶음'이라는 브랜드의 김치찌개(볶음) 메뉴다. 이 김치찌개는 내가 운영하는 송학구이의 메인 메뉴 중 하나로, 점심과 저녁 모두에 걸쳐 주요하게 판매되고 있다.
하지만 단순히 자체 개발한 메뉴가 아니다. 이 메뉴는 경기도 안양에 본사를 둔 프랜차이즈 '시골통돼지볶음'의 가맹 메뉴다.
즉, 나는 이 브랜드의 가맹점주이면서, 내 식당의 대표 메뉴로 그 브랜드의 메뉴를 함께 운영하고 있는 셈이다.
내가 이 브랜드를 굳이 따로 언급하는 데에는 분명한 이유가 있다. 바로, '이런 프랜차이즈는 해도 된다'고 자신 있게 말할 수 있기 때문이다. 그리고 그 근거는 단순한 제품력이나 매출 수치에 있지 않다.
진짜 이유는 가맹본부의 태도와 철학, 그리고 점주를 대하는 방식에서 나온다.
수많은 프랜차이즈가 점주를 단순한 관리 대상으로만 여기고, 계약서 하나로 모든 책임을 전가하는 방식으로 운영된다.
하지만 '시골통돼지볶음' 프랜차이즈는 달랐다. 내가 경험한 수많은 프랜차이즈 중에서도 가장 인간적이었고, 점주를 진심으로 배려하는 본사였다.

가장 인상 깊었던 일은 초도 물량을 무상으로 제공해 줬던 일이다. 나는 본사에 어떤 요청도 하지 않았다.

계약만 마치고 본격적인 운영 준비를 하던 시점이었는데, 별다른 조건 없이 물류 박스가 도착했다.

안에는 김치찌개를 구성하는 핵심 재료들이 들어 있었는데, 계약 시 조건에 없었던 초기 물품 무상 제공이었다. 그와 통화 중 한 말은 아직도 기억에 남는다.

"시작이 편해야 오래갑니다. 사장님, 잘 부탁드립니다."

그 한마디가 참 고마웠다.

그뿐만이 아니었다. 어느 날, 내가 매장에서 자체적으로 기획한 작은 프로모션 행사가 있었다. 새로 론칭한 '시골통돼지 김치찌개'를 알리기 위한 가격 할인 행사였다.

SNS를 통해 소소하게 알리고, 이벤트용 메뉴를 할인하는 고객들에게 좋은 인상을 주고 싶었던 행사였다.

그 소식을 알게 된 본사 측에서는, 별다른 요청이 없음에도 불구하고 "도움이 되셨으면 좋겠다." 하며 행사에 필요한 주재료를 일정량 무상으로 보내왔다. 추가된 재료는 행사용으로 잘 쓰였고, 다시 한번 그 진심을 느낄 수 있었다.

그 모든 경험은 내가 그동안 만났던 일방적이고 통제 중심적인 프랜차이즈 본사들과는 전혀 다른 모습이었다.

이 브랜드는 점주를 사업의 파트너로 존중했고, 필요 이상으로 간섭하지 않으면서도 필요한 순간에는 먼저 다가와 도와주는 존재였다.

프랜차이즈를 고를 때, 누구나 메뉴 맛이나 브랜드 인지도, 창업 비용만 본다.

하지만 나는 단언할 수 있다.

진짜 중요한 건 계약서에 없는 태도와 철학, 그리고 관계에 있다.

그런 점에서 안양 시골통돼지볶음은 내가 겪어 본 프랜차이즈 중 가장 신뢰할 수 있는 구조를 가진 브랜드였다.

앞으로 프랜차이즈 창업을 고민하는 누군가가 있다면, 나는 이렇게 말할 것이다.

"모든 프랜차이즈가 나쁜 건 아니다. 하지만 반드시, '이 브랜드가 나를 진심으로 파트너로 대할 수 있는가'를 먼저 살펴보라."

그게 결국, 오래가는 장사의 핵심 조건이기 때문이다.

이 브랜드는 부모 세대의 장사 노하우를 물려받은 젊은 대표가 운영하고 있고, 이 김치찌개 메뉴는 내가 전국을 돌아다니며 맛을 보고, 연구한 끝에 직접 선택하고 론칭한 메뉴였다. 장사에 대한 진정성과 실력을 갖춘 브랜드였다. 핵심은 '구속력 없는 운영 구조'인데, 이 브랜드가 매력적인 이유는 하나 더 있다.

간판, 핵심 레시피, 주요 식재료만 제공하고 나머지 운영은 점주의 자율에 맡긴다는 점이다. 그리고 조리도 지역에 맞게 약간의 재량도 권한다는 것이다. 유명한 KFC나 맥도널드도 현지화 메뉴나 맛을 개발하지 않는가? 지역 메뉴는 개발해 주지 못할 망정 점주의 애씀을 무조건 지적하는 것은 아닌 것이다.

메인 재료 몇 가지만 본사 공급을 받고, 나머지 부재료나 식재료는 현지 조달이 가능하다. 공급하는 재료의 가격은 여기서 직접 구매하거나 본사 물류를 받거나 별 차이가 없다. 그래서 추가적인 부담이 거의 없다.

구속력도 느슨하다. 인테리어 강제, 리뉴얼 조건, 광고비 청구, 물류 독점 같은 건 전혀 없다.

내 매장의 기존 구조나 운영 시스템에 '그냥 덧붙이면 되는' 방식의 협업형 프랜차이즈다. 한마디로, 점주의 삶과 비용을 통제하지 않는 구조다.

결국, 해도 되는 프랜차이즈는 단순하다.

점주에게 권한은 주고, 부담은 주지 않는 브랜드다. 도움을 줄 수 있을 때는 돕고, 운영은 자율에 맡기는 프랜차이즈.

그런 구조라면 충분히 함께할 수 있고, 점주도 자존감을 유지하며 장사할 수 있다.

이 글을 통해 내가 말하고 싶은 건 단 하나다. 프랜차이즈는 할 수도 있다. 그러나 '어떤 구조인지' 반드시 확인하고, 점주의 삶을 고려하는 본부인지 먼저 판단해야 한다.

그 기준으로 본다면, 시골통돼지볶음은 점주 입장에서 해볼 만한 프랜차이즈의 모범적인 사례라고 자신 있게 말할 수 있다.

프랜차이즈를 하려는 사람들은 종종 이렇게 말한다.

"뭐라도 해야 하니까요. 소자본으로 카페나 간식류 프랜차이즈는 어떨까요?"

언뜻 그럴듯해 보인다. 시작은 쉬워 보인다. 1,500원짜리 커피를 팔고, 1,000원짜리 꽈배기를 만들고, 기름 냄새가 진한 치킨도 한 마리 조리한다. 하루에 커피 100잔만 팔면 15만 원이다. 열심히 팔면 괜찮은 수익이 나올 것 같다는 계산도 선다.

하지만 현실은 그리 단순하지 않다. 그 15만 원에서 재료비를 빼고, 인건비를 빼고, 임대료와 전기세, 배달 앱 수수료까지 제하고 나면….

정작 점주 손에 남는 건 거의 없다는 사실을 곧 알게 될 것이다.

문제는 수익 구조만이 아니다.

이런 프랜차이즈들일수록 본사의 '브랜드 이미지'를 이유로, 인테리어에 집착한다. 벽지 색상, 조명 위치, 간판의 각도까지 모두 본사 기준을 따라야 한다.

점주는 장사를 시작하기도 전에 '남의 매장에 내 돈부터 투자하는 상황'에 놓인다. 그래야 간판을 달 수 있으니까. 마치 누군가에게 입장료를 내고 내 가게에 들어가는 기분이다.

　이 과정에서 본사는 손해 볼 일이 없다. 물류는 본사 유통망을 통해 이루어지고, 인테리어 자재는 본사 계열사에서 공급된다.

　계약서에 사인하는 순간, 점주는 본사의 수익 구조 안으로 편입되는 셈이다.

　그리고 대부분의 소형 프랜차이즈는 점주의 생존보다 본사의 이익을 중심으로 설계되어 있다. 물론, 인테리어는 예쁠 수 있다. 사진도 잘 나온다. 인스타그램에 올릴 감성샷 한 장쯤은 남을 수 있다.

　하지만 장사가 안 되는 매장에서 남는 사진 한 장이, 과연 어떤 위안이 될 수 있을까? 한 번쯤은 생각해 봐야 한다.

◆ 프랜차이즈는 결국 구조다

　길거리 붕어빵보다도 안 남는 메뉴, 스스로 운영 방식을 정하지 못하는 점주. 그게 진짜 자영업이라 부를 수 있을까? 차라리 잘되는 가게에 가서 며칠 동안 일해 보는 편이 낫다. 돈을 주고서라도 주방에 서 보고, 손님을 응대해 보면 장사의 본질이 무엇인지 알 수 있다.

　누군가 만들어 둔 시스템 안에서, 그저 열심히만 해서는 절대로 살아남을 수 없다. 그리고 무엇보다도 본사의 브랜드 이미지에 목을 매고, 간판부터 통일하고, 매장을 브랜드 색으로 도배하는 프랜차이즈는 하지 마라. 그건 장사가 아니다. 디자인을 빌려 쓰는 대가로 내 삶을 넘겨주는 일이다.

　그 구조가 나에게 자유를 주는지, 아니면 빚과 제한만을 안겨 주는지부터 따져 봐야 한다.

　그 판단 없이 '그래도 뭐라도 해야지' 하는 마음으로 시작한다면, 장사가 안 되는 게 문제가 아니라, 시작부터 '나'가 없는 구조에 들어서는 것 자체가 문제다. 나는 이 말을 꼭 전하고 싶다.

　'뭐라도 해야 하니까'라는 생각부터 당장 버려야 한다. 차라리 아무것도 하지 마라.

그 막연한 절박함이 당신을 프랜차이즈 구조 속으로 몰아넣고, 그 안에서 돈을 잃고, 시간과 몸을 잃고, 결국 자신까지 잃게 될 수 있다.

그러니, 함부로 하지 마라. 제발, 하지 마라.

업에 대한 소신도 철학도 없이 단지 브랜드 하나 믿고 섣불리 뛰어드는 창업은 오히려 더 위험하다.

당신이 하려는 일이 단순한 '장사'가 아니라, 앞으로의 인생을 담아낼 일터이자 삶터라면, 그 시작은 무엇보다 조심스럽고 단단해야 한다.

프랜차이즈는 누구나 쉽게 시작할 수 있다.

하지만 그 안에서 오래 살아남으려면, 스스로를 지킬 철학이 있어야 한다. 누가 해도 되는 시스템이 아니라, 내가 왜 이 일을 하려는지, 무엇을 만들고 싶은지를 먼저 물어야 한다.

점주협의회 구성에 대하여
권리의 시작은 '함께'에서 비롯된다

지금 영업 중인 가맹점주들이 현실적으로 가장 먼저 해야 할 일, 그리고 반드시 제일 먼저 손을 대야 할 일은 '점주협의회 구성'이다.

하루하루 장사하느라 바쁜 건 잘 안다. 하지만 아무리 바빠도, 각자의 매장에서 혼자 버티는 것으로는 절대 구조를 바꿀 수 없다. 모든 권리의 출발점은 '협의체 구성'에서 시작된다.

가맹사업법은 말한다.

"단체로 뭉치고, 협의하고, 교섭하고, 요구할 수 있을 때만 점주의 권리는 법적으로도 보호받는다."

혼자서는 '의견'일 뿐이지만, 함께하면 '협상력'이 생긴다. 협의회는 단순한 친목 모임이 아니다. 실질적인 힘을 갖기 위한 장치이며, 본사와 대등한 대화를 시작할 수 있는 최소한의 조건이다.

본사는 보통 처음에는 점주들의 조직 결성을 꺼린다. 하지만 일단 공식 협의체가 만들어지고, 일정 수 이상의 점주가 참여한 순간부터는 법적으로도 무시할 수 없는 공식 채널이 된다.

권리란 누가 보장해 주는 것이 아니다. 직접 만들고, 지키고, 키워야 하는 것이다. 그 시작은 협의회다.

✅ 준비 단계 – 뜻을 모으는 것부터 시작해야 한다

점주협의회라는 조직은 단지 사람을 모은다고 해서 바로 만들어지는 것이 아니다.

협의회의 시작은 언제나 '공통의 문제의식'과 '같은 방향을 바라보는 사람들'의 존재에서 출발한다.

따라서 준비 단계는 말 그대로, '뜻을 모으는 과정'에 집중해야 한다. 가장 먼저 해야 할 일은 소통이 가능한 점주 명단을 확보하는 것이다.

같은 브랜드 또는 같은 지역 단위에서 활동 중인 점주들 가운데 연락처와 매장 정보가 파악된 이들부터 하나하나 확인해 나가는 작업이 필요하다. 이 명단은 향후 전체 의견을 수렴하거나 모임을 소집할 때 중요한 기초 자료가 된다.

다음은 비공식 온라인 모임을 운영하는 것이다.

카카오톡 단체방, 밴드, 오픈채팅 등 비공식적인 채널을 통해 자연스럽게 의견을 주고받을 수 있는 공간을 만든다.

이때 중요한 것은 강제적인 참여가 아니라 자발적인 참여가 되도록 분위기를 조성하는 것이다. 그 안에서 점주들 사이에 오가는 이야기들이 곧 문제의 공감대와 협의회의 필요성을 자극하는 첫 번째 불씨가 된다.

이와 함께 공통된 문제 인식을 공유하는 작업도 병행해야 한다.
예를 들어 원재료 가격 인상, 광고비 전가, 강제 리뉴얼 압박 등 브랜드 내에서 많은 점주들이 공통적으로 겪고 있는 이슈들을 하나의 주제로 설정해 논의하기 시작하면, "나만 그런 게 아니었구나."라는 인식이 생기고, 그것이 곧 조직화의 이유가 된다.

이 과정에서 가장 중요한 것은 처음 분위기를 어떻게 만드느냐이다.
처음부터 많은 사람을 끌어들이기보다, 뜻이 잘 통하고 책임감 있는 점주 한 명, 한 명과 먼저 신뢰를 쌓는 것이 훨씬 중요하다.
단체의 조직 문화는 결성 초기에 결정된다.
초기 멤버가 조직의 분위기와 방향성을 결정하기 때문에 신중하게 사람을 만나고, 서로의 믿음을 쌓아 가야 한다.

이렇게 초반부터 잘 잡힌 분위기는 이후 새롭게 합류하는 점주들에게도 신뢰와 안정감을 주는 토대가 된다. 그래야 '나도 함께할 수 있겠다'는 용기가 생기고, 점점 힘이 실리는 조직으로 성장할 수 있다.
마지막으로, 준비 단계에서는 실무 추진을 맡을 '임시 리더'들을 선정해야 한다. 협의회 초기에는 공식적인 대표가 아니라 준비 모임의 추진자이자 실무 정리를 도맡을 수 있는 점주 2~3명이 필요하다.
이들은 회의 운영, 문서 정리, 소통 채널 관리 등 실제 조직의 뼈대를 잡아 나가는 데 큰 역할을 하게 된다.

✅ 창립 준비 – 공식 체계로 전환하기

- **설립 취지문 작성:** 왜 협의회가 필요한지, 어떤 원칙으로 운영할 것인지 명시
- **참여 의향서 접수:** 최초 참여자(20명 이상 추천)의 이름, 매장명, 연락처 확보
- **정관 초안 마련:** 운영 구조, 회칙, 의사결정 방식 등 초안 정리
  (예: 회장단 구성, 임기, 회비 유무, 긴급 의결 조건 등)
- **본사 대응 시나리오 논의:** 초반 견제나 회유에 대한 대응 방향 미리 공유

✅ 공식 출범 – 실체화와 공표

- **발기인 총회 개최:** 오프라인 또는 온라인으로 협의회 출범 회의
- **정식 명칭 결정:** 브랜드명 + 점주협의회, 또는 지역명 + 점주연합회 등
- **회장단 선출 및 분과 구성:** 회장, 총무, 지역별 대표 등 실무 조직 구성
- **공정위 신고 여부 검토:** 필요시 '단체 구성 사실 통보' 가능(비영리 모임으로도 인정 가능)

✅ 운영 및 외부 커뮤니케이션

- **정기 회의/보고 체계 구축:** 월 1회 회의, 이슈 브리핑, 공지 공유 등 체계적 운영
- **본사와의 공식 입장 교섭 창구로 설정:** 민원 전달, 공동 요청서 발송 등 공식 채널화
- **언론·법률 지원 네트워크 확보:** 필요한 경우 보도자료 배포, 공익변호사 자문 등 활용
- **신규 점주 대상 설명 자료 제공:** 협의회 가입 유도 및 연대 확장

✅ 점주협의회 구성 시 착안사항

- 무조건 '대립'보다 '주도권 회복' 중심으로 진행한다.
- 협의회는 본사를 공격하려는 목적이 아니라 대등한 목소리를 만들기 위한 기초 장치이다.
- 점주 간 개인적 불만 공유가 아닌, 공식 통로를 통한 '사실 기반 의견' 전달 체계가 중요하다.

- 비공식 대화는 분열을 부른다. 본사 압박·회유 시 반드시 기록으로 남겨라.
- 점주 개별 접촉, 해지 암시, 회의 방해 등이 발생할 수 있다. 정황 증거 수집 필수다.
- 초기엔 '가벼운 참여' 구조로 시작하라.
- 회비나 활동 의무보다 '목소리를 내는 창구로서의 참여'로 문턱을 낮추는 게 핵심이다.
- 리더는 행동보다 소통형이 좋다.
- 초반엔 공격적인 리더보다 균형 잡힌 조정자형 인물이 협의회 안정화에 더 효과적이다.

"혼자일 땐 민원이지만, 함께일 땐 교섭이 된다."

점주협의회는 권리의 시작점이자, 구조를 바꿀 수 있는 첫 단추이다. 아래는 협의회 정관 샘플이다. 간단하게 만들면 된다.

가맹점주협의회 정관 샘플

제1장 총칙

제1조(명칭)
본 단체의 명칭은 'OOO 가맹점주협의회'(이하 '협의회')라 한다.

제2조(목적)
협의회는 가맹점주의 권익을 보호하고, 가맹본부와의 원활한 소통 및 상생적 관계를 도모함을 목적으로 한다.

제3조(소재지)
협의회의 사무소는 대표자의 매장 또는 지정 장소에 둔다.

제2장 회원

제4조(자격)
협의회의 회원은 본 브랜드의 가맹점주로서, 협의회의 취지에 동의하고 가입한 자로 한다.

제5조(가입 및 탈퇴)

회원은 가입 신청서 제출과 함께 협의회 승인을 받아 가입할 수 있다.

회원은 자유롭게 탈퇴할 수 있으며, 탈퇴 시 회비 환급은 하지 않는다.

제3장 조직

제6조(조직 구성)

협의회는 다음과 같은 조직을 둔다.

회장 1인

부회장 약간 명

총무 1인

감사 1인

필요시 실무 분과 또는 지역별 대표

제7조(임기)

임원의 임기는 1년으로 하며, 연임할 수 있다.

제8조(임무)

회장은 협의회를 대표하고 회무를 총괄한다.

부회장은 회장을 보좌하며, 회장 유고 시 직무를 대행한다.

총무는 협의회 운영에 필요한 제반 행정을 담당한다.

감사는 협의회의 재정과 활동을 감시하고 보고한다.

제4장 회의

제9조(총회)

정기총회는 연 1회 개최하며, 필요시 임시총회를 소집할 수 있다.

총회는 회원 과반수 출석으로 개의하며, 참석자 과반수 찬성으로 의결한다.

제10조(회의 내용)

총회에서는 다음 사항을 의결한다.

예산 및 결산 승인

정관의 개정

주요 정책 방향

임원 선출 및 해임

제5장 재정
제11조(재정)
협의회의 재정은 다음의 수입으로 운영된다.
회비
후원금 또는 협찬
기타 수익
제12조(회계연도)
회계연도는 매년 1월 1일부터 12월 31일까지로 한다.

제6장 부칙
제13조(정관의 해석 및 미비사항)
본 정관에 명시되지 않은 사항은 총회의 의결 또는 관례에 따른다.
제14조(시행일)
본 정관은 ○○○○년 ○월 ○일 제정되어 시행한다.

교훈

프랜차이즈는 구조다. 그 구조는, 지금 사람을 소비하고 있다.

'가맹계약'은 프랜차이즈의 출발점이다. 하지만 그 계약서 한 장이 점주의 미래를 바꾸고, 때로는 파괴한다.

계약 전 반드시 기억해야 할 것은 이것이다. 프랜차이즈 계약은 '정보가 비대칭인 게임'이며, 그 책임은 언제나 약자에게 먼저 도착한다.

'본사 판단에 따라', '사전 고지 없이 변경 가능' 같은 문장은 위험하다. 계약을 서두르는 본사일수록 점주는 천천히 읽어야 한다. 법에서 허용한 시간을 충분히 가져야 한다.

그리고 계약 전에 반드시 알아야 할 사실이 있다. 점주는 '고객'이 아니다.

점주는 본사의 브랜드를 현실에서 구현하고 확장하는 사업 파트너이며, 계약 당사자로서 조건을 따져 보고, 협상하고, 요구할 권리가 있는 주체다.

하지만 대부분의 본사는 그렇게 생각하지 않는다. 겉으로는 '상생'을 말하지만, 실제로는 점주를 그저 '본사 시스템을 따라야 하는 사용자'로 본다. 사업의 주체가 아니라 운영 위탁자, 혹은 브랜드 소속의 하청 창구 정도로 여긴다. 그래서 본사의 계약서는 일방적이고 협상은 형식적이며 조건은 수정 불가한 '룰'처럼 제시되는데, 이 인식의 간극이 바로 프랜차이즈 불균형 구조의 시작이다.

가맹계약 이후 점주는 단순한 매장 운영자가 아니다. 그는 본사의 브랜드에 자신의 돈을 투자하고, 하루 12시간 이상 몸을 쓰며, 고객의 불만까지 감당하는 사람이다.

하지만 그에게 실질적 권한도, 구조적 보호도 돌아오지 않는다.

점주는 수익 구조에 참여하지 못한 채, 모든 투자금과 노동력, 감정, 시간의 리스크를 온전히 홀로 감당한다.

이것이 '수익을 공유하지 않는 구조'다.

본사는 점주의 매출과 무관하게 고정된 수수료(로열티, 물류 마진 등)를 가져가고, 점주는 매출이 떨어져도, 배달 앱 수수료와 인건비가 올라가도, 모든 손실을 본인 선에서 감내해야 한다.

광고비를 점주가 내지만, 사용처는 투명하지 않고 효과는 보장되지 않는다. 리뉴얼은 본사의 기준에 따라 강제되고, 그 비용은 전적으로 점주의 몫이다. 상권 보호는 계약서 한 줄로 면책되며, 불공정한 조건도 '동의했다'는 이유로 정당화된다.

이처럼 점주는 모든 것을 감당하지만, 아무것도 결정할 수 없는 위치에 있다. 본사는 살아남고, 점주는 사라진다. 그리고 그 자리에 또 다른 점주가 들어온다. 그리고 어느새 점주는 갈아 끼우는 구조 속의 소모품이 되어 간다.

대한민국 외식 프랜차이즈의 대표 아이콘으로 불리는 더본 코리아는 지금까지 60여 개의 브랜드를 등록했다. 그러나 현재 실제로 운영 중인 브랜드는 손에 꼽을 정도에 불과하다. 그렇다면 사라진 수십 개의 브랜드는 어디로 갔는가?

그 브랜드를 믿고 점포를 열었던 수백 명의 점주들은 브랜드가 사라지면서 함께 무너졌다. 상식적으로 생각해 보자. 만약 그 브랜드들이 직영이었다면 지금의 더본코리아가 과연 존재할 수 있었을까? 실제로 그 많은 브랜드가 다 망했다면, 이는 구조적으로 실패한 가맹사업이 아닌가?

하지만 이런 기본적인 메커니즘 상식조차 작동하지 않는 곳이 바로, 한국 프랜차이즈 가맹사업 생태계의 현실이다.

더본코리아의 대표가 방송에서 조명받고 있는 그 순간, 망한 브랜드의 점포를 운영하다 무너졌던 수많은 점주들은 어떤 심정이었을까?

그들이 우리 가족이고, 친구고, 이웃이라면 우리는 과연 아무렇지 않을 수 있었을까?

이제는 생각이라는 것을 하고 살아야 한다. 아무도 우리를 지켜 주지 않는다. 스스로 챙겨야 한다. 그리고 누구도 원망해서는 안 된다.

지금도 더본코리아의 대표는 성공한 CEO로 조명받고 있지만, 그 성공은 수십 개 무너진 브랜드 위에 세워진 탑이다. 그 안에는 점주들의 삶, 빚, 상처, 고통이 고스란히 녹아 있다. 그러나 이 모든 건 그저 숫자로 정리된 '폐점률 통계' 속에 감춰져 있다.

그리고 이 문제는 특정 인물이나 기업에 국한된 이야기가 아니다. 더본코리아 사례는 단지 가장 상징적인 예일 뿐이며, 한국 프랜차이즈 산업 전반이 구조적으로 같은 방식으로 작동하고 있다. 하루하루 새로운 브랜드는 계속 쏟아지고, 그 과정에서 점주들은 사라지고, 본사는 살아남는다. 이것이야말로 지금 우리가 직면한 프랜차이즈의 현주소다.

이러한 방식이 너무 당연하다는 듯 굳어져 버린 생태계 전체가 바뀌어야 한다.

이 구조는 비정하다. 그리고 더는 이대로 둘 수 없다. 점주는 혼자일 때 가장 약하다. 그러나 함께할 때 비로소 말할 수 있다.

점주협의회는 생존을 위한 가장 현실적인 전략이자, 유일한 보호막이다. 계약을 바꾸고, 운영 개선을 요구하며, 법과 제도에 목소리를 내려면 점주의 힘이 모여야 한다.

"뭉치면 살고, 흩어지면 죽는다."

이제는 진부한 문장이 아니라 프랜차이즈 현실에서 매일 입증되고 있는 생존의 법칙이다.

프랜차이즈는 브랜드가 아니다. 프랜차이즈는 구조다. 그리고 그 구조는 반드시 사람을 중심으로 다시 설계되어야 한다.

본사가 바뀌어야 점주가 산다. 점주가 살아야 브랜드가 존속한다. 프랜차이즈 산업의 미래는 시스템의 정교함에 달려 있지 않다.

그 안에서 사람의 존엄이 유지되는 구조인지 아닌지가 진정한 기준이다.

이 책은 실패를 기록한 글이 아니다. 더 이상 누구도 실패하지 않도록 하기 위한 구조적 경고이자, 집단적 선언이다.

우리가 구조를 바꾸지 않으면, 구조는 우리를 계속 삼킬 것이다. 그러니, 이제 바꾸자.

이제는 우리가, 강해지자.

마치는 글

 프랜차이즈는 쉽게 시작되고, 조용히 끝난다. 성공한 브랜드는 뉴스가 되지만, 망한 점포는 통계로만 남는다. 그리고 그 안에서 누군가는 집을 팔고, 대출을 갚지 못하고, 가족과 멀어지고, 조용히 사라진다.
 나는 그 침묵을 안다. 경쟁의 탓도, 운의 탓도 아닌데 누구에게도 말하지 못한 채 무너져야 했던 점주들의 얼굴을 안다.

 이 책은 단순한 고발이 아니다. 한 사람의 분노를 넘어서 이 구조에 대한 문제 제기이고, 변화를 향한 실천의 시작이며, 다음 세대 점주를 위한 기록이다.
 나는 지금도 장사를 한다. 여전히 본사와 소통하고, 고객을 마주하고, 매일의 매출표를 본다. 그러면서도 '이 구조가 어떻게 바뀌어야 하는가'를 묻고, '어떤 계약이 점주를 살리는가'를 고민한다.

 그리고 혼자만 알고 혼자만 말하지 않기 위해 이 책을 썼다. 이제는 혼자가 아니다. 점주는 말할 수 있고, 불합리한 구조는 바뀔 수 있다.
 이 책을 덮는 그 순간부터, 당신도 질문할 수 있고, 행동할 수 있고, 지켜낼 수 있다.

 누군가는 말할 것이다.
 "장사는 원래 힘든 거야."

 하지만 나는 대답할 것이다.

"힘든 것과 불공정한 것은 다르다."

이제 우리는 '구조를 알고, 계약을 해석하며, 목소리를 내는' 진짜 사업자로 나아가야 한다.

이 책이 마지막이 아니라, 당신과 우리가 함께 만드는 다음의 시작이 되기를 바란다.

> **부록**
>
> # 크○○○ 점주협의회에서 크라상점 본사를 공정위에 제소한 서류 원본

🔖 크라상점 회사 현황

소재지	대구광역시 ○○ ○○○			
법인명	(주)에○○○			
대표이사	○○○ / ○○○			
직원 (정보공개서 기준)	시점	임원수(명) 상근	임원수(명) 비상근	직원수(명)
	2020년 12월 31일	3	0	2
사업자등록번호	○○○-○○-○○○○○			
가맹점 수 총 115개	2019년 11개 오픈			
	2020년 24개 오픈 (4개 폐업)			
	2021년 76개 오픈 (4개 폐업)			
	2022년 4개 오픈 (1개 폐업)			

🔖 크라상점 본사의 위법(가맹거래법) 및 부당 행위 요지

　지금 전국에 100여 개가 넘는 크라상점 점주들은 본사의 말만 믿고 지역의 최고 상권에 높은 임대료를 지불하면서 가게를 오픈한 후 늘어나는 적자에 어려움을 겪고 있습니다. 본사의 가맹본부로서의 소임을 다하지 않아 일부 가맹점은 이미 폐업을 했고, 대다수의 가맹점들이 폐업 위기를 맞고 있습니다.

　본사의 위법 행위 및 부당 행위를 정리해 보면 다음과 같습니다.

1. 가맹점 모집 과정에서 절차를 무시하며 가맹거래법을 위반
   (정보공개서 미제공, 정보공개서 허위 제공)

2. 과장된 수익률로 가맹점주 기만.

3. 제빵 과정을 기만하여 '본사에서 50%를 만들어 보내주기 때문에 누구나 쉽게 가맹점을 할 수 있다'고 했으나, 사실상 본사에서는 생지 제공 외에 나머지는 점주들이 100% 1, 2차 수작업해야 함.

4. 가맹거래법과 계약서에 명시된 본사의 역할 미흡으로 인해 각 매장은 매출 하락으로 인한 적자와 폐업으로 내몰리고 있음

5. 프랜차이즈 회사로서 전문성 결여

6. 계약서에 명시된 교육 비용의 과다 지출
   (계약서 7~8일 명시되어 있으나 실제 3일 교육으로 인한 전 메뉴를 충분히 교육받지 못하고 일부 레시피는 동영상으로 배포함)

7. 개별 점주에 대한 본사의 소통 불가로 인한 협의회 결성 과정 중 본사의 방해(협박성 내용증명) 및 일부 점주 위협성 카톡 배포

가맹점주들의 현 상황, 가맹점 계약 경위

  크라상점 가맹점 점주들은 대부분 자영업 경험이 없기 때문에 프랜차이즈를 선택하였습니다. 프랜차이즈는 경험이 없어도 본사에서 다 해 주기 때문에 다른 프랜차이즈처럼 크라상점도 당연히 본사에서 다 해 줄 것으로 믿고 크라상점을 선택한 것입니다.

  대부분 점주들의 본사에 체인점 상담 문의를 하면 대표는 본사에서 50% 이상 다 해 주니 누구나 쉽게 할 수 있다고 안내를 받았습니다. 이 같은 사실은 아래와 같이 본사 홈페이지에도 안내가 되어 있어서 모두가 의심을 하지 않았습니다.

가맹점주들이 그 지역의 중심상권에 있는 가게 서너 곳을 보고 본사에 가게 정보를 보내주면, 본사 대표는 그중 파리바게뜨나 스타벅스 정도의 상권을 추천해 주었습니다. 그러다 보니 임대료가 가장 비싼 곳을 계약할 수밖에 없었습니다. 그러면서 점주들에게는 6개월이면 투자금을 회수할 수 있다고 아래와 같은 수익률 표를 제시하면서 점주들을 안심시켰습니다. <증거: 사실확인서, 본사 홈페이지>

🔖 가맹점 계약 절차 위반(가맹거래법 위반)

아래 그림은 본사 홈페이지에 나와 있는 가맹 절차로서 가맹거래법에 명시되어 있는 내용입니다. 그런데 본사는 이 같은 절차를 무시하였습니다. 특히 가맹거래법에 명시된 '정보공개서'를 계약 14일 이전에 제공하지 않아 점주들이 본사의 정보를 제공받지 못하고 본사의 말만 믿고 계약을 하였습니다.
<증거: 정보공개서 및 인근 가맹점 현황 수령 확인서, 계약서, 본사 홈페이지>

가맹 절차

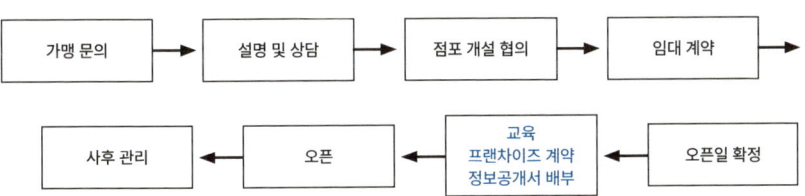

◆ 실제 가맹 절차

가맹 문의 → 설명 및 상담 → 점포 개설 협의 → 임대 계약
→ 오픈일 확정 → 교육 / 프랜차이즈 계약 / 정보공개서 배부 → 오픈 → 사후 관리

    가맹점을 알아보려고 본사에 전화를 하면 본사는 지역을 물어본 뒤 먼저 가게부터 알아보라고 합니다. 가게를 여러 군데 알아보고 본사에 연락을 하면 그 중에서 하나를 골라 현지 답사를 한 후 본사의 의견대로 계약을 하였습니다.

    그때부터 본사의 안내를 받아 인테리어를 하고 오븐이나 냉장고, 각종 비품까지 들여와 오픈 준비를 하였습니다. 이때까지 본사에서는 가맹점주와 어떠한 계약도 하지 않습니다. 본사와 아무런 계약도 하지 않은 채 가게를 계약하고 인테리어까지 한 것입니다.

    인테리어를 완료한 후 본사와 개업 일자를 의논하였습니다. 대부분 점주들이 개업을 1주일 전후로 본사에 가서 3일간 교육을 갔습니다. 점주들은 교육을 시작하고 나서 본사에 속았다는 생각을 했습니다. 막상 교육을 받아 보니 크로와상 만드는 일이 너무 어렵고 힘이 들었습니다. 50% 이상 본사에서 다 만들어 보내 주기 때문에 누구나 쉽게 가게를 할 수 있다고 했는데, 막상 토핑 재료 하나부터 점주가 다 만들어야 했는데 하나같이 다 힘들어했습니다. 이미 인테리어까지 다 마치고 개업일자까지 정해 놓은 상황에서 대부분의 점주들은 어쩔 수 없이 본사에서 내미는 계약서에 서명을 했습니다. 정보공개서도 그때 계약서와 같이 받았습니다.

가맹거래법이나 앞서 본사 홈페이지에 나와 있듯이 정상적인 가맹절차를 보면, 정보공개서 배부 후 점주들이 충분히 판단을 하도록 한 후 2주간의 법적인 시한을 두고 그다음 점포를 알아보고 임대 계약을 해야 합니다. 그 후 프랜차이즈 계약을 하고 인테리어 공사를 진행한 후 교육을 하는 것이 정상적인 절차입니다.

그러나 본사는 점포 계약부터 진행하고 인테리어까지 마친 상대에서 오픈 날짜까지 정하고 난 후 교육을 받으러 온 가맹점주들에게 프랜차이즈 계약을 하는 동시에 정보공개서를 제공했습니다. 이미 오픈 일정까지 정해 놓은 상태에서 어쩔 수 없이 계약을 할 수밖에 없도록 하는 고의라고밖에 생각할 수 없는 것입니다.

마치 중고차 업자들이 차량을 보러 온 고객들에게 며칠간 차량을 그냥 타 보도록 현혹하고 이를 빌미로 반 강제로 차를 구매하도록 협박하는 것과 다를 바 없습니다. 본사 이원혁 대표가 중고차 업체 대표 출신이라는 것이 이를 뒷받침하고 있습니다.

본사에서 50% 해 준다는 거짓말: 가맹점이 100% 하다 보니 어려움

대부분 프랜차이즈는 장사 경험이 없는 사람도 쉽게 가게를 운영할 수 있도록 본사에서 대부분 제품을 만들어 보내 줍니다. 그러나 크라상점은 하나부터 열까지 가맹점에서 다 해야 하기 때문에 일이 너무 힘이 들었습니다. 처음 본사에서 50% 이상 만들어 보내 준다는 말은 거짓말이었으며, 본사에서 해 주는 것은 아무것도 없고 가맹점주가 원재료를 사다가 100% 다 만들어야 했습니다.

그런데 토핑 만드는 과정을 보면 거의 요리사 수준으로 쉽지가 않을뿐더러, 힘이 들며 인건비가 너무 많이 들어 팔수록 적자였습니다. 다음 페이지에 나오는 그림은 본사에서 내려 준 레시피입니다. 이 정도는 제빵사가 해야 할 수준으로 본사에서 다 만들어 주어도 어려운데 점주들이 직접 만들다 보니 인건비가 두 배 이상 들어갑니다. <증거: 본사 레시피>

1. 생지를 냉동 창고에서 꺼낸 후 상온에서 25분간 해동시킨다.
2. 양파와 옥수수, 마요네즈 등을 골고루 썩어 토핑 재료를 미리 준비한다.
    (토핑 재료 준비하는 데에만 2시간 이상 소요)
3. 소시지를 끓는 물에 데친 후 미리 준비한다.
4. 오븐에서 20분간 빵을 구운다.
6. 빵을 꺼내 상온에서 30분간 식힌다.
7. 빵을 가운데를 칼로 잘라 가른다. 이때 두 조각이 나지 않도록 주의
8. 마요네즈에 버무린 토핑 재료를 전자저울로 15g씩 빵 가운데에 넣는다.
9. 소시지를 하나씩 넣는다.
10. 빵 위에 치즈를 5~6개 집어서 골고루 놓는다.
11. 빵 위에 케첩을 왕복 10회 정도 지그재그로 드레싱한다.
12. 빵 위에 마요네즈를 10회 정도 지그재그로 드레싱한다.
13. 다시 오븐에 넣고 7분간 굽는다.
14. 빵을 오븐에서 꺼낸 후 파슬리 가루를 뿌려 준다.

본사에서 만들어 각 매장에 비치한 레시피를 보더라도 1,000원짜리 빵을 만드는데 다음과 같이 총 14번의 손길이 필요합니다. 1,000원짜리 빵을 만드는데 3,000원짜리 샌드위치 만드는 것보다 서너 배 정도의 손길이 더 들어가는 것입니다.

후랑크소세지

재료	용량(약11개)	용량(1판 42개)
다진양파	70g	280g
옥수수	35g	140g
마요네즈	60g	240g
소세지	11개	42개
모짜렐라치즈	개당 6g	개당 6g

* 소세지는 미리 끓는 물에 2분간 데친 후 바트에 보관
* 2일이내 사용권장
1. 양파를 즙이 나오지 않을 정도로 다진다
2. 물기를 뺀 옥수수와 양파를 마요네즈에 버무린다.
3. 마요네즈에 버무린 양파와 옥수수를 빵 안쪽에 15g 넣는다.
4. 재료를 넣은 후 데친 소세지를 넣는다.
5. 빵 위쪽에 치즈를 뿌려 준 후 케첩,마요네즈를 드레즐 해준 후 170도에 7분 굽는다.
6. 구운 후에 파슬리가루를 뿌려준다.

 이렇듯 20여 가지가 넘는 빵을 만드는데 대부분이 사전에 토핑 재료부터 만들어야 하니 5~14번 정도의 손길이 가야 하는데, 인건비를 계산하면 팔수록 적자입니다. 요즈음은 하다못해 붕어빵도 반죽을 해서 봉지째로 재료가 들어와 쉽게 만들도록 장치가 되어 나옵니다. 그런데도 붕어빵이나 호떡은 만들기 힘들다고 길거리에 찾아보기 힘듭니다.

 여기에 비해 크라상점은 본사에서는 57가지나 되는 재료만 주고 하나부터 열까지 매장에서 다 만들어야 합니다. 토핑 재료를 준비하는 데에만 한나절이나 걸립니다.

 다음은 순천 가맹점의 2021년 11월 매출을 세무서 신고 기준으로 정리한 것입니다. 처음 본사에서 제시한 수익률과 비교해 보면 터무니없다는 것을 알 수가 있습니다. <증거: 매장별 수익률 분석표>

구분	본사 제시 일 800개 기준	본사 제시 일 400개	순천신대점 일 550개 기준
일 매출	80	40	55
월 매출	2,400	1,200	1,640
임대료	200	200	275
식자재 및 비용	960	480	985
직원 인건비 (사장 인건비 제외)	200	0	410
공과금, 경비	65	65	80
부가세(5% 적용)	0	0	82
총 운영비	1,425	745	1,832
순수익	975	455	-192

■ 수익률 분석 ※매장 10PY 기준

구분	일 400개	일 800개	일 1000개	일 1500개	비고
일 매출	400,000	800,000	1,000,000	1,500,000	단가 1,000원 기준
월 매출	12,000,000	24,000,000	30,000,000	45,000,000	30일 기준
임대료	2,000,000	2,000,000	2,000,000	2,000,000	매장 평균 임대료 (10PY)*지역마다 상이함
식자재 및 비용	4,800,000	9,600,000	12,000,000	18,000,000	매출대비40%
인건비		1인 2,000,000	2인 4,000,000	2인 4,000,000	8시간 운영기준
공과금 및 경비	650,000	650,000	850,000	1,000,000	전기, 수도, 경비 외
총 운영 비	7,450,000	14,250,000	18,850,000	25,000,000	1달 기준 지출 내용
순수익	4,550,000 (38%)	9,750,000 (41%)	11,150,000 (37%)	20,000,000 (45%)	수익률

※각 매장별 운영에 따라 금액 변동 가능 有

본사에서 제시한 원가 수익률을 보면 가장 차이가 나는 게 재료비와 인건비입니다. 재료 비용은 토핑 재료 57가지를 일일이 구매하여 준비하다 보면 잡다한 재료비가 많이 들어갑니다. 본사에서 50% 토핑 재료를 해 주었을 때에는 어느 정도 본사에서 제시한 기준에 부합이 되는데, 지금처럼 가맹점에서 100% 다 준비를 해야 할 경우 인건비가 많이 들어갑니다. 여기에 매출의 5%

부가세와 개별 박스 비용 400원(4%)과 배달비, 광고비 등 간접 비용을 합하면 처음 가맹점 상담 시 본사에서 제시한 수익률이 가맹점 모집을 위한 거짓이라는 게 증명이 됩니다.

특히 각 매장에서 판매량의 85%가 박스 단위 판매입니다. 이는 개업 초기부터 본사에서 중점적으로 박스 판매를 유도했기 때문입니다. 그런데 박스 판매의 경우 박스 비용과 할인율까지 계산하면 팔수록 적자입니다. 본사는 박스 값에서만 엄청난 수익을 올리고 있습니다. 가맹점의 수익은 뒷전이고 본사의 이익만 생각하는 판매 전략에 가맹점주들만 일에 지치고 적자에 힘들어 이중고를 겪고 있습니다.

박스 판매를 유도하여 대략 박스비에서만 본사에서 월 3,000만 원 이상 이익을 보고 있습니다.

본사에서는 하는 일 없이 돈만 챙기고 있습니다

프랜차이즈는 대부분이 본사에서 거의 반가공으로 만들어 각 매장에 재료를 공급해 줍니다. 그러기 때문에 누구나 경험이 없어도 쉽게 운영을 할 수 있는 장점 때문에 가맹비를 내고 매출액에서 일정 금액의 로열티를 주고 있습니다.

그런데 크라상점 본사는 특별하게 하는 일도 없이 가맹비에 로열티, 재료비까지 챙기고 있습니다. 여기에 박스 비용이나 일부 부자재를 강제 구매품으로 구매하도록 하여 일정 마진을 남기고 있습니다.

본사 대표는 2명이 공동으로 되어 있는데 이들은 거의 본사에 출근을 하지 않고 각자 다른 일을 하고 있습니다. 100여 개가 넘는 가맹점이 있어도 개점 후 거의 가맹점에 방문하는 일이 없으며, 가맹점이 적자에 허덕여도 아무런 대책을 내놓지 않고 있습니다.

가맹점 관련한 직원은 과장 한 명과 여직원 두 명만이 근무하고 있습니다. 본사는 아무런 일도 하지 않고 전화만 받고 있습니다. 처음 본사에서 직배송을 했던 생지마저도 택배사에 맡기고 냉동차도 없애고 운전기사도 퇴사를 시켰습니다. <증거: 재판 시 본사로부터 조직표 및 하고 있는 직무 분장표 요구>

여기에다 제품 하나 개발하지 않고 모든 재료는 100% 제빵재료상과 인터넷을 통해 가맹점주들이 직접 주문하여 사용하는 등, 가맹거래 규정에 나와 있는 본사의 충분한 가맹점 관리가 되지 않으며 제빵의 특성상 각종 행사일에 본사 주관 이벤트를 하지 않으면서도 계약서를 빌미로 다른 제품은 팔지도 못하게 갑질을 하고 있습니다.

특히 본사는 본사의 제빵재료상인 평화상사 건물에 입주를 하여 대부분 가맹점주들은 마치 본사의 건물인 것으로 오인하는 경우도 있습니다. 다음은 가맹거래법과 본사 계약서에 명시한 본사의 준수사항입니다.

> **가맹거래법 제5조, 본사와의 가맹계약서 제4조(가맹본부의 준수사항)**
> **가맹본부는 다음 각호의 사항을 준수한다.**
>
> 1. 가맹사업의 성공을 위한 사업 구상
> 2. 상품이나 용역의 품질 관리와 판매 기법의 개발을 위한 계속적인 노력
> 3. 가맹점 사업자에 대하여 합리적 가격과 비용에 의한 점포 설비의 설치, 상품 또는 용역 등의 공급

> 4. 가맹점 사업자와 그 직원에 대한 교육·훈련
> 5. 가맹점 사업자의 경영·영업 활동에 대한 지속적인 조언과 지원
> 6. 가맹계약 기간 중 가맹점 사업자의 영업 지역 안에서 자기의 직영점을 설치하거나 가맹점 사업자와 유사한 업종의 가맹점을 설치하는 행위의 금지
> 7. 가맹점 사업자와의 대화와 협상을 통한 분쟁 해결 노력
> 8. 특정 가맹 사업자에 대한 보복 목적의 관리 및 감독 금지
>
> (8항은 본사 계약서 별도 조항임)

이상, 본사의 준수사항 8가지를 반박하면 아래와 같습니다.

1. 가맹사업의 성공을 위한 사업 구상과 신제품 개발을 위한 연구도 거의 전무하며 사업 구상을 위한 비용 투자도 전무한 것으로 알고 있습니다. 직원들 중 제빵 경력은 여직원 1명뿐이며 프랜차이즈 경영에 대한 경력 있는 중간관리자도 없으며, 여기에 대표나 직원 중 사업 구상을 할 만한 역량이 있는 직원도 없습니다. 본사는 가맹점이 30여 개일 때보다 지금 직원을 더 줄여서 몇몇 안 되는 인원으로 100여 개가 넘는 가맹점이 사실상 방치된 실정으로 추가적인 사업 구상에 대한 의지가 없는 듯합니다.

2. 또한 상품이나 용역의 품질 관리와 판매 기법의 개발을 위한 지속적인 노력을 해야 하지만, 제빵 품질 유지를 위한 생지 배송 관련 냉동차를 없애고 생지 물류도 아웃소싱을 주었습니다. 그 결과 냉동 품질이 떨어져 생지 품질 불량에 대하여 본사에 지속적으로 항의를 하였지만, 근본적인 조치를 하지 않고 그 책임을 하청 회사인 생지 회사에 떠넘겨 점주들이 직접 상대하는 경우도 있습니다.

   첨부와 같이 본사에 생지 불량에 대한 공문을 보냈는데, 본사는 회신도 안 하고 생지 하청 회사인 마이브레드에서 점주협의회에 답변을 보내는 것이 그 사례입니다.

3. 가맹점 사업자에 대하여 합리적 가격과 비용에 의한 점포 설비의 설치, 상품 또는 용역 등의 공급을 해야 함에도 본사는 오히려 박스값을 강제

구매품으로 만들어 400원의 부당 이득을 취하고 있으며, 2021년 본사 공급 원재료비는 20% 이상 올리면서 점주들의 건의는 무시하고 기존 가격인 박스당 9,900원의 할인 가격을 고수하라고 합니다.
이 경우 본사는 늘어나는 매출에 로열티와 매출 원재료를 팔아 수익이 나지만 가맹점은 적자를 보게 되어 있습니다. 본사의 계약서에 명시한 본사의 준수사항마저 저버리고 가격 정책을 본사에만 유리하도록 책정하고 있습니다.

4. 가맹점사업자와 그 직원에 대한 교육·훈련을 보면 가맹점 직원이나 점주들에게 단 한 번도 교육을 한 적이 없으며 평소 본사 직원들이 가맹 점주들에게 대하는 태도를 보아도 서비스 교육을 받은 흔적을 찾을 수가 없을 정도로 오만불손합니다. 본사 직원 방문은 가맹점을 감시·감독·통제하기 위한 것입니다

5. 가맹점 사업자의 경영·영업 활동에 대한 지속적인 조언과 지원을 하도록 되어 있으나, 본사는 가맹점이 계약 만료 전 폐업을 하여도 단 한 번도 원인 분석차 경영진이 방문한 적이 없습니다. 100여 곳이 넘는 가맹점을 오픈하면서 본사에서 축하 화환 정도도 보낸 적이 없으며 가맹점에 어려워도 애로사항을 상담하거나 가맹점을 방문하여 현지 상황을 파악한 경우가 단 한 번도 없습니다.

6. 가맹계약 기간 중 가맹점 사업자의 영업 지역 안에서 자기의 직영점을 설치하거나 가맹점 사업자와 유사한 업종의 가맹점을 설치하는 행위의 금지를 명시하고 있습니다. 그러나 본사는 이를 어기고 기존 양산 지역 2개 가맹점만 오픈 약정한 후 기존 가맹점 모르게 양산 지역 서창에 신규점을 오픈하여 계약을 어겼으며 서울 구파발점과 경기 고양점은 불과 500미터의 거리를 두고 오픈하여 구파발점이 폐점의 위기에 처해 있습니다.
또한 본사는 신제품 등 제빵 관련 제품을 개발하여 기존 가맹점의 매출 향상에 도움을 줘야 하나 그러지 아니하고, 오히려 대표 중 한 명은 온라인을 통하여 유사 제품(마티네베이크 휘낭시에 네이버 판매)을 개발하여 판매하고

있으며, 김상동 대표는 크라상점과 다른 개인 케이크 전문 제과점(대구 대명동 OK)을 경영하면서 판매와 주변 카페에 납품하는 등 개인적인 수익만 생각하는 듯합니다.

7. 가맹점 사업자와의 대화와 협상을 통한 분쟁 해결 노력을 하기는커녕 각 점주에게도 겁박하는 듯한 공문을 보내 점주협의회 결성을 방해하였습니다. 점주협의회가 정식으로 등록하고 출범한 이후 본사와 간담회 일정에 대하여 공문을 주고받는 과정에서도 점주협의회를 무시하고 일부 점주만을 대상으로 간담회를 개최하는 등 본사는 점주협의회와 아예 대화와 협상을 통한 노력을 할 생각이 없습니다.

8. 본사 계약서를 보면 8항을 별도로 삽입하여 '특정 가맹 사업자에 대한 보복 목적의 관리 및 감독 금지'를 명시하고 있습니다. 그럼에도 본사는 점주협의회를 결성하는 과정에서 핵심적인 역할을 한 사무국장을 겁박하는 내용증명 우편을 변호사를 통하여 보냈습니다. 또한 몇몇 점주에게 사무국장이 유언비어를 날조한다고 전화하여 비방하기도 하였는데, 자신들의 약속마저도 지키지 않고 있습니다.

▌ 7~8일 교육한다고 해 놓고 실제 3일만 교육을 하였습니다

본사에서 제시한 정보 공개서 40페이지를 보면 7~8일간 교육을 한다고 하였으며 그 내용이나 비용까지 명시하고 교육비는 별도 500만 원을 책정하였습니다.

그러나 점주들의 요구가 없었음에도 교육을 3일간으로 줄임으로 충분한 교육이 되지 않아 가맹 점주들이 개점 초기 많은 어려움을 겪었습니다. 특히 57가지나 되는 재료를 가지고 토핑을 일일이 가공하는 등 하나부터 열까지 매장에서 만들어야 하는데, 부족한 부분은 점포를 운영하며 수시로 동영상 등을 통해 습득해야 했습니다.

실제 25가지 종류의 빵을 만들고 57가지 재료를 가지고 토핑까지 만들려면

8일 교육으로도 턱없이 부족합니다. 그러나 교육비는 정상적으로 청구하였으니 이는 부당합니다.

　결론적으로 가맹점주들은 어려운 시기에 약 1억 원의 투자비를 들여 본사를 믿고 부푼 꿈을 안고 개점을 하였으나 그 꿈은 두세 달 만에 반의 반 토막이 나고, 그만두고 싶어도 비싼 임대료의 잔여기간 때문에 점주 홀로 하루 15시간씩 고통 속에서 하루하루를 매장에 머무는 경우도 있는 실정이며, 일부 지점은 이로 인해 가정불화, 채무 관계, 직업병, 우울증까지 호소하고 있는 실정입니다. 대부분 개점 후 3개월이 지나면 점주 인건비 상실이나 적자로 들어서며 심성이 약한 점주들은 이나마 본사의 눈치를 보며 영업을 하는 실정입니다. 또한 기존 매장의 매출 신장을 위한 신제품 개발이나 점주들의 생존 문제는 전혀 아랑곳하지 않고 가맹 본사의 방침은 동네마다 가맹점을 구성해야 자체적으로 홍보가 되어 더 잘된다는 이상한 논리로 기존 가맹점이야 망하든 말든 망하기 직전의 기존 매장 근처에 신규 가맹점을 남발하는 실정입니다. 이에 가맹점 모집 시 법으로 명시된 필수사항인 정보공개서 사전 제공의 법을 상습적이고 고의적으로 어겨 가맹점주들은 그 존재도 모르고 계약을 하도록 유도하였으며 정보공개서의 내용 또한 허위와 과장으로 이를 믿고 개업을 한 많은 점주를 불행에 빠지게 한 크라상점 대표를 형사처벌하기를 바라는 바이며 민사 책임도 함께 묻기를 바라는 바입니다.

1. 교육·훈련의 주요내용

당사는 [크라상점] 운영에 필요한 제반 지식 및 노하우를 귀하에게 전수하기 위하여 교육·훈련을 실시하고 있습니다. 자세한 내용은 다음과 같습니다.

구분	주요내용	교육방식	기한	비고
개점 전 교육	•본사규정 및 방향 •CS교육 •제품의 소개 및 관리법 •가맹점관리 운영 교육	실습 및 점포 요리지도	가맹점 오픈전	필수 교육
개점 후 교육	•가격 및 레시피 변경 시 •점주 집체교육의 필요성 시	본사교육장 집체교육	반기별 및 필요시	매년 이수 필수

2. 교육·훈련의 최소시간 및 비용

(단위: 천원, 부가세 포함)

귀하가 [크라상점] 가맹사업을 운영하는데 필요한 교육·훈련의 최소시간 및 비용은 다음과 같습니다.

구분		최소시간	비용	비고
개점 전 교육		7~8일	5,500	최초 계약 시 이수/1인 기준 (습득능력에 따라 연장 또는 단축될 수 있음)
개점 후 교육	수시교육	별도계획	필요시 산정	별도통지 함
	특별교육	별도계획		
	재교육	별도계획		

3. 교육·훈련의 주체

☞교육·훈련은 가맹계약을 맺는 당사자가 직접 받아야 합니다. 다만, 귀하가 직접 받기 어려운 경우에는 본사의 사전 승인을 받아 가맹점을 함께 운영하는 사람으로 하여금 대신하게 할 수 있습니다. 또한, 가맹계약 당사자가 원하여 당사자 외 직원도 같이 교육을 받게 되면 인원 추가에 따라 비용도 추가됩니다.

4. 교육·훈련 불참 시에 받을 수 있는 불이익

☞기한 내 교육을 이수하여야 합니다. 또한, 기한 내 보수 교육을 받지 않은 경우에는 본사가 정한 기준에 따라 벌점을 부여받는 등 불이익이 있을 수 있습니다.

첨부

- 1. 점주 사실증명원
- 2. 점포별 개점 후 매출 추이
- 3. 계약서 정보공개서 수령확인서 표지 사본(점포별)
- 4. 본사 주장 대비 점포별 샘플 1개월 수익 분석
- 5. 가맹점사업자 등록증
- 6. 점주협의회 현황
- 7. 크라상참고문헌점 본사 현황
- 8. 본사 신제품 주장 현황
- 9. 본사 레시피 원가 대비 실제 레시피 원가
- 10. 개점 후 1년 이내 폐점 현황
- 11. 원재료 크라상 생지 불량 사례와 조치 미흡 자료
- 12. 점주협의회 결성 방해 자료
- 13. 정보공개서 사전 제공에 따른 계약 해지 내용증명 송수신 사본
- 14. 가맹점법 사본
- 15. 계약서 정보공개서 확인서 사본 1부씩
- 16. 기타

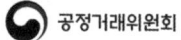 공정거래위원회   보도자료

보도시점 2024. 5. 23.(목) 12:00 / 배포 2024. 5. 23.(목) 08:30
<5. 24.(금) 조간>

허위·과장된 순이익률 등으로 가맹희망자를 모집한 가맹본부 제재

- 허위·과장된 순수익률 정보를 제공하고, 가맹금 예치의무 및 정보공개서·가맹계약서 제공의무를 위반한 '크라상점' 가맹본부에 시정조치 및 과징금 99백만 원 부과 -

공정거래위원회(위원장 한기정, 이하 '공정위')는 크루아상 전문점인 '크라상점' 가맹본부 ㈜에이브로(이하 '에이브로')가 ▲허위·과장된 순수익률 정보를 제공한 행위, ▲가맹금을 예치기관에 예치하지 않고 직접 수령한 행위 ▲정보공개서 및 가맹계약서 제공의무를 위반한 행위에 대해 시정명령 및 과징금(99백만 원)을 부과하였다.

에이브로는 2020. 6. 30.부터 2021. 9. 7.까지 가맹점 희망자를 모집하면서 객관적인 근거자료나 합리적인 기준에 의하지 않고 점포 순수익률에 관한 수치를 산출하였음에도, 순수익률을 최소 "36%"에서 최대 "47%"라고 표기한 창업메뉴얼을 19명의 가맹점 희망자에게 제공하였고, 15명의 가맹점 희망자와 가맹계약을 체결하면서 가맹점사업자피해보상보험 등을 체결하지 않았음에도 총 1억 8,050만 원의 가맹금을 직접 수령하였다.

또한, 에이브로는 2021. 3. 2.부터 2021. 9. 2.까지 정보공개서 및 가맹계약서를 제공한 날부터 14일이 지나지 않았음에도 13명의 가맹점 희망자와 가맹계약을 체결하거나 가맹금을 수령하였다.

이번 조치는 가맹희망자의 가맹계약 체결에 중대한 영향을 미치는 가맹점 수익상황 등의 허위·과장 행위와 가맹점 모집·개설 단계에서 가맹금의 수령 방법, 정보공개서 및 가맹계약서 제공기한을 지키지 않은 행위를 적발·제재한 것으로써, 앞으로도 가맹본부의 유사한 법위반 행위에 대해서는 엄중하게 조치할 계획이다.

<붙임> '㈜에이브로의 가맹사업법 위반행위에 대한 건' 세부 내용

담당 부서	대구사무소 경쟁과	책임자	소 장	김진석 (053-230-6301)
			과 장	백성하 (053-230-6320)
		담당자	조사관	권정빈 (053-230-6323)

붙임 '㈜에이브로의 가맹사업법 위반행위에 대한 건' 세부내용

1 법 위반 내용

가. 허위·과장 정보제공 행위

☐ 에이브로는 2020. 6. 30.부터 2021. 9. 7.까지 가맹희망자 19인과 가맹계약을 체결하면서 창업매뉴얼의 '가맹점 수익표'를 통해 매출규모별 비용 및 순수익(률)에 관한 허위·과장된 정보를 제공하였다.

<표 1>   가맹점 수익표

◆ 2020년도 가맹점 수익률(2020년도 창업매뉴얼 中)

구분	일 400개	일 800개	일 1000개	일 1500개	비고
일 매출	400,000	800,000	1,000,000	1,500,000	단가 1,000원 기준
월 매출	12,000,000	24,000,000	30,000,000	45,000,000	30일 기준
임대료	1,800,000	1,800,000	1,800,000	1,800,000	매장 평균 임대료(13PY) *지역마다 상이함
식자재 및 비용	4,200,000	8,400,000	10,500,000	15,750,000	매출 대비 35%
인건비		1인 2,000,000	2인 4,000,000	2인 4,000,000	8시간 운영기준
공과금 및 경비	1,650,000	1,650,000	1,850,000	2,000,000	전기, 수도, 경비 외
총 운영비	7,650,000	13,850,000	18,150,000	23,550,000	1달 기준 지출 내용
순수익	4,350,000 (36%)	10,150,000 (42%)	11,850,000 (39.5%)	21,450,000 (47%)	수익률

*각 매장별 운영에 따라 금액 변동 가능 有

◆ 2021년도 가맹점 수익률(2021년도 창업매뉴얼 中)

구분	일 400개	일 800개	일 1000개	일 1500개	비고
일 매출	400,000	800,000	1,000,000	1,500,000	단가 1,000원 기준
월 매출	12,000,000	24,000,000	30,000,000	45,000,000	30일 기준
임대료	2,000,000	2,000,000	2,000,000	2,000,000	매장 평균 임대료(10PY) *지역마다 상이함
식자재 및 비용	4,800,000	9,600,000	12,000,000	18,000,000	매출 대비 40%
인건비		1인 2,000,000	2인 4,000,000	2인 4,000,000	8시간 운영기준
공과금 및 경비	650,000	650,000	850,000	1,000,000	전기, 수도, 경비 외
총 운영비	7,450,000	14,250,000	18,850,000	25,000,000	1달 기준 지출 내용
순수익	4,550,000 (38%)	9,750,000 (41%)	11,150,000 (37%)	20,000,000 (45%)	수익률

*각 매장별 운영에 따라 금액 변동 가능 有

○ 에이브로는 특정 5개 점포의 운영 실적을 근거로 수익표를 작성하였다고 주장하였으나, '23년 4월 현장조사 당시 해당 근거자료는 비치되어 있지 않았고 '23년 7월에서야 3개 점포에 대한 자료만을 제출하였다.

○ 해당 점포는 일부 지역(대구·경북)에 한정되어 있어 대표성이 떨어지는 점, 정보공개서 및 가맹계약서상 영업환경(연중무휴, 9:00~22:00)을 고려할 때 점주 1인 운영(인건비 0원)을 가정한 경우는 비현실적이라는 점 등 수익률을 산출한 방식이 합리적이라고 보기 어렵다.

○ 해당 점포의 '20년 운영 실적에 따르면 일 평균 판매량이 ○○점의 경우 298개인데 반해, 해당 자료를 근거로 작성하였다는 수익표에서는 ○○점 실적은 예상 매출 산정에 불리하여 생략하고, 일 800개, 1,000개, 1,500개 등 실현한 적 없는 높은 예상 매출을 사례로 제시하였다.

▶ 이는 가맹본부로 하여금 가맹희망자에게 **객관적인 근거 없이 사실과 다르거나 사실을 부풀려 정보를 제공하는 행위를 금지한 가맹사업법 제9조 제1항**에 위반된다.

나. 가맹금 예치의무 위반행위

☐ 에이브로는 2020. 6. 30.부터 2021. 9. 7.까지 가맹희망자 15인과 가맹계약을 체결하면서 가맹점사업자피해보상보험계약 등을 체결하지 아니한 채 이행보증금, 가맹비, 교육비 명목으로 가맹금 1억 8,050만원을 자사 법인계좌를 통해 직접 수령하였다.

▶ 이는 가맹본부가 **가맹희망자로 하여금 가맹금을 예치기관에 예치하게 하거나, 가맹점사업자피해보상보험계약 등을 체결하도록 한 가맹사업법 제6조의5 제1항**에 위반된다.

다. 정보공개서 제공의무 위반행위

☐ 에이브로는 2021. 3. 2.부터 2021. 9. 2.까지 가맹희망자 13인에게 정보공개서를 제공한 날부터 14일이 지나지 아니한 상태에서 가맹계약을 체결하거나 가맹금을 수령하였다.

▶ 이는 가맹본부가 가맹희망자에게 정보공개서 제공 시점을 객관적으로 확인할 수 있는 방법에 따라 **정보공개서를 제공한 날로부터 14일이 지나지 아니하면 가맹계약을 체결하거나 가맹금을 수령할 수 없도록 한 가맹사업법 제7조 제3항**에 위반된다.

라. 가맹계약서 제공의무 위반행위

☐ 에이브로는 2021. 3. 2.부터 2021. 9. 2.까지 가맹희망자 11인에게 가맹계약서를 제공한 날부터 14일이 지나지 아니한 상태에서 가맹계약을 체결하거나 가맹금을 수령하였다.

▶ 이는 가맹본부가 가맹희망자에게 **가맹계약서를 제공한 날로부터 14일이 지나지 아니하면 가맹계약을 체결하거나 가맹금을 수령할 수 없도록 한 가맹사업법 제11조 제1항**에 위반된다.

2 적용법조 및 조치 내용

법 위반 내용	적용법조	시정조치 내용
① 허위·과장 정보제공 행위	법 제9조 제1항	○ 시정명령(향후행위금지명령, 교육실시명령) ○ 과징금 납부명령(99백만 원*)
② 가맹금 예치의무 위반행위	법 제6조의 5 제1항	○ 시정명령(향후행위금지명령, 교육실시명령)
③ 정보공개서 제공의무 위반행위	법 제7조 제3항	
④ 가맹계약서 제공의무 위반행위	법 제11조 제1항	

* '가맹사업법 위반사업자에 대한 과징금 부과기준에 관한 고시'(공정거래위원회 고시 제2023-25호)에 의거 행위의 공정거래질서 저해 정도, 조사 협조, 피심인의 재정규모, 상황 등을 고려하여 과징금 액수가 결정됨

3 의의 및 향후 계획

□ 이번 조치는 가맹희망자의 가맹계약 체결에 중대한 영향을 미치는 가맹점 수익상황 등의 허위·과장 행위와 가맹점 모집·개설 단계에서 가맹금의 수령 방법, 정보공개서 및 가맹계약서 제공기한을 지키지 않은 행위를 적발·제재한 것으로써, 앞으로도 가맹본부의 유사한 법위반 행위에 대해서는 엄중하게 조치할 계획이다.

〈참고〉「(주)에이브로」 가맹본부 일반현황 및 관련 규정

> **참고** 「㈜에이브로」 일반현황 및 관련 규정

1. 일반현황

☐ 가맹본부 : (주)에이브로

☐ 영업표지 : 크라상점(업종 : 제과제빵)

☐ 매출액 등 일반현황

(단위 : 천 원, 개)

소재지	설립일	매출액			가맹점 수 (2020/2021/2022)
		2020	2021	2022	
대구 남구	2018. 12. 21.	1,678,978	6,797,389	4,695,018	33 / 105 / 65

* 자료출처: 크라상점 정보공개서 등

2. 관련 규정

【 가맹사업거래의 공정화에 관한 법률 】

제6조의5(가맹금 예치 등)
① 가맹본부는 가맹점사업자(가맹희망자를 포함한다. 이하 이 조, 제15조의2 및 제41조제3항제1호에서 같다)로 하여금 가맹금(제2조제6호가목 및 나목에 해당하는 대가로서 금전으로 지급하는 경우에 한하며, 계약체결 전에 가맹금을 지급한 경우에는 그 가맹금을 포함한다. 이하 "예치가맹금"이라 한다)을 대통령령으로 정하는 기관(이하 "예치기관"이라 한다)에 예치하도록 하여야 한다. 다만, 가맹본부가 제15조의2에 따른 가맹점사업자피해보상보험계약 등을 체결한 경우에는 그러하지 아니하다.
② ~ ⑧ (생략)

제7조(정보공개서의 제공의무 등)
① 가맹본부(가맹지역본부 또는 가맹중개인이 가맹점사업자를 모집하는 경우를 포함한다. 이하 같다)는 가맹희망자에게 제6조의2제1항 및 제2항에 따라 등록 또는 변경등록한 정보공개서를 내용증명우편 등 제공시점을 객관적으로 확인할 수 있는 대통령령으로 정하는 방법에 따라 제공하여야 한다.
② (생략)
③ 가맹본부는 등록된 정보공개서 및 인근가맹점 현황문서(이하 "정보공개서등"

이라 한다)를 제1항의 방법에 따라 제공하지 아니하였거나 정보공개서등을 제공한 날부터 14일(가맹희망자가 정보공개서에 대하여 변호사 또는 제27조에 따른 가맹거래사의 자문을 받은 경우에는 7일로 한다)이 지나지 아니한 경우에는 다음 각 호의 어느 하나에 해당하는 행위를 하여서는 아니 된다.
  1. 가맹희망자로부터 가맹금을 수령하는 행위. 이 경우 가맹희망자가 예치기관에 예치가맹금을 예치하는 때에는 최초로 예치한 날(가맹본부가 가맹희망자와 최초로 가맹금을 예치하기로 합의한 때에는 그 날)에 가맹금을 수령한 것으로 본다.
  2. 가맹희망자와 가맹계약을 체결하는 행위
④ (생략)

제9조(허위·과장된 정보제공 등의 금지)
① 가맹본부는 가맹희망자나 가맹점사업자에게 정보를 제공함에 있어서 다음 각 호의 행위를 하여서는 아니 된다.
  1. 사실과 다르게 정보를 제공하거나 사실을 부풀려 정보를 제공하는 행위(이하 "허위·과장의 정보제공행위"라 한다)
  2. 계약의 체결·유지에 중대한 영향을 미치는 사실을 은폐하거나 축소하는 방법으로 정보를 제공하는 행위(이하 "기만적인 정보제공행위"라 한다)
② 제1항 각 호의 행위의 유형은 대통령령으로 정한다.
③ ~ ⑦ (생략)

제11조(가맹계약서의 기재사항 등)
① 가맹본부는 가맹희망자가 가맹계약의 내용을 미리 이해할 수 있도록 제2항 각 호의 사항이 적힌 문서를 가맹희망자에게 제공한 날부터 14일이 지나지 아니한 경우에는 다음 각 호의 어느 하나에 해당하는 행위를 하여서는 아니 된다.
  1. 가맹희망자로부터 가맹금을 수령하는 행위. 이 경우 가맹희망자가 예치기관에 예치가맹금을 예치하는 때에는 최초로 예치한 날(가맹희망자가 최초로 가맹금을 예치하기로 가맹본부와 합의한 날이 있는 경우에는 그 날)에 가맹금을 수령한 것으로 본다
  2. 가맹희망자와 가맹계약을 체결하는 행위
② ~ ④ (생략)